钱基博国学著作选粹

钱基博 著

国故概论

上海古籍出版社

图书在版编目(CIP)数据

国故概论 / 钱基博著. —上海：上海古籍出版社，2024.5

(钱基博国学著作选粹)

ISBN 978-7-5732-1128-6

Ⅰ.①国… Ⅱ.①钱… Ⅲ.①国学—文集 Ⅳ.①Z126.27-53

中国国家版本馆CIP数据核字(2024)第078121号

钱基博国学著作选粹

国故概论

钱基博 著

上海古籍出版社出版发行

(上海市闵行区号景路159弄1-5号A座5F 邮政编码201101)

(1) 网址：www.guji.com.cn

(2) E-mail：guji1@guji.com.cn

(3) 易文网网址：www.ewen.co

启东市人民印刷有限公司印刷

开本890×1240 1/32 印张10.875 插页3 字数253,000

2024年5月第1版 2024年5月第1次印刷

印数：1-1,500

ISBN 978-7-5732-1128-6

Z·479 定价：46.00元

如有质量问题，请与承印公司联系

出版说明

钱基博(1887—1957),字子泉,别号潜庐,江苏无锡人,著名学者、教育家。

钱氏出身书香门第,四岁起即读四书五经,十五岁时读《资治通鉴》《续通鉴》《读史方舆纪要》等书。少年时期所受的教育,决定了他一生的学术走向。钱氏在思想上基本上秉持了“中学为体,西学为用”这一根本理路,以中国传统的经史之学为自撰门径,同时亦以此为驾驭新知识、新学问的一种方法。

辛亥革命兴,钱氏曾在军政府中任职,但其一生的事业主要还是在于教育。钱氏十九岁时始任家庭教师,二十六岁任无锡第一小学教员,二十九岁任吴江丽则女子中学教员,此后更历任上海圣约翰大学国文教授、上海光华大学教授、国立浙江大学教授、湖南国立师范学院教授兼国文系主任等职,直至最后以华中师范学院教职工的身份去世。钱氏一生可说是与教育结下了不解之缘,这种教育者的身份,使得钱氏在秉持和改造传统学术理念的同时,又十分注意传统学问的传播和普及。从三十多岁时出版的《语体文范》到四十多岁时出版的《国学文选类纂》《老子道德经解题及其读法》等一系列著作,钱氏在学术上的所作所为均有推广和规范传统学问的意旨。在研究传统学问的同时,又力图使其成为普通知识人的日常所需,这构成了钱氏治学的另一特色,而这种特色又反过来使钱氏的著作成为普通读者迈进国学门槛的绝佳指引。

钱氏一生著述甚多,我社曾经推出《钱基博著作集》十二种,收录钱氏有代表性的单行著作为主,同时选收有学术意义的代表性论文,精择底本，核校引文，简体横排，新式标点，以适应现代阅读习惯，受到读者欢迎。今复择其中有关国学研究之作，分合篇目，编为《钱基博国学著作选粹》，包括以下十种：

《韩愈志》

《经学通志》

《国学文选类纂》

《近百年湖南学风》

《古籍举要　版本通义》

《孙子章句训义(外一种)》

《文学通论(外一种)》

《国故概论》

《国学要籍解题及其读法》

《文心雕龙校读记　读庄子天下篇疏记》

另《克劳塞维兹兵法精义》(原名《德国兵家克劳山维兹兵法精义》)篇幅短小，今附于《孙子章句训义》后。《国学必读》原分上下册，今依原题析为《文学通论》(编选历代文论)、《国故概论》(编选经、小学、史、子相关论文)二种，读者可各取所需。《骈文通义》原与《近百年湖南学风》合为一书，今以类相从附于《文学通论》后。同时修改部分标点、排印错误，重新出版，以飨读者。

上海古籍出版社

二〇二四年三月

目　录

序　言*

余读《孟子》书，至《万章》篇："颂其诗，读其书。"《周礼·春官·大师》注："颂之言诵也。""颂其诗"，即"诵其诗"。于诗曰诵，于书曰读，而知诵与读之有别。段玉裁《说文解字注》云："讽，诵也。诵，讽也。读，籀书也。"《大司乐》："以乐语教国子：兴道讽诵言语。"注："倍文曰讽。以声节之曰诵。"倍同背，谓不开读也。诵则非直背文，又为吟咏，以声节之。《周礼经注》析言之，讽、诵是二。许统言之，讽诵是一。《竹部》："籀，读书也。"《庸风传》曰："抽，读也。"《方言》曰："抽，读也。"盖籀、抽古通用。《史记》"紬史记石室金匮之书"，字亦作抽。抽绎其义蕴，至于无穷，是之谓读。故卜筮之辞曰籀，谓抽绎易义而为之也。太史公作《史记》曰"余读高祖侯功臣"，曰"太史公读列侯至便侯"，曰"太史公读秦楚之际"，曰"余读谍记"，曰"太史公读《春秋谱谍》"，曰"太史公读《秦记》"，皆谓紬绎其事以作表也。然则孟子之为学也，盖读与诵异品，诗以诵，书以读。荀子《劝学》篇："学恶乎始？恶乎终?"曰："其数则始乎诵经，终乎读礼。"杨倞注："经，谓诗书；礼，谓典礼。"诗书可诵，典礼则读而不诵。诵者，玩其文辞之美；读者，索其义蕴之奥。《乐记》曰："广其节奏，省其文采，以绳德厚。"诵之法也。《孟子》曰："博学而详说之，将以反说约。"读之法也。古人之所谓诵，今人曰读；古人之所谓读，今人曰看。曾涤生《谕儿子纪泽书》云："看者，如尔去年看《史记》、《汉书》、韩文、《近思录》，今年看《周易折中》之类是也。读者，如《四书》、《诗》、《书》、《易》、《左传》诸

---

* 据中华书局1926年5月版校印。

经,《昭明文选》、李、杜、韩、苏之诗,韩、欧、曾、王之文,非高声朗诵,则不能得其雄伟之概;非密咏恬吟,则不能得其深远之韵,二者不可偏废。”是曾氏之教其子,亦看与读并重。而今日之谈国文教学者,只言读本而无看本,譬如两轮之废其只,双足之刖其一,则甚矣其为跛形不具之国文教学也!窃以为,读之文宜主情,看之文宜主理;读之文宜有序,看之文宜有物;读之文宜短,而看者不宜过短。读之文宜美,而看者不必尽美。鼓之舞之之谓作,情文相生者,读之文也;长篇大论,善启发人悟而条达疏畅者,看之文也。余承乏此校,诸子劬学者多乞正于余。余因最录五十四家文八十篇、杂记七十八则,言非一端,写成此编,而析为二部:曰《文学通论》,凡自魏文帝以下三十七家文四十四篇、杂记七十五则,读之而古今文章之利病可以析焉;曰《国故概论》,凡自唐陆德明以下二十家文三十六篇、杂记三则,读之而古今学术之源流于是备焉。先之以《文学通论》者,曾涤生有言:“古圣观天地之文、兽迒鸟迹而作书契,于是乎有文。文与文相生而为字,字与字相续而成句,句与句相续而成篇……古圣之精神语笑,胥寓于此。差若毫厘,谬以千里。词气之缓急,韵味之厚薄,属文者一不慎,则规模立变,读书者一不慎,则卤莽无知。”故知舍文学,无以为通国学之邮矣。题之曰《国学必读》而不曰“国文”者,盖国文不过国学之一,而国学可以赅国文言之也。曰“必读”者,谓非籀读此编,观其会通,未足与语于国学也。虽然,我则既言矣:“古人曰读,今人曰看。”胡为生今反古,不题曰“必看”而曰“必读”?曰:按之《说文》:“看,睎也。睎,望也。”《孟子》:“望望然去。”《释名》:“望,茫也。远视茫茫也。”则是看之为言望也,有远视茫茫不求甚解之意焉,未若读之为好学深思,籀绎其义蕴至于无穷也!而弁之以作者录,以时代先后为次,可以知人论世,觇学风之嬗变焉。其不知者,盖阙如也。余文质无底,然自计六岁授书,迄今三十年,所读巨细字本亡虑三千册,四书五经之外,其中多有四五过者,少亦一再过,提要钩元,厘乃得此!然则此一编也,即以为我中国数千年国学作品之统计簿也可。曾涤生曰："书籍之浩浩，著述者之众，若江海，然非一人之腹所能饮也，要在慎择焉而已。"余则慎择之矣。太史公曰："非好学深思，心知其意，固难为浅见寡闻道。"杜元凯曰："学者原始要终，寻其枝叶，究其所穷，优柔自求，餍饫自趋，若江海之浸，膏泽之润，涣然冰释，怡然理顺，然后为得。"古之读书者盖如是也。噫！微斯人，吾谁与归！

民国十二年二月十八日无锡钱基博序于江苏省立第三师范学校

作　者　录

唐陆德明，名元朗，以字行，吴县人。善名理。历仕陈、隋。唐高祖时，为国子博士，封吴县男，著有《经典释文》。诸经音读，多遵以为依据，录《经典释文叙录》。

清钱莘楣，名大昕，字晓徵，一号竹汀，嘉定人。乾隆进士，累官少詹事。精研群籍，于经史文义、音韵训诂、典章制度、氏族、地理、金石、画像、篆隶，罔不究心。兼通中西历算。著有《唐石经考异》、《经典文字考异》、《廿二史考异》、《唐书史臣表》、《唐五代学士年表》、《宋学士年表》、《元史氏族表》、《元史艺文志》、《三史拾遗》、《诸史拾遗》、《通鉴注辨正》、《三统术衍》、《四史朔闰考》、《吴兴旧德录》、《先德录》，洪文惠、洪文敏、王伯厚、王弇州年谱，《疑年录》、《恒言录》、《十驾斋养新录》、《竹汀日记》、《钞金石文跋尾》、《元诗记事》、《潜研堂诗文集》。录《十驾斋养新录论古书音读》三则。

清陈恭甫，名寿祺，闽县人，嘉庆进士，历官翰林院编修。解经得两汉大义，诗文沉博绝丽，有六朝三唐风格。有《左海文集十卷》。录《经郛条例》、《汉读举例》。

清胡竹村，名培翚，字载屏，绩溪人。嘉庆进士，官户部主事。有《研六室文集》。录《诂经文钞序》。

清龚定庵，名自珍，字瑟人，更名巩祚，仁和人。道光进士，官礼部主事。博学负才气，于经通《公羊春秋》，于史长西北舆地，晚尤好佛乘。其文导源周秦诸子，沉博奥衍，自成一家。同光之间，所谓新学家者，大率人人皆经过崇拜龚氏之一时期云。有《定庵文集》十五卷。录《六经正名》、《古史钩沉》。

清魏默深,名源,邵阳人。道光进士,官高邮州知州。文笔奥衍,熟于掌故,尤精舆地之学。治经以西汉今文为宗,与龚定庵并称龚魏。有《曾子章句》、《诗古微》、《公羊微》、《春秋繁露注》、《圣武记》、《海国图志》、《古微堂文集》、《清夜斋诗集》。录《两汉经师今古文家法考序》。

梁任公,名启超,字卓如,新会人。受《公羊》学于南海康有为,最为高第弟子。其始论学术,则自荀卿以下,汉唐宋明清学者,掊击无完肤。而钻研之深,则亦以为国学之根柢极深厚,终有其不可磨灭者存。而于文章,夙不喜桐城派古文。幼年为文,学晚汉魏晋,颇尚矜练;既而自解放,务为平易畅达,时杂以俚语韵文及外国语法,纵笔所至不检束,学者竞效之,号为新文体。老辈痛恨,诋为野狐。然其文条理明晰而富于情感,娓娓有致。中国政学维新之动机,要不得不归功于梁氏焉!所著《饮冰室文集》以外,有《墨经校释》、《中国历史研究法》、《清代学术概论》、《盾鼻集》、《梁任公近著》、《讲演集》等书。录《治国学的两条大路》、《五千年史势鸟瞰》、《历史统计学》。

夏穗卿,名曾祐,钱塘人。治西汉今文家言,最与梁任公莫逆。所著《中国历史教科书》,衡榷政学,一以今文学为张本,而杂糅以欧儒之说。录《孔子学说》、《周秦之际之学派》。

章太炎,名炳麟,亦名绛,余杭人。少受学德清俞樾,治小学极谨严。又喜治《左氏春秋》。时南海康有为以治《公羊》有高名,而章氏诋排特甚。中年以后,究心佛典,治俱舍惟识有所入。既亡命日本,涉猎①西籍,以新知附益旧学,日益宏肆。其治小学,以音韵为骨干,谓文字先有声,然后有形,字之创造及其孳乳,皆以音衍。其精义多先儒所未发。而用佛学解老庄,极有理致。尝自述治学进化之迹曰:"平生学术,始则转俗成真,终乃回真向俗。"虽然,章氏谨守家法,而门户之见,时不能免。如治小学排斥钟鼎文、龟甲文,治经学排斥今

① 猎,原作"腊",误。

文派。所著刊行者，有《章氏丛书》、《国故概论》。录《中国文化的根源和近代学问①的发达》、《教育的根本要从自国自心发出来》、《中国文字略说》、《古音娘日二纽归泥说》、《论诸子的大概》。

胡适之，名适，绩溪人。绩溪胡氏，本以经学传家。而胡氏在美留学，兼治文学哲学，于西洋哲学史尤研求有得，授博士学位。归国，任北京大学教授。一面倡建设的文学革命之论，而以国语的文学打倒桐城派古文之旧势力；一面又主张整理国故之议，以刷新国学之面目。其于中国学术界摧陷廓清之功，信不可没。惟其衡评国学，过重知识论，而功利之见太深，此其所短。所著有《中国哲学史大纲》、《章实斋年谱》、《胡适文存》、《尝试集》等书。录《清代学者治学的方法》、《研究国故的方法》、《诸子不出于王官论》。

柳翼谋，名诒徵，江苏丹徒人也。自南海康有为作《新学伪经考》、《孔子改制考》，绩溪胡适汲其流，倡新汉学，以为《周礼》为伪作，《尚书》非信史，六籍皆儒家托古，持勿轻信古人之论。而胡氏尤善属书离辞，指事类情，一时风动。后生小子，不事研诵，好骋异议，疑经蔑古，即成通人。余杭章炳麟氏谓："推其所至，十七史之作者骸骨亦已朽矣，一切称为伪托，亦奚不可？而儒家孔子究竟有无其人？今亦何从质验。转益充类，将谓我生以前，无一事可信，无一人是真。"可谓慨乎言之也！而柳氏不徇众好，独以为古人古书不可轻疑。章氏比之"凤鸣高冈"。其为人美须髯，善谭议。治中国史学尤精洽，采摭极博，而议论有裁断。历任南京高等师范学校、东南大学国文教授。录《正史之史料》、《论近人讲诸子之学者之失》。

江易园，名谦，婺源人，南通张謇弟子。尝为安徽教育司、南京高等师范学校校长。于音韵学研探造微。所著有《说音》、《古今音读表》、《两汉学风》等书，录《古今音异读表序》。

江山渊，名瑔，廉江人。著《读子卮言》二卷，中有精到语。录《论

① 学问，原作"学术"。

子部之沿革兴废》、《论九流之名称》、《论道家为百家所从出》。

江亢虎，以字行，安徽旌德人。容貌魁伟，工诗文而好谭议。交游无厚薄，一接以礼。民国初元，创社会党于上海。中国之言社会主义者，自江氏始。既而赴美国，任美国国立图书馆汉文部主任、加利福尼亚大学汉文教习，力以宣传中国文化为己任。又游欧陆，入新俄，参与国际大会。归国后，任北京、东南两大学社会讲师。录《中国文化及于西方之影响》。

陈邃庵，名嘉异，字德乘，湖南长沙人。尝游学日本，习法政，颇喜研治哲学社会诸问题。录《东方文化与吾人之大任》。

钱基博，字子泉，一字潜夫，无锡人。幼年为文学《战国策》，喜纵横不拘绳墨。既而泽之以汉魏，字矜句练。又久而以为厚重少姿致，叙事学陈寿，议论学苏轼，务为平易畅达。而论学则诂经谭史，旁涉百家，博学而无所成名。诋之者谓其博而不精，喜为附会，殆实录也。录《某社存古小学教学意见书》、《师范学校读经科教授进程说明书》、《吴江沈颖若先生〈文字源流〉后序》。

作者待访录

刘叔雅
陈启天
抗父
金可庄

一　夏曾祐《孔子学说》

第一节　孔子以前之宗教

春秋至要之事，乃孔子生于此代也。孔子一身，直为中国政教之原。中国之历史，即孔子一人之历史而已。故谈历史者不可不知孔子。然欲考孔子之道术，必先明孔子道术之渊源。孔子者，老子之弟子也。孔子之道，虽与老子殊异，然源流则出于老。故欲知孔子者，不可不知老子。然老子生于春秋之季，欲知老子，又必知老子以前天下之学术若何。老子以前之学术明，而后老子之作用乃可识。老子之宗旨见，而后孔子之教育亦可推。至孔子教育之指要既有所窥，则自秦以来，直至目前，此二千余年之政治盛衰，人材升降，文章学问，千枝万条，皆可烛照而数计矣。此春秋前半期学派之所以为要也。中国自古以来，有鬼神五行之说，而用各种巫史卜祝之法以推测之，此为其学问宗教之根本。而国家政治则悉寄于礼乐文物之间，明堂、清庙、瞽宗、辟雍是也。此等社会沿自炎黄，至周公而备，至老子而破，中间事迹有可言焉。

有神，人面白毛，虎爪执钺，是为蓐收，天之刑神也。(《周语》)有神，鸟身，素服三绝，面正方，曰："予为勾芒。"(《墨子·明鬼》)(此界神与非神之间。《礼记·祭法》注谓之人神。)至其名位，则昊天上帝最贵，化而为青帝灵威仰，赤帝赤熛怒，白帝白招拒，黑帝汁光纪，黄帝含枢纽，为王者之所自出，而佐以日月星辰、司中、司命、风师、雨

师，则天神备矣。（《周礼·春官》疏）

上天神。

《山海经》（十三篇以前，真禹书，十四篇以后，汉人所作）所列鬼神殆将数百。其状如鸟身、龙首等。（《南山经》）其名如泰逢、熏池、武罗等。（《中山经》）其礼如白狗、糈稌等。（《南山经》）而《楚词》所引湘君、湘夫人、河伯、雒嫔，亦数十见。皆地亓也。惟《左传》、《国语》无明文耳。

上地亓。

齐侯田于贝邱（齐邑名，今青州府博兴县东北十五里），见大豕。从者曰："公子彭生也。"（《左》庄八年）狐突适下国（晋邑名，今山西闻喜县东），遇太子。太子曰："帝（上帝也）许我罚有罪（谓惠公）矣！"（《左》僖十一年）大事（禘也）于大庙。夏父弗忌曰："吾见新鬼大，故鬼小。"（《左》文二年）魏颗见老人结草以亢杜回，杜回踬而颠，故获之，夜梦之曰："余，而所嫁妇人之父也。"（《左》宣十六年）郑人相惊以伯有，曰："伯有至矣！"则皆走。子产曰："鬼有所归，乃不为厉。"（《左》昭七年）（本文下云："用物精多则魂魄强。伯有三世为卿，而执其政柄，其用物宏矣，其取精多矣。强死为鬼，不亦宜乎？"案此即庶人无鬼之理也。又《墨子·明鬼》：周宣王杀杜伯而不辜，三年，杜伯乘素车白马，朱衣冠，执朱弓矢，射之，殪之车中。燕简公杀庄子仪而不辜，三年，庄子仪荷朱杖而击燕简公，殪之车上。祏观辜从事于厉，祭不以法，袾子举楫而槁之殪之坛上。墨子虽在老子后，而所引皆古事。杜伯事亦见《国语》。）

上人鬼。

方相氏掌傩以驱方良（即魍魉）。庭氏射妖鸟。（《周礼》）涸泽之精曰庆忌，若人，长四寸，衣黄衣，冠黄冠，戴黄盖，乘小马，好疾驰，可使千里外一日返报。涸川之精曰蚋，一头而两身，其形若蛇，长八尺，呼其名可取鱼鳖。（《管子·水地篇》。又《庄子·达生篇》引此，而物怪更多。）此皆物彪也。

上物魃。

以上所言，乃举古人言神祇鬼魃之分见者。其合见之处，则莫如《周礼》之《春官》。《大宗伯》曰："掌建邦之天神人鬼地祇之礼。（中略）凡祀大神，享大鬼，祭大祇，诏相王之大礼。"《司服》曰："王之吉服：祀昊天上帝，则服大裘而冕。祀五帝亦如之。享先王，则衮冕。享先公，飨射，则鷩冕。祀四望山川，则毳冕。祭社稷五祀，则希冕。祭群小祀，则玄冕。"《大司乐》曰："乐一变而致羽物及川泽之祇，再变而致蠃物及山林之祇，三变而致鳞物及丘陵之祇，四变而致毛物及坟衍之祇，五变而致介物及土祇，六变而致象物及天神。"（郑注：此大蜡之礼。）《大祝》曰："辨六号：一曰神号。二曰鬼号。三曰祇号。"（后略）而终篇则曰："凡以神仕者，掌三辰之法，以犹（郑注：图也。）鬼神祇之居，辨其名物。以冬至日致天神人鬼，以夏至日致地祇物魃。"古人之分天神、人鬼、地祇、物魃，其明画若此。然亦有不甚分明者。如社稷、五祀，皆地祇也（《春官》郑注）。而社即后土，是为勾龙，共工氏之子。稷为柱，烈山氏之子。木正勾芒，是为重。金正蓐收，是为该。水正玄冥，是为熙及修。此三官，皆少皞氏之子。火正祝融，是为黎，颛顼之子。土正即勾龙，是以一体而兼神鬼祇矣。此名之至糅杂者。（《左传》昭二十九年）

鬼神位矣，世间之事，无一不若有鬼神主宰乎其间，于是立术数之法以探鬼神之意，以察祸福之机。术数者，一天文，二历谱，三五行，四蓍龟，五杂占，六形法。（《汉书·艺文志》）今即由此六术以证古人之事，往往相合。惟汉志所列之书，今不传者十之九，故其为术，今人无能通者。今之术数，虽源于古之术数，而不尽为古之术数也（详见后）。术既无师，则观古人之已事，不能知其用何家之学说，然大略亦可分矣。大约可分四类：其天文、历谱、五行三家之说，不甚可分，今列之为一类。其蓍龟、杂占、形法三家尚分明，如其家分之为三。

楚灭陈，晋侯问于史赵曰："陈其遂亡乎？"对曰："未也。岁在鹑火，是以卒灭。今在析木之津，犹将复出。”(《左》昭八年)春正月，有星出于婺女。郑裨灶曰：“七月戊子，晋君将死。”(《左》昭十年)春，将禘于武公。梓慎望氛曰：“吾见赤黑之祲，非祭祥也，丧氛也！其在莅事乎？”(《左》昭十五年)冬，有星孛于大辰，西及汉。申须曰：“诸侯其有大灾乎？”梓慎曰：“其宋卫陈郑乎？其丙子若壬午作乎？”裨灶曰：“若我用瓘斝玉瓒，郑必不火。”(《左》昭十七年)春二月乙卯，周毛得杀毛伯过而代之。苌弘曰：“毛得必亡！是昆吾(夏伯也)稔之日也。”(《左》昭十八年)春二月己丑，日南至。梓慎望氛曰：“今兹宋有乱，国几亡。三年而后，弭蔡有大丧。”(《左》昭二十年)天王将铸无射。泠州鸠曰：“王其将以心疾死乎？”(《左》昭二十一年)夏五月乙未朔，日有食之。梓慎曰：“将水。”昭子曰：“旱也。”(《左》昭二十四年)夏，吴伐越。史墨曰：“不及四十年，越其有吴乎？越得岁而吴伐之，必受其凶矣！”(《左》昭三十二年)

上天文历谱五行。

初，懿氏卜妻敬仲。其妻占之曰：“吉！是谓凤凰于飞，和鸣锵锵。有妫之后，将育于姜。五世其昌，并为正卿。八世之后，莫之与京。”周史有以《周易》见陈侯者。陈侯使筮之，遇观䷓之否䷋，曰：“是谓观国之光，利用宾于王。”(《左》庄二十二年)初，毕万筮仕于晋，遇屯䷂之比䷇。辛廖占之曰：“吉！(中略)公侯之卦也。公侯之子孙，必复其始。”(《左》闵元年)成季之将生也，桓公使卜楚丘之父卜之。曰：“男也！其名曰友。间于两社，为公室辅。季氏亡，则鲁不昌。”又筮之，遇大有䷍之乾䷀，曰：“同复于父，敬如君所。”(《左》闵二年，又昭三十二年)秦伯伐晋。卜徒父筮之，曰：“吉！”涉河，侯车败，诘之，对曰：“乃大吉也！三败，必获晋君。其卦遇蛊䷑，曰：‘千乘三去，三去之余，获其雄狐。’”初晋献公筮嫁伯姬于秦，遇归妹䷵之睽䷥。史苏占之曰：“不吉！其繇曰：‘士刲羊，亦无衁也。女承筐，亦无贶也。西邻责言，不可偿也。’归妹之睽，犹无相也！为雷为火，为嬴败姬。车脱其輹，火焚其旗，不利行师，败于宗丘。归妹睽孤，寇张之弧，侄

其从姑。六年其逋，逃归其国而弃其家。明年，其死于高梁之墟。”(《左》僖十五年)

惠公之在梁也，梁伯妻之。梁嬴孕，过期。卜招父与其子卜之。其子曰：“将生一男一女。”招曰：“然。男为人臣，女为人妾。”(《左》僖十七年)晋将伐楚，公筮之。史曰：“吉！其卦遇复䷗，曰：‘南国蹙射其元，王中厥目。’”(《左》成十六年)穆姜薨于东宫。始往而筮之，遇艮之八䷳。史曰：“是谓艮之随䷐。随其出也，君必速出！”姜曰：“亡！(中略)必死于是，勿得出矣！”(《左》襄九年)郑皇耳帅师侵卫。孙文子卜追之，献兆于定姜。姜氏问繇，曰：“兆如山陵。有夫出征而丧其雄。”(《左》襄十年)崔武子将娶棠姜，筮之，遇困䷮之大过䷛。陈文子曰：“妻不可娶也！其繇曰：‘困于石，据于蒺藜，入于其宫，不见其妻，凶！’”(《左》襄二十五年)初，穆子之生也，庄叔以《周易》筮之，遇明夷䷣之谦䷎。卜楚丘曰：“是将行(出奔也)而归为子祀(奉祭祀也)。以谗人入，其名曰牛，卒以馁死。”(《左》昭五年)

卫襄公夫人姜氏无子。孔成子梦康叔谓己：“立元！余使羁之孙圉与史苟相之。”史朝亦梦康叔谓己：“余将命而子苟与孔烝钼(成子名)之曾孙圉相元。”史朝见成子，告之梦，梦协。晋韩宣子为政聘于诸侯之岁。婤姶生子，命之曰元。孔成子以《周易》筮之，遇屯䷂之比䷇。史朝曰：“元亨，又何疑焉！”(《左》昭七年)南蒯之将叛也，枚筮之(不指其事，泛卜吉凶)，遇坤䷁之比䷇。子服惠伯曰：“忠信之事则可，不然必败！”(《左》昭十二年)晋赵鞅卜救郑，遇水适火，占诸史赵、史墨、史龟。史龟曰：“是谓沉阳，可以兴兵。利以伐姜，不利子商。”史墨曰：“(前略)水胜火，伐姜则可。”史赵曰：“(前略)救郑则不吉，不知其他。”阳虎以《周易》筮之，遇泰䷊之需䷄，曰：“宋方吉，不可与也。”(《左》哀九年)(案：卜筮分为二术，卜者，龟也。《周礼》太卜掌三兆之法，一曰玉兆，二曰瓦兆，三曰原兆。其经兆之体，皆百有二十，其繇皆千有二百。盖以火灼龟，观其璺罅，各从其形似占之，所谓使某卜之，其繇曰云云，皆卜也。筮者，蓍也。

《周礼》筮人掌三易：一曰《连山》，二曰《归藏》，三曰《周易》。其经卦皆八，其别皆六十有四，盖用蓍草四十九枚，揲之成卦，以观吉凶。所谓使某筮之，遇某卦之某卦云云，皆筮也。其不言《周易》者皆《连山》、《归藏》。）

上蓍龟。

初晋穆公之夫人以条（晋邑名，今山西安邑县北）之役生太子，命之曰仇。其弟以千亩（晋邑名，今山西介休县南）之战生，命之曰成师。师服曰："异哉！君之名子也！（中略）始兆乱矣，兄其替乎！"（《左》桓二年）初内蛇与外蛇斗于郑南门中，内蛇死。六年，而厉公入。申繻曰："人之所忌，其气焰以取之，妖由人兴也。人无衅焉，妖不自作。人弃常则妖兴，故有妖。"（《左》庄十五年）八月甲午晋侯围上阳（虢地名，今河南陕州东南），问于卜偃曰："吾其济乎？"对曰："克之。"公曰："何时？"对曰："童谣云：'丙之晨，龙尾伏辰，均服振振，取虢之旗。鹑之奔奔，天策焞焞，火中成军，虢公其奔。'其九月十月之交乎？丙子旦，日在尾，月在策，鹑火中，必是时也。"（《左》僖五年）秋八月辛卯，沙鹿（山名，今直隶元城县境）崩。晋卜偃曰："期年将有大咎，几亡国。"（《左》僖十四年）晋侯梦与楚子搏，楚子伏己而盬其脑。子犯曰："吉！吾得天。楚伏其罪，吾且柔之矣。"（《左》僖二十八年）楚子玉自为琼弁玉缨，未之服也。先战，梦河神谓己曰："畀余，余赐汝孟诸（泽名，今河南归德府治东）之麋。"弗致也。大心与子西使荣黄谏，弗听。出告二子曰："非神败令尹，令尹实自败也！"（《左》僖二十八年）赵婴梦天使谓已："祭余，余必福汝。"（中略）士贞伯曰："神福善而祸淫，淫而无罚，福也，祭其得亡乎！"祭之明日而亡。（《左》成六年）晋侯梦大厉，被发及地，搏膺而踊曰："杀余孙不义，余得请于帝矣！"坏大门及寝门而入。公惧，入于室，又坏户。公觉，召桑田巫。巫言如梦。公曰："何如？"曰："不食新矣。"公疾病，求医于秦。秦伯使医缓为之。未至，公梦疾为二竖子，曰："彼，良医也，惧伤我，焉逃之？"其一曰："居肓之上，膏之下，若我何？"医至，曰："疾不可为也。

在肓之上，膏之下，攻之不可，达之不及，药不至焉，不可为也。”（中略）六月丙午，晋侯欲麦，甸人献麦，馈人为之。召桑田巫，示而杀之。将食，张，如厕，陷而卒。小臣有晨梦负公登天，及日中，负晋侯出诸厕，遂以为殉。（《左》成十一年）初，声伯梦涉洹（水名，今河南安阳县北），或与己琼瑰，食之，泣而为琼瑰，盈其怀。从而歌之曰：“济洹之水，赠我以琼瑰。归乎归乎，琼瑰盈吾怀乎！”惧不敢占也。三年，占之，暮而卒。（《左》成十七年）中行献子将伐齐，梦与厉公（厉公，献子所弑者）讼，弗胜。公以戈击之，首坠，以前跪而戴之，奉之以走，见梗阳之巫皋。他日见诸道，与之言同。巫曰：“今兹，主必死。”（《左》襄十八年）有鸜鹆来巢，师己曰：“异哉！吾闻文武之世，童谣有之曰：‘鸜之鹆之，公出辱之。鸜鹆之羽，公在外野，往馈之马。鸜鹆跦跦，公在乾侯，征褰与襦。鸜鹆之巢，远哉遥遥，稠父丧劳，宋父以骄。鸜鹆鸜鹆，往歌来哭。’童谣有是，今鸜鹆来巢，其将及乎？”（《左》昭二十五年）十二月辛亥朔，日有食之。是夜也，赵简子梦童子羸而转以歌，占诸史墨，曰：“吾梦如是。今而日食，何也？”对曰：“六年，及是月也，吴其入郢（楚都，今湖北江陵县）乎？终亦弗克。”（《左》昭三十一年）曹人或梦众君子立于社宫而谋亡曹。曹叔振铎曰：“请待公孙疆为政。”许之。旦而求之曹，无之，戒其子曰：“我死，尔闻公孙疆为政，必去之。”（《左》哀七年）卫侯梦于北宫，见人登昆吾之观，被发北面而噪曰：“登此昆吾之虚，绵绵生之瓜。余为浑良夫，叫天无辜！”卫侯贞卜。其繇曰：“如鱼窥尾，衡流而方羊裔焉。大国灭之，将亡！”阖门塞窦，乃自后逾。（《左》哀十七年）

上杂占。

王使内史叔服来会葬。公孙敖闻其能相人也，见其二子焉。叔服曰：“谷也食子。难也收子。谷也丰下，必有后于鲁国。”（《左》文元年）（案：《左》文元年，子上曰：“是蜂目而豺声，忍人也。”《周语》中叔孙侨如方上而锐下，宜其触冒人，并以相定人之善恶。其以相定人之祸福始此。又《荀子·非相篇》：古有姑布子卿，今之世，梁有唐举，相人之形状颜色，而知其吉凶妖祥。知此术盛于战国也。）

上形法。

以上所言鬼神术数之事，今人不能不笑古人之愚。然非愚也。盖初民之意，观乎人类，无不各具知觉。然而人之初生，本无知觉者也，其知觉不知从何而来？人之始死，本有知觉者也，其知觉又不知从何而去？于是疑肉体之外，别有一灵体存焉。其生也，灵体与肉体相合而知觉显。其死也，灵体与肉体相分而知觉隐。有隐现而已，无存亡也。于是有人鬼之说。既而仰观于天，日月升沉，寒暑迭代，非无知觉者所能为也。于是有天神之说。俯观乎地，出云雨，长草木，亦非无知觉者所能为也。于是有地亓之说。人鬼、天神、地亓，均以生人之理推之而已。其他庶物之变所不常见者，则谓之物魅，亦以生人之理推之而已。此等思想，太古已然。逮至算术既明，创为律历，天文诸事，渐可测量，推之一二事而合，遂谓推至千万事而无不合，乃创立法术以测未来之事，而术数家兴。此社会自古至今未尝或变，非但中国尚居此社会中，即外国亦未离此社会也。所异者，春秋以前，鬼神术数之外无他学；春秋以后，鬼神术数之外，尚有他种学说耳。

第二节　新说之渐

鬼神术数之学，传自炎黄，至春秋而大备。然春秋之时，人事进化，骎骎有一日千里之势。鬼神术数之学，遂不足以牢笼一切。春秋之末，明哲之士渐多，不信鬼神术数者，《左传》所引，如史嚚曰："国将兴，听于民。国将亡，听于神。"（庄公三十二年）子产曰："天道远，人道迩。非所及也，何以知之？"（昭八十八年）仲几曰："薛征于人，宋征于鬼。宋罪大矣！"（定公元年）自此以来，障蔽渐开。至老子，遂一洗古人之面目。九流百家，无不源于老子。老子楚人（史称老子姓李名耳,恐此为后人所窜入也),周守藏室之史也。周制,学术、艺文、朝章、国故,凡寄于言语文字之物,无不掌之于史。故世人之谘异闻、质疑事者,莫不于史。史之学识,于通国为独高,亦犹之埃及印度之祭司也。老子以犹龙之资,读藏室之富,而丁蜕化之时,乃著书上下篇,言道德之意五千余言而去,莫知所终。(后世言老子者甚多,然皆出于神仙家。)

第三节　老子之道

老子之书,于今具在。讨其义蕴,大约以反复申明鬼神术数之误为宗旨。“万物芸芸,各归其根,归根则静,是为复命。”是知鬼神之情状,不可以人理推,而一切祷祀之说破矣!“有物浑成,先天地生。”则知天地山川五行百物之非原质,不足以明天人之故,而占验之说废矣!“祸兮福所倚,福兮祸所伏。”则知祸福纯乎人事,非能有前定之者,而天命之说破矣。鬼神五行前定既破,而后知“天地不仁,以万物为刍狗;圣人不仁,以百姓为刍狗”。闷宫、清庙、明堂、辟雍之制,衣裳、钟鼓、揖让、升降之文之更不足言也。虽然,老子为九流之初祖,其生最先。凡学说与政论之变也,其先出之书,所以矫前代之失者,往往矫枉过正。老子之书,有破坏而无建立,可以备一家之哲学,而不可以为千古之国教。此其所以有待于孔子欤!

第四节　孔子世系及形貌

孔子,生鲁昌平乡,陬人(今山东曲阜县)。其先宋人也。宋襄公生弗父何,何生宋父周,周生世子胜,胜生正考父,正考父生孔父嘉,五世亲尽,别为公族,姓孔氏。孔父生木金父,木金父生睪夷,睪夷生防叔，畏华氏之逼而奔鲁，为鲁人。防叔生伯夏，伯夏生叔梁纥。叔梁纥娶鲁之施氏，生九女，其妾生孟皮。孟皮病足，乃求婚于颜氏。颜氏有三女，小女名徵在，嫁叔梁纥。时叔梁纥年六十四矣。孔子母徵在游于大泽之陂，梦黑帝使请己，已往，梦交，语曰："汝乳必于空桑之中。"觉则若感，生丘于空桑之中，故曰元圣。（案：此文学者毋以为怪，因古人谓受天命之神圣人，必为上帝之所生。孔子虽不有天下，然实受天命比于文王，故亦以王者之瑞归之。虽其事之信否不烦言而喻，然古义实如此，改之则六经之说不可通矣。凡解经者必兼纬，非纬则无以明经，此汉学所以胜于宋学也。）孔子生于鲁襄公二十二年（《公羊传》孔子以襄公二十一年十一月庚子生，即周灵王二十一年），生而首上圩顶，如屋宇之反，中低而四旁高。身长九尺六寸，人皆谓之长人。古称孔子仪表者非一：如孔子反宇，是谓尼丘。孔子之胸，有文曰："制作定，世符运。"孔子长十尺，大九围，坐如蹲龙，立如牵羊，就之如昴，望之如斗。孔子海口，言若含泽。仲尼斗唇，舌理七重，吐教陈机受度。仲尼虎掌，是谓威射；胸应矩，是谓仪古；龟脊，辅喉，骈齿，面如蒙倛；其颡似尧；其项似皋陶；其肩类子产；自要以下，不及禹三寸。

第五节　孔子之事迹

孔子为儿嬉戏，常陈俎豆，设礼容。孔子母死，乃殡五父之衢（在山东曲阜县西南二里）。郰人（今山东曲阜县，与邹县相接处）挽父之母，诲孔子父墓，然后合葬于防（今山东费县东北六十里）。孔子少贫贱。及长，尝为季氏史，料量平；尝为司职吏，而畜蕃息。南宫适言于鲁君，请与孔子适周。鲁君与之一乘车，两马，一竖子，俱适周，问礼盖见老子云。孔子自周反于鲁，弟子益进。孔子年三十五，鲁三家共攻昭公。昭公出居乾侯（今直隶成安县东南）。其后顷之鲁乱。孔子适齐，为高氏家臣，在齐闻韶。齐景公问政于孔子，为晏婴所沮，不果用。孔子遂行，反乎鲁。孔子年四十二，鲁昭公卒于乾侯，定公立。是时阳虎为政，自大夫以下皆僭，离于正道。故孔子不仕，退而修《诗》、《书》、《礼》、《乐》。弟子弥众，至自远方，莫不受业焉。定公八年，阳虎欲废三桓，不克，奔于齐。孔子年五十。公山不狃畔季氏，使人召孔子，孔子卒不行。定公十年，会诸侯于夹谷，孔子摄相事。定公十四年，将堕三都。叔孙氏先堕郈（叔孙氏邑名，今山东平度州东南十里），季孙氏堕费（季孙氏邑名，今山东鱼台县东南），孟孙氏不肯堕成（孟孙氏邑名，今山东宁阳县东北九十里）。公围成，未克。定公十五年，孔子五十六，由大司寇摄行相事，鲁国大治。齐人惧，遗鲁君女乐以沮孔子。季桓子与鲁君为周道游，往观终日，三日不听政，又不致膰俎于大夫。孔子遂行。孔子适卫，或谮孔子于灵公。孔子去卫，将适陈，过匡（卫地名，今直隶长垣县境）。阳虎尝暴于匡，孔子貌类阳虎，匡人拘孔子。孔子使从者通于宁武子，然后得去。反乎卫，见夫人南子。灵公与夫人同车，宦者雍渠骖乘之，使孔子为次乘，招摇市过之。孔子丑之，去卫，适曹。复去曹，适宋，与弟子习礼大树下。宋司马桓魋欲杀孔子，拔其树。孔子去，适郑，遂至陈。居陈三年，过蒲（卫地名，今直隶长垣县治），蒲人止孔子。弟子公良孺与疾斗，蒲人惧，盟而出之。遂复适卫，灵公不能用。将西见赵简子，临河不济而返乎卫。灵公问陈。孔子行，复如陈。明年，自陈迁于蔡。三岁，楚使人聘孔子。孔子将往，陈蔡人围之于野，不得行。使子贡至楚，楚兴师迎孔子，然后得免。楚昭王将用孔子，子西沮之。于是孔子自楚反乎卫，年六十三矣！鲁哀公六年也。居卫久之，季康子以币迎孔子，孔子反鲁。孔子去鲁凡十四年，而反乎鲁，然鲁卒不能用孔子。孔子亦不求仕，乃述《诗》、《书》、《礼》、《乐》、《易》、《象》、《春秋》之文。孔子病，子贡请见。孔子方负杖逍遥于门，曰："赐，汝来何其晚也！"孔子因叹，歌曰："太山坏乎！梁木摧乎！哲人萎乎！"因以涕下。谓子贡曰："天下无道久矣，莫能宗予！夏人殡于东阶，周人于西阶，殷人两柱间。昨暮予梦坐奠两柱之间，予殆殷人也！”后七日卒，年七十三。时鲁哀公十六年四月己丑也。

第六节 孔子之异闻

孔子生平至大之事，为制定六经。此事为古今所聚讼，至于近年，争之弥甚。此中国宗教中一大关键也。今略述之：汉人言：“得麟之后，天降血书鲁端门内，曰：‘趋作法，孔圣没，周姬亡，彗东出，秦政起，胡破术，书记散，孔不绝。’子夏明日往视之，血书飞为赤鸟，化为白书，署曰‘演孔图’，中有作法制图之状。孔子仰推天命，俯察时变，却观未来，豫解无穷，知汉当继大乱之后，故作拨乱之法以授之。”“孔子作《春秋》，制《孝经》，既成，使七十二弟子向北辰磬折而立，使曾子抱《河》、《洛》事，北向。孔子斋戒，簪缥笔，衣绛单衣，向北辰而拜，告备于天曰：‘《孝经》四卷，《春秋》、《河》、《洛》凡八十一卷，谨已备。’天乃洪郁起白雾摩地，赤虹自上下化为黄玉，长三尺，上有刻文。孔子跪受而读之，曰：‘宝文出，刘季握。卯金刀，在轸北。字禾字，天下服。’”汉儒之说，大率类此，此举其两条耳。大抵上古天子之事有三：一曰感生。二曰受命。三曰封禅。感生者，如华胥履迹之类，受命者，如龙马负图之类，前已与诸生言及矣。惟封禅一事，前节未言。案封泰山禅梁甫之说，至汉而多。六艺之文，未详其事，故后人有疑其不经者。然求之六经，其证尚多，不过未用封禅二字耳，其实则封禅也。《诗·周颂·时迈》序云：“巡守祭告柴望也。”《书·帝典》：“岁二月东巡守，至于岱宗，柴望秩于山川，遍于群神。”《礼记·礼器》：“因名山升中于天，而凤皇降，龟龙假。”三者皆言封禅。故《时迈》郑笺云：“巡守告祭者，天子巡行邦国，至于方岳之下而封禅也。”《正义》引《白虎通》曰：“王者易姓而起，必升封太山何？告之也。始受天命之时，改制应天。天下太平，功成封禅以告太平。所以必于太山何？

岁物交代之处也。”据此证之，知封禅为上古之典礼，非不经之事。《史记·封禅书》引管仲言：“古者封太山，禅梁甫者七十二家，盍足怪乎！”（聚土曰封，除地曰禅，变禅言禅者，神之也。）盖感生者，明天子实天之所生。受天命者，天立之为百神之主，使改制以应天。封禅者，天子受天明命，致太平以告成于天。三事一贯，而其事惟王者能有之，明矣。故上自庖牺，凡一姓兴起，无不备此三端。而孔子布衣非王者，然自汉儒言之，则恒以天子待之。徵在游于大泽，梦感黑龙，感生也。天下血书于鲁端门，化为赤鸟，即文王赤鸟衔书之例，受命也。绛衣缥笔告备于天，天降赤虹白雾，封禅也。三者皆天子之事。更曲为之说曰：帝出乎震，故庖牺以木德王。木生火，故神农以火德王。火生土，故黄帝以土德王。土生金，故少昊以金德王。金生水，故颛顼以水德王。水生木，故帝喾以木德王。木生火，故帝尧以火德王。火生土，故帝舜以土德王。土生金，故禹以金为王。金生水，故汤以水为王。水生木，故文王以木为王。木当生火，而丘为制法主，黑绿不代苍黄（言孔子黑龙之精，不代合周家木德之苍也），此所以既比之以文①王，又号之以素王欤？而赤帝子之名，则归之汉高帝矣。此等孔子继周而王，为汉制法之说极盛于前汉。至后汉，渐有不信其说者。然至郑康成为群经作注，仍用此说。自此至唐作注疏，无甚大异。洎乎宋儒，乃毅然废之，似于圣门有摧陷廓清之功，然以解群经之制度名物，微言大义，无一能合。然则宋学所持，其具之胜劣，姑不必言，而其非孔子之道，则断然也。元明二代，不越乎宋学之范围。清朝诸儒，稍病宋学之空疏，而又畏汉学之诡诞，于是专从训诂名物求之，所发明者颇多，而人之身心，渺不相涉，其仍非宗教之真可知也。今平心论之，各为一时社会所限耳。盖自上古至春秋，原为鬼神术数之世代，乃合蚩尤之鬼道与黄帝之阴阳以成之，皆初民所不得不然。（三苗信鬼，乃最初之思想。黄帝明历律，乃有术数，则稍进矣。

① 文，原作“义”，据文意改。

其后乃合二派而用之。)至老子骤更之,必为天下所不许,书成身隐,其避祸之意耶?孔子虽学于老子,而知教理太高,必与民智不相适而废。于是去其太甚,留其次者,故去鬼神而留术数。《论语》言:“未知生,焉知死!”又言:“不知命无以为君子。”即其例也。然孔子所言虽如此,而社会多数之习,终不能改。至汉儒乃以鬼神术数之理解经,此以上诸说之由来也。

第七节 孔子之六经

中国之圣经,谓之六经:一曰《诗》,二曰《书》,三曰《礼》,四曰《乐》,五曰《易象》,六曰《春秋》。其本原皆出于古之圣王,而孔子删定之。笔削去取,皆有深义。自古至今,绎之而不尽,经学家聚讼焉。今略述其概如下:

一《易》。(六经之次第有二:《七略》以前,首《诗》,次《书》,次《礼》,次《乐》,次《易》,次《春秋》,此法周秦诸子悉遵之。《七略》以后,首《易》,次《书》,次《诗》,次《礼》,次《乐》,次《春秋》,此法用之至今。此为经学中一大问题,本编本从周之义,以《易》为首。)包牺始画八卦,因而重之,为六十四卦。文王作卦辞,周公作爻辞。孔子作彖辞、象辞、文言、系辞、说卦、序卦、杂卦,是为十翼。以授鲁商瞿子木,凡《易》十二篇。

二《书》。《书》本王之号令,右史所记。孔子删订,断自唐虞,下讫秦穆,典谟训诰誓命之文,凡百篇,而为之序。及秦禁学,孔子之孙惠壁藏之,凡《书》二十九篇。

三《诗》。《诗》者,所以言志,吟咏性情以讽其上者也。古有采诗之官,王者巡守,则陈诗以观民风,知得失,自考正也。动天地,感鬼神,厚人伦,美教化,莫近乎诗。是以孔子最先删录,既取《周诗》,上兼《商颂》,以授子夏,凡三百一十一篇。

四《礼》。帝王质文，世有损益。至于周公，代时转浮。周公居摄，曲为之制，故曰："经礼三百，威仪三千。"及周之衰，诸侯始僭，将逾法度，恶其害己，皆灭去其籍，自孔子时而不具矣。孔子反鲁，乃始删定。值战国交争，秦氏坑焚，故惟《礼》经崩坏为甚。今所存者，惟《仪礼》至为可信。《周礼》、《礼记》皆汉人所掇拾耳。凡《礼》经十七篇。

五《乐》。自黄帝下至三代，乐各有名。孔子曰："安上治民，莫善于礼。移风易俗，莫善于乐。"二者相与并行。周衰，俱坏，孔子自卫反鲁，然后乐正。然乐尤微眇，以音律为节，又为郑、卫所乱，故无遗法。

六《春秋》。古之王者，必有史官，君举必书，所以慎言行昭法式也。诸侯亦有国史，《春秋》即鲁之史记也。孔子应聘，不遇。自卫而归，西狩获麟，伤其虚应，乃因鲁旧史而作《春秋》，上述周公遗制，下明将来之法，勒成十二公之经以授子夏。凡《春秋》十二篇。

上为六经，皆孔子所手定也。此外犹有二经，与六经并重，皆门人记录孔子言行之所作也。

一《论语》。《论语》者，孔子应答弟子时人及弟子相与言而相闻于夫子之语也。当时弟子各有所记，夫子既卒，门人相与辑而论纂，故谓之《论语》。凡二十篇。

一《孝经》。《孝经》者，孔子为曾子陈孝道也。凡一篇。

上二经，六经之总汇。至宋儒乃取《论语》二十篇及《礼记》中之《大学》一篇、《中庸》一篇，而益以《孟子》七篇，谓之四书。于今仍之不改，非孔子之旧矣。

第八节 墨子之道

墨子，名翟，宋人，孔子之弟子也，或史角之弟子也。其学与老子、孔子同出于周之史官，而其说与孔子相反。惟修身、亲士，为宗教所不可无，不能不与孔子同。其他则孔子亲亲，墨子尚贤；孔子差等，墨子兼爱；孔子繁礼，墨子节用；孔子重丧，墨子节葬；孔子统天（《春秋》称以元统天文，言称先天，而天不违，盖孔子不尚鬼神，故有此说），墨子天志；孔子远鬼（《论语》“未知生焉知死”、“敬鬼神而远之”），墨子明鬼；孔子正乐，墨子非乐；孔子知命（《论语》“道之将行也与，命也，道之将废也与，命也”、“不知命无以为君子也”），墨子非命；孔子尊仁，墨子贵义，殆无一不与孔子相反。然求其所以然之故，亦非墨子故为与孔相戾，特其中有一端不同，而诸端遂不能不尽异。宗教之理，如算式然，一数改，则各数尽改。墨子学于孔子，以为其礼烦扰而不悦，厚葬糜财而贫民，服伤生而害事。丧礼者，墨子与孔子不同之大原也。儒家丧礼之繁重，为各宗教所无，然儒家则有精理存焉。儒家以君父为至尊无上之人，以人死为一往不返之事（无鬼神，则身死而神亦死矣），以至尊无上之人，当一往不返之事，而孝又为政教全体之主纲，丧礼乌得而不重！墨子既欲节葬，必先明鬼（有鬼神，则身死犹有其不死者存，故丧可从杀。天下有鬼神之教，如佛教、耶教、回教，其丧礼无不简略者），既设鬼神，则宗教为之大异。有鬼神，则生死轻而游侠犯难之风起，异乎儒者之尊生；有鬼神，则生之时暂，不生之时长，肉体不足计，五伦非所重，而平等兼爱之义伸，异乎儒者之明伦。其他种种异义，皆由此起。而孔、墨遂成相反之教焉。墨子曾仕宋为大夫，其生卒年月无可考。《墨子·非攻》篇：“墨子与公输般相辨。”是与公输般同时。《檀弓》载季康子之母死，公输般请以机封。康子卒在哀公二十七年，则哀公时墨子年已长，宜其逮事孔子也。墨子后，其教分为三支（见《韩非子·显学》篇），至西汉间而微。《墨子》书十五篇，今存。

第九节　三家总论

老、孔、墨三大宗教，皆起于春秋之季，可谓奇矣，抑亦世运之有以促之也。其后孔子之道成为国教，道家之真不传（今之道家皆神仙家），墨家遂亡。兴亡之故，固非常智所能窥，然亦有可浅测之者。老子于鬼神术数，一切不取者也，其宗旨过高，非神州多数之人所解，故其教不能大。孔子留术数而去鬼神，较老子为近人矣，然仍与下流社会不合，故其教只行于上等人，而下等人不及焉。墨子留鬼神而去术数，似较孔子更近。然有天志而无天堂之福，有明鬼而无地狱之罪，是人之从墨子者，苦身焦思而无报，违墨子者，放辟邪侈而无罚也。故上下之人均不乐之，而其教遂亡。至佛教西来，兼老、墨之长而去其短，遂大行于中国。至今西人皆以中国为佛教国也。

二　梁任公《治国学的两条大路》

诸君，我对于贵会，本来预定讲演的题目是《古书之真伪及其年代》，中间因为有病，不能履行原约。现在我快要离开南京了，那个题目不是一回可以讲完，而且范围亦太窄，现在改讲本题，或者较为提纲絜领，较于诸君有益罢！

我以为研究国学有两条应走的大路：

一、文献的学问，应该用客观的科学方法去研究。

二、德性的学问，应该用内省的和躬行的方法去研究。

第一条路，便是近人所讲的"整理国故"这部分事业。这部分事业最浩博、最繁难，又且最有趣的，便是历史。我们是有五千年文化的民族，我们一家里弟兄姊妹们便占了全人类四分之一。我们的祖宗世世代代在"宇宙进化线"上头不断的做他们的工作，我们替全人类积下一大份遗产，从五千年前的老祖宗手里一直传到今日，没有失掉。我们许多文化产品，都用我们极优美的文字记录下来。虽然记录的方法不很整齐，虽然所记录的随时散走了不少，但即以现存的正史、别史、杂史、编年、记事本末、法典、政书、方志、谱牒以及各种笔记、金石刻文等类而论，十层大楼的图书馆也容不下。拿历史家眼光看来，一字一句，都藏有极可宝贵的史料。又不独史部书而已，一切古书，有许多人见为无用者，拿他当历史读，都立刻变成有用。章实斋说"六经皆史"，这句话我原不敢赞成，但从历史家立脚点看，说六经皆史料，那便通了。既如此说，则何只六经皆史也，可以说诸子皆史，诗文集皆史，小说皆史，因为里头一字一句，都藏有极可贵的史料，和史部书同一价值。我们家里头这些史料，真算得世界第一个丰富的矿穴。从前仅用土法开采，采不出什么来。现在我们懂得西法了，从外国运来许多开矿机器了。这种机器是什么？是科学的方法。我们只要把这种方法运用得精密巧妙而且耐烦，自然会将这学术界无尽藏的富源开发出来。不独对得起先人，而且可以替世界人类恢复许多公共产业。

这种方法之应用，我在我去年所著的《历史研究法》和前两个月在本校所讲的《历史统计学》里头已经说过大概。虽然还有许多不尽之处，但我敢说这条路是不错的，诸君倘肯循着路深究下去，自然也会发出许多支路，不必我细说了。但我们要知道，这个矿太大了，非分段开采，不能成功；非一直开到深处，不能得着宝贝。我们一个人生的精力，能够彻底开通三几处矿苗，便算了不得的大事业。因此我们感觉着有发起一个"合作运动"之必要。合起一群人，在一个共同目的共同计划之下，各人从其性之所好，以及平时的学问根柢，各人分担三两门，做窄而深的研究，拼着一二十年的工夫下去，这个矿或者开得有点眉目了。

此外和史学范围相出入，或者性质相类似的文献学，还有许多，都是要用科学方法研究去。例如：

（一）文字学　我们的单音文字，每一个都含有许多学问意味在里头，若能用新眼光去研究，做成一部新说文字，可以当作一部民族思想变迁史或社会心理进化史读。

（二）社会状态学　我国幅员广漠，种族庞杂，数千年前之初民社会组织，与现代号称最进步的组织同时并存。试到各省区的穷乡僻壤，更进一步到苗子番子居住的地方，再拿二十四史里头蛮夷传所记的风俗来参证，我们可以看见现代社会学者许多想象的事项，或者证实，或者要加修正。总而言之：几千年间一部竖的进化史，在一块横的地平上，可以同时看出，除了我们中国以外，恐怕没有第二个国了。我们若从这方面精密研究，真是最有趣味的事。

（三）古典考释学　我们因为文化太古，书籍太少，所以真伪杂陈，很费别择，或者文义艰深，难以索解。我们治国学的人，为节省后人精力，而且令学问容易普及起见，应该负一种责任，将所有重要古典，都重新审定一番，解释一番。这种工作，前清一代的学者已经做得不少。我们一面凭藉他们的基础，容易进行，一面我们因外国学问的触发，可以有许多补他们所不及。所以这方面研究，又是极有趣味的事。

（四）艺术鉴评学　我们有极优美的文学美术作品，我们应该认识他的价值，而且将赏鉴的方法，传授给多数人，令国民成为美化。这种工作，又要另外一帮人去做。我们里头有性情近于这一路的，便应该以此自任。

以上几件都是举其最重要者，其实文献学所包含的范围还有许多。就是以上所讲的几件，剖下去，每件都有无数的细目。我们做这类文献学问，要悬三个标准以求到达。

第一求真　凡研究一种客观的事实，须要先知道“他的确如此”，才能判断“他为什么如此”。文献部分的学问，多属过去的陈迹，以讹传讹，失其真相者甚多。我们总要用很谨严的态度，仔细别择，把许多讹书和讹事都剔去，把前人的误解修正，才可以看出真面目来。这种工作，前清乾嘉诸老也曾努力过一番，有名的清学正统派之考证学便是。但依我看来，还早得很哩！他们的工作，算是经学方面做得最多，史学方面，便差得远！佛学方面，却完全没有动手哩！况且我们现在做这种工作，眼光又和先辈不同，所凭藉的资料，也比先辈们为多，我们应该开出一派新考证学。这片大殖民地，很够我们受用咧！

第二求博　我们要明白一件事物的真相，不能靠单文孤证，便下武断。所以要将同类或有关系的事情网罗起来，贯串比较，愈多愈妙。比方做生物学的人，采集各种标本，愈多愈妙。我们可以用统计的精神，作大量观察。我们可以先立出若干种假定，然后不断的搜罗资料，来测验这假定是否正确。若能善用这些法门，真如韩昌黎说的:“牛溲马勃,败鼓之皮,兼收并蓄,待用无遗。”许多前人认为无用的资料,我们都可以把他废物利用了。

但求博也有两个条件:荀子说“好一则博”,又说“以浅持博”。我们要做博的工夫,只能择一两条件专门之业,为自己性情最近者做去,从极狭的范围内生出极博来,否则便连一件也博不成,这便是“好一则博”的道理。又满屋散钱,穿不起来,虽多也是无用。资料越发丰富,则驾驭资料越发繁难,总须先求得个一以贯之的线索,才不至博而寡要。这便是“以浅持博”的道理。

第三求通　好一固然是求学的主要法门,但容易发生一种毛病。这毛病我替他起个名,叫做“显微镜生活”。镜里头的事物,看得纤悉周备,镜以外,却完全不见,这样子做学问,也常常会判断错误。所以我们虽然专门一种学问,却切不要忘却别门学问和这种学问的关系,在本门中,也常要注意各方面相互之关系。这些关系,有许多在表面上看不出来的,我们要用锐利眼光,去求得他。能常常注意关系,才可以成通学。

以上关于文献学,算是讲完。两条路已言其一,此外则为德性学。此学应用内省及躬行的方法来研究,与文献学之应用以客观的科学方法研究者绝不同。这可说是国学里最重要的一部分,人人应当领会的。必走通了这一条路,乃能走上那一条路。

近来国人对于知识方面,很是注意。整理国故的名词,我们也听得纯熟。诚然整理国故,我们是认为急务,不过若是谓除整理国故外遂别无学问,那却不然。我们的祖宗遗予我们的文献宝藏,诚然足以傲世界各国而无愧色,但是我们最特出之点仍不在此。其学为何?即人生哲学是。

欧洲哲学上的波澜,就哲学史家的眼光看来,不过是主智主义与反主智主义两派之互相起伏。主智者主智,反主智者即主情主意。本来人生方面,也只有智、情、意三者。不过欧人对主智特别注重,而于主情、主意,亦未能十分贴近人生。盖欧人讲学,始终未以人生为出发点。至于中国古哲就不然，无论何时代何宗派之著述，夙皆归纳于人生这一途，而于西方哲人精神萃集处之宇宙原理、物质公例等等，倒都不视为首要。故荀子《儒效》篇曰："道，仁之隆也……非天之道，非地之道，人之所以道也。"儒家既纯以人生为出发点，所以以"人之所以为道"为第一位，而于天之道等等悉以置诸第二位。而欧西则自希腊以来，即研究他们所谓的形上学，一天到晚，只在那里高谈宇宙原理，凭空冥索，终少归宿到人生这一点。苏格拉底号称西方的孔子，很想从人生这一面做工夫，但所得也十分幼稚。他的弟子柏拉图更不晓得循着这条路去发挥，至全弃其师传，而复研究其所谓天之道。亚里斯多德出，于是又反趋于科学。后人有谓道源于亚里斯多德的话，其实他也不过仅于科学方面有所创发，离人生毕竟还远得很！迨后斯端一派，大概可与中国的墨子相当，对于儒家，仍是望尘莫及！一到中世纪，欧洲全部，统成了宗教化。残酷的罗马与日耳曼人，悉受了宗教的感化，而渐进于迷信。宗教方面，本来主情、意的居多，但是纯以客观的上帝来解决人生，终竟离题尚远。后来再一个大反动，便是文艺复兴，遂一变主情主意之宗教，而代以理智。近代康德之讲范畴，范围更过于严谨，好像我们的临九宫格一般。所以他们这些，都可说是没有找到人生的大道上去。直至詹姆士、柏格森、倭铿等出，才感觉到非改走别的路不可，很努力的从体验人生上做去，也算是把从前机械的唯物的人生观，拨开几重云雾。但是真果拿来与我们儒家相比，我可以说仍然幼稚！

总而言之，西方人讲他的形上学，我们承认有他独到之处。换一方面，讲客观的科学，也非我们所能及。不过最奇怪的，是他们讲人生也用这种方法，结果真弄到个莫明其妙。譬如用形上学的方法讲人，绝不想到是从人生的本体来自证，却高谈玄妙，把冥冥莫测的上帝来对喻。再如用科学的方法讲，尤为妙极。试问人生是什么？是否可以某部当几何之一角、三角之一边？是否可以用化学的公式来化分化合？或是用几种原质来造成？再如达尔文之用生物进化说来讲人生，证考详博，科学亦莫能摇动，总算是壁垒坚固。但是果真要问他个"人之所以异于禽兽者安在"，人既自猿进化而来，为什么人自人而猿终为猿？恐怕他也不能给我们以很有理由的解答。总之西人所用的几种方法，仅能够用之以研究人生以外的各种问题。人决不是这样机械易与的，欧洲人却始终未彻悟到这一点，只盲目的往前做，结果造成了今日的烦闷徬徨，莫知所措。盖中世纪时，人心还能依赖着宗教过活。及乎今日，科学昌明，赖以醉麻人生的宗教，完全失去了根据。人类本从下等动物蜕化而来，哪里有什么上帝创造。宇宙一切现象，不过是物质和他的运动，还有什么灵魂。来世的天堂，既了不可凭，眼前的利害，复日相肉迫，怀疑失望，都由之而起，真正是他们所谓的世纪末了！

以上我等看西洋人何等可怜，肉搏于这种机械唯物的枯燥生活当中，真可说始终未闻大道！我们不应当导他们于我们祖宗这一条路上去吗？以下便略讲我们祖宗的精神所在，我们可以看看是否可以终身受用不尽，并可以救他们西洋人物质生活之疲敝。

我们先儒始终看得知行是一贯的，从无看到是分离的。后人多谓知行合一之说为王阳明所首倡，其实阳明也不过是就孔子已有的发挥。孔子一生为人，处处是知行一贯，从他的言论上，也可以看得出来。他说"学而不厌"，又说"为而不厌"，可知学即是为，为即是学。盖以知识之广大，在人努力的自为，从不像西人之从知识方法而求知识。所以王阳明曰："知而不行，是谓不知。"所以说这类学问，必须自证，必须躬行。这却是西人始终未看得的一点。

又儒家看得宇宙、人生是不可分的。宇宙绝不是另外一件东西，乃是人生的活动。故宇宙的进化，全基于人类的创造。所以《易经》曰："天行健，君子自强不息。"又看得宇宙永无圆满之时，故易卦六十四，始《乾》而以《未济》终。盖宇宙既济，则乾坤已息，还复有何人类！吾人在此未圆满的宇宙中，只有努力的向前创造。这一点，柏格森所见的，也很与儒家相近。他说宇宙一切现象，乃是意识流转所构成，方生已灭，方灭已生，生灭相向，侵成进化。这些生灭，都是人种自由意识发动的结果，所以人类日日创造，日日进化。这意识流转，就唤作精神生活，是要从内省直观得出来的。我们既知道变化流转，就是宇宙真相，又知道变化流转之权，操之在我，所以孔子曰："人能弘道，非道弘人。"儒家既看清了以上各点，所以他的人生观十分美渥，生趣盎然。人生在此不尽的宇宙当中，不过是蜉蝣朝露一般，向前做得一点是一点。既不望其成功，苦乐遂不系于目的物，完全在我，真所谓无入而不自得。有了这种精神生活，再来研究任何学问，还有什么不成？那末或有人说，宇宙是没有圆满时期，我们何不静止不作，好吗？其实不然。人既为动物，便有动作的本能，穿衣吃饭，也是要动的。既是人生非动不可，我们就何妨就我们所喜欢作的，所认为当作的作下去。我们最后的光明，固然远在几千万年几万万年之后，但是我们的责任，不是叫一蹴而几，达到目的地，是叫我们的目的地日近一日。我们的祖宗尧、舜、禹、汤、孔、孟……在他们的进行中，长的或抱了一尺，短的亦抱过数寸，积累而成，才有今日。我们现在无论是一寸半分，只要往前凑才是。为现在及将来的人类受用，这都是不可逃的责任。孔子[①]曰："士不可以不弘毅，任重而道远。仁以为己任，不亦重乎？死而后已，不亦远乎？"所以我们虽然晓得道远之不可致，还是要努力到"死而后已"。故孔子是"知其不可而为之者"。正为其知其不可而为，所以生活上才满含着春意。若是不然，先计较他可为不可为，那末情志便系于外物，忧乐便关乎得失，或竟因为计较利害的原故，使许多应做的事反而不做。这样，还哪里领到生活的乐趣哩？

再其次儒家是不承认人是单独可以存在的，故仁的社会，为儒家理想的大同社会。仁字从二人。郑玄曰："仁，相人偶也。"（《礼记》注）非人与人相偶，则人的概念不能成立。故孤行执异，绝非儒家所许。盖人格专靠各个自己，是不能完成。假如世界没有别人，我的人

① 按：孔子，当作曾子。

格从何表现？譬如全社会都是罪恶，我的人格受了传染和压迫，如何能健全？由此可知人格是共同的，不是孤另的。想自己的人格向上，唯一的方法，是要社会的人格向上。然而社会的人格，本是各个自己化合而成。想社会的人格向上，唯一的方法，又是要自己的人格向上。明白这个意力和环境提携便成进化的道理，所以孔子教人“己欲立而立人，己欲达而达人”。所谓立人达人，非立达别人之谓，乃立达人类之谓。彼我合组成人类，故立达彼，即是立达人类，立达人类，即是立达自己。更用取譬的方法来体验这个达字，才算是仁之方。其他《论语》一书，讲仁字的屡见不一见。儒家何为把仁字看得这么重要哩？即上面所讲的儒家学问专以研究“人之所以道”为本。明乎仁，“人之所以道”自见，孟子曰：“仁也者，人也，合而言之道也。”盖仁之概念，与人之概念相亟。人者，通彼我而始得名。彼我通，乃得谓之仁。知乎人与人通，所以我的好恶，即是人的好恶，我的精神中，同时也含有人的精神。不徒是现世的人为然，即如孔孟远在二千年前，他的精神，亦浸润在国民脑中不少。可见彼我相通，虽历百世不梗。儒家从这一方面看得至深且切，而又能躬行实践，无终食之间违仁。这种精神，影响于国民性者至大。即此一分家业，我可以说真是世界唯一无二的至宝。这绝不是用科学的方法可研究得来的，要全用内省的工夫，实行体验，体验而后，再为躬行实践。养成了这逼美妙的仁的人生观，生趣盎然的向前进，无论研究什么学问，管许是兴致勃勃。孔子曰“仁者不忧”，就是这个道理。不幸汉以后，这种精神便无人继续的弘发，人生观也渐趋于机械。八股制兴，孔子真面目日失。后人日称寻孔颜乐处，究竟孔颜乐处在哪里？还是莫明其妙。我们既然诵法孔子，应该好好保有这份家私——美妙的人生观——才不愧是圣人之徒啊！

此外我们国学的第二源泉，就是佛教。佛本传于印度，但是盛于中国。现在大乘各派，五印全绝。正法一派，全在中国。欧洲人研究佛学的日多，梵文所有的经典，差不多都翻出来。但向梵文里求大乘，能得多少。我们自创的宗派，更不必论了！像我们的禅宗，真可算得应用的佛教、世间的佛教，的确是印度以外才能发生，的确是表现中国人的特质，叫出世法与入世法并行不悖。他所讲的宇宙精微，的确还在儒家之上。说宇宙流动不居，永无圆满可说，是与儒家相同。曰“一众生不成佛，我誓不成佛”，即孔子达人立人之意。盖宇宙最后目的，乃是求得一大人格实现之圆满相，绝非求得少数个人超拔的意思。儒佛所略不同的，就是一偏于现世的居多，一偏于出世的多。至于他的共同目的，都是愿世人精神方面完全自由。现在自由二字，误解者不知多少。其实人类外界的束缚，他方的压迫力，终有方法解除，最怕的是心为形役，自己做自己的奴隶！儒佛都用许多话来教人，想叫把精神方面的自缚解放净尽，顶天立地成一个真正自由的人。这点，佛家弘发得更为深透，真可以说佛教是全世界文化最高产品。这话东西人士都不能否认，此后全世界受用于此的甚多。我们先人既辛苦的为我们创下这份家业，我们自当好好的承受，因为这是人生唯一安生立命之具！有了这种安生立命之具，再来就性之所近的，去研究一种学问，那末才算尽了人生的责任。

诸君听了我这一夜的讲演，自然明白我们中国文化，比世界各国并无逊色。那一般沉醉西风说中国一无所有的人，自属浅薄可笑！《论语》曰：“人虽欲自绝，其何伤于日月乎？多见其不知量也！”这边的诸同学，从不对于国学轻下批评，这是很好的现象。自然我也闻听有许多人讽刺南京学生守旧，但是只要旧的是好，守旧又何足诟病！所以我很愿此次的讲演，更能够多多增进诸君以研究国学的兴味！

三　章太炎《中国文学的根源和近代学问的发达》

六百年前，宋朝有个文天祥说的："一部十七史，从何处说起?"十七史尚且无从说起，何况中国全部的学问，比十七史更广！但教育的事，和博览不同，更没有到讲学的地位。只是看人的浅深，见机说法，也就罢了。现在把中国开化的根苗，和近代学问发达的事迹，对几位朋友讲讲，就可以晓得施教的方法，也使那边父兄子弟，晓得受教的门径。

中国第一个开化的人，不是五千年前的老伏羲么？第一个造文字的人，不是四千年前的老苍颉么？第一个宣布历史的人，不是二千四百年前的孔子么？第一个发明哲理的人，不是二千四百年前的老子么？伏羲的事，并不能实在明白，现存的只有八卦，也难得去理会他。其余三位开了一个法门，倒使后来不能改变。并不是中国人顽固，其实也没有改变的法子。

苍颉造字，当初只有"指事"、"象形"两件条例。甚么叫做指事？就像上、下两个字，古篆只作丄丅，不过是指个方向。其余数目字，像一、二、三、四、五、六、七、八、九、十，都也叫做指事，和号码也差不多。甚么叫做象形？就像古篆日字作，月字作，水字作，火字作，是像他的形势，所以叫做象形。

当初苍颉造字的时候，只有这两种例，字都是独体的。苍颉以后，就渐渐把两个字和合起来，变了合体的字，所以又有"形声"、"会意"两件条例。甚么叫做形声？一旁是字的形，一旁是字的声，所以叫做形声。譬如水有各项，不能统统都叫做水，自然别有一句话。要写这个字出来，若照着象形的例，仍还是个字，不能分别，所以在水字旁又加一个声音去指定他。譬如江字水旁加工，河字水旁加个可，水就是形，工和可就是声。甚么叫做会意？把两个字的意和合起来成一个意，这就叫会意。譬如人旁加个言字，就是信字，见得不信就不算人的话，只是狗吠鸡鸣一样。止上加个戈字，就是𢧢字，案：楷书写成武。见得别人举动干戈，我能去止住他，就是𢧢。这个“指事”、“象形”、“形声”、“会意”四件条例，造字的法子略备了。

但是中国有一千六百万方里的地面，中国的本部从黄帝到现在有四千年没有甚么大加减。同是一句话，各处的声气自然不能一样，所以后来又添出“转注”一件条例来。甚么叫做转注？这一瓶水展转注向那一瓶去，水是一样，瓶是二个。把这个思意来比喻，话是一样，声音是两种，所以叫做转注。譬如有个老人，换了一块地方，声音有点儿不同，又再造考字。有了这一件条例，字就多了。但是人的思想万变不穷，说话也万变不穷，却往往就这个意思移做别个意思，所以一个字往往包容得三四个意思，又添出“假借”一件条例来。譬如令字本来是号令，后来发号令的人也就叫做令，不必别造一个令字。长字本来是长短的长，后来看年长的人比小孩儿身体长些，也就叫做长。有了这一件条例，字就省造许多。这个“指事”、“象形”、“形声”、“会意”、“转注”、“假借”，六条例并起来，叫做六书。二千九百年前，周公做《周礼》的时候，就有六书的名目。不过苍颉造字以后，谁人把独体的字合做合体的字，这个却没有明据。苍颉造的字，叫做“古文”，后来合体的字，也叫做“古文”。到二千七百年前，周朝有个史籀，又把古文整理一番，改了许多新形，叫做“籀文”，也叫“大篆”。到二千一百年前，秦朝有个李斯又把大篆减省些，叫做“小篆”。那“古文”、“大篆”、“小篆”三项，虽有不同，只是略略改变。秦朝又把小篆减省，叫做“隶书”。现在通行的“楷书”，也还就是隶书。汉朝又把隶书减省，叫做“草书”，现在也是通行。当初用“隶书”、“草书”的人，不过为写字烦难，想个方便法门，不晓得通行以后，写字就快，识字就难了。识字为甚么难呢？隶书形体方整，象形字都不像了。况且处处省笔，连这个字是哪两个字合起来的都看不出，一点一画，觉得没有甚么意思。小孩识字的时候，不得不用强记，所以识字就难。有说："中国字何不改成拼音？"我说这个是全不合情理的话。欧洲各国本来地方不大。蒙古、满洲，地方虽大，人数极少，合起来不过中国十六七县的人口。一国的说话，声气自然一样，所以可用拼音。那个印度就不然。地方和中国本部差不多大，说话分做七十余种，却还要用拼音字。这一处的话写成了字，到那一处就不懂了。照这个看来，地方小的，可以用拼音，地方大的，断然不能用拼音字。中国不用拼音字，所以北到辽东，南到广东，声气虽然各样，写一张字，就彼此都懂得。若换了拼音字，莫说辽东人不懂广东字，广东人不懂辽东字，出了一省，恐怕也就不能通行得去，岂不是令中国分为几十国么？况且古今声气，略有改变。声气换了，字不换，还可以懂得古人的文理；声气换了，连字也换，就不能懂得古人的文理。且看英国人读他本国三百年前的文章，就说是古文难得了解。中国就不然。若看文章，八百年前宋朝欧阳修、王安石的文章，仍是和现在一样。懂得现在的文章，也就懂得宋朝的文章。若看白话，四百年前明朝人做的《水浒传》，现在也都懂得。就是八百年前宋朝人的语录，也没有甚么难解。若用了拼音字，连《水浒传》也看不成，何况别的文章！所以为久远计，拼音字也是不可用的。有说："拼音字写起来容易，合体字写起来难。"这个也不然。中国的单音语，一字只有一音，就多也不过二三十笔。外国的复音语，几个音拼成一音，几个音连成一字，笔画也很不少。中国人若是兼学草书，写起来只有比拼音字快，没有慢的。有说："拼音字容易识，合体字难识。"这个也不然。拼音字只容易识他的音，并不容易识他的义。合体字是难识他的音，却是看见鱼旁的字，不是鱼的名，就是鱼的事，看见鸟旁的字，不是鸟的名，就是鸟的事，识义倒反容易一点。两边的长短相较，也是一样。原来六书的条例，最是精密，断不是和埃及人只有几个象形字一样。若说小孩子识字烦难，也有一个方便法门，叫他易识。第一要把《说文》五百四十个部首，使他识得，就晓得造字的例，不是随意凑成的。领会得一点，就不用专靠强记。第二要懂得反切的道理。反切也是和拼音相近，但拼音只把这个音当这个字，反切却是把音注在字旁，叫他容易唤出音来，并不是就把这个音去代那个字，所以反切与拼音用法不同。但前人做反切，随便把字取来使用，那个能反切的字，尚且读不准音，何况所反切的字，怎么读得准音呢？现前只照三十六字母，改换三十六个笔画最少的字，又照《广韵》二百六韵约做二十二韵，就是别国人唤叫母音的。两字一拼，成了反切，注在本字旁边。大凡小孩子们识了五十八个字，就个个字都反切得出来了。但声音要照《广韵》读，果然不可用土音，也不可用北京音。土音固是各处不同，北京音也不算正音，都用不着。我以前曾将五十八个字写出，将来就可以用得哩。第三要兼学草书，为临时快写的方便。但不可专用草书，不写正字。草书不过是补助的东西罢了。至于当教习的朋友，总要备段注《说文》一部，《广韵》一部，《四声切用表》一部，《书谱》一部，非但要临时查检，平日也要用心看看。最小的书，像《文字蒙求》，山东人王筠做的，只有薄薄一本。也好给学生讲讲，就晓得文字的妙处了。以上是论教文字的法子。

再说历史。为甚么说孔子宣布历史呢？以前中国的历史，只有《尚书》，叙事不大周详，年代也不明白。又还只是贵族政体的时代，民间只识得字，通得文理，并没有历史读。历史只是给贵族读的。孔子以前三百年的时候，才得有《春秋》出来，用编年的体例，叙事都也周详，却还只许贵族读的。孔子以前一百多年，山东有一个齐国，宰相叫做管仲，颇要民间看看历史，也只为替他政府办事，没有别的好心肠。但那个时候，民间看见《春秋》的，是少得很。管仲想个法子，凡有读得《春秋》的，给他值二十两黄金的衣服，五方里的田。看他的赏这样重，就晓得读《春秋》的少了。孔子也是由百姓起家，很不愿意贵族政体，所以去寻着一个史官，叫做老子，拜了他做先生。老子就把史书都给他看。又去寻着一个史官，叫做左丘明。两个人把《春秋》修改完全，宣布出来，传给弟子。从此民间就晓得历史了。以前民间没有历史，历史都藏在政府所管的图书馆。政府倒了，历史也就失去。自从孔子宣布到民间来，政府虽倒，历史都不会亡失，所以今日还晓得二三千年以前的事。这都是孔子的赐了。孔子以后三百多年，汉朝有一个史官，叫做司马迁，又做成一部《史记》。又过了一百多年，又有一个史官，叫做班固，又做成一部《汉书》。那个体裁是纪传体，虽和《春秋》不同，但总是看个榜样，摹拟几分，所以《史记》、《汉书》的事，仍复可以编排年月。后来人又照着《史记》、《汉书》的体做去，一代有一代的史，到如今有二十四史。假如没有孔子，后来就有司马迁、班固，也不能作史。没有司马迁、班固的史，也就没有后来二十二部史。那么中国真是昏天黑地了。二十四史现在称为正史。此外编年的史，一千六百年前，汉朝有个荀悦，做一部《汉纪》。一千四百年前，晋朝有一个袁宏，做一部《后汉记》。九百年前，宋朝有一个司马光，做一部《资治通鉴》，就是从《春秋》以后，到宋朝以前为止，历代的事都有了。一百年前有一个邵晋涵，替毕沅做一部《宋元通鉴》。这种都是编年的书，比看正史略为简便，但是典章文物不如正史详明。此外还有纪事本末体，是七百年前，宋朝袁枢开头，摹仿《尚书》。近来有七种纪事本末，比看编年体更简便。只是要紧的事，并不在事体大小。纪事本末只有大事，没有小事，就差了。至于典章制度的书，是仿《周礼》、《仪礼》、《礼记》做的。一千一百年前，唐朝有个杜佑，做了一部《通典》，算第一美备。后来还有《通志》、《通考》，比《通典》万万不如，合起叫做“三通”。还有“续三通”并清朝的“三通”，合起叫做“九通”。这四种书，都是最大的历史。论开头的，只是孔子一人，所以孔子是史学的宗师，并不是甚么教主。史学讲人话，教主讲鬼语。鬼话是要人愚，人话是要人智，心思是迥然不同的。中国人留心历史的多，后来却落个守旧的名目。不晓得历史的用处，不专在乎办事，只是看了历史，就发出许多爱国心来，是最大的用处。至于办事，原是看形势变迁，想个补救的法子，历史不过做个参考，原不是照着他做。却是中国历史上的美事，现在人都不经意，不过看了些奇功伟业，以为办事可以顷刻而成，这真是颠倒的见了。还有人说："中国的历史，只是家谱一样，没有精彩。"又说："只载了许多战争的事，道理很不够。"这种话真是可笑极了！中国并没有鬼话的宗教历史，自然依帝王朝代排次，不用教主生年排次。就是看成家谱，总要胜那个鬼谱。以前最好的历史，像《春秋》、《史记》、《汉书》，学术文章，风俗政治，都可考见，又岂是家谱呢？后来历史渐渐差了，但所载总不止战争一项，毕竟说政治的得失，论人物的高下，占了大半，讲战争的能有多少呢？可笑那班无识的人，引了一个英国斯宾塞的乱话，说历史载的，都是已过的事，譬如邻家生了一只小猫，问他做甚么？不晓自己本国的历史，就是自己家里，并不是邻家。邻家就是外国，外国史也略要看看，何况本国史呢！过去的事，看来像没有甚么关痛痒，但是现在的情形，都是从过去渐渐变来。凡事看了现在的果，必定要求过去的因，怎么可以置之不论呢？至于别国人讲的社会学，虽则也见得几分因果，只是他这个理，总合不上中国的事，又岂可任他瞒过么？又有人说："中国的历史，不合科学。"这种话更是好笑！也不晓得他们所说的科学是怎么样。若是开卷说几句历史的系统，历史的性质，历史的范围，就叫做科学，那种油腔滑调，仿佛是填册一样，又谁人不会说呢？历史本来是繁杂的，不容易整理，况且体裁又多，自然难得分析。别国的历史，只有纪事本末一体，中国却有纪传、编年、纪事本末、典章制度四大体。此外小小的体更有无数。科条本来繁复，所以难得清理。但是一千二百年前，唐朝刘知幾做的《史通》，科判各史，极其精密，断非那几句油腔滑调去填的可比。要问谁算科学，谁不算科学呢？至于学堂教科所用，只要简约，但不能说教科适宜的就是科学，这个也容易了解。说科学的历史，只在简约，那么合了科学，倒不得不"削趾适屦"，却不如不合科学的好。试看别国没有编年的史，能够把希腊以来一年一年的事排比得清楚么？没有纪传的史，能够把不关政治的人详载在史中么？至于别国的哲学史，就像中国学案一样，别国的文学史，就像中国文士传一样，那又别是一种，不能说有了这种书，正史上就可不载。这样看来，中国史的发达，原是世界第一，岂是他国所能及的。但是一千年来的正史，却有过于繁碎的病。所以人说看《宋史》、《元史》，不如看《宋元通鉴》，也有一理。现在为教育起见，原是要编一种简约的书。这个本来不是历史，只是历史教科书。所以说教育的事，不能比讲学的事，教育的书，不能比著作的书。历史教科书果然没有好的，初学的也将就可用。凡是当教习的朋友，总要自己的知识十倍于教科书，才可以补书上的不及。大概《通鉴辑览》必是看过。最吃紧的是"四史"，必是要看。外此《日知录》也是有用。有这种知识，就可以讲历史。将来的结果，到学生能看这几部书，就很好了。以上是论教历史的法子。

至于哲理，那就深了一层。但书没有历史的繁，这倒是简易一点。中国头一个高明哲理的，算是老子。老子的学问，《汉书·艺文志》说道："出于史官。"原来老子在周朝，本是做征藏史，所以人事变迁，看得分明。老子这一派，叫做道家。三千五百年前，商朝的伊尹，二千九百年前，周朝的太公，二千五百年前，周朝的管仲，本来都是道家。伊尹、太公的书，现在没了。管仲还有部《管子》留到如今，但管仲兼杂阴阳一派，有许多鬼话。老子出来，就大翻了，并不相信天帝鬼神和占验的话。孔子也受了老子的学说，所以不相信鬼，只不敢打扫干净。老子就打扫干净。老子以后，有二百年，庄子出来，就越发骏逸不群了。以前论理论事，都不大质验，老子是史官出身，所以专讲质验。以前看古来的帝王都是圣人，老子看得穿他有私心。以前有万物都有个系统，及到庄子《齐物论》出来，真是件件看成平等。照这个法子做去，就世界万物各得自在。不晓怎么昏愚的道士，反用老子做把柄。老子的书，现在再也不能附会上去。还有人说老子好讲权术，也是错了。以前伊尹、太公、管仲，都有权术，老子看破他们的权术，所以把那些用权术的道理一概揭穿，使后人不受他的欺罔。老子明明说的："正言若反。"后来人却不懂老子用意。若人人都解得老子的意，又把现在的人情参看参看，凭你盖世的英雄,都不能牢笼得人,惟有平凡人倒可以成就一点事业,这就是世界公理大明的时候了。解老子的,第一是韩非子,在老子后有三百年光景。《解老》、《喻老》两篇 ,说得最好。后来还算王弼。在一千五百年前王国魏朝。河上公的注,原是假托。傅奕的注,在一千二百年前唐朝时候。更不必说。老子传到孔子,称为儒家,大意也差不多。不过拘守绳墨,眼孔比老子要小得多。孔子以后一百多年有孟子,孟子以后五六十年有荀子。孟子放任一点儿,学问上确少经验。荀子比孟子严整得多,学问上又多经验,说话又多条理。荀子的见解,和庄子纯然相反,但是《正名》、《解蔽》两篇,是荀子学问最深的所在。后来人也都不解老子不看重豪杰,只要"以正治国"。正是甚么?就是法律。这一点,荀子却相近些。后来变出一种法家,像韩非子,本来是荀子的门徒,又是深于老子的,可惜一味严厉,所以《史记》上说"老子深远",见得韩非也不及了。儒家从孔子以后,又流出一派名家,有个公孙龙,原是孔子的弟子,就是名家的开宗。此外墨子称为墨家,在孔子后几十年,意思全与儒家反对。《经上》、《经下》两篇,也是名家的说。名家就是现在的论理学家。不过墨子、荀子讲得最好,公孙龙就有几分诡辩。墨子的书,除去《经上》、《经下》,其余所说,兼爱的道理,也是不错。只是尊天敬鬼,走入宗教一路,就不足论了。还有农家主张并耕,也是从老子来的。小说家主张不斗,和道家、儒家、墨家都有关系。这七家都是有理的。居间调和的就是杂家。此外有纵横家,专是外交的口辩;阴阳家,就是鬼话连天。文章都好,哲理是一点不相干的。这十家古来通称九流。大概没有老子,书不能传到民间。民间没有书,怎么得成九流?所以开创学术,又是老子的首功。九流行了不过二百年,就被秦始皇把他的书烧了。秦始皇在二千一百年前。到了汉朝,九流都没有人,儒家只会讲几句腐话,道家只会讲几句不管事的话,农家只会讲几句垦田的话,还算农家实在些。小说家只会讲几句传闻的话,名家、法家、墨家都绝了。杂家虽永远不坏,却没有别人的说话可以采取,倒是阴阳家最盛行,所以汉朝四百年，凡事都带一点儿宗教的意味。到三国以后，渐渐复原，当时佛法也进中国来。佛法原是讲哲理的，本来不崇拜鬼神，不是宗教，但是天宫地狱的话，带些杂货在里面，也是印度原有这些话，所以佛法也把他打破。若在中国，就不说了。所以深解佛学的人，只是求他的哲理，不讲甚么天宫地狱。论到哲理，自然高出老庄，却是治世的方法，倒要老庄补他的空儿。后来到宋朝时候，湖南出了一个人叫做周茂叔，名是周敦颐，要想把佛学儒学调和。有一个鹤林寺的和尚，叫做寿涯，对他说："你只要改头换面！"周茂叔果然照他的话做去，可惜还参些道士的话。传到弟子河南程明道，名是程颐，他兄弟程伊川，名是程颢，周、程都是八百年前的人。就把道士话打扫净了，开了一种理学的宗派，里面也取佛法。那时候陕西还有个张横渠，名是张载，说话几分和二程不同，带几分墨子兼爱的意思。程伊川的学派，传到几代以后，福建有个朱晦庵，名是朱熹。朱熹在七百年前。周、程、张、朱几个人，后来将他住址出名唤做濂、洛、关、闽。朱晦庵同时，还有个江西陆子静，名是陆九渊，和晦庵不对。陆子静只是粗豪，也取几分佛法。到明朝有个浙江王阳明，名是王守仁，传陆子静的派，世人都把程朱、陆王当做反对的话，其实陆王反对朱晦庵，也反对程伊川，到底不能反对程明道。陆王比伊川、晦庵虽是各有所长，若比明道，是远比不上。要把理学去比佛学，哲理是远不如，却是治世胜些。若比九流，哲理也不能比得老庄，论理学也不能比得墨子、荀子，只没有墨子许多尊天敬鬼的话。至于治世，就不能并论了。大概中国几家讲哲理的，意见虽各有不同，总是和宗教相远。就有几家近宗教的，后来也必定把宗教话打洗净了，总不出老子划定的圈子。这个原是要使民智，不是要使民愚。但最要紧的是名家。没有名家，一切哲理都难得发挥尽致。现在和子弟讲，原不能说到深处，只是大概说说。几位当教习的朋友，要先把庄子《天下》篇、荀子《非十二子》篇、淮南子《要略训》，《史记》《老庄申韩列传》、《孟子荀卿列传》、《太史公自序》，《汉书·艺文志》、《近思录》、《明儒学案》讲一段目录提要的话与学生，再就本书略讲些。没有本书,《东塾读书记》也可以取材。这件事本是专门的学问,不能够人人领会,不过学案要明白得一点。以上是教哲理的法子。这三件事,我本来也有些著作,将来或者送给几位朋友看看,不过今日讲的白话教育,还说不到这步田地。

四　章太炎《教育的根本要从自国自心发出来》

本国没有学说，自己没有心得，那种国、那种人教育的方法，只得跟别人走。本国一向有学说，自己本来有心得，教育的路线，自然不同。几位朋友，你看中国是属于哪一项？中国现在的学者，又属于哪一项呢？有人说："中国本来没有学说。"那种话，已经驳过。还有说："中国本来有学说，只恨现在的学者没有心得。"这句话虽然不合事实，我倒愿学者用为药石之言。中国学说，历代也有盛衰，大势还是向前进步，不过有一点儿偏胜。只看周朝的时候，礼、乐、射、御、书、数唤作六艺。懂得六艺的多，却是历史、政事，民间能够理会的很少，哲理是更不消说得。后来老子、孔子出来，历史、政事、哲学三件，民间渐渐知道了，六艺倒荒疏。汉朝以后，懂六艺的人虽不少，总不如懂历史、政事的多。汉朝人的懂六艺，比六国人要精许多，哲理又全然不讲。魏、晋、宋、齐、梁、陈这几代讲哲理的，尽比得上六国。六艺里边的事，礼、乐、数是一日明白一日，书只有形体不正一点，声音训诂，仍旧没有失去。历史、政事自然是容易知道的，总算没有甚么偏胜。隋唐时候，佛教的哲理，比前代要精审，却不过几个和尚。寻常士大夫家，儒、道、名、法的哲理，就没有。数学、礼、乐，唐初都也不坏，从中唐以后就衰了。懂得历史、政事，算是唐人擅场。宋朝人分做几派：一派是琐碎考据的人，像沈括、陆佃、吴曾、陆游、洪适、洪迈，都是。王应麟算略略完全些，也不能见得大体，在六艺里面，不能成就得哪一种。一派是好讲经世的人，像苏轼、王安石、陈亮、陈傅良、叶适、马端临，都是。陈、马，还算着实，其余不过长许多浮夸的习气，在历史既没有真见，在当时也没有实用。一派是专求心性的人，就是理学家了，比那两家总算成就。除了邵雍的鬼话，其余比魏、晋、宋、齐、梁、陈的学者，也将就攀得上。历史只有司马光、范祖禹两家。司马光也还懂得书学。此外像贾昌朝、丁度、毛居正几个人，也是一路。像宋祁、刘攽、刘奉世、曾巩，又是长于校勘，原是有津逮后学的功，但自己到底不能成就小学家。宋元之间，几位算学先生出来，倒算是独开蹊径。大概宋朝人还算没有偏胜，只为不懂得礼，所以大体比不上魏、晋几朝。中国有一件奇怪事：老子明说“礼者忠信之薄”，却是最精于礼，孔子事事都要请教他。魏晋人最佩服老子，几个放荡的人并且说“礼岂是为我辈设”，却是行一件事都要考求典礼。晋朝末年，礼论有八百卷，到刘宋朝，何承天删并成三百卷。梁朝徐勉集五礼，共一千一百七十六卷。可见那时候的礼，发达到十分。现在《通典》里头有十卷的礼，大半是从那边采取来，都是精审不磨。可惜比照原书，存二十分之一了！那时候人，非但在学问一边讲礼，在行事一边也都守礼。且看宋文帝已做帝王，在三年服里头生太子，还瞒着人不敢说。像后代的帝王，那里避这种嫌疑？可见当时守礼的多，帝王也不敢公然逾越。更有怪的。远公原是一个老和尚，本来游方以外，又精于丧服。弟子雷次宋也是一面清谈，一面说礼。这不是奇怪得很么？宋朝的理学先生，都说服膺儒术，规行矩步。到得说礼，不是胡涂，就是谬妄，也从不见有守礼的事。只有一个杨简，通称杨慈湖。在温州做官，遇着钦差到温州来，去和他行礼，主人升自阼阶，宾升自西阶，一件一件，都照着做，就算奇特非常。到底不会变通，也不算甚么高。照这样看来，理学先生远不如清谈先生。明朝时候，一切学问都昏天黑地，理学只袭宋儒的唾余。王守仁出来，略略改变些儿，不过是沟中没有蛟龙，鲵鳝来做雄长。连宋朝人的琐碎考据、字学校勘，都没有了。典章制度，也不会考古。历史也是推开一卷，中间有几位高的：音韵算陈第，文字训诂算黄生，律吕算朱载堉，攻伪古文《尚书》算梅鷟。算学也有一个徐光启，但从别处译来，并不由自己思索出来，所以不数。到明末顾炎武，就渐渐成个气候。近二百年来，勉强唤做清朝，书学、数学、礼学昏黑了长久，忽然大放光明。历史学也比得上宋朝。像钱大昕、梁玉绳、邵晋涵、洪亮吉，都着实可以名家。讲政事的颇少，就有也不成大体。或者因为生非其时，不犯着讲政事给他人用。或者看穿讲政事的，总不过是浮夸大话，所以不愿去讲。至于哲理，宋明的理学已经搁起一边了，却想不出一种道理去代他。中间只有戴震做几卷《孟子字义疏证》，自己以为比宋儒高。其实戴家的话，只好用在政事一边，别的道理，也并没得看见。宋儒在《孟子》里头翻来翻去，戴家也在《孟子》里头翻来翻去。宋儒还采得几句六朝话（大概皇侃《论语疏》里头的话，宋儒采他的意颇多），戴家只会墨守《孟子》。孟子一家的话，戴家所发明的，原比宋儒切实，不过哲理不能专据孟子。阮元的《性命古训》，更不必评论了。到底清朝的学说，也算十分发达了。只为没有讲得哲理，所以还算一方偏胜。若论进步，现在的书学、数学比前代都进步。礼学虽比不上六朝，比唐、宋、明都进步。历史学里头，钩深致远，参伍比校，也比前代进步。经学还是历史学的一种，近代也比前代进步。本国的学说，近来既然进步，就和一向没有学说的国截然不同了。但问进步到这样就止么？也还不止。六书固然明了，转注、假借的真义，语言的缘起，文字的孳乳法，仍旧模糊，没有寻出线索，可不要向前去探索么？礼固然明了，在求是一边，这项礼为甚么缘故起来？在致用一边，这项礼近来应该怎样增损？可不要向前去考究么？历史固然明了，中国人的种类从哪一处发生？历代的器具是怎么样改变？各处的文化是哪一方盛，哪一方衰？盛衰又为甚么缘故？本国的政事和别国比较，劣的在哪一块？优的在哪一块？又为甚么有这样政事？都没有十分明白，可不要向前去追寻么？算学本是参酌中外，依乎那边盛了，这边只要译他就够。但从前有徐光启采那边的，就有梅文鼎由本国寻出头路来。有江永采那边的，就有钱大昕、焦循由本国寻出头路来。直到罗士琳、徐有壬、李善兰都有自己的精思妙语，不专去依傍他人，后来人可不要自勉么？近来推陈出新的学者，也尽有几个。若说现在的学者没有心得，无论不能概全国的人，只兄弟自己看自己，心得的也很多。到底中国不是古来没有学问，也不是近来的学者没有心得，不过用偏心去看，就看不出来。怎么叫做偏心？只佩服别国的学说，对着本国学说，不论精粗美恶，一概不采，这是第一种偏心。在本国的学说里头，治了一项，其余各项都以为无足重轻，并且还要诋毁，就像讲汉学的人看见魏晋人讲的玄理，就说是空言，或说是异学，讲政事的人，看见专门求是，不求致用的学说，就说是废物，或说是假古玩，仿佛前人说的一个人做弓，一个人做箭，做弓的说只要有我的弓就好射，不必用箭，做箭的说只要有我的箭就好射，不必用弓，这是第二种偏心。（这句话并不是替许多学者做调人，一项学术里头这个说的是，那个说的非，自然要辩论驳正，不可模棱了事就算数。至于两项学术，就不该互相非薄。）这两项偏心去了，自然有头绪寻出来。但听了别国人说本国的学说坏，依着他说坏，固然是错。就听了别国人说本国的学说好，依着他说好，仍旧是错！为甚么缘故呢？别国人到底不明白我国的学问，就有几分涉猎，都是皮毛，凭他说好说坏，都不能当做定论。现在的教育界第一种错渐渐打消几分，第二种错又是接踵而来。比如日本人说阳明学派是最高的学派，中国人听了也就去讲阳明学，且不论阳明是优是劣。但日本人于阳明学并没有甚么发明，不过偶然应用，立了几分功业，就说阳明学好。原来用学说去立功业，本来有应有不应，不是板定的。就像庄子说："能不龟手一也，或以侯，或不免于洴澼统。"（不龟手，说手遇了冷不裂。洴澼统，就是打绵。）本来只是凑机会儿。又应该把中国的历史翻一翻。明末东南的人，大半是讲阳明学派。如果阳明学一定可以立得功业，明朝就应该不亡。又看阳明未生以前，书生立功的也很不少。远的且不必说，像北朝①种师道是横渠的弟子，用种师道计，北宋可以不亡。南宋赵蔡是晦庵的再传弟子，宋末保全淮蜀，都亏赵蔡的力。明朝刘

① 按：北朝，当作"北宋"或"北宋朝"。

基(就是人人称刘伯温的),是参取永嘉金华学派的,明太祖用刘基的策,就打破陈友谅。难道看了横渠、晦庵和永嘉金华学派的书,就可以立得功业么?原来运用之妙,存乎其人。庄子说得好:“豕零桔梗,是时为帝。”(豕零就是药品中的猪苓,意思说贱药也有大用。)如果着实说去,学说是学说,功业是功业。不能为立了功业,就说这种学说好。也不能为不能立功业,就说这种学说坏。学说和致用的方术不同。致用的方术,有效就是好,无效就是不好。学说则不然,理论和事实合才算好,理论和事实不合就不好,不必问他有用没用。现在看了日本人偶然的事,就说阳明学好,真是道听途说了。又像一班人,先听见宋儒谤佛,最后又听见基督教人也谤佛,就说佛学不好;近来听见日本人信佛,又听见欧洲人也颇有许多信佛,就说佛学好,也不论佛学是好是坏。但基督教人,本来有门户之见,并说不出自己学理论来。汉学人也并不看佛书,这种话本可以搁起一边。宋儒是看过佛书了,固然有许多人谤佛,也有许多人直用佛书的话,没有讳饰。本来宋儒的学说,是从禅宗脱化,几个直认不讳的,就是老实说直话。又有几个,里面用了佛说,外面排斥佛说,不过是装潢门面,难道有识的人就被他瞒过么?日本人的佛学,原是从中国传去。有几种书,中国已经没有了,日本倒还有原版,固是可宝。但日本人自己的佛学,并不能比中国人深。那种华严教、天台教的话,不过把中国人旧疏敷衍成篇。他所特倡的日莲宗、真宗,全是宗教的见解,并没有关系学说的话。尽他说的好,也不足贵。欧洲人研究梵文,考据佛传,固然是好,但所见的佛书,只是小乘经论,大乘并没有几种。有意讲佛学的人,照着他的法子,考求言语历史,原是不错(本来中国玄奘、义净这班人,原是注意在此,但宋朝以后就绝了),若说欧洲人是文明人,他既学佛,我也依他学佛,那就是下劣的见解了。胡乱跟人,非但无益,并且有害。这是什么缘故?意中先看他是个靶子,一定连他的坏处,也取来了。日本出家人皆有妻,是明明不持戒律。既信日本,就与佛学的本旨相反。欧洲人多说大乘经论不是释迦牟尼说的(印度本来有这句话），在看不定的人，就说小乘好，大乘不好，那就弃菁华，就糟粕了！佛经本来和周公、孔子的经典不同。周、孔的经典是历史，不是谈理的，所以真经典就是，伪经典就不是。佛经是谈理的，不是历史，只要问理的高下，何必问经是谁人所说？佛经又和基督教的经典不同。基督教纯是宗教，理的是非，并不以自己思量为准，只以上帝耶稣所说的为准。佛经不过夹杂几分宗教，理的是非，要以自己思量为准，不必以释迦牟尼所说为准。以前的人学佛，原是心里悦服，并不为爱重印度国推爱到佛经。现在人如果要讲佛学，也只该凭自己的心学去，又何必借重日本、欧洲呢？又像一班无聊新党，本来看自国的人是野蛮人，看自国的学问是野蛮的学问。近来听见德国人颇爱讲支那学，还说中国人民，最自由的人民，中国政事，最好的政事。回头一想：文明人也看得起我们野蛮人，文明人也看得起我们野蛮学问，大概我们不是野蛮人，中国的学问不是野蛮学问了。在学校里边，恐怕该添课国学汉文？有这一种转念，原说他好，并不说他不好。但是受教的人，本来胸中像一块白绢，惟有听受施教的话。施教的人，却该自己有几分注意，不该听别人的话。何不想一想：本国的学问，本国人自然该学，就像自己家里的习惯，自己应该晓得，何必听他人的毁誉？别国有几个教士穴官，粗粗浅浅的人，到中国来，要知道这一点儿中国学问，向下不过去问几个学究，向上不过去问几个斗方名士，本来那边学问很浅，对外人说的又格外浅，外人看中国自然没有学问。古人说的："以管窥天，以蠡测海。"（蠡本来应写蠃，俗写作螺，意思说用蠃壳去舀海水，不能晓得海的深浅。）一任他看成野蛮何妨？近来外人也渐渐明白了。德国人又专爱考究东方学问，也把经典史书略略翻去。但是翻书的人，能把训诂文义，真正明白么？那个口述的中国人，又能够把训诂文义真正明白么？你看日本人读中国书，约略已有一千多年，究竟训诂文义，不能明白。他们所称为大儒，这边看他的话，还是许多可笑。像山井、鼎物观校勘经典，却也可取。因为只按字比校，并不多发议论。其余著作，不过看看当个玩具,并没有可采处。近来许多目录家,看得日本有几部旧书,就看重日本的汉学家,是大错了。皇侃《论语疏》、《玉烛宝典》、《群书治要》几部古书,不过借日本做个书簏子!这个也难怪他们。因为古书的训诂文义,从中唐到明代,一代糊模一代,到近来才得真正明白。以前中国人尚不明白,怎么好责备他国人!后来日本人也看近代学者的书,但是成见深了,又是发音极不正当,不晓得中国声音,怎么晓得中国的训诂?既然不是从师讲授,仍旧不能冰释理解。所以日本人看段注《说文》、王氏《经传释词》和《康熙字典》差不多。几个老博士,翻腾几句文章学说,不是支离,就是汗漫。日本人治中国学问这样长久,成效不过如此,何况欧洲人,只费短浅的光阴,怎么样能够了解?有说:"日本人欢喜附会,德国人倒不然,总该比日本人精审一点。"这句话也有几分合理。日本人对着欧洲的学说,还不敢任意武断,对着中国的学说,只是乱说乱造。或者徐福东来,带了许多燕齐怪迂之士,这个遗传性,至今还在。欧洲人自然没有这种荒谬,到底时候太浅,又是没有师授,总是不解。既是不解,他就说中国学问比天还要高,中国人也不必引以为荣。古人说"一经品题,声价十倍",原是看品题人是什么。若是没有品题的资格,一个门外汉对着我极口称赞,又增甚么声价呢?听了门外汉的品题,当作自己的名誉,行到教育的一边,也有许多毛病。往往这边学究的陋话,斗方名士的谬语,传到那边,那边附会了几句,又传到这边,这边就看作无价至宝。也有这边高深的话传到那边,那边不能了解,任意胡猜,猜成了又传到这边,这边又看作无价至宝,就把向来精正确实的话,改做一种浅陋荒唐的话。这个结果,使学问一天堕落一天。几位朋友要问这种凭据,兄弟可以随意举几件来:(一)日本人读汉字,分为汉音、吴音、唐音各种,却是发音不准。并不是中国的汉音、唐音、吴音本来如此,不过日本人口舌崛强,学成这一种奇怪的音。现在日本人说他所读的,倒是中国古来的正音。中国人也颇信这句话。我就对那个人说:"中国的古音,也分二十几韵,哪里像日本发音这样简单?古音或者没有凭据,日本人所说的古音，大概就是隋唐时候的音。你看《广韵》现在，从《广韵》追到唐朝的《唐韵》、隋朝的《切韵》，并没有甚么变动。照《广韵》的音切切出音来，可像日本人读汉字的声音么?”那个人说:“怎么知道《广韵》的声音不和日本声音一样?”我说一项是声纽(就是通称字母的)，两项是四声，从隋唐到现在，并没有甚么大改。日本可有四声么？可有四十类细目么？至于分韵，元明以来的声音，比《广韵》减少，却比日本还多。日本读汉字可能像《广韵》分二百六韵么？你看从江苏沿海到广东，小贩做工的人，都会胡乱说几句英语，从来声音没有读准。假如几百年后，英国人说我们英国的旧音失去了，倒是中国沿海的人发得出英国旧音，你想这句话好笑不好笑？（二）日本人常说:“日本读中国的古文就懂得，读中国的现行的文就不懂得，原来中国的文气变了。日本人作的汉文，倒还是中国的古文。”这句话也颇有人相信。我说日本的文章，用助词非常之多，因为他说话里头助词多，所以文章助词也多。中国文章最爱多用助词的，就是宋、元、明三朝，所以日本人拿去强拟。真正隋唐以前的文章，用助并不多，日本人可能懂得么？至于古人辞气，和近来不很相同。就中国人粗称能文的，还不能尽解，更何论日本人！自从王氏做《经传释词》，近来马建忠分为八品，做了一部《文通》，原是用文法比拟，却并没有牵强。大体虽不全备，中国的分起来，总有十几品，颇还与古人辞气相合。在中国文法书里边，也算铮铮佼佼了。可笑有个日本人儿岛献吉又做一部《汉文典》，援引古书也没有《文通》的完备，又拿日本诘诎聱牙的排列法，去硬派中国文法。倒有许多人说儿岛的书比马氏好得多。因为马氏不录宋文，儿岛兼录宋文。不晓中国的文法，在唐朝早已完备了，宋文本来没有特别的句调，录了有甚么用？宋文也还可读，照着儿岛的排列法，语势蹇涩，反而变成文理不通，比马氏的书，真是有霄壤之隔！近来中国反有人译他的书，唉，真是迷了！日本几个老汉学家做来的文字，总有几句不通，何况这位儿岛学士。现在不用拿两部书比较，只要请儿岛做一篇一千字长的文章，看他语气顺不顺，句调拗不拗，再请儿岛点一篇汉书，看他点得断点不断，就可以试验得出来了！（三）有一个英国人说："中国的言语，有许多从外边来，就像西瓜、芦菔、安石榴、蒲桃（俗写作葡萄）是希腊语，师子是波斯语，从那边传入中国。"这句话近来信的虽不多，将来恐怕又要风行。要晓这种话也有几分近理。却是一是一非，要自己检点过。中国本来用单音语，鸟兽草木的名，却有许多是复音语。但凡有两字成一个名的，如果两字可以分解得开，各自有义，必不是从外国来。如果两字不能分解，或者是从外国来。蒲桃本不是中国土产，原是从西域取来，枝叶既不是蒲，果实也不像桃，唤做蒲桃，不合中国语的名义，自然是希腊语了。师子、安石榴也是一样。像西瓜就不然，瓜是蓏的通名，西瓜说是在西方的最好，两个都有义，或者由中国传到希腊去，必不由希腊传到中国来。芦菔也是中国土产，《说文》已经列在小篆。两个字虽然不能分解，鸟兽草木的名，本来复音语很多，也像从中国传入希腊，不像从希腊传入中国。至于彼此谈话，偶然一样，像父母的名，全地球没有大异；中国称兄做昆，转音为哥，鲜卑也称兄为阿干；中国人自称为我，拉丁人也自称为爱伽；中国吴语称我辈曰阿旁（《洛阳伽蓝记》自称阿侬，语则阿旁），梵语也称吾辈曰阿旁；中国称彼为他，梵语也称彼为多他；中国叹词有呜呼，梵语也是阿蒿，这种原是最简的话，随口而出，天籁相符。或者古来本是同种，后来分散，也未可知。必定说甲国的话，从乙国来，乙国的话，从甲国去，就是全无凭据的话了。（像日本许多名词，大半从中国去。蒙古黄台吉就是从中国的皇太子变来，满州的福晋，就是从中国的夫人变来，这种都可以决定。因为这几国都近中国，中国文化先开，那边没有名词，不得不用中国的话，所以可下断语。若两国隔绝得很远的，或者相去虽近，文字差不多同时开的，就不能下这种断语。）有人说："中国象形文字，从埃及传来。"也有说："中国的干支二十二字，就是希腊二十二个字母。"这种话全然不对。象形字就是画画，任凭怎么样草昧初开的人，两个人同对着一种物件，画出来总是一样，何必我传你，你传我。

干支二十二字，甲、己、庚、癸是同纽，辛、戌是同纽，戍、卯、未古音也是同纽。譬如支干就是字母，应该各字各纽，现在既有许多同纽的音，怎么可以当得字母？这种话应该推开。（四）法国人有句话说："中国人种，原是从巴比伦来。"又说："中国地方，本来都是苗人，后来被汉人驱逐了。"以前我也颇信这句话。近来细细考证，晓得实在不然：封禅七十二君，或者不纯是中国地方的土著人。巴比伦人或者也有几个，因为《穆天子传》里面谈的颇有几分相近。但说中国人个个是从巴比伦来，到底不然。只看神农，姜姓。姜就是羌，到周朝还有姜戎。晋朝青海有个酋长名叫姜聪，看来姜是羌人的姓，神农大概是青海人。黄帝或者稍远一点，所以《山海经》说在身毒（身毒就是印度）。又往大夏去采竹。大夏就是唐代的睹货逻国，也在印度西北，或者黄帝即印度人。到底中国人种的来源，远不过印度、新疆，近不过西藏、青海，未必到巴比伦地方。至于现在的苗人，并不是古来的三苗。现在的黎人，并不是古来的黎。三苗九黎也不是一类的。三苗在南，所以说左洞庭、右彭蠡。九黎在北，所以《尚书》、《诗经》都还说有个黎侯，黎侯就在山西。蚩尤是九黎的君（汉朝马融说的），所以黄帝从西边来，蚩尤从东边走，赶到涿鹿，就是现在直隶宣化府地界，才决一大战。如果九黎三苗就是现在的黎人、苗人，应该在南方决战，为甚么到北方极边去？难道苗子与鞑子杂处？三苗是缙云氏的子孙（汉朝郑康成说的），也与苗子全不相干。近来的苗人、黎人，汉朝称为西南夷。苗字本来写仿字，黎字本来写俚字，所以从汉朝到唐初，只有仿、俚的名，从无苗、黎的名。后来人强去附会《尚书》，就成苗、黎。别国人本来不晓得中国的历史，听中国人随便讲讲，就当认真。中国人自己讲错了，由别国去一翻，倒反信为确据，你说不要笑死了么？（五）法国又有个人说："《易经》的卦名，就是字书，每爻所说的话，看都是由卦名的字，分出多少字来。"这句话颇像一百年前焦循所讲的话。有几个朋友也信他。我说他举出来的字，许多小篆里头没有，岂可说文王作《周易》的时候，已经有这几个字？况且所举的字音，也并不甚合。在别国想到这条路上，也算巧思。但是在中国人只好把这种话做个谈柄，岂可当他实在？如果说他说的巧合，所以可信，我说明朝人也有一句话，比法国人更巧。他说：“‘四书’本来是一部书。《论语》后边说‘不知命’，接下《中庸》开口就说：‘天命之谓性。’《中庸》后边说‘予怀明德’，接下《大学》开口①就说：‘在明明德。’《大学》后边说‘不以利为义，以义为利也’，接下《孟子》开口就说：‘王何必曰利，亦曰仁义而已矣。’”这倒是天然凑合，一点没有牵强。但是信得这句话么？明末人说了，就说他好笑，法国人说了，就说他有理，不是自相矛盾的么？上面所举，不过几项，其余也举不尽，可见别国人的支那学，我们不能取来做准。就使是中国人不大深知中国的事，拿别国的事迹来比附，创一种新奇的说，也不能取来做准。强去取来做准，就在事实上生出多少支离，学理上生出多少谬妄，并且捏造事迹（捏造事迹，中国向来没有的，因为历史昌明，不容他随意乱说。只有日本人最爱变乱历史，并且拿小说的假话当做实事。比如日本小说里头说源义经到蒙古去，近来人竟说源义经化做成吉思汗，公然形之笔墨了。中国下等人相信《三国志演义》里头许多怪怪奇奇的事，当做真正实在，略读书的人不过付之一笑。日本竟把小说的鬼话，踵事增华，当做真正事实，好笑极了。因为日本史学本来不昌，就是他国正史，也大半从小说传闻的话翻来，所以前人假造一种小说，后来人竟当做真历史，这种笑柄，千万不要风行到中国才好），舞弄条例，都可以随意行去，用这个做学说，自己变成一种庸妄子，用这个施教育，使后生个个变成庸妄子。就使没有这种弊端，听外国人说一句支那学好，施教育的跟着他的话施，受教育的跟着他的话受，也是不该。上边已经说了，门外汉极力赞扬，并没有增甚么声价。况且别国有这种风尚的时候，说支那学好，风尚退了，也可以说支那学不好，难道中国的教育家也跟着他旅进旅退么？现在北京开经科大学，许欧洲人来游学，使中国的

① “口”字原脱，据上下文补。

学说,外国也知道一点儿,固然是好,但因此就觉得增许多声价,却是错了见解了。大凡讲学问、施教育的,不可像卖古玩一样,一时许多客人来看,就贵到非常的贵,一时没有客人来看,就贱到半文不值。自国的人,该讲自国的学问,施自国的教育。像水火柴米一个样儿,贵也是要用,贱也就要用,只问要用,不问外人贵贱的品评,后来水越治越清,火越治越明,柴越治越燥,米越治越熟,这样就是教育的成效了。至于别国所有,中国所无的学说,在教育一边,本来应该取来补助,断不可学格致古微的口吻,说别国的好学说,中国古来多现成有的。要知道凡事不可弃己所长,也不可攘人之善。弃己所长,攘人之善,都是岛国人的陋见。我们泱泱大国,不该学他们小家模样。

五　胡适之《清代学者的治学方法》

一

研究欧洲学术史的人，知道科学方法不是专讲方法论的哲学家所发明的，是实验室里的科学家所发明的；不是亚里士多德（Aristotle）、倍根（Bacon）、弥儿（Mill）一般人提倡出来的，是格利赖（Galileo）、牛敦（Newton）、勃里斯来（Priestley）一般人实地试行出来的。即如世人所推为归纳论理的始祖的倍根，他不过曾提倡知识的实用和事实的重要，故略带着科学的精神。其实他所主张的方法，实行起来，全不能适用，决不能当“科学方法”的尊号。后来科学大发达，科学的方法已经成了一切实验室的公用品，故弥儿能把那时科学家所用的方法编理出来，称为归纳法的五种细则。但是弥儿的区分，依科学家的眼光看来，仍旧不是科学用来发明真理解释自然的方法的全部。弥儿和倍根都把演绎法看得太轻了，以为只有归纳法是科学方法。近来的科学家和哲学家渐渐的懂得假设和证验，都是科学方法所不可少的主要分子，渐渐的明白科学方法不单是归纳法，是演绎和归纳相互为用的。忽而归纳，忽而演绎，忽而又归纳，时而由个体事物到全称的通则，时而由全称的假设到个体的事实，都是不可少的。我们试看古今来多少科学的大发明，便可明白这个道理。更浅一点，我们走进化学实验室里去做完一小盒材料的定性分析，也就可以明白科学的方法，不单是归纳一项了。

欧洲科学发达了二三百年，直到于今，方才有比较的圆满的科学方法论。这都是因为高谈方法的哲学家和发明方法的科学家向来不很接近，所以高谈方法的人，至多不能得到一点科学的精神和科学的趋势，所以创造科学方法和实用科学方法的人，也只顾他自己研究试验的应用，不能用哲学综合的眼光，把科学方法的各方面详细表示出来，使人了解。哲学家没有科学的经验，决不能讲圆满的科学方法论。科学家没有哲学的兴趣，也决不能讲圆满的科学方法论。

不但欧洲学术史可以证明我这两句话，中国的学术史，也可以引来作证。

二

当印度系的哲学盛行之后，中国系的哲学复兴之初，第一个重要问题，就是方法论，就是一种逻辑。那个时候，程子到朱子的时候，禅宗盛行，一个“禅”字，几乎可以代表佛学。佛学中最讲究逻辑的几个宗派，如三论宗和法相宗，都很不容易研究，经不起少许政府的摧残，就很衰微了。只有那“明心见性不立文字”的禅宗，仍旧风行一世。但是禅宗的方法，完全是主观的顿悟，决不是多数人“自悟悟”的方他法。宋儒最初有几个人，曾采用道士派关起门来虚造宇宙论的方法，如周濂溪、邵康节一班人。但是他们只造出几种道士气的宇宙观，并不曾留下什么方法论。直到后来宋儒把《礼记》里面一篇一千七百五十个字的《大学》提出来，方才算是寻得了中国近世哲学的方法论。自此以后，直到明代和清代，这篇一千七百五十个字的小书，仍旧是各家哲学争论的焦点。程朱、陆王之争，不用说了。直到二十多年前，康有为的《长兴学记》里，还争论“格物”两个字究竟怎样解说呢！

《大学》的方法论，最重要的是“致知在格物”五个字。程子、朱子一派的解说是：

> 所谓“致知在格物”者，言欲致吾之知，在即物而穷其理也。盖人心之灵，莫不有知，而天下之物，莫不有理。惟于理有未穷，故其知有未尽也。是以《大学》始教，必使学者即凡天下之物，莫不因其已知之理而益穷之，以求至乎其极。至于用力之久，而一旦豁然贯通焉，则众物之表里精粗无不到，而吾心之全体大用无不明矣。（朱子补《大学》第五章）

这一种“格物”说，便是程朱一派的方法论。这里面有几点很可注意：(1) 他们把“格”字作“至”字解。朱子用的“即”字，也是“到”的意思。“即物而穷其理”，是自己去到事物上寻出物的道理来。这便是归纳的精神。(2)“即凡天下之物，莫不因其已知之理而益穷之以求至乎其极”。这是很伟大的希望。科学的目的，也不过如此。小程子也说：“语其大，至天地之高厚；语其小，至一物之所以然，学者皆当理会。”倘宋代的学者，真能抱着这个目的做去，也许做出一些科学的成绩。

但是这种方法何以没有科学的成绩呢？这也有种种原因：(1) 科学的工具器械不够用。(2) 没有科学应用的需要。科学虽不专为实用，但实用是科学发展的一个绝大原因。小程子临死时说：“道著用，便不是。”像这种绝对非功用说，如何能使科学有发达的动机！(3) 他们既不讲实用，又不能有纯粹的爱真理的态度。他们口说“致知”，但他们所希望的，并不是这个物的理和那个物的理，乃是一种最后的绝对真理。小程子说：“今日格一件，明日格一件，积习既多，然后脱然有贯通处。”又说：“自一身之中至万物之理，但理会得多，自然豁然有觉悟处。”朱子上文说的“至于用力之久，而一旦豁然贯通焉，则众物之表里精粗无不到，而吾心之全体大用无不明矣”，这都可证宋儒虽然说“今日格一事，明日格一事”，但他们的目的，并不在今日明日格的这一事，他们所希望的，是那“一旦豁然贯通”的绝对的智慧。这是科学的反面。而科学所求的知识，正是这物那物的道理，并不妄想那最后的无上智慧。丢了具体的物理，去求那“一旦豁然贯通”的大彻大悟，决没有科学！

再论这方法本身也有一个大缺点。科学方法的两个重要部分：一是假设，一是实验。没有假设，便用不着实验。宋儒讲格物，全不注重假设。如小程子说：“致知在格物。物来则知起，物各付物，不役其知，则意诚不动。”天下哪有“不役其知”的格物？这是受了《乐记》和《淮南子》所说“人生而静，天之性也。感于物而动，性之欲也”那种知识论的毒。“不役其知”的格物，是完全被动的观察，没有假设的解释，也不用实验的证明。这种格物，如何能有科学的发明？

但是我们平心而论，宋儒的格物说，究竟可算得是含有一点归纳法的精神。“即凡天下之物，莫不因其已知之理而益穷之。”这一句话里，的确含有科学的基础。朱子一生，有时颇能做一点实地的观察。我且举《朱子语录》里的两个例：

> (1) 今登高山而望，群山皆为波浪之状，便是水泛如此。只不知因甚么事凝了。
>
> (2) 尝见高山有螺蚌壳，或生石中。此石即旧日之土，螺蚌即水中之物。下者却变而为高，柔者却变而为刚。此事思之至深，有可验者。

这两条都可见朱子颇能实行格物。他这种观察，断案虽不正确，已很可使人佩服。西洋的地质学者观察同类的现状，加上胆大的假设，作为有系统的研究，便成了历史的地质学。

三

起初小程子把“格物”的物字解作“语其大，至天地之高厚；语其小，至一物之所以然”，又解作“自一身之中，至万物之理”。像这个“物”的范围，简直是科学的范围。但是当科学器械不完备的时候，这样的科学野心，不但做不到，简直是妄想。所以小程子自己先把“物”的范围缩小了，他说：“穷理亦多端：或读书讲明义理，或论古今人物，别其是非，或应接事物，处其当然。皆穷理也。”这是把“物”字缩到穷经、应事、尚论古人三项。后来朱子便依着小程子所定的范围。朱子是一个读书极博的人，他的一生精力，大半都用在“读书穷理”、“读书求义”上。他曾费了大工夫，把四子书、四经（《易》、《诗》、《书》、《春秋》）自汉至唐的注疏细细整理一番，删去那些太繁的和那些太讲不通的，又加上许多自己的见解，做成了几部简明贯串的集注。这几部书，八百年来在中国发生了莫大的势力。他在《大学》、《中庸》两部书上用力更多，每一部书有《章句》，又有《或问》，《中庸》还有《辑略》。他教人看《大学》的法子：“须先读本文，念得；次将章句来解本文，又将或问来参章句，须逐一令记得；反复寻究，待他浃洽，既逐段晓得，将来统看温寻过，这方始是。”看这一条，可以想见朱子的格物方法在经学上的应用。

他这种方法，是很繁琐的。而在那禅学盛行的时代，这种方法自然很受一些人的攻击。陆子批评他道：“易简工夫终久大，支离事业竟浮沉。”“支离事业”，就是朱子一派的“传注”工夫。陆子自己说：“学苟知本，则六经皆我注脚。”又说：“六经注我，我注六经。”他所说的“本”，就是自己的心。他说：“宇宙即是吾心，吾心即是宇宙。”他又说：“万物皆备于我，只要明理。然理不解自明，须是隆师亲友。”

朱子说：“人心之灵，莫不有知；而天下之物，莫不有理。”这是说“理”在物中，不在心内，故必须去寻求研究。陆子说：“此心此理，实不容有二。”心就是理，理本在心中，故说“理不解自明”。这种学说和程朱一系所说“即物而穷其理”的方法，根本上立于反对的地位。

后来明代王阳明也攻击朱子的格物方法。王阳明说：

> 众人只说格物要依晦翁，何曾把他的说去用。我着实曾用来。初年与钱友同论做圣贤，要格天下之物，因指亭前竹子令去格看。钱子早夜去穷格竹子的道理，竭其心思，至于三日，便致

劳神成疾。我当初说他是精力不足,因自去穷格,早夜不得其理,到七日,亦以劳思致疾。遂相与叹圣贤是做不得的,无他大力量去格物了!

王阳明这样挖苦朱子的方法,虽然太刻薄一点,其实是很切实的批评。朱子一系的人,何尝真做过"即凡天下之物,莫不因其已知之理而益穷之"的工夫?朱子自己说:"夫天下之物,莫不有理,而其精蕴则已具于圣贤之书,故必由是以来之。"从"天下之物"缩小到"圣贤之书",这一步可算跨得远了。

王阳明自己主张的方法,大致和陆象山相同。王阳明说:"心外无物。"又说:"物者,事也。凡意之所发,必有其事。意所在之事谓之物。"又说:"如吾心发一念孝亲,即孝亲便是物。"他把"格"字当作"正"字解,他说:"格者正也,正其不正以归于正也。"他把"致知"解作"致吾心之良知",故要人"于其良知所知之善者,即其意之所在之物而实为之,无有乎不尽,于其良知所知之恶者,即其意之所在之物而实去之,无有乎不尽"。这就是格物。

陆王一派把"物"的范围限于吾心意念所在的事物,初看去似乎比程朱一派的"物"的范围缩小得多了,其实并不然。程朱一派高谈"即凡天下之物",其实只有"圣贤之书"是他们的"物"。而程王明明承认"格天下之物"是做不到的事,故把范围收小,限定"意所在之事谓之物"。但是陆王都主张"心外无物"的,故"意所在之事"一句话的范围,可大到无穷,比程朱的"圣贤之书"广大得多了!还有一层,陆王一派,极力提倡个人良知的自由,故陆子说:"六经为我注脚。"王子说:"夫学贵得之心。求之于心而非也,虽其言之出于孔子,不敢以为是。"像这种独立自由的精神,便是学问革新的动机。

但是独立的思想精神,也是不能单独存在的。陆王一派的学说,解放思想的束缚,是很有功的,但他们偏重主观的见解,不重物观的研究,所以不能得社会上一般人的信用。我们在三四百年后观察程朱陆王的争论,从历史的线索上看起来,可得这样一个结论:"程朱的格物论，注重‘即物而穷其理’，是很有归纳的精神的。可惜他们存一种被动的态度，要想‘不役其知’以求那豁然贯通的最后一步。那一方面陆王的学说，主张真理即在心中，抬高个人的思想，用良知的标准来解脱‘传注’的束缚。照这种自动的精神，很可以补救程朱一派的被动的格物法。而程朱的归纳手续，经过陆王一派的解放，是中国学术史一大转机。解放后的思想，重新又採取程朱的归纳精神，重经过一番‘朴学’的训练，于是有清代学者的科学方法出现，这又是中国学术史的一大转机。

四

中国旧有的学术，只有清代的“朴学”确有“科学”的精神。而“朴学”一个名词，包括甚广，大要可分四部分：

(1) 文字学(Philology)　包括字音的变迁，文字的假借通转等等。

(2) 训诂学　训诂学是用科学的方法，物观的证据，来解释古书文字的意义。

(3) 校勘学(Textual Criticesm)　校勘学是用科学的方法，来校正古书文字的错误。

(4) 考订学(Higher Criticesm)　考订学是考定古书的真伪、古书的著者及一切关于著者的问题的学问。

因为范围很广，故不容易寻一个总包各方面的类名。而“朴学”又称为“汉学”，又称为“郑学”。这些名词都不十分满人意。比较起来，“汉学”两个字，虽然不妥，但很可以代表那时代的历史背景。而“汉学”是对于“宋学”而言的。因为当时的学者不满意于宋代以来的性理空谈，故抬出汉儒来想压倒宋儒的招牌。因此我们暂时沿用这个字。

“汉学”这个名词，很可表示这一派学者的公同趋向。这个公同趋向，就是不满意于宋代以来的学者用主观的见解来做考古学问的方法。这种消极方面的动机，起于经学上所发生的问题，后来方才渐渐的扩充，变成上文所说的四种科学。现在且先看汉学家所攻击的几种方法：

(1) 随意改古书的文字。

(2) 不懂古音，用后世的音来读古代的韵文，硬改古音为“叶音”。

(3) 增字解经。　例如“致知”为“致良知”。

(4) 望文生义。　例如《论语》“君子耻其言而过其行”，本有错误，故“而”字讲不通。宋儒硬解为：“耻者，不敢尽之意；过者，欲有余之辞。”却不知道“而”字是“之”字之误。(皇侃本如此)

这四项，不过是略举几个最大的缺点。现在且举汉学家纠正这种主观的方法的几个例：唐明皇读《尚书·洪范》“无偏无颇，遵王之义”，觉得下文都协韵，于是下敕改“颇”为“陂”，使与义字协韵。至顾炎武研究古音，以为唐明皇改错了。因为古音“义”字本读为我，故与颇字协韵。他举《易象传》“鼎耳革，失其义也。覆公餗，信如何也”，又《礼记·表记》“仁者，右也；道者，左也；仁者，人也；道者，义也”，证明“义”字正读为我，故与左字何字颇字协韵。

又《易·小过》上六：“弗遇过之，飞鸟离之。”朱子说当作“弗过遇之”。至顾炎武引《易·离》九三“日昃之离，不鼓缶而歌，则大耋之嗟”，证明“离”字古读如罗，与过字协韵，本来不错。

“望文生义”的例，如《老子》“行于大道，唯施是畏”，王弼与河上公都把“施”字当作“施为”解。王念孙证明“施”字当读为迤，作邪字解。他举的证据甚多：(1)《孟子·离娄》：“施从良人之所之。”赵岐注：“施者，邪施而行。”丁公著音迤。(2)《淮南·齐俗训》：“去非者，非批邪施也。”高诱注：“施，微曲也。”(3)《淮南·要略》：“接径直施。”高注：“施，邪也。”以上三证，证明施与迤通，《说文》说：“迤，袤行也。”(4)《史记·贾生传》“庚子日施兮”，《汉书》写作“日斜兮”。(5)韩非子的《解老》篇解《老子》这一章，也说：“所谓大道也者，端道也。所谓貌施也者，邪道也。”以上两证，证明“施”字作邪字解。照这种考证法，还不令人心服吗？

这几条随便举出的例，可以表示汉学家的方法。他们的方法的根本观念，可以分开来说：

(1) 研究古书，并不是不许人有独立的见解，但是每立一种新见解，必须有物观的证据。

(2) 汉学家的“证据”，完全是“例证”。例证就是举例为证，看上文所举的三件事，便可明白“例证”的意思了。

(3) 举例作证，是归纳的方法。倘举的例不多，便是类推(Analogy)的证法。举的例多了，便是正当的归纳法(Induction)了。而类推与归纳，不过是程度的区别。其实他们的性质是根本相同的。

(4) 汉学家的归纳手续，不是完全被动的，是很能用“假设”的。这是他们和朱子大不相同之处。他们所以能举例作证，正因为他们观察了一些个体的例之后，脑中先已有了一种假设的通则，然后用这通则所包涵的例，来证同类的例。他们实际上是用个体的例，来证个体的例，精神上实在是把这些个体的例所代表的通则演绎出来，故他们的方法是归纳和演绎同时并用的科学方法。如上文所举的第一件事，顾炎武研究了许多例，得了“凡义字古音皆读为我”的通则。这是归纳。后来他遇着“无偏无颇，遵王之义”一个例，就用这个通则解释他，说这个义字古音读为我，故能与颇字协韵。这是通则的应用，是演绎法。既是一条通则，应该总括一切“义”字，故必须举出这条“义读为我”的例来，证明这条“假设”的确是一条通则。印度因明学的三支，有了

“谕体”（大前提），还要加上一个“谕依”（例），就是这个道理。

五

我现在且举几个最精密的长例，来表示汉学家的科学方法。清代汉学的成绩，要算文字学的音韵一部分为最大，故我先举钱大昕考定古今音变迁的一条例。钱氏于古音学有两大发明：一是“古无轻唇音”，一是“古无舌头、舌上之分”。前一条，我已引在我的《中国哲学史大纲》里了。现在且举他的“古无舌头、舌上之分”一条。舌上的音，如北方人读知、澈、澄三组的字，都是舌上音，舌头音为端、透、定三组的字（西文的 P、T 两母的字）。钱氏发明现读舌上音的字，古音都读舌头的音。他举的例如下：

(1)《说文》：“冲，读若动。”《书》：“惟予冲人。”《释文》：“直忠切。”古读直如特。冲子，犹童子也。字母家不识古音，读冲为虫，不知古读虫亦如同也。《诗》：“蕴隆虫虫。”《释文》：“直忠反。”徐：“徒冬反。”《尔雅》作爞爞，郭：“都冬反。”《韩诗》作炯，音徒冬反。是虫与同音不异。

(2) 古音中如得。《三仓》云：“中，得也。”《史记·封禅书》：“康后与王不相中。”《周勃传》：“子胜之尚公主，不相中。”小司马皆训为得。

(3) 古音陟如得。《周礼》：“太卜掌三梦之法……三曰咸陟。”注：“陟之言得也，读如王德翟人之德。”

(4) 古音赵如拥。《诗》：“其镈斯赵。”《释文》：“徒了反。”《周礼·考工记》注引此作“其镈斯拥”，大了反。《荀子》杨倞注：“赵，读为掉。”

(5) 古音直如特。《诗》：“实惟我特。”《释文》：“《韩诗》作直，云：相当值也。”《檀弓》：“行并植于晋国。”注：“植或为特。”《王制》：“天子犆礿。”《释文》：“犆，音特。”

(6) 古音竹如笃。《诗》：“绿竹猗猗。”《释文》：“《韩诗》作薄，音徒沃反。”与笃音相近，皆舌音也。笃、竹并从竹得声。《论语》：“君子笃于亲。”《汗简》云：“古文作竺。”《书》：“笃不忘。”《释文》：“本又作竺。”《释诂》：“竺，厚也。”《释文》：“本又作笃。”《汉书·西域传》云：“无雷国比与捐毒接。”师古曰：“捐毒，即身毒，天毒也。”《张骞传》：“吾贾人转市之身毒国。”邓展曰：“毒，因督。”李奇曰：“一名天竺。”《后汉书·杜笃传》：“摧天督。”注：“即天竺国。”然则竺、笃、毒、督四字同音。

(7) 古读猪如都。《礼·檀弓》：“洿其宫而猪焉。”注：“猪，都也，南方谓都为猪。”《书》：“大野既猪。”《史记》作“既都”。“荣波既猪”，《周礼注》引作“荣播既都”。

(8) 古读追如堆。《郊》：“特牲母追。”《释文》：“多雷反。”枚乘《七发》：“逾岸出追。”李善注：“追，古堆字。”

(9) 古读倬如菿。《诗》：“倬彼甫田。”《韩诗》作“菿”。

(10) 古读枨如棠。孔子弟子申枨，《史记》作申棠。因枨有棠音。可悟古读“长”丁丈切，与党音相似。正是音和，非类隔。

(11) 古读池如沱。《诗》：“滮池北流。”《说文》引作“滮沱”。《周礼·职方氏》：“并州其川虖池。”《礼记》：“晋人将有事于河，必先有事于恶池。”即滮沱之异文。

(12) 古读廛如坛。《周礼·廛人》注：“故书廛为坛。”杜子春读坛为廛。“载师以廛里任国中之地。”注：“故书廛或为坛，司农读为廛。”

(13) 古读秩如𣷷。《书》“平秩东作”，《说文》引作𣷷，从豊，弟声。凡从失之字，如跌、迭、瓞、蛈、诶，皆读舌音，则秩亦有迭音，可信也。

(14) 姪娣本双声字。《公羊释文》：“姪，大结反。娣，大计反。”此古音也。《广韵》姪有“徒结”、“直一”两切。

(15) 古读陈如田。《说文》:“田,陈也。”陈完奔齐,以国为氏,而《史记》谓之田氏,是古田陈同声。

钱氏所举的例,不止这十五个,我不能全钞了。看他每举一例,必先证明那个例,然后从那些证明了的例上,求出那“古无舌头舌上之分”的大通则。这里面有几层的归纳和几层的演绎。他从《诗》释文、《檀弓》注、《王制》释文各例上寻出“古读直如特”的一条通则,便是一层归纳。他用同样的方法,去寻出“古读竹如笃”、“古读猪如都”等等通则,便是十几次的归纳。然后把这许多通则贯串综合起来,求出“古读舌上音皆为舌头音”的大通则,便是一层大归纳。而经过这层大归纳之后,有了这个大通则,再看这个通则,有没有例外。如字书读“冲”为“虫”,他便可应用这条大通则,说“虫”字古时也读如“同”。这是演绎。他怕演绎的证法还不能使人心服,故又去寻个体的例,如“虫”字的“直忠”和“都冬”两切,证明“虫”字古读如“同”,这又是归纳了。

这是汉学家研究音韵学的方法。三百年来的音韵学,所以能成一种有系统有价值的科学,正因为那些研究音韵的人,自顾炎武直到章太炎都能用这种科学的方法,都能有这种科学的精神。

六

我再举一个训诂学的例。清代讲训诂的方法,到王念孙、王引之父子两人,方才完备。二王以后,俞樾、孙诒让一班人,都跳不出他们两人的范围。王氏父子所著的《经传释词》,可算得清代训诂学家所著的最有统系的书,故我举的例也是从这部里来的。古人注书,最讲不通的,就是古书里所用的“虚字”。“虚字”在文法上作用很大,古人没有文法学上的名词,一切统称“虚字”(语词语助词等等),已经是很大的缺点了，不料有一些学者，竟把这些“虚字”当作“实字”用。如“言”字在《诗经》里常作“而”字或“乃”字解，都是虚字，被毛公、郑玄等解作代名词的“我”字，便更讲不通了。王氏的《经传释词》全用归纳的方法，举出无数的例，分类排比起来，看出相同的性质，然后下一个断案，定他们的文法作用。我要举的例，是用在句中或句首的“焉”字。

“焉”字用在句尾，是很平常的用法。例如“殆有甚焉”、“必有事焉”，都作“于此”解，那是很容易的。但是“焉”字又常常用在一句的中间，或一句的起首，他的功用等于“于是”、“乃”、“则”一类的状词，大概是表时间的关系，有时还带着一点因果的关系。王氏举的例如下：

(1)《礼记·月令》：“命舟牧覆舟，五覆五反，乃告舟备具于天子，天子焉(于是)始乘舟。”

(2)《晋语》：“尽逐群公子，乃立奚齐，焉(于是)始为令于国。”

(3)《墨子·鲁问》：“公输子自鲁南游，焉(于是)始为舟战之器。”

(4)《山海经·大荒西经》：“夏后开焉(于是)始得歌九招。”

(5)《祭法》：“坛墠有祷，焉(则)祭之，无祷乃止。”

(6)《三年问》：“故先王焉(乃)为之立中制节。”

(7) 又：“焉使倍之，故再期也。”

(8)《大戴礼·王言》篇：“七教，修焉(乃)可以守。三至行，焉(乃)可以征。”

(9)《曾子制言》篇：“有知，焉(乃)谓之友；无知，焉为之主。”

(10)《齐语》：“乡有良人，焉(乃)以为军令。”

(11)《吴语》：“吾道路悠远，必无有二命，焉(乃)可以济事。”

(12)《老子》:"信不足,焉(于是)有不信。"

(13)《管子·幼官》篇:"胜无非义者,焉(乃)可以为大胜。"

(14) 又《揆度》篇:"民财足,则君赋敛焉(乃)不穷。"

(15)《墨子·亲士》篇:"焉(乃)可以长生保国。"

(16) 又《兼爱》:"必知乱之所自起,焉(乃)能治之。"

(17) 又《非攻》:"汤焉(乃)敢奉率其众以乡有夏之境。"

(18)《庄子·则阳》篇:"君为政,焉(乃)勿卤莽;治民,焉(乃)勿灭裂。"

(19)《荀子·议兵》篇:"若赴水火,入焉(则)焦没耳!"

(20) 又:"凡人之动也,为赏庆为之,则见害伤焉(乃)止矣。"

(21)《离骚》:"驰椒丘,且焉(于是)止息。"

(22)《九章》:"焉(于是)洋洋而为客。""焉(于是)舒情而抽信兮。"

(23)《九辩》:"国有骥而不知乘兮,焉(乃)皇皇而更索。"

(24)《招魂》:"巫阳焉(乃)下招曰。"

(25)《远游》:"焉(乃)逝以徘徊。"

(26) 僖十五年《左传》:"晋于是乎作爰田。晋于是乎作州兵。"《晋语》作:"焉作辕田,焉作州兵。"则是"焉"与"于是"同义。

(27)《荀子·礼论》篇:"三者偏亡,焉无安人。"而《史记·礼书》用此文,焉作则。《老子》:"故贵以身为天下,则可寄天下。"又在《淮南·道应训》引此则作焉。则是"焉"与"则"同义。

照这种方法,先搜集许多同类的例,比较参看,寻出一个大通则来,完全是归纳的方法。但是以我自己的经验看起来,这种方法实行的时候,决不能等到把这些同类的例都收集齐了,然后下一个大断案。而当我们寻得几条少数同类的例时,我们心里已起了一种假设的通则。有了这个假设的通则,若再遇着同类的例,便把已有的假设去解释他们,看他能否把所有同类的例,都解释的满意,这就是演绎的方法了。演绎的结果,若能充分满意,那个假设的通则,便成了一条已证实的定理。照这样的办法,由几个(有时只须一两个)同类的例,引起一个假设,再求一些同类的例,去证明那个假设是否真能成立,这是科学家常用的方法。假设的用处,就是能使归纳法实用时,格外经济,格外省力。凡是科学上能有所发明的人,一定是富于假设的能力的人。宋儒的格物方法所以没有效果,都因为宋儒既想格物,又想"不役其知"。不役其知,就是不用假设,完全用一种被动的态度。那样的用法,决不能有科学的发明。因为不能提出假设的人,严格说来,竟可说是不能使用归纳方法。为什么呢?因为归纳的方法,并不是教人观察"凡天下之物",并不是教人观察乱七八糟的个体事物。归纳法的真义,在于教人"举例",在于使人于乱七八糟的事物里面寻出一些"类似的事物"。当他"举例"时,心里必已有了一种假设。如钱大昕举冲、中、陟、直、赵、竺等字时,他先已有了一种"类"的观念,先有了一种假设。不然,他为什么不举别的整千整万的字呢?又如王氏讲"焉"字的例,他若先没有一点假设,为什么单排出这些句中和句首的"焉"字呢?汉学家的长处,就在他们有假设通则的能力。因为有假设的能力,又能处处求证据来证实假设的是非,所以汉学家的训诂学,有科学的价值。道光年间有个方东澍,做了一部《汉学商兑》,极力攻击汉学家,但他对于高邮王氏的《经义述闻》也不能不佩服,不能不说"实足令郑、朱俯首,自汉唐以来,未有其比"。可见汉学家的方法精密,就是宋学的死党,也不能不心服了!

七

吾在上文已举了音韵学和训诂学的例,我现在再举清代校勘学作例。古书被后人钞写刻印,很难免去错钞错刻的弊病。譬如我做了一篇一百字的文章,写好之后,我自己校看一遍,没有错字。这个原稿，可叫做“甲”。我的书记重钞了一篇，送登《北京大学月刊》，因为“甲”是用草字写的，钞本误认了一个字，遂错钞了一个字。这篇“乙”稿，拿去排印，商务印书馆的排工又排错了一字，这个印本可叫做“丙”。这三个字本子的“可靠性”有如下的比例：

“甲”本 100；“乙”本 99；“丙”本 97.02。

这一个本子，只经过三手，已比原本减少.0298[①] 的可靠性了。何况古代的著作，经过了一两千年的传钞翻印，哪能保得住没有错误呢！校勘学的发生，只是要救正这种“日读误书”的危险。但是这种校勘的工夫，初看似乎很容易，其实真不容易。譬如上文说的“丙”本，只得寻着我的“甲”本，细细校对一遍，就可校正了。但是这种容易的校勘，是不常有的。有些古书，并没有原本可用来校对。所有的古本，无论怎样古，终究是钞本。而有时一部书，只有一个传本，并无第二本。校书的人，既不可随意乱改古书，又不可穿凿附会，勉强解说（说详本篇第四篇），自不能不用精密的方法，正确的证据，方才能使人心服。清代的校勘学所以能使人心服，正为他用的是科学的方法。

校勘学的方法，可分两层说。第一是根据，第二是评判。根据是校勘时用来作比较参考的底本。根据大约有五种：(1) 根据最古的旧本子。例如阮元的《论语注疏校勘记》，引据的本子是《汉石经残字》、《唐石经》、《宋石经》、皇侃《义疏》、高丽本（据陈鳣《论语》古训引的），十行本（宋刻的元明修补的）、闽本（明嘉靖时刻）、非监本（明万历时刻）、毛本（明崇祯时刻），共计九种古本。(2) 根据古书里引用本书的文句。例如《群书治要》、《太平御览》等书，引了许多古书，可以用作参考。又如阮元校勘《论语》“君子耻其言而过其行”一句，先说：“皇本、高丽本而作之，行下有也。”这是前一种的根据。阮元又说：“按《潜夫论·交际》篇孔子疾夫言之过其行者，亦作之字。”这是

① .0298，原文如此，今当写作 0.0298。

第二种的根据。又如《荀子·天论》"内外无别，男女淫乱，则父子相疑，上下乖离"，这四项是平等的，不当夹一个"则"字。《韩诗外传》有这一段，没有"则"字。《群书治要》引的也没有"则"字。故王念孙根据这两书说则字是衍文。(3) 根据本书通行的体例。最明显的例，是《墨子·小取》篇："辟也者，举也物而以明之也。"第二[①]个"也"字，初看似乎无意思，故毕沅校《墨子》便删了这个字。王念孙后来发见"《墨子》书通以也为他"一条通例，故说这个"也"字也是"他"字，"举他物以明此物谓之譬"，这就明白了。他的儿子王引之又用这条通例来校《小取》篇"无也故焉"的"也"字，也是"他"字；又"无故也焉"一句，也应改正为"无也故焉"，那"也"字也是"他"字。后来我校《小取》篇"是犹谓也者同也"、"吾岂谓也者异也"两句，也用这条通例来把第一和第三个"也"字都读作"他"字。(4) 根据古注和古校本。古校本最重要的，莫如陆德明的《经典释文》。古注自汉以来多极了，不能遍举。我且举两个应用的例：《易》《系辞传》"拟之而后言，议之而后动"，议字实在讲不通。《释文》曰："陆、姚、桓元、荀柔之作仪。"而"仪"字作效法解，与拟字并列，便讲得通了。《系辞》又有"几者动之微，吉之先见者也"。我不懂得此处何故单说"吉"，不说"吉凶"。后来我读孔颖达《正义》，说"诸本或有凶字者，其定本则无也"，方才知道唐初的人，还见过有"凶"字的本子，可据此校改。后来我读《汉书·楚元王传》："穆生曰：《易》称知几其神乎！几者，动之微，吉凶之先见者也。"此又可证我的前说。(5) 根据古韵。我引王念孙《读书杂志》一段作例：

> 《淮南子·原道训》："是故无所私而无所公，靡滥振荡，与天地鸿洞；无所左而无所右，蟠委错紾，与万物始终。"按始终，当作终始(上文云"水流而不止与万物终始")。公、洞为韵，右、始为韵(右古读若"以"，说见《唐韵正》)。若作始终，则失其韵矣。

---

① 二，当作"一"。

又《俶真训》:"若夫真人则动溶于至虚而游于灭亡之野,骑蜚廉而从敦圄,驰于外方(外方据道藏本各本作方外),休乎宇内,烛十日而使风雨,臣电公,役考父,妾宓妃,妻织女。"按"宇内"当为"内宇"(内宇犹宇内也。大林中谓之中林,谷中请[1]之中谷矣),内宇与外方相对为文。宇与野、圄、雨、父、女为韵(野古读若"墅"、说见《唐韵正》)。若作"宇内",则失其韵矣。

《说林》篇:"无乡之社,易为黍肉;无国之稷,易为求福。"案"黍肉"当作"肉黍"。后人以肉与福韵相协,故改为"黍肉"。不知福字古读若"偪",不与肉为韵也。社、黍为韵(社古读若"墅"。《说文》:社从示,土声。《甘誓》"不用命戮于社",与祖为韵。《郊特牲》"而君亲誓社",与赋、旅、伍为韵。《左传》闵二年成季将生卜辞"间于两社",与辅为韵。《管子·揆度》篇"杀其身以衅其社",与鼓、父为韵),稷、福为韵。若作黍肉,则失其韵矣。

以上五项,是校勘学的根据。但是这几种根据,都有容易致误的危险。先说古本。我们所有的古本,已不知是经过了多少次口授手写的钞本了,其中难保没有错误。近人最崇拜宋版的书,其实宋版也有好坏,未必都可用作根据。次说古书转引本书的文句,也有两大危险:第一,引书的人未必字字依照原文,往往随意增减字句。第二,初引或不误,后来传钞翻印,难免没有错误。次说本书的通例,也许著书的人偶然变例。次说古注与古校本。古校本往往有许多种不同的,究竟应该从哪一个校本。古注本也有被后人妄改了的。例如《老子》二十三章"信不足焉,有不信焉",这句本当作"信不足,焉有不信"(看上文第六节),故王弼注云:"忠信不足于下,焉有不信也。"(此据《永乐大典》本)但今本王注改作"忠信不足于下焉,有不信焉",这便不成话了。最后说古韵的根据,有时也容易致误。我且引一条最可注意的例:

---

① 请,当为"谓"之误。

《易经·剥象传》:“君子得舆,民所载也。小人剥庐,终不可用也。”又《丰象传》:“丰其沛,不可大事也。折其右肱,终不可用也。”这两条的韵,很不容易说明。顾炎武作《易音》,竟不懂“用”何以能与“载”、“事”为韵。杨宾实说,两“用”字皆“害”字之误。卢文弨赞成此说,说:“害在十四泰,载在十九代,事在七志,古韵皆得相通。古害字作㝬,故易与‘用’字相混。”这一说从表面看去,似乎很圆满了。后来王念孙驳他道:“凡《易》言君子小人者,其事皆相反。君子得舆,小人剥庐,亦取相反之义。……非谓小人不能害君子也。右肱为人之所用,右肱折,则终不可用……折肱,则害及肱矣,何言终不可害乎?今案‘用’读为‘以’。《苍颉篇》:‘用,以也。’‘用’与‘以’声近而义同,故用可读为以。犹‘集’与‘就’声近而义同,故集可读为就,‘戎’与‘汝’声近而义同,故戎可读为汝也。……《剥象传》以灾、尤、载用为韵,《丰象传》以灾、志、事用为韵……于古音并属‘之’部……若‘害’字则从丰声,丰读若介,于古音属‘祭’部(在诸经中与害为韵者)……凡发、拨、大、达、败、晢、逝、外、未、说、牵、迈、卫、烈、目、揭、竭、世、艾、岁等字,皆属‘祭’部。遍考群经、《楚辞》,未有与‘之’部之灾、尤、载、志、事等字同用者。至于老、庄诸子,无不皆然。是害与灾、尤、载、志、事五字,一属‘祭’部,一属‘之’部,两部绝不相通。”(《经义述闻》卷二)

因为这些根据,都容易弄错,故校勘学不能全靠根据。校勘学的工夫,在于“评判”。校勘两字,都是法律的名词,都含有审判的意思。英文 Textual Criticism,译言“本子的评判”。我们顾名思义,可知校勘学决不单靠本子或他种的根据,可知校勘重在细心的判断。上文王念孙校一个“用”字,便是评判的工夫。段玉裁有《与诸同志书论校书之难》一篇,说这个道理最明白。

> 校书之难,非照本改字,不讹不漏之难也,定其是非之难。是非有二:曰底本之是非,曰立说之是非。必先定其底本之是非,而后可断其立说之是非。二者不分,轇轕如治丝而棼,如算

之淆乱其法实而瞀乱乃至不可理。何谓底本？著书者之稿本是也。何谓立说？著书者所言之义理是也。《周礼·轮人》："望而视其轮，欲其幎尔而下迆也。"自《唐石经》以下各本，皆作"下迆"。唐贾氏作"不迆"。故疏曰："不迆者，谓辐上至毂，两两相当，正直不旁迆，故曰不迆也。"文理甚明。今各本疏文皆作"下迆"（下迆者，谓辐上至毂，两两相当，正直不旁迆，故曰下迆也），其语绝无文理，则非贾文之底本矣。此由宋人以疏合经注者，改疏之"不"字，合经之"下"字。所仍之经，非贾氏之经本也。然则经本有二，"下"者是欤？"不"者是欤？曰："下者是也。""望而视其轮"，谓视其已成轮之牙。轮圜甚，牙皆向下迆邪，非谓辐与毂正直两两相当也。经下文"县之以视其辐之直"，自谓辐。"规之以视其圜"，自谓圜轮之圜在牙。上文"毂、辐、牙为三材"。此言轮、辐、毂、轮，即牙也。然则《唐石经》及各本经作"下"是，贾氏本作"不"非也。而义理之是非得矣。倘有浅人校疏文"下迆"之误，改为"不迆"，因以疏文之"不迆"而改经文之"下迆"，则贾疏之底本得矣，而于义理乃大乖也。（段氏共引五例，今略。）故校经之法，必以贾还贾，以孔还孔，以陆还陆，以杜还杜，以郑还郑，各得其底本，而后判其义理之是非，而后经之底本可定，而后经之义理可以徐定。不先正注疏、释文之底本，则多诬古人。不断其立说之是非，则多误今人。（《经韵楼集》）

我们看了这种校勘学方法论，不能不佩服清代汉学家的科学精神。在浅学的人，只觉得汉学家斤斤的争辩一字两字的校勘，以为"支离破碎"，毫无趣味。其实汉学家的工夫，无论如何琐碎，却有一点不琐碎的元素，就是那一点科学的精神。

凡成一种科学的学问，必有一个系统，决不是一些零碎堆砌的知识。音韵学自从顾炎武、江永、戴震、钱大昕、段玉裁、王念孙直到章炳麟、黄侃，研究古音的分部、声音的通转，不但分析更细密了，并且系统条理也更清楚明白了。训诂学用文字假借、声类通转、文法条例三项作中心，也自成系统。惟校勘学的头绪纷繁，很不易寻出一些通则来。但清代的校勘学，却真有条理系统，故成一种科学。我们看王念孙《读淮南子杂志》的后序，说他订正《淮南子》共九百余条，推求“致误之由”，可得六十四条通则。这一篇一万二千字的空前长序（《读书杂志》九之二十二），真可算是校勘学的科学方法论。又如俞樾的《古书疑义举例》的五、六、七三卷，也提出许多校勘学的通则，也可算是校勘学的方法论。

八

我想上文举的例，很可以使读者懂得清代学者的治学方法了。他们用的方法，总括起来，只是两点：(1) 大胆的假设，(2) 小心的求证。假设不大胆，不能有新发明。证据不充足，不能使人信仰。上文举的许多例，大概多偏重求证一方面。我现在且引清学的宗师戴震论《尚书·尧典》“光被四表”的光字的历史作为最后的一条例，作为我这一篇方法论的总结束。

考《尧典》“光被四表，格于上下”，蔡沈解“光”为“显”，这是最普通的解法。但是孔安国《传》说：“光，充也。”光字作显解，何等近情近理，为什么古人偏要解作“充”字呢？岂不是舍近而求远吗？但是戴震说：

> 孔《传》：“光，充也。”陆德明《释文》无音切。孔冲远《正义》曰：“光，充，释言文。”据郭本《尔雅》，“桄、颎，充也”。注曰：“皆充盛也。”《释文》曰：“桄，孙作光，古黄反。”用是言之，光之为充，《尔雅》具其义……虽孔《传》出魏晋间人手，以仆观此字，据依《尔雅》，又密合古人属词之法，非魏晋间人所能。必袭取师师相传旧解，见其奇古有据，遂不敢易尔。后人不用《尔雅》及古注，殆笑《尔雅》迂远，古注胶滞，如光之训充，兹类实繁。余独以谓病在后人不能遍观尽识，轻疑前古，不知而作也。

戴震是不信伪孔《传》的人，但他却要为“光，充也”一句很不近情理的话作辩护士。我们且看他的说法：

> 《尔雅》桄字，六经不见。《说文》：“桄，充也。”孙愐《唐韵》：“古旷反。”《乐记》：“钟声铿，铿以立号，号以立横，横以立武。”郑康成注曰：“横，充也，谓气作充满也。”《释文》曰：“横，古旷反。”《孔子闲居篇》：“夫民之父母乎，必达于礼乐之原，以至五致而行三无，以横于天下。”郑注曰：“横，充也。”疏家不知其义出《尔雅》。
>
> 《尧典》古本必有作“横被四表”者。横被，广被也。正如《记》所云“横于天下”、“横于四海”。横四表，格上下对举……横转写为桄，脱误为光，追原古初，当读“古旷反”。庶合充霩广远之义。

这真是大胆的假设。他见郭本《尔雅》的桄字在孙本作光，又见《说文》有“桄，充也”的话，又见《唐韵》读桄为古旷反，而《礼记》的横字既训为充，又读古旷反——他看了这些事实，忽然看出他们的关系来，遂大胆下一个假设，说《尧典》的光字就是桄字，也就是横字。但是《尚书》的各本，明明都作“光”字。戴震于是更大胆的提出一个很近于武断的假设，说“《尧典》古本必有作横被四表者”。这话是乾隆乙亥（一七五五）年《与王内翰凤喈书》里说的，过了两年（一七五七），钱大昕和姚鼐各替他寻着一个证据：

> （证一）《后汉书·冯异传》有“横被四表，昭假上下”。
>
> （证二）班固《西都赋》有“横被六合”。

过了七年多（一七六二），戴震的族弟受堂又替他寻着两个证据：

> （证三）《汉书·王莽传》：“昔唐尧横被四表。”
>
> （证四）王褒《圣主得贤臣颂》：“化溢四表，横被无穷。”

过了许多年，他的弟子洪榜又寻得一证：

> （证五）《淮南·原道训》：“横四维而含阴阳。”高诱注：“横，

读桄车之桄。”是汉人横桄通用，甚明。

他的弟子段玉裁又寻得一证：

(证六) 李善注《魏都赋》引《东京赋》“惠风横被”，今本《东京赋》作“惠风广被”，后人妄改也。

这一个字的考据的故事，很可以表示清代学者的学问的真精神。假使这个光字的古本作横已无法证实了，难道戴震就不敢①下那个假设了吗？我可以断定他仍是要提出这个假设的。如果一个假设是站在很充分的理由上面的，即使没有旁证，也不失为一个很好的假设。但他终究只有一个假设，不能成为真理。后来有了充分的旁证，这个假设便升上去变成一个真理了。

戴震自己论这个字的考据道：

述古之难，如此类者，遽数之不能终其物。六书废弃，经学荒谬，二千年以至今……仆情僻识狭，以谓信古而愚，愈于不知而作。但宜推求，勿为株守。例以光之一字，疑古者在兹，信古者亦在兹。

“但宜推求，勿为株守”八个字，是清学的真精神。

---

① 敢下原有“不”字，据文意删。

六　胡适之《研究国故的方法》

研究国故，在现时确有这种需要。但是一般青年对于中国本来的文化和学术，都缺乏研究的兴趣，讲到研究国故的人，真是很少。这也原不怪得他们，实有以下二种原因：（一）古今比较起来，旧有的东西，就很易现出破绽。在中国科学一方面，当然是不足道的。就是道德和宗教，也都觉浅薄得很。这样当然不能引起青年们底研究兴趣了！（二）中国底国故书籍，实在太没有系统了。历史书一本有系统的也找不到，哲学也是如此。就是文学一方面，《诗经》总算是世界文学上的宝贝，但假使我们去研究《诗经》，竟没有一本书能供给我们做研究的资料的。原来中国底书籍，都是为学者而设，非为普通人一般人底研究而做的。所以青年们要研究，也就无从研究起。我很望诸君对于国故有些研究的兴趣，来下一番真实的工夫，使他成为有系统的。对于国故，亟应起来整理，方能使人有研究的兴趣，并能使有研究兴趣的人容易去研究。

“国故”底名词，比“国粹”好得多。自从章太炎著了一本《国故论衡》之后，这“国故”底名词，于是成立。如果讲是“国粹”，就有人讲是“国渣”，“国故”（national past）这个名词是中立的。我们要明现社会底情况，就得去研究国故。古人讲：“知道过去，才能知道现在。”国故专讲国家过去的文化，要研究他，就不得不注意以下四种方法：

（一）历史的观念　现在一般青年，所以对于国故没有研究兴趣的缘故，就是没有历史的观念。我们看旧书，可当他做历史看。清乾隆时有个叫章学诚的，著了一本《文史通义》，上边说：“六经皆史也。”我现在进一步言之：一切旧书——古书——都是史也。本了历史的观念，就不其然而然的生出兴趣了。如道家炼丹修命，确是很荒谬的，不值识者一笑。但本了历史的观念，看看他究竟荒谬到了什么田地，亦是很有趣的。把旧书当作历史看，知他好到什么地步，或是坏到什么地步，这是研究国故方法底起点，是开宗明义第一章。

（二）疑古的态度　疑古的态度，简要言之，就是“宁可疑而错，不可信而错”十个字。譬如《书经》有今文《尚书》和古文《尚书》之别。有人说古文《尚书》是假的，今文《尚书》有一部分是真的，余外一部分，到了清时才有人把他证明是假的。但是现在学校里边，并没把假的删去，仍旧读他全书，这是我们应该怀疑的。至于《诗经》本有三千篇，被孔子删剩十分之一，只得了三百篇。《关雎》这一首诗，孔子把他列在第一首。这首诗是很好的，内容是一很好的女子，有一男子要伊做妻子，但这事不易办到，于是男子“寤寐求之”，连睡在床上都要想伊，更要“悠哉悠哉，辗转反侧”呢！这能表现一种很好的爱情，是一首爱情的相思诗。后人误会，生了许多误解，竟牵到旁的问题上去。所以疑古的态度，有二方面好讲：（一）疑古书底真伪。（二）疑真书被那山东老学究弄伪的地方。我们疑古底目的，是在得其“真”。就是疑错了，亦没有什么要紧。我们知道哪一个科学家，是没有错误的。假使信而错，那就上当不浅了。自己固然一味迷信，情愿做古人底奴隶，但是还要引旁人亦入于迷途呢！我们一方面研究，一方面就要怀疑，庶能不上老当呢！

如中国底历史从盘古氏一直相传下来，年代都是有“表”的，“像煞有介事”，看来很是可信。但是我们要怀疑这怎样来的呢？根据什么呢？我们总要“打破沙锅问到底”，究其来源怎样？要知道这年月的计算，有的自从假书来的，大部分还是宋朝一个算命先生用算盘打出来的呢！这哪能信呢？我们是不得不去打破他的。

在东周以前的历史，是没有一字可以信的。以后呢，大部分也是不可靠的。如《禹贡》这一章书，一般学者都承认是可靠的。据我用历史的眼光看来，可是不可靠的。我敢断定他是伪的。在夏禹时，中国难道竟有这般大的土地么？四部书里边的经、史、子三种，大多是不可靠的。我们总要有疑古的态度才好！

（三）系统的研究　古时的书籍，没有一部书是“著”的。中国底书籍虽多，但有系统的著作，竟找不到十部。我们研究无论什么书籍，都宜要寻出他底脉络，研究他的系统。所以我们无论研究什么东西，就须从历史方面着手。要研究文学和哲学，就得先研究文学史和哲学史。政治亦然，研究社会制度，亦宜先研究其制度沿革史，寻出因果的关系，前后的关键，要从没有系统的文学、哲学、政治等等里边去寻出系统来。

有人说：“中国几千年来没有进步！”这话荒谬得很，是妨害我们研究的兴趣。更有一个外国人著了一部世界史，说：“中国自从唐代以后，就没有进步了。”这也不对。我们定要去打破这种思想的！总之我们是要从从前没有系统的文学、哲学、政治里边，以客观的态度，去寻出系统来的。

（四）整理　整理国故，能使后人研究起来，不感受痛苦。整理国故的目的，就是要使从前少数人懂得的，现在变为人人能解的。整理的条件，可分形式内容二方面讲：

（一）形式方面　加上标点和符号，替他分开段落来。

（二）内容方面　加上新的注解，折中旧有的注解。

并且加上新的序跋和考正，还要讲书的历史的价值。

我们研究国故，非但为学识起见，并为诸君起见，更为诸君底兄弟姊妹起见。国故底研究，于教育上实有很大的需要。我们虽不能做创造者，我们亦当做运输人。这是我们底责任，这种人是不可少的。

七　刘叔雅《怎样叫做中西学术之沟通》

从前我们中国人，看见西洋人驾了轮船，开起大炮打来，我们共鼓货狄刳木为的舟，倕作的弓，浮游作的矢，是万万敌他不过。又看见铜壶不如钟表，火柴胜似钻燧，于是不能不承认西洋人有“术”。然而这“术”字里面，还含得有“邪术”、“魔术”的意味。后来渐渐晓得轮船、钟表的机括，也不过是铜铁打造，弹药、火柴的原料，也不过是硫黄硝磷等制成，就不能不承认西洋人有“艺术”，不能不承认他的“艺术”比我们高强了。但是却还不晓得西洋人也有“学”，更不晓得他们的“学”比我们的精深！

后来渐渐也有人晓得轮船、火炮、钟表、火柴，都不是一个巧工能凭空创出来的，都是数学、物理、化学的产物。于是也就渐渐有人肯去研究那“声光化电之学”，虽是为了种种原因，没有人真能深造，却也略略尝着了近世自然科学的滋味。这时候的人士，都以为西洋人的学只有“声光化电之学”，至于那“修齐治平之道”、“身心性命之学”，究非西洋人所能有的。若是有人向他们说：“西洋人除了这些自然科学，还有那极精深的文化科学。”恐怕未必有人肯信哩！所以“中国为体，西洋为用”这句话，在几十年前，差不多是个不可动摇的原则。当时的所谓“学士大夫”，一面要读那些什么《洋务汇编》、《西学大全》之类，一面还要读《十三经注疏》、《性理大全》，用后者去做“体”，用前者去做“用”。若是二者都能熟读，就是一位体用兼全的鸿儒了！近二十年来，一般人也渐渐晓得有哲学，有法学，有政治学，有伦理学，甚至于也有考据，也有词章，此外还有那新生的进步很快、功用极大的社会学,并且也晓得我们中国古时已有的那些学问,在今日这样时势,要专靠他去“修齐治平”,有些靠不住了。所以也很有一班人去研究西洋的文化科学,也很有人能研究到精深的地步,思想界也受了极大的影响,引起了极大的变化。社会上、政治上,也竟然有些变动了。要论自来文明的传播,精神的方面,本比物质的方面迟缓些,难些。现在文化科学既已输送进来,消化营养,虽然都还是未知之数,总算在张开口吃了。这本是很可乐观的现象。

然而近来却有一个现象,就是常有人要做那“中西学术沟通”的工夫。开动口,提起笔,总是说西洋学问什么原理原则是中国古时已经有的,哪位圣贤、哪位学者早经说过的;西洋的哪一科学问,中国古时已经很发达了;西洋学者的哪一句话,就是中国古书上的哪一句话,说到归结,总是中国的古的好,西洋的新的没有希罕。要说这种沟通之心理的起源,实在是对于本国固有的旧学迷信过深,想利用自己浅尝来的西洋科学上的一些知识,来反证中国学问的精微奇妙。由这强烈过度的感情,就生出那“对于中学价值之误算”。这还是那很有诚意的沟通,至于那无诚意的沟通,老实说一句,就是有心要罗列许多书名、人名、学名来自炫其“学贯中西”罢了。那无诚意的,且不去说他。就是这种有诚意的沟通,其结果于治中学的、治西学的都有恶影响,于他本身的学业,不消说也有不利了!

我在上一段轻轻的说了一句“对于中学价值之误算”,语意恐怕不大明了。这句是本篇的主旨,不能不说得详细些。说明白了,自然也就推出个结论了。

世界上的“文明系”,细说起来为数不少,然而主要的却只有三国,就是欧洲的希腊系、亚洲的中国系、印度系。希腊是西洋的源泉,西洋人的思想大都是以希腊思想为基础的。从一面看来,现代哲学上许多大问题,都是希腊人提出的,并且当日研究过一番,下过解决的,现代又重新加以现代式的研究,下个现代式的解决罢了。然而从另一方面看来,希腊的学术,却自是希腊的学术,近代的学术,却自是近代的学术，各有独立的精神、特殊的色彩。印度民族还住在中央亚细亚的时候，已经颇有文化了。后来渐渐南下，一支到了波斯，一支到了印度。波斯这一支的文明，直接与了基督教许多影响，间接使欧洲中古和近世初期的文化生了许多的变化。印度这一支，因为地土的关系，文化思想发达的极高极快，成了婆罗门教和佛教，使中国、日本的思想文化起了重大的变更。中国系的文明，中国人大致晓得，无待我细说的了。不过有几句话，我却要郑重声明，就是中国这民族，纵然是如何优秀，究竟也是一般的人类，其文明的发达，也要和其他民族循同一的程序，守同一的法则，备同样的条件。换言之，就是也要循序渐进，也有盘旋曲折，也要文化到了某点，社会状态到了某样，才得有某种学说发生。譬如几个学生，内中这一个，无论他是怎样的"天纵之圣"，他的学问，也要循序渐进。纵是比别人进步得快些，也决不能未学算术，就能懂微分积分，未学过无机化学，就能晓得生物化学、天体化学。这是个普遍的定理，中国的古人也不得而独外的。综观各系文明的发达，时间上虽难免有些参差，那路径却都是一致的。地理上、政治上、经济上、社会上的条件齐备了，那自从原人时代积累来的文化，必然要大起发酵作用，发起一种光辉灿烂的文明。那希腊的文明、印度的古文明、中国晚周的文明，就是在这种条件法则之下产生出来的。后来不久，因为民族精神上的惰性，加之条件的欠缺，就一定要衰歇了。久后新得了有利的条件，民族精神复原，就一定又要重兴，比从先更有光彩。要是没有再备具条件的机会，也就会一蹶不振，像那埃及、巴比伦就是证例！

要以公平的眼光观察这三大文明系，可以发见这三系古代文明有许多处是一致的。这是什么缘故呢？因为太古的民族，都是很新鲜、很活泼的，其头脑里前人的传说印得不多，纵然有些，也没得多大的威权，思想很能自由，而生活状态相差得又不远，所以各民族之看自然、看人生，眼光都大略相同。纵然因为地理上的关系，某民族对于某种现象特别注意、下特殊的解释，然而这也只是程度上的差异，并非根本上的不同。所以两个古文明有些一致的地方,这也是件当然的事,毫无什么奇怪。别人家同我一致,我同别人家一致,也并没有什么可夸耀的地方。我的朋友胡适之著了一部《中国哲学史大纲》,这部书我尤喜欢的,就是他这番的第一篇里几句话。他道:"我所用的比较参证的材料,便是西洋的哲学。但是我虽用西洋哲学作参考资料,并不以为中国古代也有某学说,便可以自夸自喜。做历史的人,千万不可存一毫主观的成见。须知东西的学术思想的互相证印、互相发明,至多不过可以见得人类的官能心理大概相同,故遇着大同小异的境地时势,便会产出大同小异的思想学派。东家所有,西家所无,只因为时势境地不同,西家未必不如东家,东家也不配夸炫于西家,何况东西所同有,谁也不配夸张自豪。"这是何等的胸襟,何等的识见!我看他有这样的学问见识,就劝他再用几年的心力,做一部需要最切的、西洋学者都还想不到做不出的比较哲学史,把世界各系的古文明,做个大大的比较研究。我以为除了这种比较研究之外,再没有什么中西学术的沟通了。

把中国固有思想学派和其他的文明系做一个比较,说一句公平的话:纵不敢自夸是比人高些,却也不能说一定就比人低些。历史上的价值,是很重的,然而其价值却也只限于历史上的。因为中国的思想学派,自从嵌入铁铸的模子以来,虽然不能说是绝无变迁、绝未进化,毕竟未曾有过根本的改革、产生过新文明来。中国近代的学派思想和古代的学派思想虽然不一样,然而毕竟是经过几番变迁的旧思想、旧学术,决不能算脱过胎、换过骨的新思想、新学术。我固然不敢妄自菲薄,说他毫无价值,却也不敢过分恭维,说他在历史上的价值以外,还有和近世学术同等的价值。

现在那许多"沟通家",要是把中国古代的思想学术只和西洋古代的思想学术沟通,研求当中的一致点,互相发明参证,这本是一件极好的事,我们哪敢反对,只有欢迎。无奈他们大多数都是误算了中国学术的真价值,始终把中国古代的学术思想看得和西洋近代的学术思想是个对峙的、匹敌的，硬要把两个不相干的东西一起拉拢，既忘却本国学术的价值，把别国学术的价值又没有看清楚，所以费了老大的气力，其结果还是一场毫无意义的徒劳，或竟是许多令人发笑的戏剧。须晓得西洋近代的学术，不但和中国古代的学术不同，就和西洋古代的学术也不是一样。要细论西洋近代科学的方法性质价值，就成了“科学之哲学”一个专科，非专门名家著一部大书，说不清楚的。单是粗粗的说来：先要把所经验的对象，各从其类，聚在一个“类概念”之下，这第一步的工夫，就叫做分类。再把各类所有的特征分析开来，作以其类概念为主部命题的宾部说出来，这第二步的工夫，就叫做记述。做到第二步工夫，才算略具科学的雏形。这种记述的科学的价值还没多大，要再进一步求得其中的原理，能加合理的说明，才算得真正说明的科学。还更要能“利用厚生”，其价值才算高贵。不论自然科学、精神科学都是如此的。近世“学”这个名词的定义，虽然是各家各派都有不同，然而至少总要是“有统系、有组织的智识”才能当得起的。从这种严密的意味说来，中国学术，在今日科学界，位置和价值也就可以略略见得了。

中国古来许多学者，那种敏锐的思路，透彻的观察力，绵密的组织力，本来不在西洋学者之下。近世科学上的许多大问题，真难为他早经见到，早经提出。然而见到提出，不就算能研究、能解决。零零碎碎的知识，比不得有统系组织的学问。例如希腊的辩者才浓说：“极小的距离，都是无限的，那终点是达不到的。那绝尘超影的Achilles 和一个乌龟，无论距离怎样近，Achilles 都追不上他。因为要追上他，先要走过这距离的一半，再要走一半之一半，以至无穷，还是追不上。”中国的辩者惠施说：“一尺之捶，日取其半，万世不竭。”司马彪解得最当，说：“若其可析，则常有两；若其不可析，其一常存。”这一中一西的两位大辩者的话，都是一个理。然而惠施的话，永远颠扑不破，才浓却犯了一个大错，不该把 Achilles 纯一不可分的运动，当做个可以分割的直线，被柏格森驳倒了。照这样看来，惠施似乎比才浓高明些。其实也不然。惠施说:“镞矢之疾,而有不行不止之时。”和才浓犯的是一个毛病。无论哪国的辩者论师,都是逻辑或是因明的先驱,都有相当的功绩、相当的价值。要是以为中国出了辩者,就是莫大的光荣,硬说他比别国的辩者高些,甚至于说他比亚里斯多德、比陈那、比密尔多还高些,那就是大错了。近世逻辑说到最高处,有认识论的逻辑。中国古代墨子的《经下》已经讲到了“物之所以然,与所以知之,与所以使人知之……”的话。荀子的《正名》篇,提到了“缘天官”的话头。这自然是墨子、荀子高处,然而却不能说西洋逻辑、印度因明都是拾我们先秦诸子的唾余,或是说荀子、墨子的学问,和西洋近世学者的学问,有同等的价值。这便大谬不然了!因为他们二位不过是提及这句话,见到这一层,并未能有精密的研究,下正确的解决。

又例如《庄子》一书,说生物进化的地方,颇有几处。《寓言》篇道:“万物皆种也,以不同情形相禅,始卒若环,莫得其伦,是谓天均。”(这“种”字据我看来,恐怕不是种类的种,好像是种子的种。《至乐》篇说“种有几”,可见不是说种类。天均好像是现在生物学上所谓“自然界之均平”。)《至乐》篇说得更详细些,说:“种有几:得水则为㡭。得水土之际,则为蛙蠙之衣。生于陵屯,则为陵舄。陵舄得郁栖,则为乌足。乌足之根为蛴螬,其叶为胡蝶。胡蝶,胥也。化而为虫,生于灶下,其状若脱,其名为鸲掇。鸲掇千日为鸟,其名为乾余骨。乾余骨之沫为斯弥。斯弥为食醯。颐辂生乎食醯。黄軦生乎九猷。瞀芮生乎腐蠸。羊奚比乎不箰子。久竹生青宁。青宁生程。程生马。马生人。人又反入于机。万物皆出于机,皆入于机。”这一段明明说最高等生物中的人类,是从下等的原生物进化出来的。㡭和蛙蠙之衣、陵舄究竟是什么,我们现在实在指不出他的学名来。但就文意推测,可以说是“原生植物”中的原藻、原菌。乌足既有根,当然是“后生植物”了。由乌足进化成虫、成鸟,更进化成“哺乳类”的马、“狭鼻门”的人。庄子当日要不是经了许多细心的观察,绝说不出这一段话来。

我们当然要承认庄子是曾经见到了生物进化的现象。二千多年前的人,就能见到这一层,说出这番话,本也是难能可贵的。但是现在"沟通派"的学者,看见庄子这些话,就同拾着了宝贝一般,要把他抬来和西洋达尔文、赫凯尔对垒,这就未免有些差了。在庄子的二三百年之前,希腊的哲学家亚拿克、西曼德尔也就说"自化",说"无动而不变",说"无时而不移",说"第一个生物是生在水里",说"人是由鱼类进化出来的"。其详细的学说,我虽不通希腊文,没有能读他的著作,晓得不清楚,单就希腊哲学史上看来,有些处似乎比庄子上说得还更微妙些。西洋二千多年前,就有了这样的大学者,岂不光彩么?何以不但希腊人未闻把他抬出来和英国达尔文、德国赫凯尔对抗,别国的学者对于希腊哲学很下工夫研究,极其看得重,也没有人说亚氏就算进化论的发明家呢?因为要说进化论,不仅是见到生物进化的现象就能了事,一定要推求出原理来,建立成系统来,提得出证实的证据,下得了不移的结论,才能算的。近世的进化论者,都是仗着理化科学的助手(像那物理学产物显微镜,化学产物染色法等类),应用最新的研究法(像比较研究法之类),根据解剖学、组织学、形态学、生理学、心理学、地质学、古生物学等确切不移的自然科学,从最下等的摩内拉,到最高等的人类,从身体以至精神,从个体发生以至系统发生,寻出来一个一贯的系统,然后才敢倡进化论。他这进化论,也才有价值。若是仅仅看得出生物进化的现象,在古时固很可贵,在今日算得什么呢?所以我们只能把庄子在哲学史上的地位,看得和亚拿克、西曼德尔一般高,因他们两位的话,晓得生物进化这个现象,是自古就有人注目的罢了。要是想把庄子的话来和近世进化论沟通,这岂不是一场喜剧么?

仅仅说一句话,纵然说得十分对劲,也只能说这句话不错,不能说有学术上的价值。我去年夏天游京西的香山,在路旁一株树下歇凉,听见两个驴夫在谈轮回,说什么样的人死后就投胎做驴。旁边有个卖甜瓜的人,说道:"哪有这些话,世间万物都是自然而生。"我笑向同游的朋友说道:“好一位生物哲学家!不料我在这里遇见一位主张‘自然发生说’(Autogonoy Hypothesis)的!”我这句话,不过是一时的戏言。卖甜瓜人所说的“自然”,也未必就是 Autogonoy 的意义。他这一句话,如何能和赫凯尔的学说比!不料“沟通家”却正色庄语的道这种的戏言。只要看见中国古书上有人说过科学上那个现象,提出过科学上那个问题,就想把这部古书来和近世的那科学问沟通,全不晓得看见现象、提出问题是一件事,解决问题、建立系统又是一件事。现象,是聪明人都看得见的。问题,是有点思想的人就能提出的。所难的就是下正确的解决、组织成系统。近世科学也是经了极长的发达阶级,受了别科学问的补助,才得成立的。中国古人生在这发达阶级之前,又没有别科学问的助力,如何能得近世科学所得的结果呢?他的话,更如何能和近世科学沟通呢?至于“社会的科学”,更是要等社会组织到了某点,才会发生某种学说。例如中古的经济组织之下,亚丹斯密的学说不会发生。机器还未通行,怎能会有马克斯的学说呢?然而今日的“沟通家”,却会把封建时代经济组织之下发生的孔氏学说和现在这样时世的经济学沟通,说他的学说很适于二十世纪的经济组织。

此外还有那当然相合的。例如《管子·水地》篇说:“集于草木,根得其度,华得其数,实得其量。鸟兽得之,形体肥大,羽毛丰茂,文理明著。万物莫不尽其几,反其常者,水之内度适也。……故曰:‘水者何也?万物之本源也。诸生之宗室也。’”希腊的塔里斯所说的和他大致不差。这是由于上古的思想家,都觉得万汇纷纭的世界,总有个共通的本原,看那“集于天地而藏于万物”的水是一切生物所少不了的,当然都先把水看做“万物之本原”、“诸生之宗室”了。又例如中国古人讲五行,西洋古人也讲四行。这是因为思想家把这统一的宇宙,要分析为几种相异的构成原质,当然就都会想到那些形质最特异的土、水、火、风、木、金等类了。这种的相合处,只能互相参证,无所用其沟通的。至于那偶然的巧合,像《庄子·养生主》篇有庖丁解牛的话，卜拉图的 *Phaedrus* 上也有这样的话，那就更算不了什么，绝没有希罕处，不过是一样的比喻罢了。

要是中国古人有一两条说头，经了西洋近世科学的确实证明，果然是很可喜的，然而其价值也毕竟有限度的，也不该就自夸自豪，甚至于把他来电光放大。像墨子的经里说："圜一中同长也。"这是说圜心只有一个，圆周上无论哪一点，和圆心的距离都是相等的。墨子这一条，和近世几何学无丝毫差异。又说："辩或谓之牛，谓之非牛，是争彼也。是不俱当。不俱当，必或不当。"这明明是近世逻辑里五大根本原理里的"拒中原理"（或译不容间位原理，或译排中律）。其他光学、逻辑、几何学的定理，很是不少的。我们读了，只能据以推定当时科学的程度已经很高，对他表相当的崇敬，要是因此就说中国古代的科学高过西洋的今日，这就和那些妄人看见有书上说墨子造过飞鸢，说他会造飞艇飞机，都是一般的说梦话。

照这样说，中西的学术，就绝对的不可沟通吗？这也不然。要有那好学深思之士，具有综观世界各系文明的眼光，去了好虚体面的客气，晓得了近世科学的方法、性质、价值，明白了学术之历史的发达路径，把中西学术作个比较的研究，求两系文明的化合，这倒是学界一种绝大的胜业。要照这样的沟通，中国的玄学、心理学、政治哲学、人生哲学，可以和西洋学术沟通的处所很多哩！

八　陈蘧庵《东方文化与吾人之大任》

余撰此论，于未入本题之前，有须先郑重申明者二事：一曰余所谓之东方文化[一]一语，其内涵之意义，决非仅如所谓"国故"[二]之陈腐干枯。精密言之，实含有中国民族之精神，或中国民族再生之新生命之义蕴。故凡兹所揭"振兴东方文化"云云者，非可仅与"整理国故"等比量齐观也。一曰余所谓"吾人之大任"一语，乃对吾民族而言，非对一二先哲而言，抑非仅对吾民族而言，实对世界人类而言。以故吾人今日所以振兴东方文化之道，不在存古，乃在存中国，抑且进而存人类所以立于天壤之真面目，亦尚非保存国粹之说所得而自阈者也。此二义既明，而后可以毕余说。

自辛亥革命以来，晳种学说，如怒潮泻入。所谓"东方文化"一名者，国人已厌闻之久矣。近顷此习乃益益加甚，姑举一二：如见于《新潮》毛君子水之《国故与科学精神》[三]，《新青年》李君大钊之《由经济上解释中国近代思想变动的原因》(《新青年》七卷二号)，《太平洋》陈君承泽之《我国人生哲学之谬误》(《太平洋》二卷五号)，最近《国民》常君乃德之《东方文明与西方文明》(《国民》二卷三号)各论文，对于东方文明，力加抨击。或谓吾国固有之文明乃谬误之文明。或谓虽属文明，已为过去。或谓东方文明决不足与西方文明立于对等之地位。甚且如常君所说，"东方文明"四字，直有不能成立者。以国人而自毁其本族之文化若是！此虽受外来学说之影响，而亦对于己族文化之真正价值，初无深邃之研究与明确之观念使然。余今兹之所论述，毋亦有所谓不得已者在乎！

夫位于东方之国家与民族，亦甚夥矣，然举其特有之文化，则惟中国与印度。日本国势近虽勃兴，而明治维新以前之文化，受自我国，维新以后之文化，取自欧西，尚无特立文化之可言。其他如朝鲜、安南与中央亚细亚之不足齿数者，更无待论。此外如邻于西亚诸古国，虽有所谓巴比伦文明等，西人亦谓之为古代之东方文明者，然此诸国，以地势论，在世界则可谓为东方，而在吾亚洲，则仍处于西极；以史系论，则西洋学者凡撰世界史或西洋史，无不首叙此数国之文化，而归入西洋史系，是所谓巴比伦文明等，与其谓属东方文化之范围，无宁谓为西方文化之远祖。故今日之举东方文化，而即以中国文化、印度文化为其代表者，此实学者所公认，而非吾等有何种族之偏见存也。惟本篇意在针对国人毁弃吾国固有文化之弊，且为篇幅所限，故所论专以中国文化为主。若夫兼论印度文化，则惟有俟诸异日耳。

余上文已言之，所谓东方文化者，无异指吾民族精神所表现之结晶。是东方文化所涵之内容，极为丰富而深厚，从而其研究，亦非极深研几不可，有殆非仅以收拾丛残，饤饾笺注为事之国故学所能胜任愉快者。至愚极陋如余，何敢言此，惟就平昔一得之愚，信其可称为东方文化之优点者，特举其纲要如下，并愿与海内宏哲共商榷焉。

第一，东方文化（此专就中国言）为独立的、创造的，西方文化为传承的、因袭的，二者之起源，有根本不同之点，实足对峙为世界文化之二元也。人类学家、历史学家、考古学家咸谓世界文化发源地有五：一印度。二埃及。三美索不达米亚。四中国。五中亚美利加（墨西哥与秘鲁）。除中美文化一系，不久中绝，与世界文化无甚影响，无取论列外，余如埃及文化、美索不达米亚文化，实为产生希腊文化之源泉(四)，而今日欧洲各国之文化，又实混合希腊文化与希伯来（犹太）文化而铸成者。然试一索埃及、美索不达米亚等文化，则学者有谓多得自中央亚细亚及印度者(五)。是西方文化最初来源之来源，即袭取他人，互相效仿，无一能有特创之独立文化者。今即退让一步,谓古代传记不尽可信,希腊等文化皆为其所自创(六),然须知希腊文化结晶之哲学,尚非发生于本部,乃发生于其殖民地,则以当日与东方诸古国通商交往,慕其文明而始发生者。此杜威博士之言也(七)。试又再让一步,谓今日欧洲各国文化,皆自十七八世纪以来,各本其特殊之国民性以创生各别之文化者,如精神科学(哲学、法学等),则有大陆派与英美派之分,而物质科学,则各国之发明家尤不相让,凡此决非复希腊文化之色彩所能包括。此则诚然矣。然亦须知欧洲文化何以有今日,则食文艺复兴之赐,久为学者所公认。而所谓文艺复兴时代,则以钻研希腊古典得名。且此研求希腊古学之途径,又实自撒拉逊人(亚剌伯人)开之灌之。故谓今日欧人之文化已超过希腊则可(按西人自十九世纪中叶,一切学术思想,始力图摆脱希腊、罗马之范围,犹之日本至最近始以不受汉学影响自夸,此亦言西方文化史者所宜知也),谓其非出自希腊,数典忘祖则大不可。又岂惟希腊文化,即希伯来宗教伦理,亦实为构成西方文化之柱石,虽今之社会学家亦承认之(八)。故余尝谓欧洲文化实一种混合之文化,求其真足为彼族自有之文化者,仅罗马人之法律思想、权利观念,与其后入寇罗马北方各灵族(即建设今日欧洲各国之原始种族)之好战勇气所遗留而成今日之欧族精神两者已耳。使无希腊哲学导其源,后起之科学饰其表,则所谓西方文化者,其内容亦可想矣!今试反观东方文化之中国则何如?吾国文化,创自吾族,古史所载,历历可征。决未有一种载籍,明记系得自外来何族者。有之则自欧西学者始。考欧人论吾文化发生,因溯及吾民族起源一问题。有谓来自西亚之巴比伦者,如法人奥帕尔氏(Oppert)与拉克伯里(Lacouperie)等之说是(九)。有谓来自印度支那半岛者,如卫格尔博士(Dr. Weiger)之说是(十)。有谓来自中央亚细亚者,如鲍尔博士(Dr. Ball)与彭伯来(Pumpelly)等之说是(十一)。有谓来自亚美利加之大陆或美洲北部者,如赫胥黎以来之学者是(十二)。有谓起自于阗者,如德人利希陀芬(Richihofen)之说是(十三)。有谓即发生于中国本部者,如特孟亚等之说是(十四)。甚有谓源于埃及或印度者,如托凯内与岱乌士等之说是(十五)。即在日本学者中,亦有此同样之异说(十六)。而吾国人之编历史地理教科书籍者,则几无不奉西来说为根据(十七)。往者蒋观云氏发愤著《中国人种考》一书,多至十五万余言,考证甚为赅博,而其结论乃亦在欲证明拉克伯里之说,顾以证据不充,仍悬而未断。其后舆地学会诸君撰《中国民族考》及《中国民族溯源论》,登诸杂志,至数年之久,亦仍多袭取西来之说(十八)。余如章太炎、刘申叔,则主拉克伯里之说者(十九)。黄节、吴贯因则主源于中央亚细亚之说者(二十)。惟田北湖独排众议,并驳德人利希陀芬之说,谓吾族与文明,皆自本部发生,而非起于塞外(二十一)。众说纷错,备极五光十色之观。而究之吾族如确系西来,则果属中亚细亚或西亚细亚之何地何族?其所随以俱来之文明,究系若何种类?抑如确非西来,则本部之种族与文明,究为如何之发生与演进?则迄无人能为极崭明之判断者。故最近钱秣陵氏编《中国人文地理》,至不取种名而取地名,以中原系、高地系、高原系三者而名吾国之各族(二十二),殆即为避除此等困难之点计乎?要之在今日考古学、地质学、人种学不发达之中国,而欲考定吾民族之起源,本为至难之事。余于他日拟别著专书,非兹所能详论。兹所欲论者,即一国之文化,是否仅以其种性之优劣为其总因。法人柯比罗(Gobineau)著《人种哲学》(*Russen Philosophie*),谓人种之文明,悉关于其血统。血统之优者,始能发生文明,劣者则否。近世学者至讥之为人种贵族主义。盖一国文化之发生,除种性外,凡土地、气候、经济等,无不有其关系。西波克拉特氏曾论亚洲人种较欧洲人种之温良而爱和平者,实以所处地带之气候均衡一致之故(二十三)。审是,则吾民族西来之说,纵他日因考古学进步,发掘地层所得古代遗物日多,确得证明为由巴比伦等地方迁入者,然于吾民族文化实为自创之说,仍不足以动其毫发。何则?吾族之宅居黄河流域时代绝早,试一翻罗泌《路史》、马骕《绎史》等所辑古籍,即知尚在伏羲、神农以前。如所谓"九头"、"十纪"者(二十四),皆吾族最先入据华夏之远祖,其时且不可以年岁纪。特绵延至于黄帝，始累进于文物聿兴之世耳。若如西人之说，谓黄帝为即率吾族入主中国之始祖，征之史籍，未免太觉无稽。乃蒋观云谓以黄帝一百十一岁之短期日月，决不能发明如许制度文物，必由迁徙而来，因祖国之所有，以栽植之于中国，亦犹今日欧人之至中国而布设其电线铁道也云云，斯真凿空忆揣之词，足为蒋氏全书之累者矣！故余尝综吾史乘，以为吾族奠居中土，所自创之上古文化，实可划分为四大期：第一期为黄帝大兴制作之世。第二期为尧、舜躬开禅让与禹平治水土之世(二十五)。第三期为汤、武开演革命之世。至是始荟萃于成周，有周代之典章文物、春秋之政治学术与秦之统一以构成上古结局第四期文化醇成之世。试观黄帝之得名。《白虎通·义号》篇曰："黄帝始作制得其中和，故称黄帝。"又《谥法》篇所称亦同。可知此必吾族所以名黄帝之古谊，实较五德帝运之说为优。其后王船山先生作《黄书》，犹审其义。乃近人多以黄帝为吾族自称其始祖之徽帜，以附和于西来之说，失之远矣(二十六)！综上所论，可见吾族建国华夏，实为绝早。纵令西来，亦在有史以前。而有史以后之文化，则固自伏羲、神农、黄帝以来列祖列宗所披荆斩棘，积铢累寸而手创，决非受任何外族之影响而始生者，则实一不可诬之事实也(二十七)。然此等文化，何以能于吾国发生特早者，则不外余上文所举于种性、地理、气候等等皆有关系之故。种性之说，吾人诚不欲夸大，自尊为神明胄裔(其实吾民族亦自有其伟大精神，特非此等自大之褊见，其详具见下节)，且亦不欲如西人誉我之过甚，谓吾族不惟能自创文化，而尤能影响及于巴比伦诸古国之文化者然(二十八)。而要之吾族于地理、气候，得天独厚，享有此创造文明有力之工具，则亦不可诬(二十九)。近世地理学家多谓世界文明古国如埃及、巴比伦乃至中国等文化，咸发生最早者，皆由地处温带，国多平原，河流土壤膏腴，民生沃厚使然(三十)。讨论至此，吾人可得一结论，即与其谓吾中国民族之文化为由巴比伦或埃及等所输入，毋宁谓为彼此因地理气候之相等，而遂发生类似之文明。盖余前举欧人主张吾国文明起自本部之一派中，即有以吾族之文明与中美之墨西哥等文明相衡较，谓墨西哥等国因地理、气候之适宜，用能自产文明，中国亦同其例云云[三十一]。如此立说，实较公允。然由此益可证吾国文化实为独立的、创造的文化，而与欧西文化，其起源为传承的、因袭的者，实大有别。乃常乃德君痛驳东西文明二元之说，说东方文明决无足与西方文明对等并称之理。不知即此一端，已足成为对峙之二元而有余。此东方文化之优点一也。

第二，东方文化（此略兼印度言）在有调和精神生活与物质生活之优越性，而尤以精神生活为其錧键，最能镕冶为一者也。夫吾人生活一语，刻深而论，意义本至复杂。其最萦吾人意念、矛盾冲突迄无已时者，即物质上、精神上双方所感受之不能调和是，所谓人生烦闷一问题，即自此生。而古今来大宗教家、大哲学家，乃至大科学家皆无非对此问题而欲求得一解决者也。试先就西方文化而考之：西方文化，实由混合而成，余前文已言之。故其一切学术政治之根据，几无不为希腊精神与希伯来（犹太）精神所支配。前者即偏于物的生活，后者即偏于灵的生活[三十二]。例如欧洲中古教权极盛，史称黑暗之时代，其时政治家、思想家咸望皈依于天国。甚至如奥古斯丁（St. Augustin）唱有名之《神国三界论》（*De Civitate Dei*），以罗马教会为第三界的在地神国，应有统治第二界的在地神国（即当时世界各国）之权[三十三]。反之至启蒙时代以后迄于十九世纪末之欧洲，自然科学日兴，唯物论日盛，遂成为过重物质文明之时代，其弊害卒以酿成此次空前之世界大战。最近因此大战结果，改造声浪嚣然以起，始群知变计以谋精神文明与物质文明之调和。其实欧洲文化固承自希腊，而希腊文化，则本具有此调和之精神者也。特欧人不善用之，仅取其注重物的生活一面，而遗其灵肉合一之最高理想，遂有此弊[三十四]。然则中国文化不亦有与希腊文化相同之点乎？虽然，以余观之：希腊文化自身之缺点尚多，故其后希伯来文化因得以乘隙代起。中国文化则有希腊文化之长而无其短，特以非本篇范围所及，姑不深论（后文略有一二语可互看），兹惟论吾国文化所以能调和此物质与精神两生活之根本思想。此则有一事首足自豪,即兹所谓精神生活者,决非如犹太、罗马及今日欧美人士所行之宗教生活是也。考吾民族建国最早,脱离神权时代亦为最早。据古史所载,在循蜚纪有神皇氏执政,使神民异业。是吾国宗教与政治分离,竟远在羲、农以前,不可不谓为世界各国所绝无而仅见者。以是之故,继起之圣,虽不免有神道设教之敷施,而往往即以此神之观念,直体验之于人事,于是神秘之宗教性,已不期而化为抽象之哲理(三十五)。试观伏羲之画八卦,禹之衍九畴,此二派者,实中国最古之哲学(三十六),而皆法天道以明人事。孔子系《易》谓某事某物盖取诸某象者,尤为深切著明(三十七)。《淮南子》至述及古代之明堂,亦由此演出(三十八)。明堂为古王者听朔布政之所,此制于吾国政治史、人文史上极有关系,近人多特加考论。陈焯定为有今日议院之性质,不可不谓为吾考古学上一新发见(三十九)。凡此虽若仅为古帝王一代之设施,然史官之职掌,与其后诸子百家之崛兴,实皆由此出。此其故《庄子·天下》篇言之最精最详(四十)。是故虽以老子还淳返朴之超绝思想,而其所怀望之治世,仍在寡国小民。虽以墨子明鬼尊天之宗教观念,然其苦行救世,所志仍在尚贤非攻。且其天之爱人薄于圣人,而利人则厚于圣人之说,以利为爱,尤近于功利论(四十一)。至于儒家之重实践,农家之倡并耕,法家之尚功利,则更不待论。凡此者可一言蔽之曰:此实吾民族有善于调和物质生活与精神生活之天才,而常能举理想世界与现实世界熔而为一故也。胡汉民谓吾国天人合一之说,至董仲舒而始建立,哲学上之宇宙论,至扬子云而始形成(四十二)。蔡孑民先生谓儒教之系统,至宋时而始凝立(四十三)。余以为实则此等理想,在太古早已萌芽,迄于春秋列国,既已形成有体系之结构,而总其成者即为孔子。故孔子教义,一面注重实际,决不于日常生活外逞玄想(故小儿问日不答,子路问死不答),而一面即就日常生活使人体验其丰富之内容(故曰君子之道造端乎夫妇,及其至也,察乎天地)。观孔门四科四教之旨,即可了然。而尤要者,即孔子一身之示范是。观《礼记》载孔子燕居闲居之语，其最足感吾人者，有曰“不必与言，以礼乐相示”而已。又曰：“无声之乐，无体之礼。志之所至，诗亦至焉。诗之所至，礼亦至焉。礼之所至，乐亦至焉。”（此虽托言古之君子，实则孔子现身说法。）此其融精神上之美情（美的情操）于事物之轨仪之上，几若天衣无缝，令人神往。盖孔子一身，实最能镕铸精神生活与物质生活而冶成一浑然的理想之人格。以今日术语表之，即最能使肉灵合一之谓者也。而此种浑一的人格之表现，与其谓为善于调和此生活之两面，不如谓为能以精神生活统御物质生活之为愈。此即中国文化胜于希腊之处。盖希腊人理想，以肉体美嵌于精神美之上，中国人理想，则以精神美摄肉体美之魂。一以肉代灵，一以心制物。美感方面之观念不同（四十四），随而智识道德方面之观念亦生歧异。故希腊人重理知（四十五），中国人重实践。主实践者，伦理观念特强，于是克己自律之义起。节性之说，首见于《召诰》，此种心灵克制物欲之论，遂几成中国民族公共之信条。虽然，吾先民之意，不过仅主以精神生活统御物质生活而已，初非吐弃物质生活而不言。故曰“富而后兴教”、“去兵先于去食”。此周秦诸子学说与宋儒不同之点。观孔子系《易》，谓圣人以美利利天下。尤精粹有味者，则《易》所谓“利者，义之和也”一语。自来义利之辨，界域最严，岂知与义和同者即为利。以利而和于义，几有类于今日罗素以创造的冲动改造占有的冲动之说。凡此者皆先民之精言也，而孔子实集其成。故子思作《中庸》，大阐成己成物之说。盖成己成物者，即融合精神生活与物质生活而使之醇化为一之谓，其义实精透绝伦。故一稍有特识之卫西琴（A. Westharp），入吾国而读《中庸》，即惊为得未曾有（四十六）。可知吾先民此种深邃之理想，即世界学者亦称之。余尝谓孟子推孔子为集大成，实有卓识。盖孔子实集吾民族古代思想上之大成，而非仅集文献上之大成而已（四十七）。近人有谓孔子未尝集大成者（四十八），非知言也。虽然，孔子固能集大成，而所恃以集之之道，则有一根本原理在。其理为何？而所谓执两用中之“中”是已（四十九）。孔子以此执中之谊，衡论古之道术而得其全，故于吾人生活之内（精神的）外（物质的）两根柢，能直抉其奥而通其纽。然下此者不能如孔子之得其中，遂日趋于偏枯。孔门龙象，孟、荀二子已不能免。孔、孟、荀同主以心制物之说，然余宁舍荀而取孟。盖荀子主性恶，以礼义教化为改造人性之具，其为教也拘（故曰犹枸木必待檃栝烝矫然后直），孟子主性善，以仁义礼智为性天所固有，其为教也乐（故曰反身而诚，乐莫大焉）。此则殆有近于希腊哲学之斯多亚派与伊璧鸠鲁派。然须知由荀之说，则吾人物质生活与精神生活截然为二，非克制其一（物质的），则他一生活（精神的）即不能主。由孟说则不尽然。物质生活固为吾人之表面的、粗成的生活，但使有精神生活之意义贯注于其间，则物质生活亦即提高而化为精神生活。故孟子谓好货色亦可以王天下，又谓食色为性情与才均可为善。而尤为余所平生服膺，认为孟子学说之中坚者，即其养气集义之说是。昔张江陵自谓尝一日而神游九塞，余亦敢谓从孟子之说，实亦可一日而智周万物。盖以孟子气象之光昌，精神之活泼进取，其日常生活中，实无时无地不见其精神之渗入（集义）与透出（养气）。余尝谓若精读孟子告公孙丑之言自“我知言，我善养吾浩然之气”至“行有不慊于心则馁矣”之一节，将见其虽寥寥十数语，实足以代表郁根（Eucken）所倡精神生活哲学之全部学说而有余。不惟代表，且实过之（五十）！故余以为国人苟用科学方法而整理孟子之学说，必能成一完备之系统，为吾哲学上、伦理学上放一绝大之光明，其功决不在阳明之下。此实非余之夸词，试观戴东原稍理孟子旧文，而其成就已如彼，可知也。故孟子学说，虽觉有专主精神生活之倾向，然实不悖孔子调节此两者之谊。且虽谓孔子之说，得孟子而益密可也。至此以往，则各走一偏。如汉儒董仲舒“正其谊，不谋其利；明其道，不计其功”之说，以及魏晋六朝时代思想之流于虚玄，宋明时代思想之趋重性理，甚至偏激如张南轩之言，谓“不惟名位货殖而后为利，凡意之所向，一涉于有为，皆成自私自利之举矣”等语，直否认吾人之一切动作云为。凡此皆过偏于精神生活，而忽视外部之事功者也。然同时其反动方面，在汉则有王充、仲长统之谈功利一派，在六朝则有神灭论一派，在隋则有文中子一派，在南宋则有永康、永嘉学派，在明末则有颜习斋、黄黎洲、顾亭林、王船山之经世一派，在前清中叶则有戴东原、阮云台等以汉学训诂而讲性理一派。兹数派者，其间又不免有矫枉过正，或偏物质生活之倾向。惟戴东原上绍孟子，所说颇有精理。吾国此两种相反之思潮，自孟子以后，无人能复统整，浸淫至于戴氏，几骎骎有若可谐合之观。试读其"理也者，情之不爽失者也"及"欲之协于天地之德者，即理之正者"等语，而可知近人王国维力扬戴说，至谓"能使三代之说，还之三代，宋儒之说，还之宋儒"(五十一)，诚允论也。吾国今日之大患，非在人人但知崇拜势力、崇拜金钱，太沉锢于物质生活而无精神生活之可耻乎？忧时之士，始群争以西洋人生哲学为药石，提倡所谓新生活者，而实际主义遂为今日论坛之中心。其实当知所谓实际主义之哲学，若论其形式，诚为吾国前此所未有，然衡其原理，则吾先民所见，实早与之契合。此亦非愚一人之私言，日本丰田臻著《实用主义之哲学》一书，已较论及此(五十二)。然则吾民族此种标扬精神生活以提高醇化物质生活之精神，使早有人注重，时时刮磨，得以葆固应用于今日者，则其有裨社会，必较今日始行介绍之实际主义之影响为深厚，当不待智者而知。由此可知今日欲救国人之积病，介绍新说与昌明国学固同为急务，而钩发国学霾而未现之精英，实尤为较重且适。何则？凡一国一民族，必有其精神上之总财产。吾人所享受者，亦必于此总财产内分得，始感其亲切而适宜。欧西有识之士，衡论吾国思想学术之前途，已以此言赠我矣(五十三)。乃今之论者，辄谓东洋文明为静止的，西洋文明为活动的，欲争存于今世，非毁此静的文明而造动的文明不可(五十四)。亦有谓吾先民不知调和物心，而缺乏艺术的人生之美感者(五十五)，甚至有谓东方文明并精神文明而亦不能称为完备者(五十六)，皆非笃论也。至于代表印度文化之佛教哲理，其最高大鹄，尤在以精神生活而融摄物质生活，使之悉为宇宙化与人格化(五十七)，其意义尤为精辟玄远。兹以其理太深，姑留俟他日再论。此又东方文化之优点一也。

第三东方文化(此亦单就中国言)在有调节民族精神与时代精神(五十八)之优越性,而尤以民族精神为其根柢、最能运用发展者也。夫一民族之成立,所恃者,非仅血统、语言、地理、宗教等关系使然,为其枢纽者,端在此形成浑然一体之民族精神,罗司(Rose)氏尝诏告吾人矣(五十九)。是则民族精神之重要,亦可概见。惟是此精神,其民族若不善于运用之,则易流为固性的传统思想,而不克随时代之变易而适应其环境,则此精神或且为一时代之障碍物,所谓"时代错误"(anachronism or ignorant of the modern times)一语,即自此而来。试观各国革命史,何莫非由其民族之传统思想与其新时代思想冲突之所生!我国自前清戊戌以后,欧洲新说竞入,思潮陡变。笃新之士,遂竭力攻击吾固有之道德学说,一时硕旧,咸目为狂潮。而卒之新思想势力如挟万钧之弩,吾旧有政制与传说,均不免如落叶之扫,于是国人咸以为新思想战胜。其实当知所摧扫之旧制度、旧传说,而如是之易且速者,正以此等旧物,自身本已腐朽,早不适于时代之新要求,即无外来之新思想,亦当归于淘汰者。而具有此淘汰作用之根本潜伏力,即余所谓吾族有此调节民族精神与时代精神之天才是也。今请进言其理:余上文固已言之,吾国神人之分最早,他族所视为宗教上不可方物之原理,吾族则早以抽象的概念或形式表出之,使之为哲学化,而一部《易经》即纯演此理者(六十)。职此之故,吾先民实认宇宙为进化之宇宙,而民族亦即应为进化之民族(其详可与下节互看)。故曰:"三王不沿乐,五帝不袭礼。"又曰:"礼虽先王未之有,可以义起。"此即夏殷周忠质文三者递进之说,实吾先民所知之通谊(六十一),初非儒家、法家之创言。不过法家之为治,专以应时代之要求为急务,而不顾民族精神之素质,故其功业褊促而不永,如商鞅、李斯之相秦是。儒家则不然,最能以民族意识(national consciousness)之表现,体认其时代之精神,复即以其时代之要求,为社会统制(social control)之标的。此其消息皆在于《诗》。盖古者太史采诗以观民风,观其时民间风尚之所在，以为上下通达情谊之邮。故孔子曰："诗可以兴，可以观，可以群，可以怨。"此即古之为政者调节民族精神与时代精神之一种政治原理，而其时之学术思想，亦于此萌生(六十二)。观吴季札入鲁观乐，因各国诗词之音节，而历赏其民风之淳浇，盖所谓"风也者，上以风化下，下以风讽上"，实即当时一种时代思潮(current thought of the age)也。此其意惟孔子知之，故以诗教等六艺之教而判其国民族智识道德之文野，且欲窃取其意以应用之于当时。后之知此者则惟孟子，故曰："王者之迹熄而《诗》亡，《诗》亡然后《春秋》作。"盖孔子作《春秋》，所以贬损当世时王者，即以其悖时代精神以为治之故(六十三)。故《春秋》存三统，张三世之义。在《公羊》则发王鲁新周故宋之说，而在《穀梁》则为尊周亲鲁故宋之词，《公羊》家言明于世运进化之理(六十四)，即孔子重视时代精神之遗训。《穀梁》家言深得经义，尊亲旧谊(六十五)，又即孔子重视民族精神之表征。观孔子一面言从周，而又言欲用夏礼、殷礼，既以周之典礼为郁郁乎文，而又欲从先进野人之礼乐。盖孔子之意，实在欲调剂此民族精神与时代精神而得其中。其作《春秋》口授弟子，必有此项大义微言。及门人退而异词，遂生歧论。(抑不仅此。孟子之法先王，荀子之法后王，此两派亦由此出，皆各代表孔子教义之一面者。)邱明据本事而作传，使《春秋》仅为记事之书，汉儒不察，横生今古文之争，甚无谓也(六十六)。虽然，吾先民又不仅贵调节此两种精神而已，而实贵以民族精神为其大本。故《大学》引《诗》曰："周虽旧邦，其命维新。"而以《康诰》之作新民，《汤盘》之日新又新为同义。盖吾先民之意，以为民族之发展，固随时代而异，然能形成一时代之精神者，仍此民族精神之潜力。故曾子曰："时也者，人与人相续而成者也。"此与法儒某谓"历史之可贵，在累积若干时代之智识道德以传之于国民"之谓同一精审(六十七)。审此则吾人如欲焕新一时代之思想与制度，仍在先淬厉其固有之民族精神。《易》称："时之为义大矣哉！"又曰："天行健，君子以自强不息。"诚以时时革新、时时创进，民族精神发展至于何度，即时代精神凝成至于何段。黑格尔之历史哲学，即自此等理性进动之概念而生。而马克斯之阶段进化说，则又以经济之变动为促进新时代之总因。此唯心的历史观与唯物的历史观直成为今日欧洲思想上、制度上之两大总流，其实殆由一重历史精神与一重时代精神立义各歧之所致。吾国先民思想，宁谓进于黑格尔一派而无其胶执(六十八)，兹亦不深论。要之如从吾先民之所示，则不惟负有容纳新时代精神之宏量，尤负有创造新时代精神之责任。而创造一新时代精神，尤必以民族精神为其背景。故一申之曰作新民，再申之曰旧邦新命(六十九)。此以视今日但知趋附时代潮流，而不知淬厉固有之民族精神以迎此潮流，加以磨刮，再创一更新之文化者，与夫但知故步自封，而不敢与新时代相周旋之士，其立义之深浅为何如？凡此者，皆吾先民之精谊也。至吾民族精神之内容，是否能有此镕铸新时代精神之素质与其涵量，则试观余上节把举之一点，已足为吾人别启一新生活之源泉。若再合观下节，将益知吾民族实有能开拓未来世界之活力。此外如国内时贤亦多论列。举其最著者，莫如梁任公。任公先生之著作，已为海内共睹，无取赘陈。姑就其较近者言之：如曾举吾族对内则启发力强，对外则同化力强之二义以质国人(七十)。近复著论谓吾族费数千年之精力以完成一统一的国民，为吾民族历史上唯一之大业(七十一)，尤为特具史眼。综合以观，则吾民族精神之伟大，实有未可妄自菲薄者。此又我东方文化之优点一也。

第四东方文化（此略兼印度言）在有由国家主义而达世界主义之优越性，而尤以世界主义为其归宿，故东方文化即可为将来之世界文化也。夫国家一物，本不过人类生命发展之一过程(七十二)，而自来言国家之起源与本质，则各异其说。求其能通国家与社会之邮者，实莫如卢梭之国家契约说（亦称社会契约说）。中间自历史法学与国家有机体说、国家人格说等迭兴以来，卢说几无人齿及(七十三)。至最近德谟克拉西政治之声浪日高，卢说始见真价(七十四)。吾国立国数千年，政治组织极不坚强。论者咸以吾族无建国能力、无国家观念相诟病。

其实以愚所见，则有不然。余尝谓吾族之所谓国家，实与社会有不可分离之关系[七十五]。自其组织上言之，有绝类于法人狄骥之国家事物说[七十六]。自其意义上言之，则又与卢梭之契约说相通[七十七]。孟子谓人有恒言曰天下国家。天下之本在国，国之本在家，家之本在身。天下国家（可连续为一词[七十八]）者，即世界的国家，社会的国家之谓，而其本则在于各个人之一身。故曰："自天子以至于庶人，一是皆以修身为本。"而士礼直可推行于天子。孟子且严天爵人爵之分。综合古义而观，吾族之国家与政制，实一建立于人性之上，而非建立于权力之上者。虽其组织上不免有治者与治于人者之分，而其意义上实绝符于今日之民主政治。梁任公谓中国人几无一非无治主义之信徒[七十九]，余亦敢言中国人实无一非久为民主国家之一员。昔顾亭林谓"有亡国，有亡天下。亡国与亡天下奚辨？曰：'易姓改号谓之亡国。仁义充塞而至于率兽食人，人将相食，谓之亡天下。（中略）保国者，其君、其臣，肉食者谋之。保天下者，匹夫之贱与有责焉矣。'"此其视国家不过权力阶级之组织，而其所谓天下，乃人间本性表现之集团。本性而有牿亡，虽匹夫亦有拯救之责，此实置国家与天下于伦理的考察之上。故此种天下的国家，非仅政治组织，而实社会组织。可知吾民族之国家观念，实一彻头彻尾之人性的政治论也。职是之故，吾族决不以国家之领域自画，而常有一世界精神[八十]悬于其襟怀。儒家尤代表此思想。《春秋》三世之谊、《礼运》大同之说，皆其最博深切明者。此实不得不谓为吾民族绝伟之天才也。虽然，犹不止此。所谓世界精神一物，其内容尚有不同，运用亦各有别。罗马人何尝无世界精神，而其成就竟为一武力之帝国。德意志人亦何尝无世界精神，而其怀抱乃在欲创一日耳曼的军国主义之文化[八十一]。凡此者，皆实抱一征服世界之野心，而非与世界以共见。欧族之有世界精神者，乃竟若此！若返观之吾民族则何如？儒教之大一统主义，在内其国而外诸夏，进而内诸夏而外夷狄，更进则夷狄中国内外大小远近若一，有如今日之由国而联邦，而世界联盟，逐次演进，使各民族得为自立的大联合，其义甚明。尤有味者，则《春秋》反道亲德尊礼重信之说[八十二]。盖所谓中国夷狄之分者，乃视信义之有无、文化之优劣以为别，初非贱视外族之名。此可知欧族之欲统一世界在武力，而吾族之欲世界大同，则在文化。故曰："天下车同轨，书同文，行同伦。"此尤吾族所具世界精神之内容与方法有足多者。故凡吾族所有之德目，如仁爱等名词，以及四海一家、民胞物与之语，无不含有极普遍极博大之精神。质而言之，吾族之传统道德，实世界道德、人类道德，而非仅国家道德[八十三]。故将来之世界文化，必为吾东方文化此等精神所缔造而成，则可断言。故余以为东方文化，实非仅东方国家之文化，乃一未来之世界文化也。至于印度文化，其最高潮之佛教哲理，所持纯为世界主义，尤不待多论。特惜印度民族，其人生观过于空漠阔达[八十四]，用是此种世界精神，不能与国家主义相调剂，遂至其历史上竟无建立民族国家之遗迹，此则不及我民族之处。然世界而终有大同之一日者，则印度文化将来之盛运，有未可以今日之眼光限之也。此又东方文化之优点一也。

以上所举四端，乃东方文化优点之荦荦最著者。此外如日本学者所论东西文明之异同，足资吾人参考者，则尤不胜偻指[八十五]。余虽不学，然最恶与人苟同，故概不复援引其说，惟略述余平日所见者如此。夫东方文化之优点，既如是其卓著矣，则发扬而光大之者，即应大有其人。乃环顾国中，一谈及东方文化，几无不举首蹙额，直视为粪蛆螂蜣之不若[八十六]，即有为东西文明融合之论，亦多装饰门面之谈[八十七]。其在笃旧之家，虽心知其善，而以见之不莹，言之不能亲切有味，遂亦含胡委随，甚至忸怩嗫嚅而不敢出诸口，余实耻之。余今请以最诚恳最刻骨之一语而告国人曰：吾民族之可宝贵者，乃此所以形成东方文化之精神（原理），而非其所演之事迹。若国人必以已往之事迹而蔽罪，则余亦可反问西方文化两大柱石之基督教与科学，在欧洲所演之事迹为何若。试观欧洲中古时代之血污，之黑暗，何一非基督教所演成？欧洲近世自工业革命以来，社会阶级之流于倾轧，人类之化为机械，最近空前之大战之莫大牺牲，又何一非科学之结果所演成？然则吾人亦可就基督教所演之事迹而定其爰书，就科学所生之结果而判其死罪，遂将基督教之宗教精神与科学上之科学精神一概抹煞。天下庸有如是不公允之论乎？则不佞可决其在信西方文化者，又必振振有词也。夫谈西方文化之宜知所别择有若此，则谈东方文化亦何独不然！然则东方文化之为东方文化，其可贵者正自有在，初不必因噎而废食矣。余于是请得而再告国人曰：东方文化精神之可贵，既已确定，则吾人今后所以发扬光大之者，其责任正自宏巨。余以为吾人有应从事者数端：第一以科学方法整理旧籍(八十八)，将吾先民之学术思想乃至吾国社会所以形成之原理(八十九)，一一抉择阐发，为统系之说明，使人咸知东方文化之真面目究竟安在，而后东方文化，确有可存在与其讨论之范围。第二既知东方文化真义之所在，即当择善而从，笃信其说(九十)。复本其原理以求实现，为奋斗的生涯，以建一有意义有价值的生活(九十一)。第三吾人即本此奋斗之精神，以文字的译述、团体的宣传(九十二)，尽量灌输东方文化之精蕴于欧美人士，以为文化之交换。第四一面以极精锐之别择力、极深到之吸收力融合西方文化之精英(九十三)，使吾人生活上内的生命(精神)与外的生命(物质)为平行之进步，以完成个人与社会(九十四)最高义的生活，同时即本互助之努力(东西两文化交换之结果)以创造一最高义的世界文化(九十五)。四者既尽，而后吾人所以为吾民族计、为世界人类计之大任，庶以克完。盖吾人由物的生活到灵的生活，由国家主义到世界主义，一面发挥民族之精神，一面启发时代之曙光，以完成个人无上之人格与世界无上之文化，此即东方文化唯一之精髓，亦即吾人今后之唯一大任也。故凡不佞所斤斤辨论，不惮瘏口哓音者，实一效忠吾民族之良心与义务所无可避免，初非仅为一二陈死人吐气已也。故不佞又以为吾辈何幸而生于中国，抑又何不幸而始生于中国！幸者，即幸天假吾人以得附此伟大民族之缘；不幸者，即此伟大民族本负有对于吾国与世界之两重责任。吾人苟持褊狭之爱国心与爱古心，即失应为世界尽力之责。苟徒盲从欧化主义，则又愧对先民精神遗产之丰。稍一不慎，咎俱莫逭。故在负有此两重责任之吾人，其志在振兴吾固有东方文化者，即应循上举四事之途径而期其实行。其或志在崇信西方文化之流，事重分功，谊宜不废，特亦当知有应守之范围数端，即：（一）既以介绍西方文化为己任，则应先将欧美各派（无论精神方面或物质方面）学说尽量输入，使西方文化成一有条贯之体系，然后便于与东方文化为明确之比(九十六)。（二）必用如此严密之方法较勘，确得东方文化之缺点，然后再对东方文化施以总攻击，尚不为迟。此时暂勿以枝节之西说，为割裂之攻击，致令东方统系为所紊乱。（三）抑不当仅以攻击固有文化为能事，即所介绍之新学说等，亦当使之融铸消化(九十七)，而后有真正欧化，可兼纳于吾国之可言。诚如是，则将见所抉择、所消化之西方文化之菁英，必有与东方文化之菁英相接相契者，则虽不亟亟谋两文化之调和，而自有彼此莫逆而笑，相见一堂之一日。于是而世界文化或世界哲学之完成，庶几可睹。以视今之互相排斥，但见新旧思潮之冲突，既未能尽力于祖国，又未克开拓世界于将来者，其得失为何如！若夫不学如余，则敢告不敏。余实一东方文化之信徒，虽不敢以前之四事自期，而欲以文字宣传为吾民族有所尽力之一念，则未尝梦寐或忘。爰拟勉著《中国政教学术探源论》与《东方文化与宇宙人生之根本价值》两书，一洗东方文化之沉冤积垢。顾学识谫劣，重以人事卒卒，此二书者，不知成于何时。虽然，余已言之，东方文化者，即吾民族精神之结晶，其能振兴与否，仍在吾民族全体之努力。吾闻之西儒有恒言曰："二十世纪之文明，已非条顿人种之文明，而为斯拉夫人种之文明。继其后者，当为通古斯人种（西人称吾民族之通名）之文明。"(九十八)抑又闻日本某学者之演说，则曰："犹太有宗教，而行之者非犹太。印度有哲学，而行之者非印度。中国有文明，而行之者未必即为中国。"(九十九)由前之说，则吾文化必昌于世界。由后之说，吾不自昌而人昌之，吾化虽昌，而吾族已不知存于何所。吾人试平心以察二说，能不为之忧喜交并而思奋然兴起也乎？然则余之草此论也，与其谓为余一人有何主张，不如谓为余对于吾民族之涕泣陈词。则兹篇也，虽视为余伤心之作可也！

注一　文化(culture)一语，细义本难，吾国近日讲学之士，有举其与文明(civilization)一语区别者。如张东荪君则谓前者多指精神现象，后者多指物质现象(见《时事新报·学灯》栏忘其月日)。姜琦君则谓文化意义，大于文明。文化为文明现象之发动力，文明为文化作用之目的物(见《解放与改造》二卷五号附录)。余按此两语在欧人著书通用者甚多，晚近始加以区别。鲍尔文(J. Baldwin)即主其说者。今就鲍氏《哲学辞典》中所列文化一语之定义，举其意义较完者，摘录原文一条如下：

Culture refers to the comprehensive changes individual and social life, due to the continued and systematic influences of mental improvement and refinement.

试按此条所下之定义，即可知与姜君等所诂之范围意义大致相符。是文化一语，原义实指一民族精神方面之发展为多。余本论所标之东方文化，即指吾民族此等精神现象而言，决非谓将古代所有之典章制度等，悉以移置于今日，如洪宪时代复古论者之愚谬。此则首宜辨认者也。

注二、三　"国故"一名始见于章太炎之《国故论衡》，近来北京大学张煊诸君取以标名其杂志，而《新潮》之傅斯年、毛子水诸君又取而较论，于是始有国故学一名词出现于吾学术界。今按毛君之论国故，谓即中国古代学术思想与中国民族过去之历史，其所释范围甚宽，几与余本文所标之中国民族精神之结晶一义相等。然考之毛君之论断，则谓此所谓古代学术思想之一部，为已死之陈物(此层毛君之意最坚，文中再三申明)，而所谓过去历史之一部，则又只能看为历史的材料，不能看为历史。如此一来，极庞大之国故，遂变为一极劣小之国故。(毛君最后并所指之古代学术思想一部，亦括之于过去历史的材料一部之内。因曰我们简直可以用中国过去历史的材料一语，代替国故这个名词。)于是"国故万万无与欧化对等的道理"与"研究国故，比研究科学不过九牛一毛"等等之结论遂生矣。其实余以为"国故"一名，实欠精当。国而曰故，必其国已成僵石。国之文化而曰故，亦必其文化亦全不留于今日。此二者，皆非我曾有之事实。毛君之蔽误，在重视国故一"故"字，致混视历史事迹与历史精神为一而一概抹煞。不知以言历史事迹，诚有一部已为过去而不适于今日者，然此过去而不适者，乃其民族所遗留之制度，而非其民族所持续之精神也。若言其精神，则日日在生长发育之中，焉有如毛君所言为已死之理！譬如个人，其身体之机能，固时有摄取与排泄之固体物，然此浑然一体之人格（精神），则固历一生而常新，虽时或有新旧思想之冲突，而经一度之冲突，即遂生一度之统整，决不能割裂为前后两人格也。个人如感有割裂人格之痛，不流于自杀，即走于狂易。民族亦然，如演有割裂其全体精神之变剧，则不亡国，即自萎耳。故必欲标举国故之名，只可用之于制度典章等有固性的体制之上，而决不可以名民族精神。如必强划民族精神为若干部分，若者为国故，若者为国新（亦毛君所命名），实觉其有未安。余故不欲取国故之名以代表东方文化也。（毛君此文，张煊君已有驳论，见《国故》三号。乃所驳全为枝叶，于此等紧要论点，未道着一字，此毋怪毛君之振振有词也。）

注四、五　欲知希腊、埃及文化与古代东方诸国文化之关系，可参考下列各书：

（1）L. R. Farnell：*Greece and Bobylon*.

（2）Gulick：*The Life of Ancient Greek*.

（3）J. L. Myras：*The Dawn of History*.

（4）F. Lenormont：*Chaldean Magic*.

（5）G. M. N. Darvisi：*The Asiatic Dionysos*.

注六　晚近欧洲学者中亦有不主张希腊与意大利文化发源于东方亚细亚者，如法人菲叶(Fouillee)氏即其一人（参看日本文明协会所译菲氏之《欧洲各国民心理》一书第一编第一章第一节）。然菲氏亦不能不承认希腊历史第一期最古之文明，仍受腓尼基之影响。而腓尼基之文明，则固感受东亚诸古国文明之影响甚多。即菲氏亦自认者也（同书上册二六、二七页）。

注七　见杜威《哲学史讲演》。其原讲有"希腊哲学不发生于本部，而发生于四围的殖民地。……因（本部人士）到殖民地以后，和东方文明相接触，如埃及、巴比伦等处科学发达，为希腊所不及，因见两种文明不同，就发生一种新现象"等语（兹据南高讲演本第三页），可知希腊文化渊源，实有所自，决非能自产生者，即杜威亦承认之也。

注八　可参看 C. A. Ellwood 所著 *Social Problems* 第二章。

注九　法人拉克伯里（Lacouperie）著有《中国太古文明西元论》（*Western Origin of the Early Chinese Civilization*，一八八〇年出版）论中国民族由巴比伦迁入，引证甚多。蒋观云著《中国人种考》，以之为蓝本。吾国人奉吾族西来说者，大都以此说为根据。今考先于拉氏者尚有奥怕尔（Oppert）氏，亦主此说，于一八五八年已有著作出版，因无英译本，兹不复引。

注十、十一　见《东方杂志》第十六卷第三号所译美国人类学协会远东部长威廉士（Williams）论文。

注十二　见蒋氏《中国人种考》六三至六六页，又前注所引威氏论文亦列此说。

注十三　见《庸言》第二卷第三期王桐龄《中国文化之发源地》论文所引。

注十四　见《中国人种考》一一一页，又前引威氏论文。

注十五　见《中国人种考》一一二页。

注十六　见《中国人种考》一一四至一三三页，可并参考日人白鸟库吉《支那北方民族史》、白河次郎《支那文明史》。

注十七　不惟坊间教科书为然，即前次京师大学堂《中国史中国地理讲义》亦全采拉克伯里之说者。

注十八　《中国种族考》，见《地学杂志》第二年第八期，第三年第三、第四各期。《中国民族溯源论》，见《地学杂志》第五年第十期至第六年第三期。

注十九　见章太炎《訄书》序《种姓》篇（太炎直称古巴比伦为宗国似太欠斟酌矣）及刘光汉《思祖国》篇、《华夏》篇、《国土原始论》等文。

注二十　见黄节《黄史种族书·种源》篇、吴贯因《五族同化论》（《庸言》第一卷七至九号）。吴君虽未明言吾族出于中亚细亚，然就其论西藏族之所出一段而观，有“与古代由西东渐之汉族同出一本”之语，其言外之意可知也。

注二十一　见《地学杂志》第七年第三期田北湖《黄土之成因》一论文。

注二十二　见钱氏《本国人文地理》上卷第三章第二至第九页（北京大学出版）。

注二十三　见日本文明协会所译菲叶氏《欧洲各国民心性》上卷第四〇页所引。

注二十四　九头十纪之说，其言虽不雅驯，而皆出《太平御览》所引。故书雅记，未可尽湮。且《雒书》无最后之《疏仡纪》，至《禅通纪》为止，则《禅通》即肇始黄帝，尤为合于史实。故史迁作《五帝本纪》，即断自黄帝为始，诚为有识。然则黄帝以前，吾族建国之年代，尤必甚长，不过书阙有间，不尽可考见耳。

注二十五　近人某君（不著撰人名氏）有《〈尚书〉为中国古代最完备之文明

发达史论》一文，历举唐虞时代文明之事绩，甚为详赡①。又夏曾佑著《中国历史》，以禹之于黄帝尧舜，一如秦之于三代，为古今进化一大界线，亦有见也。

注二十六　屠君寄有《黄帝辨》一篇，中有“西人以肤色别人种，彼谓我为黄种，而我四亿之人亦自认为黄帝之子孙，然则黄帝者，果何种人之帝耶”之语，其意可知（前京师大学堂《史学讲义》）。

注二十七　吾国文化为自创之说，最近梁任公先生亦言之。任公近在高师史地学会，讲演《佛教东来之史迹》，有曰：“世界文明之发源地五：埃及、小亚细亚、希腊、印度、中国是也。埃及、小亚细亚、希腊环地中海而居，风帆往来，三国之智识，赖以交换，故三国之文明自己的，实兼有外来的。此天之所赋者独厚也。印度僻在东陲，地理较三国为逊，然亚力山大之兵力侵入印度，亦得与西方文明接触。惟我中国东南环海，遥与南洋群岛及日本、美洲相邻，诸地皆后进国也，无关于我国文明之促进。而西北二面，山沙为阻，所与邻者，又皆匈奴、东胡等野蛮民族，以言交换文明，更无足论矣。惟西南一部连接印度，而又为雪山所阻隔，是犹人之蛰居斗室，其所有文明皆自己的，而无外来的。此天之所赋中国者甚薄也。”此寥寥数十语，直将中国文明所以独自产生之故，道其梗概，可与余说互参。足见东方文化中之吾国文明，论其起源与发育，实有较其他文明国为尤著特色者。此则吾国文化为独立自创之说，固非余一人之私言也。（任公演说词并见十一月二十三日《时事新报·学灯》。）

注二十八　最近日人西村真次著《世界文化三大潮流》一论文（大正八年十二月《大观杂志》），中引有名史学家格宁梭布之言，兹摘译数语于此。格氏曰：“支那文化，决非可与希腊文化等同样观察。彼早发达于黄河溪谷之汉民族之文化，决非西来，宁谓为由东而影响于西，以造成亚细亚与巴比伦之文化者。”此说必有可观，乃一与拉克伯里之说极相反者。惜日人引之不完。吾人诚不必遽取其说以自夸大，然亦可反证拉氏西来之说，未必即为定论。吾人诚宜审慎以处之也。

注二十九　康白情有《论中国之民族气质》一文，于吾族之种性、地理、气候之相互关系，言之甚详，颇多可采之处（《新潮》第一卷第二期）。又去秋《留美季报》某君之《汉族再生论》，亦可参考。

注三十　参看日人牧口常山郎《人生地理学》第十章至十二章。（志贺重昂

---

①　赡，原作“瞻”，误。

评语尤足参考。）

注三十一　参看吴稚晖所译麦开柏氏《荒古原人史》一一九与一二五等页。又吴氏于此书之尾，加以跋语，虽亦主吾族西来之说，而颇多创语。且亦承认吾族文明为独立自创者（同书一三一至一三三页），与余说不谋而合，尤可贵也！

注三十二、三十四　欲知欧人重精神生活（克己主义 rigorism）与物质生活（官能主义 sensualism）两种思潮之消长于西方文化之关系者，可参考下列各书：

（一）金子筑水《欧洲思想大观》

（二）《近世欧洲文化史论》（日本文明协会出版）

（三）《近代思想界之变迁》（同上）

（四）朝永三十郎《于近世我之自觉史》

（五）厨川白村《文艺思潮史》

（六）周作人《欧洲文学史》（北京大学出版）

又田汉君所作《俄国文学思潮之一瞥》一文，论此两思想之起状甚详，亦可参考。（《民铎》一卷六号）

注三十三　见工藤重义《世界宗教制度论》六三页。

注三十五、三十七　近人夏曾佑著《中国历史》，论中国古代苗民，则信鬼神，吾黄帝子孙，则信术数，上古宗教已分两派。邓实本之，著《国学原论》，大阐其说（《国粹学报》第一年第一期）。梁任公著《中国学术思想变迁之大势》，亦谓古代学术渊源出于史、祝二职，而祝之所司，则术数实其专业云云。余按由鬼神而变为术数，实初民思想进化之表征。此亦不独在吾中国为然。试观克孟特教授（Cumont）所著《希腊罗马之星占学与宗教》一书，至谓星占学实关于世界奥义之神秘的启示，始与斯多亚派之哲学混合，继修正于柏拉图之理想主义，乃太古之加尔底亚人之信条，与基督教始终对抗者，其后竟为基督教所征灭云云，可知由具体的神格之崇拜变为抽象的灵术之推衍，实世界人类智识递进所同经之阶级。所异者，在欧族，此种递演而不能成一有体系之哲学，其后复为有力之神道（即基督教之一神教义）所战胜以迄于今。而在吾国，则由术数而演成一部幽远之《易经》哲理，由此哲理复开老、孔哲学与魏晋人之《易》学，而神道即永退处于无权。此真研究东西哲学起源者之一至有趣味之问题也。（吾国哲学与数理之关系，昔刘申叔著《中国哲学起源考》已微论之，惟其文中辍可惜也。）

注三十六　章太炎《訄书·争教》篇谓吾国古代分八卦五行两种宗教。禹之伐有扈，武王之不用箕子，皆争教也。其后蔡孑民先生著《中国伦理学史》，皆主此说(其实此说日本学者已主之)。余以为八卦五行之理,皆古之术数,皆以抽象概念之法式而范围其事者,其理实有相通,不必强分为二派。兹为行文之便,姑仍其说耳。

注三十八 《淮南子·泰族训》曰:"昔者五帝三王之莅政施教,必用参五。何谓参五?仰取象于天,俯取度于地,中取法于人,乃立明堂之制,行明堂之令。"可见吾国古代之政治,皆由此等抽象之哲学(宇宙论)所推演而来。

注三十九 明堂之制,本为吾国古今学者聚讼之一问题。近人论此者,以余所知,则有某君之《明堂考》(不著撰人姓名,《国故钩沉》第一期)与陈君焯之《议院古明堂说》两篇为有价值。某君之《明堂考》,已知古明堂有二:一为镐京明堂,在国。一为洛阳明堂,在郊。而陈君则直考定古代有宗祀之明堂与会议之明堂,两者各别,一在宫中,一在国门之外。扫清旧说葛藤,尤为有识。余尝谓国人如欲标榜"国故学"之名,必如此等有所创见之著作,而后庶不致蹈陈腐干枯之病也!

注四十 吾国古代学术出于史官之论,自章实斋、龚定庵、汪容甫辈考定之后,近人如章太炎、刘申叔、梁任公、夏曾佑诸君皆主其说。至胡适之教授则力反之。胡君有《诸子不出于王官论》一文(《太平洋》一卷七期),所见固不失为创解,然须知若胡君之说而果确者,则中国古代学艺系统将被其打断,无复可寻。其实余以为吾国古代学统,本极散漫沉霾,诚难寻索,然其中亦未尝无蛛丝马迹之可循。此则求其最有特识、最能见其源流,而言之又最晰者,要莫如庄子。试观其《天下》篇首即叙道之全体(即古之学术总体),谓无乎不在;次即接述其明而在数度者,旧法世传之史尚多有之,其在于《诗》、《书》、《礼》、《乐》者,邹鲁之士,缙绅先生多能明之。(此二语最要。)此即谓得古道术之全体,惟史官与儒家。再次即致慨于道术之分裂,因历叙诸家,谓古之道术有在于是者,某某闻其风而悦之,并己身亦算在内。最后则谓如惠施、公孙龙一派,支离诡辩,不足与于道术,故不列为一家。其全篇脉络,本极明晰。乃后人不察,坐令中国数千年迄无人能为古代学术源流考者,实至可慨之事!虽有一荀卿、司马谈,而言之不详。刘歆则亦仅知作盖尔之词。直至章、龚辈始得搜集古说,稍加考定。刘申叔推阐其说,实较太炎为详。乃胡君于此极明显有据之《庄子·天下》篇,始则不置一词(其《诸子不出王官论》即首引《天下》篇而不评一词),继乃谓其非庄子所作(《中国哲学史》二五四页),意在先颠覆此篇,根本不认其成立,而后便于自伸其说,此则诚有非下走之愚所敢知者也!(胡君此说,即北大学生中如毛君子水亦谓其论证不完，见前引《国故与科学的精神》一文之注。又其后朱君毅在《唯是杂志》第一期亦有驳论，惟树义不坚，恐未足以折胡氏也。）

注四十一　参看蔡先生《中国伦理史》六十六页。又记某君曾在长沙某学会讲演《墨子学说》，中论墨子爱利观念不同之点甚详，曾载《时事新报·学灯》，惜今不能举矣。

注四十二　见《建设》第一卷第四期胡汉民《中国哲学史之唯物的研究》。

注四十三　见《中国伦理学史》第三编第四页。

注四十四　参照本节后注（五十六）。

注四十五　吾国人与希腊人因审美观念不同，影响及于知识道德各方面之说，近人言之者尚少，惟蒋梦麐教授前曾略道及此。其与某公论学，有曰："言做人（道德）之道，可分中国、希腊、耶教三系。中国系之道德，基于人伦。希腊人之道德，基于智慧。耶教之道德，基于天志。人伦之道德尚礼，智慧之道德尚理，天志之道德尚志……中国系与耶教道德均责任道德，希腊系则为德性（智性）道德。责任道德与美术无甚关系，德性道德非美术不为功。智以烛其真，美以养其情，则德性始备。（中略）西洋人智识美术之发达，饮水思源，不得不归功于希腊人之德性道德也。"（民国四年《留美学生季报》第一号）可与余说互参。

注四十六　见严又陵译卫西琴之《中国教育议》（《庸言》第二卷第三、四两期）。

注四十七　张尔田君作《史微》（《孔教会杂志》第一卷一期），其《原史》一篇论六艺由史入经，以孔子继道家而绍史统，其言颇典要可据。此即以孔子集文献上之大成之说也。

注四十八　曾崧峤有《孔子未曾集大成》一文（《太平洋》第一卷第一期），谓吾国学术至周公太公时有分野之观，孔子不过分得周公学术之一半而已。其后有徐天授君驳之，谓孔子并非集百家学说之大成，乃集群圣道德之大成（《太平洋》一卷二期）。《太平洋》记者即大不谓然。嗣曾君又反驳徐君，谓孔子不善理财用兵，由于复古之理想所蔽；又孔子所讲之道德，为贵族道德而非平民道德，故难实行云云（《太平洋》一卷三期）。余以为吾人治学谈理，首当明体用之分（即今治科学所言之纯理与应用两面）。体则有普遍之价值，用则为时地所区限。审此则吾人今日所挹仰于孔子者，并非望将周公制礼作乐与太公理财用兵之事迹，重演于今日。然则纵令孔子兼擅太公之长，试问于吾人有何裨益？曾君亦知行孔子之道，在去其刚性而保其柔性矣（见《东方杂志》曾君所作《我之孔道全体观》一文)。然则复何争辩于孔子有无兼擅太公之才之谓乎?至于集大成之说,今人一闻此语,辄加骇怪,以为一人如何能集若干人之才性之总和。不知所谓集大成者,亦犹今日哲学术语所谓统整(integration)作用、综合(synthesis)作用而已。若谓此而不能,则斯宾塞尔之综合哲学(synthetic philosophy)与夫哲学家、科学家之思建立哲学或科学之新系统者,皆为僭妄多事。而斯宾塞尔谓哲学之任务在有"完全之综合的智识"(completely united knowledge),亦将成为夸诞之词矣。

注四十九　日人广池千九郎著《支那法制史》,极推崇吾国"中"之一德,且谓与亚里斯多德之中庸(mean)之说相符云云(同书第一卷六九页)。其后谢无量之《中国哲学史》与《孔子》等书皆本之。余以为吾国"中"之一谊,自方法上论之,可视为中国哲学上之一种特殊方法(即执两用中之义),几与黑格尔之辩证法默契。自实际上论之,则即为调节物心生活,使之达于谐和之一妙用。故孔子称《关雎》乐而不淫,哀而不伤,诚吾族之美德也!

注五十　郁根哲学,有实际主义重生活经验之切实,而不流于浅薄;有布格逊重创造进化之透辟,而不走于凿空,殆可谓兼有二派之长者。余愧未能读郁根之原著,仅得读日译本数种。又畏友章君行严曾赠有约翰斯(A. J. Jones)所著《郁根之人生哲学》(*Eucken: a philosophy of life*)一书,余受而读之,觉其于郁根哲学颇有钩元提要之观。惟余终以为郁根所倡之精神生活,于外的奋斗一面,诚发挥尽致,即孟子集义之说(昔日注疏解"集义"之集字,谓与义相杂而生,实太无精彩且失孟子原意矣)。而于内的修养一面,则实欠指导说明,不及孟子养气之功远矣。此问题颇关重要,余他日当著一《郁根人生哲学与孟子人生哲学之比较论》以勘发之。

注五十一　王国维君曾有《国朝汉学派戴阮二家之哲学论》一文,登于前江苏某教育杂志,仓猝不及检出。

注五十二　参看日人丰田臻《实用主义之哲学》四三三至四四四页。

注五十三　见余友钱智修君所译英人约翰斯顿(Joneston)《中国宗教之前途》一文中所引嘉托顿希尔博士(Dr. G. Chatterton-hill)之言(《东方杂志》第十卷第九期)。

注五十四　详李守常君《东西文明根本之异点》一论文。惟此文余实未见,仅据梁漱冥君《东西文化及其哲学导言》中所引,得窥见一二耳(《唯识述义》第五、六两页)。

注五十五　详江绍原《艺术人生》一论文(《东方杂志》第十七卷十五期)。江君此文在揭一“美的生活”为标准,用以衡论中国理学家与佛教徒之人生观为不合此标准云云。不知其所攻击吾民族之所短,乃正其所长也!

注五十六　此即常乃德最近所发表《东方文明与西方文明》一文中之语。常君谓中国固有文明不配称为完全的精神文明,因系偏于实际的、功利的、善的一方面,非真、善、美三者平均的,无论不能与近代西洋文明相比较,亦不配与希腊时代学术相比较云云。其论骤视之似颇中理。然以余观之,就“真”一方面论,则须知中国人所求之真,决非与希腊人乃至今日欧人所求之真相同。科学之不能发生于中国,认识论之不能完成于中国,皆坐此故。中国民族此种思想之特异处,不惟与欧西民族不同,亦并与印度民族不同。若欲精论,当合中国文化、欧西文化、印度文化三大系文化比较研究,而后能得其真髓。此实关于人生根柢问题极巨,余当勉为专书,非今日所能讨论,亦不愿讨论,以今日国人尚谈不到此也。至于就“美”一方面论,则同志已有罗敦伟一论文,举及艺术本有两派,一为艺术独立论,一为艺术实用论,如柏拉图主张以善为美,即为实用论派等语。须知中国先民之观念,亦正所谓以善为美,观孔子谓《尧典》可以观美,又谓“尽美,未尽善也”等论旨即可概见。故谓中国人审美观念与西洋人有不同则可,谓其直无此种美感则不可也。又况历代均有山林隐逸之流,往往宁杀身赤族而不肯为权势献其艺术作品,则亦非不知艺术独立之可贵乎。至若关于“善”一方面,则常君已言之,兹不论。

注五十七　此问题关于佛教根本原理太巨,详论之,即世间与出世间之问题,今日国人亦尚谈不到此。海内谈佛者虽多,以余浅陋所知,似尚无有人肯深究此问题,以明显之文字宣达其理者(惟余友梅君光羲尝有志于此)。余不敏,当竭毕生之力于兹。今国人如欲闻其梗概,则梁漱冥君之《究元决疑论》(《东方》十三卷第五六七三期)。

注五十八　民族精神与时代精神两语,在德文有专字为“volksgeist”与“zeitgeist”,而在英文,则前者相当于“nationality”一字,后者则英文无专名,只可译为“spirit of the age”。

注五十九　具见 John Holland Rose 所著 *Nationality as Factor in Modern History* 一书。

注六十　此理已散见余上两节各注。即胡适之教授之释《易》,亦发见此根本原理。其论《易》之基本观念凡三:一曰极(即变易之最简的公式),二曰象,三曰辞。（皆由孔子系《易》之词看出，可见孔子对于古代学术思想实有极深透极统整之能力。吾人于此实当处处虚心。）以《易》纯为推变之学（《中国哲学史大纲》七八至九一页），一扫自来讲《易》者之葛藤，可谓卓具创解。惟胡君忽又以孔子释《易》在认此推变之理为唯物的，并谓系受老子之影响云云，一若此《易经》哲理纯为一部机械的宇宙论者，此则未免大错而特错！余尝谓胡君所著《中国哲学史大纲》，其中意匠独造，所得本多。独惜其处处以唯物论眼光观察判断，甚至施及于老、庄，几令中国哲学真面目无以自白于世界。故梁漱冥君曾谓倘然像他（胡君）所讲的那个样子，除了供现代的大哲把玩解闷以外，可有这两大支哲学接触影响，发生一种世界哲学（此本胡君语）的价值身份势力么（《唯识述义》第七页）？又记得缪凤林君最近于胡君所讲之老庄哲学亦有质正之语（曾见《时事新报·学灯》，忘其月日）。以极富有创解之学者，而所以攻吾哲学者，其结果乃如此，至可惜也。

注六十一　墨子谓："国家昏乱，则语之尚贤尚同。国家贫，则语之节葬。"又庄子亦有"礼义法度应时而变者也"之语，可见吾国先民，未有不应时代之要求以为治者矣。

注六十二　胡适之教授之《中国哲学史大纲》亦以《诗经》等考见当世社会意识，认为中国结胎时代。虽其所以观察者不必与余相同，而要之《诗经》实当时社会意识之结晶，则无可疑也。

注六十三　墨子《耕柱》篇曰："叶公子高问政仲尼。仲尼对曰：'善为政者，远者近之，而旧者新之。'"此可以见孔子之志。故《淮南子》直曰："殷变夏，周变殷，春秋变周，三代之礼不同，何古之从！"是则余谓孔子贬损当时君主，为其悖时代精神以为治之说，或不至骇流俗欤？

注六十四、六十五、六十六　《春秋》三传之谊，本自各别。其间最生争议者，即公羊家言孔子改制之说。此说倡于董子，而著于何休。迄有清末叶，有所谓常州学派者，始以治公羊微言大义之说相推重。及至廖季平、康南海两氏出，以之通于《王制》、《礼运》诸篇，于是孔子学说分大同、小康两派之说，几风靡天下。廖、康均不愧为今文家大师。惟廖氏晚年著作，乃益恣肆恢诡，其著《孔经哲学发微》一书，直类方士之言。至是，今文学派乃不得不一落千丈。攻之最力者，莫如刘申叔。刘氏之《孔子无改制论》与《汉代古文学辨诬》等篇，均精悍绝伦。其实余以为孔子以《春秋》当新王、素王之法等说，公羊家必有所承受。不然，以董仲舒之趋附武帝，必不敢倡此等不利于君主之说。故余谓孔子改制之谊，自当不废。特所当知者，孔子此种理想，非必如汉儒所说之迂，亦非必如今人所言之凿。余于此别有考证，兹不细说。至于穀梁学，则自汉以来，即不甚著。近人江慎中始发愤董理，得《穀梁十指》。其全书余未得见，见其《春秋穀梁传条指》一篇（《国粹学报》第六年第六期至十一期）。其论尊周、亲鲁、故宋各有广狭二义，实得孔子重民族精神之指，合而观之，始知公、穀所言，皆孔子教义之一面，故其义亦有可互通者。是则今古文之争，视之为治经学之方法有别则可，因以议及孔子教义，如所谓信末师而背往古者，则不可也。

注六十七　记得系日人吉江孤雁最近于日本《改造杂志》某论文中所引某法国学者之言。

注六十八　吾国先哲认世运之演化，纯由精神界（宇宙全体）之进动而来。此则绝有类似于黑格尔哲学所立之自然世界之“罗哥斯”（Logos，黑氏哲学体系之第一部）与精神世界之“绝对的精神”（Der Absolute Geist，黑氏哲学体系之第三部）之学说。（黑氏哲学与吾国哲学有相通之理。杨昌济先生遗著中已略论之，见最近《民铎》二卷三号。）惟黑氏一面重精神之开展，而一面复谓现实者皆合理，致令德国军国主义得以假其说为根据，酿成此次世界空前之大战祸。若吾国哲人，则无此等胶固束湿之说。余别有详论，不赘于此。（此注可与本节前注六十比照对看。）

注六十九　旧邦新命之谊，孟子当日即欲据之以应用救世。观其对滕文公“子力行之，亦以新子之国”之语，即引此诗作证。可知此在当日，固不能不专对君主说法，然新国之义，亦今日所不废者也。

注七十　记得任公此文曾登载于《庸言》，仓猝间竟遍检不得。

注七十一　见《改造》第三卷第二期任公所著《历史上中华国民事业之成败及今后革进之机运》一论文。

注七十二　日人田边忠勇男著有《柯尔（G. D. H. Cole）氏之社会学说之根本思想》一文（《中央公论》大正九年十月号），引述柯氏学说至多。柯氏即主张个性为万全（universe）。自国家市町村乃至于一俱乐部，皆不过为“共同生活”（community）之一机能，皆各个人“个性之团结的发表”而已。（此论文某君已译载《时事新报·学灯》，惟删节柯氏原书不少，兹不及记忆其月日。）又吉田博士于丁酉伦理讲演会有《批判与国家之威力》一讲演词，依国家之伦理的考察，判断国家为“兼个体与全体、现实与理想，而不绝进动之自由的生命”之一种表示云云（《大正八年十一月丁酉伦理讲演集》及《新时代》等杂志）。前此视国家为万能，今则视为吾人生命表现之一过程，亦可以觇今日世界思潮之趋势矣。

注七十三、七十四、七十五　卢梭学说影响最大者，即其国成于约、约发于意之说，而其最受攻击者亦在此。盖其所谓“公意”(La Volonté Génerale)一物，本为极茫漠而无畔岸者，以之当国家之“主权”，于是而主权一物，亦成不可捉摸之态矣。故其后谈国家学者，无论为反对派或调和派，均莫不以卢氏之说为邻于荒诞(可参看《政治学报》第一期《主权论沿革》一文)。吾国严几道先生亦曾力斥之，致劳余畏友章君行严之辨驳(见《甲寅》第一期章君《读严几道民约平议》一文)。最近因民治主义弥漫世界，尊重人民公意之说勃起，于是卢梭学说乃稍稍有人发见其真理(可参看《建设》第一卷第一期孙译《罗威尔博士公意与民治》一文)。其实余以为卢梭民约之说，若专从国家学一方面而论，则诚不免有不完之处，若就社会学一方面论，则卢说正自有不磨之价值。日人通口秀雄著《社会学小史》，即推卢梭民约说，为社会学上研究“社会意识”一物之远源，谓其可为今日心理的社会学之先导，历叙其与社会学各派学说之关系沿革(参看同书九四页以下)。可知求谈国家学而能与社会学根柢相通者，要不能不推卢氏。余尝谓欧人之视国家与社会，其界域未免太严，以致国家学与社会学不能沟通。社会学为最晚出之科学，而在初创是学诸宗匠，则往往以社会学为综合诸科学之学，以建设理想的社会为研究社会学之最后目的(试观首建斯学之孔德氏所创之人道教 Religion de l'humanité 可见)。乃最近社会学号称进步，其范围转狭。以为研究社会学，不过在归纳事实(社会现象)、籀得公例为止，至于理想社会之如何建立，当让之于政治学与技术家(官吏及热心改良社会者)，非社会学所宜过问(参看日本远藤博士之《近世社会学社会史论》等书暨《社会及国体研究录杂志》等即可知其大凡)。此固科学分类日密，所不可免之结果。然实欧人眼光，认社会自社会、政治自政治之一念有以中之，职是之故，政治与社会二者遂永永打成两橛。在理论上，则发生孰轻孰重孰先孰后之问题(即以政治改良社会抑以社会左右政治之谓)。在实际上，则一部政治史，皆此两者权力互为争长之历史。易言之，即马克斯所谓之一部阶级争斗史。故此问题虽在今日，欧人亦尚未能解决者。试一放眼观察，如欧洲中古之教权政治，与今日之社会主义，殆皆欲对此问题而下解决。中古教会，在以神意统贯政治与社会之两面。社会主义，则在以人道打通政治与社会为一元。前者已属过去之僵物，后者则今方在试验之中。于是而民主主义乃于此时起，而作由政治渡于社会之桥梁。凡此者，皆欧人以全副精神所肉薄而始得者也。然返观吾中国固有文化，则此政治与社会形影相依，甚至吾先民脑影中，绝不知另有所谓政治一物足以制社会之死命之一种训条。国人数千年已习用之，如布帛菽粟水火而不自知。今者吾国已建民主政治制度矣，在此制下一切政习之运用，诚为多数国人所不解。然救之之道，但在昌明吾固有之“政治须与社会一贯”之教义，使之生于其心，发于其政，则必较日日徒以政法之书强聒国人为尤能神其用。此诚吾民族再生之一新生命也。抑不仅此，今日世界思潮，咸有欲使政治日趋于社会化之倾向，则未来之世界文化，吾此种绝精之理想，必为其中最有力之一因素，要无可疑。读者幸勿河汉余言，须知吾国有识之士已曾衡论及此。曩者梁任公作《政治之基础与言论家之指针》一文（《大中华》第一卷第二期），大意即谓与其为政府建议，不如为国人陈情。而余友章行严即作《政治与社会》一文驳之（《甲寅》第一卷第六期），意谓今日国中之现象，非借政治以改良不可。即一主先改良社会而后影响及于政治，一主先改良政治而后社会从而向风也。两公所见，均有独到。独惜其皆仅针对当日政象立言，而于此政治与社会二者根柢之异同轻重、究属安在，一至可讨论之问题，则均未之及。迩者一年余以来之所谓文化运动，则又欲即以社会刷新之力而影响政治者。凡此讨论，所涉问题过巨，而范围亦过宽，以至陋劣不学如余，何足言此。惟中怀耿耿，终以为政治与社会，一日而不能打通为一者，即世界人类之文化一日而未臻绝顶之域。东方哲人烛照及此，故其所产生之文化，其发动点与归宿点，皆力向此方面而行。虽长途辽远，且其工具又极不完，圆满达到，尚不知在于何日。而其示人类以应循之径，则要可宝贵也。

注七十六、七十七　余以为吾民族之国家观念，一方近于狄骥（Loon Duguit）之“国家事物说”，一方近于卢梭之“国家契约论”，闻者又必笑余言之牵强。盖卢氏之说，为有立权论，而狄氏之说，乃一反对主权论也。然余则谓此并无伤。此其理已可由余上一注得之。何则？诚使打通国家与社会之界域而观，则主权之有无，正不必过事争论，而但求群知有“社会意识”之可贵，有“社会统制”之理法之应循，则所以范围其群者，要未始无其道耳。此诚东方文化与西方文化界域绝殊之处也。（余夙有志著一《中国国家学》，今后当勉成此书，故兹不细论。至于狄氏之说，国人欲得汉译书籍，可参看神州编译社出版之《法国宪政通诠》，又《太平洋》某期译英人某之《狄骥法学批评》一文。）

注七十八　江慎中《春秋穀梁传条指》有曰：“家国天下，是古人通用名词。故孟子曰：‘天下有恒言，皆曰天下国家。’苟知所谓家国天下者，为以文化所及之远近广狭言之，则推之全经，无不六通四辟矣。”云云。可知天下国家等语，古人既可通用。且孟子直谓其系当日之恒言，则其视国家为含有世界（天下）性，其义当皎然无疑。故虽连读“天下国家”为一词，在未始不可，此非必余之好为异论也。

注七十九　见前举任公近著《历史上中华国民事业之成败及今后革进之机运》一文中之语。

注八十、八十一　“世界精神”一语，德文为“weltgeist”，英文无专字，可译为“universal spirit”或“welfgist”。或①“worldsoul”。按此语自希腊、罗马以来，多用之于纯正哲学方面，至黑格尔组织其精神哲学（Geistesphilosophie），以历史的所生之社会体制（如国家家属等）皆为客观的精神（der Objetive Geist）所实现，因谓世界精神有应为开展世界历史之努力云云（参看 Harald Hoffeding 所著《近世哲学史》第八编《黑格尔之哲学》一节。赫氏此书为晚近哲学界有名大著，有英、日译本。兹据日译本下册二一四及三二四页），于是此语始应用之于历史哲学与文明史上。而德人以历史的世界的民族自命，则所谓开展世界历史之事业，亦遂若为德人之所独擅。如是而世界精神一语，乃与德人所尝自夸“惟德人有宣传其文化于世界劣等民族之责任”一义相等，而德国之军国主义成矣！故世界精神一名词，本极正大，乃在德人心目中，直与帝国主义之语无异。最近陶孟和教授讲演《新历史观》，因驳黑格尔此种历史哲学之不当（见《新青年》八卷一期）。然此非黑格尔用语之失，乃德人所抱世界精神内容之不正当所致。庄生谓：“与之仁义，乃并其仁义而窃之。”甚矣，名之不可假人有如是也！

注八十二　具见《春秋繁露·观德》与《楚庄王》等篇。

注八十三　日人长谷川如是闲氏近著《斗争之本能与国家之进化》一文，大意谓现在国家皆欲人勉尽国民道德，而不欲其尽人类道德。譬如杀人夺地一事，自人类方面观之，极不道德，而自国家方面观之，则多以此奖励其民为有爱国心之美德者矣。故今后国家之进化，要必以能调和此两种道德，而使国家不至桎梏人类为合宜云云。具见《时事新报·学灯》，不及记忆其全文，姑举其大略如此。

注八十四　印度诗人台莪尔（Tagore）曾以文学得诺贝尔（Nobel）赏金，著声

---

① 或，原作“英”，据上下文意改。

于欧洲学术界。其论东西洋文明之不同，谓西洋文明起自希腊，其民族历古今，皆浸润于砦堡城市之中，其人生观为封执，为有畛域，为壁垒森严，故西洋文明实城市之文明；东洋文明（单就印度言）则产生于广林漠野，其人生观为阔达，为胸无城府，故东洋文明可为森林之文明。日人多摭拾其说。有《台莪尔森林哲学》等书可参考。

注八十五　余此篇纯为独立之观察，初不袭取他人成说，于日人所作之东西文明比较及调和论本无取征列。兹为便于国人研究此问题之参考起见，姑就所知，举其一二较有价值之说如下。

（一）建部博士之说（见其近著《社会学》第四卷中之第三篇）：

西洋文明之所短　依学术思想不解放之结果，遂生以下四种之缺点：第一德教之过于单纯。第二法治的社会之失。第三其社会至今仍不免囿于惯习。第四人心之缺乏内的修养。

东洋文明之所长　第一道心之发达（建部氏自注谓此“道心”一语虽任何西洋文字不能译出）。第二德教之发达。第三宗教之现实的调和（按此条系兼日本佛教与中国儒教而言，则建部氏殆认儒教有宗教性质者）。

又建部氏尚有《哲学大观》一书，中论中国文明及印度文明与西洋文明之异同，比较甚详，可并参考。

（二）北聆教授之说（见其最近出版之《光自东方》一书中所载《论东西文明之融合》一文）：

西洋文化，在能利用及征服自然界。东洋文化则在能与自然界融和。

西洋文化，在吸合希腊之个人主义，与希腊教灵魂不灭之说，而成一保存个人价值之哲学。东洋文化则具有孔、老之天及自然，与佛教之涅槃而成一无我之哲学。

具补足融和两文化之能力与责任者，则在唯一之日本国民。（按我国人之聆此语，其感想当何如？）

又北聆氏尚有《东洋思想之复活与第一义生活之提倡》等文，均甚推崇东方文化者，亦可参考。

（三）野村隈畔氏之说（见大正八年十二月《中央公论》《东西文明之根本精神与在来之哲学》一文）：

（一）儒教之根本精神在忠恕。（二）佛教之根本精神“在无我法中有真我”（《涅槃经·迦叶品》语）。（三）基督教之根本精神在“天国在尔衷”（《路加传》第十七章语)。(四)泰西哲学之根本精神在自我思想之发达。(五)日本将来之哲学即在融合此等哲理以建一自我批判之哲学。

又野村氏尚有《文化论文集》,亦可参考。

此外如三宅博士所著之《政与教》一书,专言东方文化之精理。此类专书尤多。又本年秋间日本西京大学哲学文学学部复新创刊一《支那学杂志》,为专研各国学术思想之作品。日本学者于东方文化之研究,勤勤恳恳若此!吾国人对之,其亦有愧色否耶?

注八十六　国人之真能洞见东方文化之优点,而又不惮为亲切之说明者,以余寡陋所知,实居最少数,惟梁任公先生则尝忠实从事于此。其最近著论(见第四节本文所引),余尤倾佩。惟其论文中有谓吾民族不免视社会与政治歧而为二之语,所见与余适得其反。细阅前节之七四、七五、七六一合注自知。

注八十七　此则梁漱冥君已概乎其言之(见《唯识述义》前数页所引《近人诸识之批评》)。又余所见如刘叔雅君之《怎样叫做中西学术之沟通》一文(《新中国》一卷六期),谓当以比较的研究,求两系文明的化合,立论绝佳。然细按其通篇本旨,仍一鄙视东方文化之著作。惟本志伧父君前曾有《静的文明与动的文明》一文,论中国之静的文明之特长,尚为忠允核实之论。然余以为单从动静方面观察东西文明之总体,总嫌未尽惬当。西方文化,吾不敢知。东方文化,如余之所论,则又何尝为静止的也耶?

注八十八　近人治吾国学而能用科学方法,或近于得科学旨趣而条理井然者,以余寡学所知,如黄建中之《中国哲学上宇宙论》、《原知》,陈钟凡之《老庄学说略》,朱谦之《周秦诸子学统述》,高元之《辨学古遗》,谢无量之《老子哲学》以及张尔田之《史微》、陈启彤之《群道解科》等,皆其成绩之最著者。胡适之教授有《清代汉学家的科学方法论》一文,可见吾古人善治学者,亦未始不由此。

注八十九、九十一、九十五　此关于社会组织与生活一问题,于东方文化前途之影响,实为至巨。今人能洞瞩及此者,以余之陋,殆仅见有梁漱冥君一人,观其《东西文化及哲学》导言中言之至为警心怵目可知。余别有文论之,非兹所能详已。(此可与本文第三节暨第五节之七四等一合注参看,当亦可稍得其中窔奥矣。)

注九十　昔闻友人告余,谓日本之笃信阳明学者,至镌一阳明先生之木像,佩之于身,虽赴友家,亦必先取木像置之案端,向其稽首,然后敢坐,与友寒暄云云。窃谓此种仪式,虽觉过重,然吾人笃信一说,须以宗教精神(宗教精神与宗教乃二物，近人已言之）出之，而后能期以贯彻，则固吾人所应取法者也。

注九十二　此事余别有具体办法，兹不具述。

注九十三、九十四　余非讲求西方文化之人，于西方文化全体，不敢谓有所得。姑较言之，觉西方文化之特长，实有最要者三点：（一）科学之方法与其精神。（二）物质文明。（三）社会组织力。此三者，又实以科学精神一物贯之。盖物质文明乃科学精神自然产生之副带品，而社会组织力之精而且强，则亦人人头脑富于科学精神之所致。我国先民自来于求真（智识）一方面，与西洋人绝异（本文第二节注中已提出之），故最缺乏此科学精神。从其正面论，则吾之此种求真方法，善于直契究极原理（宇宙本体）。从其反面论，则吾此种思想之方式，极易流于笼统颟顸。昔余亡友黄君远生曾力攻之（远生有《国人之公毒》一文，即力斥国人思想笼统之病。曾载《东方》某号，惜远生所见仅此种思理之坏的一方面耳）。今补救之道，惟有求之于科学精神，故此实吾民族所应虚心完全采纳者。至于物质文明与社会组织，亦当为有条件的容受。必有科学方法以瀹吾学，物质文明以厚吾生，社会组织以缮吾群，而后东方文化之原理乃得附丽于此种方式与其体制以尽其用。所谓吸收西方文化之精英以为文化之交换者，道在是耳。

注九十六　此则胡适之教授亦抱此理想，谓当合东西两大支哲学而产生一世界哲学，见其所著《哲学史大纲》第五页。

注九十七　曩者蔡孑民先生于《旅欧杂志》著有《文明之消化》一文，有曰："人类之消化作用，不惟在物质界，亦在精神界。一人然，一民族亦然。（中略）欧洲文明以学术为中坚，而附属品之不可消化者，亦随而多歧……向使吾侪见彼此习俗之殊异，而不能推见其共通之公理，震新旧思想之冲突，而不能预为根本之调和，则臭味差池即使强饮强食，其亦将出而哇之耳。"此诚今日以介绍西方思潮自任者之准绳也。

注九十八　《民铎》一卷六号田汉君《俄国文学思潮之一瞥》一文中亦引有此语。

注九十九　此日人演说语。忆曾见日本某杂志，仓猝无从查检。惟日人此种夸大心，试观本节八六所引诸家之说，亦可知其大凡矣。

九　陈启天《中国古代名学论略》

一　中国古代名学的地位

中国古代有所谓“名家”，无所谓“名学”。名学这个名词，不过近人用以译西洋的 Logic 之后，才通用于学术界。初学者流，以为 Logic 是西洋的特产品，中国实绝无其学。稍进者则谓东洋也有，即如印度的“因明”，虽不能与西洋近代的 Logic 相比，至少也可以敌西洋古代的 Logic。于是有些名学家，插入因明，与西洋论理学相提并论。见解比从前自高一筹了，却于此外很少论及中国名学的，未免是一个大缺陷。

今欲说明中国古代名学的重要，当先研究中国古代名学的地位如何。

一、中国古代名学在世界名学上的地位——世界名学，可照世界学术的分野，划为三大派：

A. 西洋名学——即 Logic，又译为“逻辑”或论理学。始于 Aristotle，著有 *Organon* 一书，多讲形式论（formal logic），为西洋古代逻辑的经典。到 Bacon，乃反对 Aristotle 的说法，著 *Novum Organum*① 一书，提倡归纳法（induction）。更经 Mill 的发挥光大，而西洋近代逻辑乃完全成功。他的 *A System of*

① Novum Organum，原作“Novamorganon”，按或当作 Novum Organon，今改作通行拼法。

Logic，可算个代表的著作。到现在杜威(Dewey①)极力推尊试验(experiment)，因有试验论理学(experimental logic)的徽号。他的 *How We Think* 一书，就是这派代表的著作。这是西洋名学的小史，也就是世界名学的一部。

B. 印度名学——印度名学，叫做因明。始于足目，号古因明；到陈那，著《正理门论》，大为改革前说，号新因明。自此至今，在印度无大改进。这又是世界名学小史的三分之一。

C. 中国名学——中国名学的变迁，可分三大时期：a. 固有名学时期——断自秦汉以前。不但古代所谓名家有一种名学，即儒家、道家、法家也各有一种名学，尤以墨家为较完备。关于名学的理论，多散见于诸子百家之书，如《论语》、《中庸》、《大学》，《庄子》的《齐物论》、《天下》篇、《尹文子》、《公孙龙子》，《荀子》的《正名》和《解蔽》两篇以及《墨子》等，尤以《墨子》中的《经上》、《经下》、《经说上》、《经说下》、《大取》、《小取》六篇较详细而有西洋科学方法的色彩。b. 印度名学输入时期——自汉唐到明，因佛学输入日广，而因明也次第输入，为治佛学者所必知。其较有系统的著作，只有唐玄奘法师译的《因明入正理论》，复经窥基注疏，乃更为完备。印度名学得有光明于今日的缘故，赖此而已。c. 西洋名学输入时期——从明末到今。明末，李之藻译《名理探》，为西洋名学输入中国之始。自后译者渐多，其最著名而又可代表西洋名学精华的，要算严复译的《穆勒名学》和《名学浅说》二书。次为王星拱编的《科学方法论》和刘伯明译的《思维术》。科学社的《科学通论》虽为杂集，也可窥见西洋近代论理学的一斑。至于从日文中重译过来的，多不出《穆勒名学》和《名学浅说》二书的范围，而且多属形式论理，不足指数。必欲举一二部充数，以我所见，就要算胡茂如所译日人大西祝的《论理学》和

---

① 杜威，本文或拼作 Deway，或拼作 Dewey，今按下文统改作“Dewey”。

张子和杂辑日籍所成的《新论理学》二书而已。其他坊间关于名学的教科书，更简陋不足道了。这是中国名学的小史。除印度因明在中国稍有光大，而且在一部分思想界稍生影响外，西洋逻辑还完全只有翻译，无所发明，在学术思想上的实际影响也甚微弱。质而言之：尚未成中国的名学，可以在我们脑筋中发生极大的化学作用。所以论到中国名学的精华，还在古代。我们欲完成世界名学的大观，合西洋名学、印度名学、中国名学于一炉而冶之，就要知中国古代名学的概要，和在世界名学上的地位。

二、中国古代名学在中国学术上的地位——世界名学有三大派别，而学术也因此产生三大派别，即中国学术、西洋学术、印度学术。中国名学是中国学术的工具，有中国的名学，才产生中国的学术。西洋名学是西洋学术的工具，有西洋的名学，才产生西洋的学术。印度名学是印度学术的工具，有印度的名学，才产生印度的学术。中国系的学术，不发源于西洋和印度，西洋系的学术，不发源于中国和印度，印度系的学术，不发源于中国和西洋，他们的最大最要的原因，就在各系都各有一种特别的名学和方法。所以我们要研究西洋学术的精神，不可不先知西洋学术的方法。要研究西洋学术的进化，不可不先知西洋名学的进化。要研究印度学术的精神，不可不先知印度学术的方法。要研究印度学术的变迁，不可不先知印度名学的变迁。要研究中国学术的精神何以不能如西洋学术的正确进取、印度学术的精深度大，也不可不先知中国学术的特别方法和名学的变迁了！

不但欲明世界学术的异同须明各派的名学和特殊方法，就是欲明中国学术中的各派异同，也非明各派的名学和特殊方法不可。儒家何以不同于道家？墨家何以不同于儒家？所谓“孔老之争”、“儒墨之辩”，其最大的原因，又在何处呢？简单说来，多由各家的方法不同、名学殊异。所以欲知中国学术的支分派别，也不可不知支分派别的方法。老子和杨子的“无名”，孔子和荀子以及法家的“正名”，墨子的“实用”，庄子的“齐论”（庄子的齐物论有二义，一为齐物，二为齐论），皆各家名学的根本观念。不明这种根本观念，也就无由知他们的真正异同了！

中国学术，多发源于古代。古代学术，又以古代名学占重要的地位。一来是古代学术的一部分，二来是中国学术的根本方法，即 Bacon 所谓"诸学之学"。所以我们真欲整理国故，使古代学术复明于今日，则研究古代名学，实为先务之急。

二　中国古代名学的派别

我国分别学派的标准，有用"家"的，如所谓道家、法家、名家，有用"人"做单位的，如孟子、荀子同家而分别叙述，老子、庄子同家而各别讨论。胡适的《中国哲学史大纲》即多用后法。我今说到中国自古代名学的派别，如用"家"做标准，则学说不免有所出入，法家的名学多同于儒家、庄子的名学不同于道家的老子就是实例。如用"人"做单位，又不免支离，不易得中国名学的要旨，而且也太词费。所以我今以学说的异同做分派的标准，不袭"九流"之说，也不必人各一篇，只要学说大体相同，就合成一派研究。如不相同，虽昔人叫做一家，也必分别讨论。综其大略，约有五流如下：

一[①]无名学派——老子发其端，杨朱继倡其说，以时代论，无名学说发生最先，故为古代名学第一派。他的要旨，可分二端，略述于下：

A. 无名主义——老子最先主张无名，他的理由大概有二，他说：

名可名，非常名。无名，天地之始。有名，万物之母。……此两者同出而异名，同谓之玄。玄之又玄，众妙之门。

① 下文将学派分标为 B、C、D、E，因文中所用英文字母甚多，为免误解，按此条例将后所列学派分标为二、三、四、五。

他既说常名无名，而有名之后，又常同出异名，自必至于失“道”，所以不如复归“无名”之始，而可入于“众妙之门”。这是老子开宗明义的第一义，也就是他主张无名主义的第一个理由。且有名了，最易引起人去争名好名。老子曾为周室柱史，历观前代争名和好名的事实自多，又见当日周室衰微，名守俱乱。他是一个学术的大革命家，富有反抗的精神，更不得不主张无名，使世俗无所藉口，两相争执，与孔子的正名同一用意，不过孔子是用的积极方法，老子是用的消极方法罢了。所以他说：

> 名与身孰亲？……甚爱必大费，多藏必厚亡……
>
> 大辩若讷……圣人不行而知，不见而名。

这是他主张无名的第二个理由。到了杨子，更说得显明。他说：

> 实无名，名无实。名者，伪而已矣！

他以“名”为人造的东西，与“实”不相干。所以他又说：“不矜贵，何羡名？”“安上不由于忠，而忠名灭焉；利物不由于义，而义名绝名焉。”“实者，固非名之所与也。”照这样说来，所谓名者，已由名物的名，变为名位的名了。他恶名位，而主张无名，与孔子欲赖正名以定分的适相反对。或者杨子即以孔子主张正名过度，而毫不顾实际，遂有此反动，与老子默合了。

B. 观物法——老子虽然一面主张无名，却一面又指出观物法。其意或者即在名可无而物不可不观。西洋论理学原有二大派别：一为注重正名的，即为 Aristotle 的形式论理学。二为注重观物的，即为 Bacon 的归纳的论理学。老子的名学，即偏重观物学。他说：

> 道之为物，惟恍惟惚。恍兮惚兮，其中有象；惚兮恍兮，其中有物。窈兮冥兮，其中有精。其精甚真，其中有信。自古及今，其名不去，以阅众甫。

所谓“物”、“象”、“精”、“真”、“信”，即事物、现象、真理。“阅众甫”，即观察万物，与西洋逻辑注重事实与观察的有些相同。他还指出两种观物法，很有研究的价值。他说：

无名，天地之始；有名，万物之母。故常无欲，以观其妙；常有欲，以观其徼。

无欲以观物，是一种客观法。有欲以观物，是一种主观法。前法要人除去个人的利害观念以观察物的变化，那么就可知物的“妙”，“妙”就是物的真相。后法任人挟着主观的利害观念观物的结局对于人怎样，所以不免于“徼”，“徼”，有偏蔽的意思。比如看见一老虎，我们就说他是个孽畜，这全是从老虎对于人的利害关系上着想，所以不免把老虎的真相变了。其实老虎与耕牛同生宇宙间，离开个人主观的欲心，完全平等，无所谓孰善孰恶。不过人类容易以有欲观物，不易以无欲观物，所以所谓是非善恶，有许多是人的，不是物的，是主观的，不是客观的。老子即欲人由主观法到客观法的，所以他说：

不见可欲，使民心不乱。是以圣人之治，虚其心，实其腹，弱其志，强其骨，常使民无知无欲。

无名主义，应用于哲学，就成老子所描写的无名朴①之道而任其自化。应用于人事，就成了杨子的逸乐主义，恐易于流于放纵，不顾社会了！晋世清谈之士，多不讲行检的，就由受了无名主义的流毒。

无欲观物法的应用，就成了老子所说“以身观身，以家观家，以乡观乡，以国观国，以天下观天下。吾何以知天下然哉？以此”。质而言之，不得以私心害事就是了。

二②正名学派——正名主义发端于孔子，荀子更专论其说，而法家则窃取这种主义，应用于政法，为中国两千多年来大多数人的主要观念。其起源大概有两种理由：一对于老子无名学说的反动。二对

① 朴，原作“扑”，据《老子》改。
② 二，原作“B”。

于纷乱的时局，藉正名以救济。我们考察孔子与子路为出公辄不认其父蒯聩，而称祖父灵公为父的问答，就可见孔子主张“正名”的作用。他们的问答是：

> 子路曰：“卫君待子而为政，子将奚先？”子曰：“必也正名乎！”子路曰：“有是哉？子之迂也！奚其正！”子曰：“野哉，由也！君子于其所不知，盖阙如也。名不正，则言不顺；言不顺，则事不成；事不成，则礼乐不兴；礼乐不兴，则刑罚不中；刑罚不中，则民无所措手足。故君子名之必可言也，言之必可行也，君子于其言，无所苟而已。”

这个学派要旨，可分为三：a. 正名主义——孔子的正名说，很为简单，到荀子兼取墨家之说，论列较为明备。他见当时有惑于用名以乱实的，所以他阐明所谓有名的缘故，说：“故知者为之分别，制名以指实，上以明贵贱，下以辨异同。如是，则志无不喻之患，事无困废之祸。”见有惑于用实以乱名的，所以他发明何缘而有异同，说：“缘天官。凡同类同情者，其天官之意物也同。……形体色理以目异，声音清浊调竽奇声以耳异，甘苦咸淡辛酸奇味以口异，香臭芬郁腥臊洒酸奇臭以鼻异，疾养沧热滑铍轻重以体形异……五官簿之而不知，心征之而无说，则人莫不谓之不知。”这是推论论理的异同与心理生理的关系了。见有惑于用名以乱实的，所以他发明制名的概要。他说：“同则同之，异则异之。单足以喻，则单。单不足以喻，则兼。单与兼无所相避，则共。虽共，不为害矣。知异实者之异名也，故使异实莫不异名也，不可乱也。犹使同实者莫不同名也。”同实同名，异实异名，这本是名学中的要义。惜乎荀子未尝说出如何同则同之，异则异之，所以终不能在实际上去应用。他还知名学上所谓“名词”、“命题”、“推论”的分别。他说：“名也者，所以期累实也。辞也者，兼异实之名以论一意也。辩说也者，不异实名以喻动静之道也。”名，就是名词，所以代表事物的。辞，是命题，所以集合名词以发表意思的。辩，是推论，所以合多数命题以推出事理的。所用名词，应名实相符，才易得真相。不然，就多陷于西洋逻辑所谓不尽物的谬误了。b. 格物主义——孔子系《易》曾说："古者庖牺氏之王天下也，仰则观象于天，俯则观法于地，观鸟兽之文与地之宜，近取诸身，远取诸物，于是始画八卦，以通神明之德，以类万物之情。"这种用观察以类万物之情的方法，是中国最古的格物方法。古人为学次第，见于《大学》的，莫要于格物，《大学》上说："古之欲明明德于天下者，先治其国。欲治其国者，先齐其家。欲齐其家者，先修其身。欲修其身者，先正其心。欲正其心者，先诚其意。欲诚其意者，先致其知。致知在格物。"接着又说："物格而后知至，知至而后意诚……"从此可见"格物"对于正心、诚意、致知的重要了。可惜关于致知、格物的解说，独阙而不知其要。他书也未见详论在实际上应如何致知、如何格物。所以虽有格物之说，而不能发生物的学问——指西洋自然科学。到朱子注释略为完备，却也未明言致知格物的具体方法，足以产生物的学问。朱子说："致，推极也；知，犹识也。推极吾之知识，欲其所知无不尽也。格，至也；物，犹事也。穷至事物之理，欲其极处，无不到也。"解致知有综合法的意思，格物有分析法的意思。至如何综合，如何分析，则未明言。所以虽有抽象的理论，不能生实际的影响。他接着又说："所谓致知在格物者，言欲致吾之知，在即物而穷其理也。……是以大学始教，必使学者即凡天下之物，莫不因其已知之理而益穷之，以求至乎其极。至于用力之久，而一旦豁然贯通焉，则众物之表里精粗无不到，而吾心之全体大用无不明矣。此谓物格，此谓知之至也。"所谓"致吾之知，在即物而穷其理"和"即凡天下之物，莫不因其已知之理而益穷之，以求至乎其极"，笼统说来，本与西洋归纳法的原理相契合。然如何即物穷理，又如何即凡天下之物，莫不因其已知之理而益穷之，以求至乎其极，却未曾明示我们，如西洋论理学的观察法、试验法以便应用，所以竟成空话而已。或者朱子不过要补缀传文，而有此想象罢了。在他自己也未能时常真正即物穷理，何况后人呢！ c. 求诚的方法——子思发明求诚的方法约有五种，如下："博学之。审问之。思之。明辨之。笃行之。"这是说明我们思想的步骤应始于博学，终于笃行，与 Dewey 分思想进行的次第为疑难、观察、假设、演绎、证实五段有点相像的，不过子思重在修德，Dewey 重在论理而已。所以子思接着又说："能尽人之性，则能尽物之性。能尽物之性，则可以参天地之化育。"这个学派，虽有上说三种主义，然名学上最重要的格物主义，在孔子自身未尝实际应用，而求诚的方法，又多偏修德一方面，无大影响于论理。其最有影响于思想与事实的，只有正名主义，所以把正名主义代表这个学派。正名主义应用于伦理，就成了"名教主义"，《春秋》就是孔子的名教的经典。孟子说"孔子作《春秋》而乱臣贼子惧"，庄子说"《春秋》以道名分"，就可见名教经典的内容和势力了。这种名教主义的理想，就在使伦理与政治合一，而以名分为其中心。所以孔子说："为政以德。""政者，正也；子率以正，孰敢不正！""君君臣臣，父父子子。"法家应用正名主义于法律，就成了"刑名主义"。尹子说："名实判为两，合为一。是非随名实，赏罚随是非。"这可见法家的彩色与孔子相同了。

三①实用学派——墨子是实用学派的鼻祖。他的主义，对于孔子的正名主义是个反动。《墨子·耕柱》篇有一段说：

> 叶公子高问政于仲尼，曰："善为政者若之何?"仲尼对曰："善为政者，远者近之，而旧者新之。"子墨子闻之曰："叶公子高未得其问也，仲尼亦未得其所以对也。叶公子高岂不知善为政者之远者近之而旧者新之哉！问所以为之，若之何也?"

墨子又说：

> 言足以迁行者常之，不足以迁行者勿常。不足以迁行而常之，是荡口也。

---

① 三，原作"C"。

这主张近于西洋现代实验主义(pragmatism),以实际的功用定事物的价值,与儒家的"正其谊,不谋其利;明其道,不计其功"的学说完全不同。

墨家实用主义要旨,可分二项:a. 三表——三表是墨子立言的方法,所以又叫"三法"。墨子说:"必立仪。言而毋仪,譬犹运钧之上而言朝夕者也,是非利害之辨,不可得而明知也。故言必有三表。何谓三表?……有本之者,有原之者,有用之者。于何本之?上本之于古者圣王之事。于何原之?下原察百姓目名之实。于何用之?发以为政刑,观其中国家百姓人民之利。"这种考察事实的利害以定立言行事的标准,是墨子的根本观念,与孔子藉正名以定分的方法相去不知多远了。b. 辩经——《经说》上下等六篇,向叫做《墨辩》或《墨经》,我以为不如叫做"辩经",直捷了当。因为《墨经》是墨家所用为辩论的经典,犹之 Aristotle 的连珠律令——即三段论法的规则,为讲形式论理学的不可不遵守。《辩经》就是墨家的一种辩学而已。辩经的根本原理,只在一个"类"字。根本的方法,只在"以类取,以类予"。什么叫做"类"?《经上》说:"重体合,类。……二体不合,不类。"这是说两个事件有相同的,就是类,不然,就不类了。《经说上》解说:"合同也,有以同,类同也。……不合也,不有同,不类也。"由这看来,所谓类与不类,就是异同的问题了。相同,就是"类",不相同,就是"不类"。《经下》说:"止类以行,说在同。"更可证明。然则又怎样知道什么是同,怎样是异呢?《经上》说:"同异,而俱于之一也,异同交得知有无。"这是说我们辩异同,而论点要同一,才知类与不类。同类与异类都知道了,方可断定哪有哪无的是非。胡适的《中国哲学史大纲》点读"同异,而俱于之一也"为"同,异而俱于之一也",而又自加"异"的界说,不但截断前半句与后半句的关系,也未免太牵强了。《大取》篇又发明类与辞的关系,说:"夫辞以类行者也,立辞而不明其类,则必困矣!"

墨家立辞明类的方法有二:a. 以类取的方法——这是说我们要

推论一个道理,所取的事实,必出于同类。比如说:“凡人有必死;泰山上有森林。”后者非从前者取出、相与同类,所以不能下什么断定,那就“困”了。如接说:“孔子是个人。”孔子是从人类取出来的,所以可将一个“孔子必死”的结论。怎样以类取呢?《小取》篇说:“以名举实,以辞抒意,以说出故。”什么叫做“以名举实”?《经说上》说:“所以谓,名也;所谓,实也。”胡适《中国哲学史大纲》解“名”为表词predicate,“实”为主词subject,完全错了。所谓以名举实,就是用名词代表事实。名为名词,所以代表事实的,故说“所以谓”。实是事实,即是所辨别的,故说“所谓”。《经说上》说:“名实耦,合也。”就是说名词与事实相配,那就对了。也就是荀子要闻名而实喻的意思。《经说上》又说:“命之马,类也。若实也者,必以是名也。命之藏,私也。是名也,止于是实也。”这是说类名,兼指一类之实;私名,则只指某事某物某人之实。果如胡适所说,将无以解此了。Aristotle的形式论理学,首辨名词的涵义,与墨家名足以举实及名实合为一有点相同。所以演绎法的次第,不可不以此为先务。什么叫做“以辞抒意”?辞是命题,有了举实的名,然后可合名成辞以抒意,即离合名词以成一意。什么叫做“以说出故”呢?《经上》说:“说,所以明也。”有了抒意的辞,自不得不有一种说明的理由。所以说“以说出故”。“说”与印度名学的“因”及西洋名学的“大前提”是同一的作用。说所出的“故”,就是因,是通例。在演绎推理没有通例,就不能成立。故《经上》说:“故所得而后成也。”故有二种,《经说上》说:“故,小故有之不必然,无之必不然……大故有之必无不然。”(原文只一然字,按文意疑[①]一不字,故补。)这是说因有主助,例有大小,推论最可靠的理由,自是主因与大例了。这种以类取的方法,很近于西洋的演绎法,不过不拘于三段的形式而已。b. 以类予的方法——《小取》篇说:“援也者,子然我奚独不然也。推也者,以其所不取之同,于其所取者予之

① 按:下似当有一“脱”字。

也。”“援”，就是类推。援例相推，以彼论此，本是常法。然其结论只是或然，不是必然，所以《小取》篇接着又说：“有所以然也同，其所以然也不必同。”所谓所以然也不必同，就是果同因不必同。反过来说，即是因异，果不必异。这是因果律中所宜知的，不然，就易陷于谬误了。“推”，就是真正的归纳推理。“以其所不取之同，于其所取者予之也”的意思，就是以少数的事理归到同类的多数事实。不过观察事实的方面不同，其结论也不易正确，所以《小取》篇又接着说：“其取之也同，其所以取之也不必同……夫物或乃是而然，或是而不然，或一害而一不害，或一是而一不是也，不可常用也。故言多方，殊类，异故，则不可偏观也。”因物多方、殊类、异故，不但要观察，还要观察的范围不可过狭，几与西洋归纳之首重观察相同了。

从上看来，墨家的名学，简直可与 Aristotle 的 *Organon* 及陈那的《因明正理门论》相比拟，而同为世界名学最古而又有条理的著作。墨子应用他的三表法，非儒、非攻、非命，主张兼爱、节用、节葬，甚至非乐，而成中国古代最有价值的一个学派。至于别墨的《辩经》，则久成绝学，不能完全句读，只为当时诡辩学派增一工具而已。可惜！

四[1]齐论学派——齐论学派，只有庄子一个人。他的主张，全为对于杨墨、儒墨之争的反动。《骈拇》篇说：“骈于辩者累瓦、结绳、窜句，游于坚白异同之间，而敝跬誉无用之言非乎？而杨、墨是已。”《齐物论》说：“道恶乎隐而有真伪？言恶乎隐而有是非？道恶乎往而不存？言恶乎存而不可？道隐于小成，言隐于荣华。故有儒墨之是非，以是其所非，而非其所是。”这两段话，可见庄子主张齐论的动机了。

庄子见儒墨更相是非，更想到认识论的问题。他极端怀疑人智，以为不但“人生也有涯而知也无涯，以有涯随无涯，殆已”，更用吊诡之辞推及人智一无所知，也不能有所知，所以《齐物论》上说：

啮缺问乎王倪曰：“子知物之所同是乎？”曰：“恶乎知之？”

① 四，原作“D”。

> “子知子之所不知耶?”曰:“恶乎知之?”“然则物无知耶?”曰:“吾恶乎知之?虽然,尝试言之:庸讵知吾所谓知之非不知耶?庸讵知吾所谓不知之非知耶?……自我观之,仁义之端,是非之涂,樊然淆乱,吾恶能知其端?”

“彼亦一是非,此亦一是非”,以辩论正辩论,自有恶知其端的困难。而庄子不能于事实上加以辨正,只趋于反动,否认人智,所以不能使思想发生良好的影响。

庄子阐明争辩的起原约有三端:a. 由于成心——《齐物论》说:“夫随其成心而师之,谁独且无师乎,奚必知代而心自取者有之,愚者与有焉。未成乎心而有是非,是今日适越而昔至也。是以无有为有。无有为有,虽有神禹,且不能知,吾独且奈何哉!”这攻击师心好辩,何等痛快淋漓!b. 由于感情——《齐物论》说:“劳神明为一而不知其同也,谓之朝三。何谓朝三?曰:狙公赋芧,曰:‘朝三而莫四。’众狙皆怒。曰:‘然则朝四而莫三。’众狙皆悦。名实未亏而喜怒为用,因是也。”这形容感情影响于论理的势力,又何等的切当!c. 由于偏成——《齐物论》说:“辩也者,有不见也。”又曰:“物无非彼,物无非是。自彼则不见,自知则知之。”“道隐于小成,言隐于荣华。故有儒墨之是非,以是其所非,而非其所是。”这都说辩起于知识的浅薄,和文字的含糊。

总而言之,庄子以辩多起于心理的原因而非事理的实际,故辩论终无已时。所以他说:

> 既使我与若辩矣,若我胜,我不若胜,若果是也,我果非也耶?我胜若,若不吾胜,我果是也,而果非也耶?其或是也,其或非也耶?其俱是也,其俱非也耶?我与若不能相知也。则人固受其黮闇,吾谁使正之?使同乎若者正之,既与若同矣,恶能正之?使同乎我者正之,既同乎我矣,恶能正之?使异乎我与若者正之,既异乎我与若矣,恶能正之?使同乎我与若者正之,既同乎我与若矣,

恶能正之？然则我与若俱不能相知也，而待彼也耶？

庄子见“彼亦一是非，此亦一是非。……是，其一无穷也。非，亦一无穷也”，而以两法止辩。a. 两行法——庄子说：“圣人和之以是非而休乎天钧，是谓之两行。”郭注：“两行，为任天下之是非。”是非两行，争辩自少，而且所谓是非，多因见地不同，故说：“劳神明为一而不知其同也。”物有多方，或从甲方去观，或从乙方去观，争辩即由此起。若通观全体，则或是或非，或俱是，或俱非，据庄子的思想，只好任其两行而已。故说：“是不是，然不然。是若果是也，则是之异乎不是也亦无辩。然若果然也，则然之异乎不然也亦无辩。”b. 以明法——庄子说：“欲是其所非而非其所是，则莫若以明。”郭象解“以明”为反覆相明，即是用是非两说反覆相明，可以知所是的不必全是，所非的不必全非，而反对的论调，也有相为订正的价值，不必拘于一隅，好同恶异了。

以上为庄子齐论的大旨。他应用于哲学而成齐物之说，达观一切。应用于处世，成了“彼且为婴儿，亦与之为婴儿；彼且为无町畦，亦与之为无町畦；彼且为无涯，亦与之为无涯，达之入于无疵”的人。好的，不过是一个不谴是非的名士。不好的，就成了同流合污的乡愿了。

五①诡辩学派——诡辩学派，多用辩经的方法而昌言道家的理论，自成一派，与墨家以实用为主旨的绝不相同。其好辩又近乎纵横家。庄子《天下》篇说：

> 相里勤之弟子，五侯之徒，南方之墨者，苦获、已齿、邓陵子之属，俱诵《墨经》而倍谲不同，相谓别墨。以坚白同异之辩相訾，以觭偶不仵之辞相应。以巨子为圣人，皆愿为之尸，冀得为其后世，到今不决。

① 五，原作“E”。

这可见诡辩学派与《墨经》的关系。不过属于这派的，不止所谓别墨而已。上到邓析，下到惠施、桓团、公孙龙，辩者之徒，亦均属之。据庄子的说法，可把这派的要旨分为二：a. 奇辞的诡辩——即以觭偶不仵之辞相应者。这种辩论，要以邓析为鼻祖。《吕氏春秋》说："洧水甚大，郑之富人有溺者，人得其死者，富人请赎之。其人求金甚多。以告邓析，邓析曰：'安之，人必莫之赎矣！'得死者患之，以告邓析。邓析又答之曰：'安之，此必无所更买矣！"这即是列子所说邓析操两可之说、设无穷之辞的例子。诡辩家正如此耳。《庄子·天下》篇说："惠施以此为大观于天下而晓辩者。天下之辩者，相与乐之……辩者以此与惠施相应。桓团、公孙龙，辩者之徒，饰人之心，易人之意，能胜人之口，不能服人之心。"这可见惠施、公孙龙等乐为奇辞的诡辩，不过又参有哲理而已。荀子说："今圣王没，名守慢，奇辞起，名实乱，是非之形不明，则虽守法之吏，诵数之儒亦皆乱。"即是攻击奇辞的流弊。b. 推理的诡辩——惠施历物之意，偏为万物说，和公孙龙白马非马等说，多含有哲理的问题，大要不外乎庄子齐物之旨，加以引申，而又益之以辩辞而已。《庄子·德充符》说："自其异者视之，肝胆，楚越也。自其同者视之，万物皆一也。"《秋水》篇说："以功观之，因其所有而异之，则万物莫不有；因其所无而无之，则万物莫不无。知东西之相反，而不可以相无，则功分定矣。"可与惠施等的"大同而与小同异，此之谓小同异"，"万物毕同毕异，此之谓之大同异"，以及白马非马等说相印证。不过这种哲理不易为通俗所了解，所以能胜人之口而不能服人之心。《庄子·天下》篇又说："惠施……以反人为实，而欲以胜人为名，是以与众不适也。"就可以见诡辩学派的流弊了。公孙龙见黜于平原君，即由他"烦文以相假，饰词以相悖，巧譬以相移，引人声使不得其意"。质而言之，诡辩学派只重在诡辩，不重求真理，与希腊诡辩学派相近，结果只足以乱是非而已。荀子作《正名》篇极力攻击，正与 Aristotle 作 *Organon* 以正希腊诡辩学派之失同意。

三　中国古代名学的批评

中国古代名学，直接为古代学术思想的根本方法，而间接又影响于后代的一切学术思想。所以要明从古代到现代中国学术思想的变迁和结果，不可不于叙述古代名学派别之后，略加批评，使我们知道中国学术思想不振之源究在何处，与西洋学术思想的方法根本不同的，又在何处，我们以后要改进中国学术思想，又应先从何处着手才易收效，这都是我要略略批评，不辞浅陋的用意。当世明达，对于我的批评，更加批评，使学术思想可以从此根本改造，那就更好。

中国古代名学可批评之点约有四：

A. 重人事不重自然——无论何派名学，多重人事，不重自然。孔子揭着正名主义，不过用为伦理的中心观念。而老庄等绝圣弃智，更未曾多论自然（自然即英文的 nature，与老庄所谓任天的自然不同）。墨子虽提倡“实用”，略略近于西洋的 pragmatism，也多应用于人事一方面。到别墨的《辩经》，虽偶涉论数理质力之说，也无何种系统可寻。所以可以武断说一句“古代名学全应用于人事，未尝应用于自然，而中国学问，亦自只有社会科学，而无自然科学”了。西洋论理学祖 Aristotle，应用他的方法于哲学，又应用于物理学、生物学，发端既不同，结果自与中国相异。

B. 重玄理不重事实——老庄的学说，偏重玄理，自不待说。惠施、公孙龙的辩论，也多属玄理。玄理而不与事实相印证，则自易玄之又玄，莫明其妙了。即孔、墨本多实际的彩色，而一则偏重伦理，一则偏重应用，也少应用各人的方法，从事实上为学问而研究学问。单从科学上着想，比之 Aristotle，殊有愧色。原来科学的基础，建立于事实之上，离开事实去讲玄理，自无发生的希望。

C. 重辩论不重实验——诡辩学派以诡辩见称于当时，注重辩论，自不待说。其余各家明是非、别异同的惟一方法，也多在辩论。虽墨子注重实用，为古代名学的异彩，而苦获、已齿、邓陵氏之属，竟变成那“以坚白异同之辞相訾，以觭偶不仵之辞相应”的诡辩家，与墨子的根本方法完全不同了。以辩论定是非，而绝不实验，自然是“彼亦一是非，此亦一是非”与“是亦一无穷，非亦一无穷”无决定。所以有孔老之辩、儒墨之辩、杨墨之辩，至今不决。庄子主张齐论息争，即由于此。不过他不能发明实验方法以止辩论，为时代和历史所限，未免可惜。西洋自 Bacon 提倡实验，而科学乃大放光明。由此知中国无科学的根本原因了。

D. 重达观不重分析——庄子以齐论法止儒墨之辩，似可奏效一时，然其达观方法，实贻害于学术思想界不浅。科学起于分析事实，今既达观一切不别异同，则真正的科学自无由产生。从好一面说，叫做达观。从坏一面说，就成含浑笼统的思想了。科学上还有一个最重要的观念，就是“类”。苟不明于事物的类，则学问无系统了。西洋自 Aristotle 提出类的观念，至今各种科学，大受其赐，都有条理脉络可寻。而中国虽墨家曾提出类的观念，为《辩经》的根本方法，然未实用于何种科学，故在思想界无大影响。更经庄子蔑视类的分析，说：“今且有言于此，不知其与是类乎？其与是不类乎？类与不类，相与为类，则与彼无以异矣。”于是类的观念，扫地无余。各家著述，亦多无类的观念贯串其间。所以中国古代学术，外似广博，其实杂乱不堪，毫无头绪。这由于方法不注重分析的结果。

总之中国古代学术，多由于各家的方法产生出来。既不重自然的和分析的实验，自无西洋近代的科学了。我们多缺乏“物的观念”和“数的观念”，不喜研究自然科学，也由于薰染古代名学方法太深所致。我们无论整理国故，或是输入欧化，非先改革遗传的古代名学方法，终恐无大望了！

附注　前引胡适《中国哲学史》中误解墨子名实之说，近查他的《墨辩新诂》已更正。

一〇　抗父《最近二十年间中国旧学之进步》

辛酉冬日，《东方杂志》记者属余书中国近日学术情形一篇，将揭诸新年号。此问题固余所亟欲陈述者，岁暮鲜暇，因循未果，新年无事，始得应其请，题曰：《最近二十年间中国旧学之进步》——旧学者，因世俗之名以名之；实则我中国固有之学术也。今人辄谓中国无学术，或谓中国虽有学术，绝无进步，或谓中国学术虽有进步，至今日则几衰息者，皆大谬不然之说也。中国义理之学，与书画诸技术，及群众普通旧学之程度，在今日诚为衰颓，然昔人所谓考证之学，则于最近二十年中，为从古未有之进步。特专门之事，少数个人之业，世人鲜有知之者，而阅杂志之少壮诸君，则知之者尤鲜。然今日专门旧学之进步，实与群众普通旧学之退步为正比例——此奇异之现象，殆遍于世界，不独中国为然。余因此机会，将介绍此进步情形于阅者诸君之前。姑就耳目所及之出版物言之，而出版之书，亦只就其最重者言之，其未发表者，则不可得而记焉。为记述之便，分二科述之：

（甲）古器物古书籍之发见

此二十年中，古器物古书籍出世之最盛时代也。自来学术之兴，无不本于古器古书之发见：有孔壁经传之出，而后有两汉以来古文家之学。有赵宋古器之出，而后有宋以来古文字古器物之学。惟汲冢竹简发见后，未几即遭永嘉之乱，于学术上乃无甚结果耳。百年以来，古物之出，倍蓰于宋时，而近二十年尤为古物出世之黄金时代。数其最大者，则如殷虚之甲骨文字、敦煌及西域诸城之汉晋木简、敦煌千佛洞之六朝唐人所书古籍、内阁大库之宋元刊本并明以后史料。此数者之一，已足敌孔壁汲冢之所出。其余各地所出之三代彝器、汉唐石刻及种种古器物，亦较前此二十年为多。故此二十年中所出之古书古物，谓之绝后则未敢言，谓之空前，则人人所首肯也。今更分别说之：（一）殷商文字，昔人惟于古彝器中见之，然其数颇少。光绪戊戌己亥间，河南安阳县西北五里之小屯，洹水厓岸为水所啮，土人得龟甲牛骨，上有古文字。其地数十亩，洹水三周环之，《史记·项羽本纪》所谓"洹水南，殷虚上"者也。估客携甲骨至京师，为福山王文敏公懿荣所得。庚子秋，文敏殉国难，其所藏悉归丹徒刘铁云氏鹗。而洹水之虚，土人于农隙掘地，岁皆有得，亦归刘氏。光宣间所出，则大半归于上虞罗叔言氏振玉。文敏所藏凡千余片，刘氏所藏三千余片，罗氏所藏二三万片，其余散在诸家者亦当以万计，而驻彰德之某国牧师，所藏亦且近万片。其拓墨影印成书者，有刘氏之《铁云藏龟》十册（光绪壬寅癸卯间印），罗氏之《殷虚书契前编》八卷（甲寅印）、《后编》二卷（丙辰印），《殷虚书契菁华》一卷（甲寅印），《铁云藏龟之余》一卷（同上）。后英人哈同氏复得刘氏所藏之一部八百片，印行《戬寿堂所藏殷虚文字》一卷（丁卯印，大都在《铁云藏龟》之外）。甲骨所刻，皆殷王室所卜祭祀、征伐、行幸、田猎之事，故殷先公先王及土地之名所见甚众。又其文字之数，比彝器尤多且古，故裨益于文字学者尤大。惟事类多同，故文字亦有重复。刘氏所印，未及编类，但取文字精者印之。罗氏则分别部居，去其重复，故其选印者，实所藏二三万片中之精粹也。此殷虚文字，其始发见，虽在二十年以前，然其大半则出于前此十年中。此近时最古且最大之发见也。（二）汉晋木简。此实英印度政府官吏匈牙利人斯坦因博士之所发掘也。博士于光绪壬寅癸卯间，曾游我国新疆天山南路，于和阗之南发掘古寺废址，得唐以前遗物甚夥。复于尼雅河之下流获魏晋间人所书木简，约四十枚。博士所著《于阗之故迹》中曾揭其影本，法国沙畹教授为之笺释。又于丁未戊申间，复游新疆全土及甘肃西部，于敦煌西北长城遗址发掘两汉人所书木简约近千枚，复于尼雅河下流故址，得后汉人所书木简十余枚，于罗布淖尔东北海头故城得魏晋间木简百余枚，皆当时公牍文字及屯戍簿籍。其后日本大谷伯爵光瑞前后所派遣之西域探险队，仅于吐鲁番侧近得魏晋间木简三四枚而已。故木简之发见，殆可谓斯氏一人之功。斯氏戊申年所得之木简，沙畹教授复为之考释，印行成书。罗君复与海宁王静安氏国维重加考订，于甲寅之春，印以行世，为《流沙坠简》三卷、《考释》三卷、《补遗》一卷、《附录》二卷。（三）敦煌千佛洞石室所藏古写书。石室之开，盖在光绪己亥庚子之际，然至光绪季年，尚未大显。至戊申岁，斯坦因博士与法国伯希和先后至此，得六朝及隋唐人所写卷子本书各数千卷，及古梵文、古波斯文及突厥、回鹘诸古国文字无算，始为我国人所知。其留在石室者尚近万卷，后取归学部所立之京师图书馆。前后复经盗窃，散归私家者亦数千卷。其中佛典居百之九五。其四部书为我国宋以后所久佚者，经部则有未经天宝改字之《古文尚书孔子传》及陆氏《尚书释文》、麋信《春秋穀梁传解释》、郑氏《论语注》、陆法言《切韵》，史部则有孔衍《春秋后语》、唐时西州沙州诸图经、慧超《往五天竺国传》（以上并伯氏所得），子部则有《老子化胡经》（英法俱有之）、《摩尼教经》（京师图书馆藏一卷，法国一卷，英国亦有残卷，书于佛经之背）、《景教经》（德化李氏藏《志玄安乐经》、《宣元至本经》各一卷，日本富冈氏藏《壹神论》一卷，法国国民图书馆藏《景教三威蒙度赞》一卷），集部则有《玄谣集杂曲子》及唐人通俗诗小说各若干种。（《玄谣集》藏伦敦博物馆，通俗诗及小说英法皆有之，德化李氏亦藏有二种。）而已逸四部书之不重要者及大藏经论尚不在此数。皆宋元以后所未见也。己酉冬月，罗叔言氏即就伯氏所寄之影本，写为《敦煌石室遗书》排印行世。越一年，复印行其影本为《石室秘宝》十五种。又十一年癸巳，复刊行《鸣沙石室逸书》十八种。又五年戊午，刊行《鸣沙石室古籍丛残》三十种及《鸣沙石室佚书续编》四种。又四年辛酉，伯氏复以陆法言《切韵》三种影本寄罗君，未及精印。王静安君先临写一本，石印以行世。故巴黎所藏要书，略皆印行。又京师图书馆所藏《摩尼教经》一卷，罗君亦于辛亥印入《国学丛刊》。其余敦煌佛典及内阁大库书，具在学部图书馆目录。近时所出金石器物，罗君复拟一一为之结集，其书虽仅成一半，然不可谓非空前绝后之一大事业。此二十年中古书古器物之发见及其刊行之大略也。

（乙）新研究之进步

最近研究之事业，亦与古书古器之发见并行，故当承上章所言之三大发见述之：在二十年前，古器物学与古文字学，经潍县陈簠斋氏介祺、吴县吴愙斋氏大澂已渐具眉目。及殷虚文字出，瑞安孙仲容氏诒让即就《铁云藏龟》，考其文字，成《契文举例》二卷（书成于光绪甲辰，越十三年丁巳，罗君得其手稿印行），虽创获无多，而殷虚文字之研究，实自此始。嗣是罗君之《殷商贞卜文字考》（宣统庚戌）、《殷虚书契考释》（甲寅）、《殷虚书契待问编》（丙辰）、王君之《戬寿堂所藏殷虚文字考释》（戊午）先后成书。其于殷人文字，盖已十得五六。又罗君《考释》一书，兼及书契中所见之人地名及制度典礼。王君复纂其业，成《殷卜辞中所见先公先王考续考》及《殷周制度论》各一卷（丁巳），就经传之旧文与新出之史料，为深邃绵密之研究，其于经史二学，裨益尤多。兹举其重要者：商自成汤以前，绝无事实，《史记·殷本纪》惟据《世本》书其世次而已。王君于卜辞中发见王亥、王恒之名，复据《山海经》、《竹书纪年》、《楚辞·天问》、《吕氏春秋》中之古代传说，于荒诞之神话中，求历史之事实。更由甲骨断片中发见上甲以下六代之世系，与《史记》纪表颇殊，真古今所不能梦想者也。又《书序》、《史记》均谓盘庚迁殷，即是宅亳。罗君引古本《竹书》，谓殷为北蒙即今彰德。王君于《三代地理小说》中证成其说，遂无疑义。又王君之《殷周制度论》，从殷之祀典世系以证嫡庶之制始于周之初叶，由是对周之宗法丧服及封子弟尊王室之制，为有系统之说明。其书虽寥寥二十叶，实近世经史二学上第一篇大文字。此皆殷虚文字研究之结果也。至西域汉晋木简之研究，则审释文字，多出罗君，而考证史事，则多出王君。其所发见，如汉时西域两道之分歧、塞上各烽燧之次第、魏晋间葱岭以东之国数及西域长史之治所，均足补史之阙文。而敦煌所出古书之研究，则全出罗君一人之手。其新得之成绩，如高昌麴氏之年号世系、沙州张氏及曹氏之事实，皆前此所未知。此敦煌古简古书研究之结果也。至西域各处所出之古番文，伯希和君于此中发见古代窣利、睹货逻及东波斯三种世所未知之文字。而罗君之子君楚（福苌）亦从俄人所得西夏字书《掌中珠》残本及种种西夏遗文，发明西夏文字之构造及意义。此今日研究之进步，皆与古书古器之发见相关者也。至经史小学，在前三百年中已大进步者，王君复由新材料出发以图解决数千年未决之问题。其最重要者，如《周书》、《洛诰》、《顾命》之新说，鬼方、玁狁之地理，明堂、庙寝之制度，与声音文字上种种之解释，于乾嘉以来纸上之旧学及近时土中之新学问，确得其根本之结合与调和——此惟于最近十年中始得见之。凡此皆与新出之古书古器相关者也。其与此无关而由固有之学派发生者，经部如瑞安孙仲容氏之《周礼正义》（序于光绪二十五年，然印行在后），史部如胶州柯凤孙氏劭忞之《新元史》，其书皆浩大繁博，著手皆在数十年前，而皆出于此二十年中。《孙书》荟萃诸家之说，全用六朝唐人义疏体裁，采择既博，论断亦允。而其所自发明，转不若其所著《籀庼述林》之富。长沙王葵园氏先谦之《汉书补注》、娄县张闻远氏锡恭之《丧服学》，风尚略同。惟宜都杨星吾氏守敬之《水经注疏》，要为开创之学，其精密亦出诸家之上。柯氏《新元史》意在增订旧史，惜未探考异致，其所以增订之意及其所根据之书籍，晦而不明。顾皆竭一生之精力而成，前此二十年中未尝有此大著述也！

由上所论观之，则最近二十年中，我国旧学之进步，求之前古，盖未有如此之亟者。而孙、柯、王、杨诸君，其书出于此二十年中，然其研究实亘于前此数十年。至近旧学之进步，则以罗、王二君为中心。罗君以学者之身，百方搜求新出之材料，而为近百年文化之结集，其研究之功，乃为其保存流通之功所掩。王君以精密之分析力与奇异之综合力，发见旧材料与新材料间之关系，而为中国文化第二步之贡献，遂使群众旧学退步之近二十年中，为从古未有之进步。余故草此篇以谂阅者，使知言中国学术无进步者之谬，并以为二君祝。而罗君之子君楚——即发明西夏文字之读法者，去岁以劬学死，更不能不为中国学术前途致惜也！

一一 江亢虎《中国文化及于西方之影响》

中国本是最古的文明国，但是因为进步迟钝，国势凌夷的原故，有许多西人讥我们为半开化，似乎中国有没有文化，还是未决的问题。并我们本国人震于西方文化的发达，也存着一个谦让未遑的思想。其实中国文化，在世界上很有价值的，并且对于西方的文化，是很有贡献的。西方的文化，可以叫做物质文化、科学文化。你看物质上、科学上的三大发明，不都是中国人的功劳么？所谓科学上三大发明，就是指南针、印刷、火药三种。我在外国的时候，尝想把这三大发明的确实起源和逐渐传播到西方的沿革历史编作一本书，详详细细考据一番。后来因为中国方面参考的材料太不够用，因而中止。现在只就大概来说：（一）指南针。指南针制造的起源，据史书所载，最古是黄帝轩辕氏因征蚩尤而造的指南车。但是和此事有连带关系的，便是因为蚩尤能作大雾，所以黄帝才造指南针来破他。这种事情，近于神话，严格的讲，有不能令后人十分确信的地方。但是史载周公作指南车以通越裳，那时中国文明大启，指南针的发明和应用确是很靠得住的了。至于传到西方的经过，大概是由中国传到高丽，由高丽传到日本，由日本传到荷兰，由荷兰传到德国。这种仪器用处真是非常之大。我们试想，假定世界上要是没有指南针，天文学当然是茫无头绪，航海事业也断断不能成功。不但美洲不能发见，就是地圆的学说，也不能得一个确实凭据。回想我们古人这种大发明，真称得起在世界文化上一种绝大绝大的贡献！（二）印刷术。欧洲人对于印刷术的起源，最初以为是德国发明的。因在十四世纪的时候，德国已有雕版印出来的《圣经》,算是西方最早的印刷品。近五十年前,他们多读中国的古书,才知道印刷术也是中国先发明的。我们中国印刷术的发明,究竟始于何时呢?五代时候,冯道刻九经,相传是印刷发明之祖。但是前清末年,甘肃敦煌县从地下刨出的古物,又有隋开皇三年印刷的佛经,还有南京某氏藏有木版的开元杂报残片,岂不是又古于冯道刻书么?大概印板的方法,似乎是从刻石拓纸变迁而来,由正字版一变而为反字版,印刷便立刻便利多多了。又活字版也是我们中国发明的。《梦溪笔谈》上说宋朝人毕昇创造胶泥活字版。元朝有旌德县知县王某仿造木刻。还有一层最有研究价值的:现在活版印刷,有一件顶困难的事,就是字。而在元代是用一种活字盘,应用的时候,非常便利。此法现在虽已失传,我们确是不可不研究的。至于活字的原质,大概是最初用泥,继用木,继用金属。他传播到西方的顺序,和指南针是完全一样的。(三)火药。火药这种东西,是制造炮弹炸药的原料,真不愧为杀人利器。但我们中国人发明火药的时候,却不是为杀人才来制造他。因为我们中国人杀心,比较的是很薄弱的。火药的发明,大约是始于西汉。汉武帝好鱼龙曼衍之戏。所谓鱼龙曼衍之戏,即属一种燃烧火药的幻术,如同现在所谓放烟火花炮一类的东西。原是一种游戏品,并没有用他制造杀人兵器的意思。至后来,传到蒙古,才渐渐有鸟枪的发明。又由蒙古传到欧洲,越研究越有进步,才渐渐的制造出来种种杀人利器的枪炮来。推源溯本,火药虽是我们中国发明的,但是拿火药制造成枪炮来杀人,这个责任,欧洲人比较得应当多担负一些,与我们中国古人是无甚关系的。况且火药作用,除杀人外,开山、采矿,有益的也很多。

以上所说,是中国文化传播入西方的一种旧历史。现在再把我前后旅居欧洲十二年、美洲八年,所耳闻目见的中国文化发展情形,择要讲讲。大别可分三项:第一是宗教,第二是文学,第三是美术。(一)宗教。世界上的宗教,多为亚洲人所发明,这是人人都知道的。现在西方物质文明总算很发达了,他们物极而反,对于形而上的宗教,近来忽又热心研究起来。比方东方的印度哲学,就是他们欧美人很热心研究的。而且他们所研究的印度哲学,是很完全的,不止是佛学一种,即在非佛学的种种印度外道,也是一样来研究讨论。但是关于佛教的一切经论,差不多都经咱们中国人翻成中国文字,是很完备的。甚至印度现在已经失传的许多经论,中国却仍旧存有顶好的译本。于是欧人打算研究佛学,非先在中国文的佛经上多用功夫不可。这是一层。其次,我们中国固有的儒教道教的经书,都极受他们欧美人特别欢迎。就我所知道的,老子的《道德经》,各国文译本已经在一百种以上。止就英文说,已经有二十种。他们见仁见智,虽各不同,但是译本如此之多,便可想见其研究的亲切了。此外庄、列、尹文、鹖冠各种子书,英文的译本都各有好几种。不但译书而已,并且实在有深造自得的专门学者。他们研究起中国佛学、道学来,也是一样的分门别户,也分什么南宗、北宗、内宗、外宗。并且有一部分学者想把《易经》和《道德经》两部书参合着研究起来,成一种"易经道",自诩为得了不传之秘,甚至还发生出种种迷信的举动。至于孔教经书的英文译本,第一应推 Legge 君翻译的《四书五经》。这位先生在前清道咸时间,在我们中国传教多年,因而笃信孔道,所以用全副精神来译孔教的书。当时王紫诠先生韬,本是抱有革命思想的前辈,因为所图不遂,不得已逃往外国。先到南洋新嘉坡,又到欧洲英法各国,正是 Legge 君翻译经书的时候,他很帮他的忙。自从他们翻译以后,后来关于中国的学术,一年比一年研究的人多,翻译的本子也层出不穷。直到欧洲大战以后,他们欧美人研究中国学术的越发的多了。比较最爱读的,更推《诗经》和《易经》两部,因为《诗经》是文学的上乘,《易经》是哲学的结晶。而研究《易经》比较的更多,因为《易经》多说哲理,研究起来很容易把自己的意思参入里边去,如何讲,便如何有理的原故。至于最近二三年间,美国方面把王阳明《传习录》也翻译过去了,研究的人非常之多,于是一样的引起朱陆异同、陆王授受等问题,在讲堂上辩难的很激烈。(二)文学。欧美的文学,小说占重要地位，前几年趋向写实主义一派，最近又趋向新象征主义一派。所谓新象征主义，即是近于神怪一类的小说，仿佛我们中国旧小说《封神演义》一类的东西。这种小说好处，因为可以启发讲小说的人一种理想，即如《封神演义》上所说的哪吒能踏风火轮一类的话，颇可以引起我们的造飞机、飞车的新思想，是很有异趣的。其次是诗。我们中国现在许多新文学家作起诗来，往往直接采用西文诗的格式。而在美国人，却又很喜欢学作我们中国旧诗。《诗经》三百篇，早已有了许多西文译本。汉魏古歌乐府，翻成西文的也很不少。最近他们研究复研究，渐渐的知道注重唐诗，更特别注重盛唐诗。李、杜、王、孟诸大家的名字，谈不去口。他们翻译中国诗的人，从前丁韪良君翻的就很不少。其次英国 Giles 君翻译的也很多。最近美国有一位 Carose 君，对于中国诗词研究的很热心。他苦于中国文学程度太浅，打算请一位中国人帮忙。一时又找不着合适的人，因为中国住在美国的，以工人学生两种人为最多，工人大半文学程度太低，学生又因功课忙，多半不暇及此。无可奈何，只好请到一位日本人帮着他翻译。近几年来，很出版了几本书。最近翻译清代吴梅村、王渔洋、赵瓯北、袁简斋四家的诗，预约券非常发达，没有多少日子，已经印过三版了。我在美国课暇无事，打算把《唐诗三百首》完全翻成英文，现在已经翻出许多首了。有一位专门研究中国诗学的美国朋友 Bynner 君用全副精神来帮我的忙。我们的书，现在也正卖预约券，已经卖出很不少了。更有一事很有趣的：他们美国人作起英文诗来，也很喜欢引用中国古书上的典故，什么汉啊，唐啊，不绝口的称道，恰恰和我们中国新文学家作诗好用外国故事的相映成趣。（三）美术。美术第一种当然要先说图画。我们中国的古画最重神似。六法讲究，以气韵生动为上乘。而他们西洋古画，实在是偏重形似。讲究惟妙惟肖，这是已往的情形。到了现在，他们欧美人思想一变，以为尚形似者不足取，因为形式到登峰造极的地位，不过作成一张照像而已，不足奇异。图画这种美术，要从里边见人格，要激起人的向上的理想，不仅仅求到形似，就能算了事的。这种议论一倡，他们的趋向一变，立刻崇尚写意图画。他们最新的写意图画，颇和我们中国写意派的古画相近，粗枝大叶，近看几几乎不成东西，远远望去，却神采完足的很。这是他们图画的新趋势，叫做未来主义。因为这个缘故，他们对于中国古画非常宝爱。美京华盛顿有一位富翁 Jreer 君，酷好中国古画，现在正建造藏中国古画的巨室，预算落成以后，建筑费也在一百万金元以上，大约一二年后可以落成。我想他这大藏画馆开幕的时候，我们中国政府似乎应当派员前往参与典礼的。此外雕刻和刺绣，都极力去研究。

以上所说欧美人近年崇尚我们中国宗教、文学、美术种种情形，都是实事。细想起来，也有好笑的地方。所以然者有两种原因：一是好尚新奇。喜新厌故，人之恒情。我们中国所谓旧学问、旧美术，在他们欧美人眼光看来，当然都是崭崭新的。所以凡事都要来考究，来摹仿，就是这个缘故。二是受欧洲大战后的激动。此次欧洲大战，欧美人精神上受的刺激最大。因刺激而生出种种新理想，对于他们自己的文化，很有怀疑的地方，于是对于与他们相反的，当然感情要浓厚到十分。逞其一种不可形容的热狂来吸收东方文化，几几乎连抉择力都失掉了。这种现象虽说是一时的行动，但是久而久之，我们东方，我们中国的文化真精神，毕竟有彻底介绍到欧美的那一天。反一面说：我们中国现在对于输入西方文化的情形，还不是和这种情形完全相同的么？

我在美国一住八年，所担任的职务，差不多的都和发展中国文化、东方文化密切关系的。总说起来共有三件事：第一是在 California 州大学作汉文教习。我起初到这个学校，系代替傅兰雅君讲功课。后来傅君去职，我便开了讲席。所讲的中国哲学、文学，学生们都很喜欢用功研究。至今志同道合、研究中国学术有心得的学生，已经有二百多人了。第二我近年担任美国国立图书馆汉文部的主任。这馆里的中国古书，共有六万多卷。我已经按四库分类办法，编成一个中美书目。我们的书，不但很多，并且有两种特色：一是搜罗中国的地理志书，差不多已经全了，二是搜罗明、清两代有价值的农书，共有三百多部，总算是洋洋大观。他们美国政府和学者近年着实注意中国学问。他们的农部因为有几种植物，科学家研究不出的性质和能力，我们中国《本草》书上所记载的，却非常详明，试验起来更是非常靠得住，因而对于中国《本草》和《植物名实图考》这一类的书，特别注意，年派专员从事研究和实行试验种植。这也可见我们中国学术见重于美国的一斑了！第三我在美国为研究中国旧学起见，在四年前发起了一个学会，名曰“弘道会”，实行讲学。所讲的大约不出两种范围：一中国哲学，二中国故事。现在欧美同志加入学会，已有三百多人，内中很有著名的学者。讲学的时候，除我担任主讲以外，欧美同志也都分任讲演。其余各处请我讲演的，每星期总在两三次以上。前途希望，总算是很好的。

以上所说又是关于我个人在美国尽力于发展中国文化的大概情形，总而言之：学术本是世界人类公有的东西，但是因为地理上的关系，发生和发展上便天然有了东方、西方的区分，这是古代无可如何的事。现在世界大通，交通频繁。东西文化互相输灌，互相采取，进步之速，一日千里，将来自然能够得到一种最圆满的结果。所以人类的大同世界，也就不甚远了！

一二　钱基博《某社存古小学教学意见书》

小学何能言存古！顾邑中某社诸君办存古小学，以教科属定于余，姑即余意以为说：人类者，历史之动物也。法之哲家孔德(Comte，一七九三—一八五七)曰："人道有二属性：曰结合性，曰永续性。而永续性尤为显著。今日之人道，乃古来之人道之连续也。人道，乃有历史者也。吾人过去时代之精神生活，实传于现今之人道之中。人道者，固不仅今人之所构成，而积多数之古人以构成之者也。"是则古者，今之所自也。无古安有今。有今，焉有不存古者？虽然，古者，又今之积也，无今，安所事于古？存古者，存其宜于今者也。老子曰："执古之道，以御今之有。"爰本斯旨而草为文。

(子) 初等科(八岁至十岁)

(一) 文　读书必先识字，而识字以初文为主。

(二) 理　《论语》《孟子》

(三) 史　《世说新语》《唐语林》《今世说》

(丑) 高等科(十一岁至十四岁)

(一) 理　《礼记》节读　《春秋左氏传》　《经余必读》《老子》《列子》《庄子》《管子》《墨子》《孙子》《荀子》　以上诸篇可读余删。

(二) 史　王船山《读通鉴论》　严复《社会通诠》

(三) 文　黎选《古文辞类纂》摘读　《马氏文通》讲

读书不贵多而贵精。曾涤生《圣哲画像记》云："书籍之浩浩，著述者之众，若江海然，非一人之腹所能尽饮也。要在慎择焉而已。"择之奈何？曰：不贵考据而贵义理，不重事实而重观感，要使教者受教者胥知人之所以为人，且知中国人之所以为中国人。其教授法，可参观安邱王筠《教童子读书法》此书甚佳，自识方字起，以至初学作文，皆有论列，乃存古小学教师不可不读之书也。列入江标《灵鹣阁丛书》。及近人武进沈友卿通州张氏《经史国文补习科答问》，中国图书公司印行。暨拙著《国文研究法》。岳武穆曰："运用之妙，存乎一心。"非口说所能尽也。兹姑就鄙意略言之：

(一) 读书必先识字，而教儿童识方字，自来无善法。何者？以蒙师不识文字学者多也。须知独体曰文，合体曰字。字者，文之所合而成也。文之不识，奚能识字？《说文解字》九千余字，究其语根，不过五百余文而已。夫《说文》所载独体，皆苍颉初文。然苍颉作书，不仅独体，其稍复杂者，如"二"、"三"诸文，即由"一"积画而成，当准初文之例。合初文准初文计之，大抵五百有余。详见章炳麟所著《文始》。后世孳乳之字，在苍颉当时，盖即以此五百余文当之。厥后孳乳虽多，究其语根，概不出初文以外也。鄙意教儿童识方字，当以初文为主，而参以习见之合体字。如儿童识"日"、"月"两文，即授以"明"，而语之曰："'日'、'月'皆光明体，合'日'、'月'两文而为'明'字，即光明之意也。"次又授以"木"文，而教以"日在木上为杲"，《诗》：杲杲出日。"日在木下为杳"，张衡赋：日杳杳而西匿。而"日在木中为東"，则日出之方位也。《礼》：大明生于東。次又授以"囗"古围字。文，而语以从"木"从"囗"，曰"束"、曰"困"。但"束"则囗在木之中腰间，而遍木四周囗之，则"困"矣。又如儿童识"一"之文，而教以"一大为天"、"一贯三为王"、"推十合一为士"。如此头头是道，触类旁通，学者自有举一反三之乐。盖寻常教儿童识方字，仅令死记，每苦索然无味。若授受之次序，配当适度，而能以浅近之言说明其形声义构成之则，使儿童心知其意，斯记忆自易矣。此文字配当之次序也。至教师于教授时，尤有不可不注意者数事：(1) 教授象形文字，绘与字形相近之图，对照以明之。如山，口等是也。指事文之有形可象者亦然。(2) 复习时，集同从一字得声如仲、衷、忠同从中得声，证、整、政同从正得声之类。同从一字得形如江、湖、河、海同以水字得形，桃、梅、杏、李同从木字得形之类。之字列示之，俾确知形声之组织。(3) 复习时，集同从一字之会意字，如杲、東、杳同从日从木，困、束同以木以口，𣠭棘同从朿之类。使知组织的意味。(4) 复习时，集数字之同从一义者示之，使知此字与彼字有可互训之处。其声同训通之字，复习时尤宜汇集一处，使知声义之相通。(5) 复习时，集假借字注释之，先注其本义，次释其假借之义。如彊字，(子) 弓力足者为彊，(丑) 国力盛者为彊，(寅) 凡物力足者皆称为彊。(6) 类似字之易误者辨明之，如偏、徧、折、拆、塲、埸等。

（二）吾人修己接物之方，《论语》一书备言之。而明心见性，所以自淑淑世者，则《孟子》言之尤精。二书者，我中国数千年之蒙塾课本也。此次欧洲大战方殷之时，德人召里乌司氏尝举此事以诏其国人曰："中国三岁儿童，学中国大思想家之思想，洞彻其精神。而德人在学校中，于己国高等之文化，绝不得闻。德国之大思想家，虽有甚深微妙之论，而如群鹤之高翔于九天，地上之人曾不得闻其羽搏之微音。"见日本《东亚之光》杂志。盖有味乎其言之也。若论文章之妙，全在简而能尽。然文之简者，往往不能尽意，而能尽意者又苦辞繁不杀。孟子即能尽而不能简。维《论语》简而尽，千古无对也。何以千头万绪之事理，只《论语》三两言即能了当？何以不必详说，而意无不尽？能于此留心，则可悟文章之贵以简驭繁。《书》曰："辞尚体要。"此之谓也。然读《论语》，观其笔之何以敛；而读《孟子》，则观其笔之何以纵。苏老泉以为"《孟子》之文，辞约而意尽"，此言未当。"语约意尽"四字，可以评《论语》，而不可以评《孟子》也。《孟子》之妙，尤在引譬取喻。寻常琐屑事，一经孟子眼前指点，其中皆有理趣。故不读《孟子》，不知瓦砾糠粃之中无非至道，不读《孟子》，不知文章之面目变化百出，莫可端倪也。太史公称"邹衍作终始大圣之篇十余万言，其语宏大不经，必先验小物，推而大之，至于无限”。博谓孟子之论王伯，亦先验小物，推而大之。读者能于此玩索有得焉，则思路不患不日恢拓矣。

（三）为儿童讲书，最忌囫囵，忌笼统。宜咬得清，嚼得碎，逐字逐句分析解释，使知其意义，然后并合全体授之，使知其全文之内容与形式之关系。

（四）儿童读书，能背诵尚靠不住，以其随口唱诵，往往于字形未曾体认，文义不必理会也。生字既识以后，须使之照书抄写一遍，而后为之讲解。及其能背诵以后，尤必责使默写无讹而后已。谚云：“口过心过，不如手过。”斯言良信。

（五）初等科书法，讲不到临帖，最好与读法联络。每日课书中之生字，由教师书范字，复习音义，为之讲明结构，使之模写，即写即读，自无认字不真及写别字之弊。

（六）初等科年稚，使之作文颇难。然不可不渐使作文以养成其习惯。鄙意有二法焉：（1）笔述。《论语》为孔子记夫子之言，即圣门之笔述了。教师日常训话，即可使儿童仿《论语》记言之体，以简明之文言记之。（2）讲《世说新语》之故事。其是非得失，教师不必即下断语，可使之以己意作论以觇其判断力。

（七）谢程山先生曰：“学明理于经，习事于史。”博以为先圣修齐治平之至理明言，尽于《礼记》一书；而古今御天下之变，莫备于《春秋左氏传》。明其理，达其变，而人情世态之幻，可得而言也。但《礼记》四十九篇，其中不可不读者，只《曲礼》、《檀弓》、《王制》、三篇可节读。《礼运》、全读。《内则》、节读。《学记》、《乐记》、《孔子闲居》、《中庸》、《问丧》、《三年问》、《大学》、七篇全读。《昏义》、《乡饮酒义》、《射义》三篇节读。十五篇而已。

（八）读史之大病，在记忆事实，而不深究其所以。宁都魏禧称：“程伊川先生每读史到一半，便掩卷思其成败，然后再看，有不合处，又更思之。其间有幸而成、不幸而败者，不得徇其已然之迹与众人之论。”王船山《读通鉴论》即是如此做出。

（九）王船山《读通鉴论》，每一篇未授之先，可先使检《通鉴本事》，各抒所见，然后授以王氏之论，看其是异是同。如异，则使之申论己见，辟去王论而札记之。如此诵习一番，必能有所悟入也。

（一〇）王船山《读通鉴论》或可看而不读，而严复《社会通诠》则不可不熟读。何者？以严氏之书，乃籀绎历史之程序及其公例者也。或者疑此非中国古书，不适存古之用。而博则以为存古者，决非抱残守缺者之所能存。必也放眼八表，时衡千古，如陈同甫所云上下五千年，纵横九万里，而后知古之何以不可不存，古之不可不存者又何在。须知古亦有不可存者也。否则，适成其高头讲章，村夫子之见而已矣，庸古之足存乎！博弱冠以前，反覆读《资治通鉴》七遍而无所悟。至二十岁读《社会通诠》，然后向之《二十四史》，不知从何说起，至是乃如珠得串，如土委地，心凝形释而得其会通，至今思之，醰醰有余味也。

（一一）《马氏文通》一书，取四书三传兼及诸子《语》、《策》为之字栉句比，繁称博引，比例而同之，触类而长之，穷古今之简编，字里行间，涣然冰释，皆有以得其会通，亦犹严氏书之于历史也。学者于经传章句粗明以后，读此书以籀其大例，亦如珠之得串矣。

（一二）古者八岁入小学，而教之以洒扫应对进退之节，礼乐射御书数之文，固不仅以读书作文为事。宋胡安定先生分经义治事，明体用之学以教诸生。鄙意存古小学，可仿此意。于诸生经经纬史之外，使之略习世务：（1）洒扫。（2）仪节。可仿修身做法，挂图行之。（3）九九数口诀。以上三项，可于初等科课余行。（4）算术。珠算、笔算。（5）尺牍。（6）寻常簿记。以上三科，可配高等科正课。

自新文化盛唱以来，而保存国粹之呼声，亦随之日高，国学专修馆、存古学校，一时风起云涌。博以为此中国教育之病理的现象也。夫古之存，必不能外于今。今有不适，即古亦奚以存为？而欧化之输入，亦无妨于国之有粹。呜呼，国之有粹无粹，一视今人之奋发自力如何，匪可藉古人以撑门面。苟今人不自振奋，而徒诵习孔子、孟子之言，曰："我保存国粹者也！"是则老子所谓"子所言者，其人与骨皆已朽矣"，何国粹之有焉！

跋

余非某社社员也，顾余戚友多入某社者，以余粗治古学，属为草定存古小学学程及教学法。然而某社之所欲存者，乃子不语"怪力乱神"之神怪，而非真如孔子之好古敏以求之，故吾说卒不能用也。姑录之以质大雅宏达。

一三　唐陆德明《经典释文叙录》

鲁商瞿子木受《易》于孔子，以授鲁桥庇子庸。子庸授江东馯臂子弓。子弓授燕周丑子家。子家授东武孙虞子乘。子乘授齐田何子庄（《高士传》云字庄，《汉书·儒林传》云临淄人）。及秦燔书，《易》为卜筮之书，独不禁，故传授者不绝。汉兴，田何以齐田徙杜陵，号杜田生，授东武王同子中及洛阳周王孙、梁人丁宽（字子襄，事田何，复从周王孙受古义，作《易说》三万言，训故举大谊而已。《艺文志》云《易说》八篇。为梁孝王将军）、齐服生（刘向《别录》云齐人，号服先），皆著《易传》。汉初言《易》者本之田生。同授淄川杨何（字叔，一本作字叔元，太中大夫）。宽授同郡砀田王孙。王孙授施雠及孟喜、梁丘贺。由是有施、孟、梁丘之学焉。施雠（字长卿，沛人，为博士）传《易》，授张禹（字子文，河内轵人，徙家莲勺，以《论语》授成帝，官至丞相安昌侯）及琅邪鲁伯（会稽太守）。禹授淮阳彭宣（字子佩，大司空，长平侯，作《易传》）及沛戴崇（字子平，少府作《易传》）。伯授太山毛莫如（字少路，常山太守）及琅邪邴丹（字曼容）。后汉刘昆（字桓公，陈留东昏人，侍中弘农太守光禄勋）受施氏《易》于沛人戴宾。其子轶（字君文，官至中正）。孟喜（字长卿，东海兰陵人，曲台署长丞相掾），父孟卿。喜为《礼》、《春秋》。孟卿以《礼经》多，《春秋》烦杂，乃使喜从田王孙授《易》。喜为《易章句》，授同郡白光（字少子）及沛翟牧（字子况）。后汉洼丹（字子玉，南阳育阳人，世传《孟氏易》，作《易通论》七篇，官至大鸿胪）、觟阳鸿（字孟孙，中山人，少府）、任安（字定祖，广汉绵竹人）皆传《孟氏易》。梁丘贺（字长卿，琅邪诸人）本从太中大夫京房受《易》(房,淄川杨何弟子),后更事田王孙,传子临(黄门郎少府)。临传五鹿充宗(字君孟,代郡人,少府玄菟太守)及琅邪王骏(王吉子,御史大夫)。充宗授平陵士孙张(字仲方,博士、扬州牧、光禄大夫、给事中,家世传业)及沛邓彭祖(字长夏,真定太守)、齐衡咸(字长眉,王莽讲学大夫)。后汉范升(代郡人,博士)传《梁丘易》(一本作《孟氏易》),以授京兆杨政(字子行,左中郎将)。又颍川张兴(字君上,太子少傅)传《梁丘易》,弟子著录且万人。子鲂传其业(鲂官至张掖属国都尉)。京房(字君明,东郡顿邱人,本姓李,推律自定为京,至魏郡太守)受《易》梁焦延寿(字延寿,名赣)。延寿云尝从孟喜问《易》。会喜死,房以《延寿易》即孟氏学。翟牧白生不肯,曰:“非也!”延寿尝曰:“得我术以亡身者,京生也。”房为《易章句》,说长于灾异。以授东海段嘉(《汉书·儒林传》作殷嘉)及河东姚平、河南乘弘(一本作桑弘),皆为郎博士。由是前汉多京氏学。后汉戴冯(字次仲,汝南平舆人,侍中兼领虎贲中郎将)、孙期(字仲奇,济阴成武人,兼治《古文尚书》,不仕)、魏满(字叔牙,南阳人,弘农太守)并传之。费直(字长翁,东莱人,单父令)传《易》,授琅邪王璜(字平仲,又传《古文尚书》),为费氏学。本以古文,号古文《易》,无章句,徒以《彖》、《象》、《系辞》、《文言》解说《上下经》(《七录》云直《易章句》四卷残缺)。汉成帝时刘向典校书,考《易》说,以为诸《易》家说,皆祖田何、杨叔元、丁将军,大义略同,唯京氏为异。向又以中古文《易经》校施、孟、梁丘三家之《易经》,或脱去《无咎》、《悔亡》,唯《费氏经》与古文同。范晔《后汉书》云:“京兆陈元(字长孙,司空南阁祭酒,兼传《左氏春秋》)、扶风马融(字季长,茂陵人,南郡太守议郎,为《易传》,又注《尚书》、《毛诗》、《礼记》、《论语》)、河南郑众(字仲师,大司农,兼传《毛诗》、《周礼》、《左氏春秋》)、北海郑玄(字康成,高密人,师事马融,大司农征不至,还家,凡所注《易》、《尚书》、《三礼》、《论语》、《尚书大传》、《五经中候》。笺毛氏,作《毛诗谱》。驳许慎《五经异议》,针何休《左氏膏肓》,去《公羊墨守》,起《穀梁废疾》,休见大惭)、颍川荀爽(字慈明,官至司空,为《易言》)并传《费氏易》。”沛人高向治《易》,与直同时,其《易》亦无章句,专说阴阳灾异,自言出于丁将军,传至相。相授子康(康以明《易》为郎)及兰陵毋将永(豫章都尉),为高氏学。汉初立《杨氏易》博士。宣帝复立施、孟、梁丘之《易》。元帝又立京氏《易》。费、高二家不得立,民间传之。后汉费氏兴而高氏遂微。永嘉之乱,施氏、梁丘之《易》亡。孟、京、费之《易》,人无传者,唯郑康成、王辅嗣所注行于世。(江左中兴,《易》唯置王氏博士,太常荀崧奏请置郑《易》博士,诏许,值王敦乱,不果立。)而王氏为世所重。

济南伏生(名胜,故秦博士)授《书》于济南张生、千乘欧阳生(字和伯,千乘人)。生授同郡倪宽(御史大夫)。宽又从孔安国受业,以授欧阳生之子(欧阳、大小夏侯《尚书》皆出于宽)。欧阳氏世传业,至曾孙高,作《尚书章句》,为欧阳氏学。高孙地余(字长宾,侍中少府)以《书》授元帝,传至欧阳歙(字正思,后汉大司徒)。歙以上八世,皆为博士。济南林尊(字长宾,为博士,论石渠,官至少府太子太傅)受《尚书》于欧阳高,以授平当(字子思,下邑人,徙平陵,官至丞相封侯,子晏亦明经至大司徒)及陈翁生(梁人,信都太傅,家世传业)。翁生授殷崇(琅邪人,为博士)及龚胜(字君宾,楚人,右扶风)。当授朱普(字公文,九江人,为博士)及鲍宣(字子都,渤海人,官至司隶)。后汉济阴曹曾(字伯山,谏大夫)受业于欧阳歙,传其子祉(河南尹)。又陈留陈弇(字叔明,受业于丁鸿)、乐安牟长(字君高,河内太守,中散大夫)并传欧阳《尚书》。沛国桓荣(字春卿,太子太傅太常五更关内侯)受《尚书》于朱普(《东观汉纪》云荣事九江朱文,文即普字),以授汉明帝,遂世相传,东京最盛。(《汉纪》云:门生为公卿者甚众,学者慕之,以为法。荣子郁以《书》授章帝,官至侍中太常。郁子焉复以《书》授安帝,官至太子太傅太尉。)张生(济南人,为博士)授夏侯都尉(鲁人)。都尉传族子始昌(始昌通五经,以《齐诗》、《尚书》教授,为昌邑太傅)。始昌传族子胜(字长公,后汉东平长信少府,太子太傅)。胜从始昌受《尚书》及《洪范五行传》,说灾异。又事同郡简卿。卿者,倪宽门人。又从欧阳氏问，为学精熟。所问非一师，善说礼服。受诏撰《尚书论语说》，（《艺文志》：夏侯胜《尚书章句》二十九卷。）号为大夏侯氏学。传齐人周堪（堪字少卿，太子少傅光禄勋）及鲁国孔霸（字次孺，孔子十三世孙，为博士，以《书》授元帝，官至大中大夫、关内侯，号褒成君）。霸传子光（字子夏，丞相博山侯，光又事牟卿），堪授鲁国牟卿（为博士）及长安许商（字伯长，四至九卿，善算，著《五行论》）。商授沛唐林（字子高，王莽时为九卿）及平陵吴章（字伟臣，王莽时博士）、重泉王吉（字少音，王莽时为九卿）、齐炔钦（字幼卿，王莽时博士）。后汉北海牟融亦传大夏侯《尚书》。夏侯建（字长卿，胜从父兄子，为博士议郎太子少傅）师事夏侯胜及欧阳高，左右采获。又从五经诸儒问与《尚书》相出入者，牵引以次章句，为小夏侯氏学。传平陵张山拊（字长宾，为博士，论石渠，官至少府）。山拊授同县李寻（字子长，骑都尉）及郑宽中（字少君，为博士，授成帝，官至光禄大夫，领尚书事，关内侯）、山阳张无故（字子孺，广陵太傅）、信都秦恭（字延君，城阳内史，增师法至百万言）、陈留假仓（字子胶，以谒者论石渠，至胶东相）。宽中授东郡赵玄（御史大夫）。无故授沛唐尊（王莽太傅）。恭授鲁冯宾（为博士）。后汉东海王良亦传小夏侯《尚书》。汉宣帝本始中，河内女子得《泰誓》一篇献之，与伏生所诵，合三十篇，汉世行之。然《泰誓》年月，不与序相应，又不与《左传》、《国语》、《孟子》众书所引《泰誓》同，马、郑、王肃诸儒皆疑之。《汉书·儒林传》以为百两篇者，出东莱张霸，分析合二十九篇，以为数十，又采《左传》、《书序》为作首尾，凡百二篇。篇或数简，文意浅陋。成帝时，刘向校之，非是，后遂黜其书。《古文尚书》者，孔惠之所藏也。鲁恭王坏孔子旧宅（汉景帝程姬之子，名余，封于鲁，谥恭王），于壁中得之，并《礼》、《论语》、《孝经》皆科斗文字。博士孔安国（字子国，鲁人，孔子十二世孙，受《诗》于鲁申公，官至谏议大夫、临淮太守）以校伏生所诵，为隶古写之，增多伏生二十五篇（《艺文志》云多十六篇）。又伏生误合五篇，凡五十九篇，为四十六篇。（《艺文志》云：《尚书》古文经四十六卷，五十七篇。)安国又受诏为《古文尚书传》,值武帝末,巫蛊事起,经籍道息,不获奏上,藏之私家。(安国并作《古文论语》、《古文孝经》传。《艺文志》云:安国献《尚书传》,遭巫蛊事,未列于学官。)以授都尉朝。司马迁亦从安国问故,迁书多古文说。刘向以中古文校欧阳、大小夏侯三家经文,脱误甚众。(《艺文志》云:《酒诰》脱简一,《召诰》脱简二,文异者七百有余,脱字数十。)都尉朝授胶东庸生(名谭,亦传《论语》)。庸生授清河朝常(字少子,以明《穀梁春秋》为博士,至部刺史,又传《左氏春秋》)。常授虢徐敖(右扶风掾,又传《毛诗》)。敖授琅邪王璜及平陵涂恽(字子真)。恽授河南乘钦(字君长,一本作桑钦)。王莽时,诸学皆立。恽璜等贵显。范晔《后汉书》云:中兴,扶风杜林传《古文尚书》,贾逵(字景伯,扶风人,左中郎将、侍中)为之作训,马融作传,郑玄注解。由是《古文尚书》遂显于世。案今马、郑所注,并伏生所诵,非古文也。孔子之本绝,是以马、郑、杜预之徒,皆谓之逸书。王肃亦注今文,而解大与古文相类,或肃私见孔传而秘之乎?江左中兴,元帝时,豫章内史枚赜(字仲真,汝南人)奏上《孔传古文尚书》,亡《舜典》一篇,购不能得,乃取王肃注《尧典》,从"眘徽五典"以下分为《舜典》篇以续之。(孔序谓伏生以《舜典》合于《尧典》。孔传《尧典》止于"帝曰往钦哉",而马、郑、王之本同为《尧典》,故取为《舜典》。)学徒遂盛。后范宁(字武子,顺阳人,东晋豫章太守,兼注《穀梁》)变为今文集注。俗间或取《舜典》篇以续孔氏。齐明帝建武中,吴兴姚方兴采马、王之注,造《孔传舜典》一篇,云于大舫头买得,上之。梁武帝时为博士。议曰:"孔序称伏生误合五篇,皆文相承接,所以致误。《舜典》首有'曰若稽古',伏生虽昏耄,何容合之?"遂不行用。汉始立欧阳《尚书》,宣帝复立大小夏侯博士,平帝立古文。永嘉丧乱,众家之书并灭亡,而古文《孔传》始兴,置博士。郑氏亦置博士一人。近唯崇古文,马、郑、王注遂废。今以孔氏为正,其《舜典》一篇,仍用王肃本。

汉兴,传《诗》者有四家:鲁人申公(亦谓申培公,楚王太傅,武帝以安车蒲轮征之。时申公年八十余，以为大中大夫)，受《诗》于浮丘伯，以《诗经》为训故以教，无传，疑者则阙不传，号曰鲁诗。弟子为博士者十余人。郎中令王臧(兰陵人)、御史大夫赵绾(代人)、临淮太守孔安国、胶西内史周霸、城阳内史夏宽、东海太守鲁赐(砀人)、长沙内史胶生(兰陵人)、胶西中尉徐偃、胶东内史阙门庆忌(邹人)皆申公弟子也。申公本以《诗》、《春秋》授，瑕丘江公尽能传之，徒众最盛。鲁许生、免中徐公皆守学教授。丞相韦贤受《诗》于江公及许生，传子玄成(贤字长孺，玄成字少翁，父子并为丞相，封伏阳侯，又治《礼》、《论语》。玄成兄子赏以《诗》授哀帝，大司马车骑将军)。又王式(字翁思，东平新桃人，昌邑王师)受《诗》于免中徐公及许生，以授张生长安(名长安，字幼君，山阳人，为博士，论石渠，至淮阳中尉)及唐长宾(东平人，为博士，楚王太傅)、褚少孙(沛人，为博士。《褚氏家传》云即续《史记》褚先生)。张生兄子游卿(谏大夫)以《诗》授元帝、传王扶(琅邪人，泗水中尉)。扶授许晏(陈留人，为博士)。又薛广德(字长卿，沛国相人，御史大夫)受《诗》于王式，授龚舍(字君倩，楚国人，太山太守)。齐人辕固生(汉景帝时为博士，至清河太守)作《诗传》，号齐诗。传夏侯始昌。始昌授后苍(字近君，东海郯人，通《诗》、《礼》，为博士，至少府)。苍授翼奉(字少君，东海下邳人，为博士，谏大夫)及萧望之(字长倩，东海兰陵人，御史大夫，前将军，兼传《论语》)、匡衡(字稚圭，东海承人，丞相乐安侯子。咸亦明经，历九卿，家世为博士)。衡授师丹(字公仲，琅邪人，大司空)及伏理(字游君，高密太傅，家世传业)、满昌(字君都，颍川人，詹事)。昌授张邯(九江人)及皮容(琅邪人)，皆至大官，徒众尤盛。后汉陈元方亦传《齐诗》。燕人韩婴(汉文帝时为博士，至常山太傅)推《诗》之意，作《内外传》数万言，号曰韩诗。淮南贲生受之。武帝时，婴与董仲舒论于上前，仲舒不能难(婴又为《易传》，燕赵间好《诗》，故其《易》微，惟韩氏自传之)。其孙商为博士。孝宣帝时，涿韩生其后也。河内赵子事燕韩生，授同郡蔡谊(谊以《诗》授昭帝，至丞相封侯)。谊授同郡食子公(为博士)及琅邪王吉（字子阳，王骏父，昌邑中尉，谏大夫。吉兼五经，能为《邹氏春秋》，以《诗》、《论》教授）。子公授太山栗丰（部刺史）。吉授淄川长孙顺（为博士）。丰授山阳张就，顺授东海发福，并至大官。《艺文志》云："齐、韩诗或取《春秋》，采杂说，咸非其本义。鲁最为近之。"《毛诗》者，出自毛公，河间献王好之。徐整（字文操，豫章人，吴太常卿）云："子夏授高行子。高行子授薛仓子。薛仓子授帛妙子。帛妙子授河间人大毛公。毛公为《诗故训》，传于家，以授赵人小毛公（名苌）。小毛公为河间献王博士，以不在汉朝，故不列于学。"一云："子夏传曾申（字子西，鲁人，曾参之子）。申传魏人李克。克传鲁人孟仲子（郑玄《诗谱》云子思之弟子）。孟仲子传根牟子。根牟子传赵人孙卿子。孙卿子传鲁人大毛公。"《汉书·儒林传》云："毛公，赵人，治《诗》，为河间献王博士。授同国贯长卿。长卿授解延年（为阿武令，《诗谱》云齐人）。延年授虢徐敖。敖授九江陈侠（王莽讲学大夫）。或云陈侠传谢曼卿。"元始五年，公车征说《诗》。后汉郑众、贾逵传《毛诗》。马融作《毛诗注》，郑玄作《毛诗笺》，申明毛义，难三家，于是三家遂废矣。魏太常王肃更述毛非郑。荆州刺史王基（字伯舆，东莱人）驳王肃，申郑义。晋豫州刺史孙毓（字休郎，北海平昌人，长沙太守）为《诗评》，评毛、郑、王肃三家同异，朋于王。徐州从事陈统（字元方）难孙申郑。宋征士雁门周续之（字道祖，及雷次宗俱事庐山惠远法师）、豫章雷次宗（字仲伦，宋通直郎，征不起）、齐沛国刘瓛并为《诗序义》。前汉鲁、韩、齐三家诗列于学官。平帝世，《毛诗》始立。齐诗久亡，鲁诗不过江东。韩诗虽在，人无传者。惟《毛诗》、《郑笺》独立国学，今所遵用。

汉兴，有鲁高堂生传《士礼》十七篇，即今之《仪礼》也。而鲁徐生善为容，孝文时为礼大官夫。景帝时，河间献王好古，得古《礼》献之。（郑《六艺论》云：后得孔氏壁中河间献王古文《礼》五十六篇，《记》百三十一篇，《周礼》六篇，共十七篇，与高堂生所传同而字多异。刘向《别录》云：古文《记》二百四篇。《艺文志》曰：《礼古经》五十六篇，出于鲁淹中。苏林云：淹中里名。）或曰："河间献王开献书之路。时有李氏上《周官》五篇，失《冬官》一篇，乃购千金，不得，取《考工记》以补之。"瑕丘萧奋以《礼》至淮阳太守，授东海孟卿（孟喜父）。卿授同郡后苍及鲁闾丘卿。其《古礼经》五十六篇，苍传十七篇，所余三十九篇以付书馆，名为《逸礼》。苍说礼数万言，号曰《后苍曲台记》（在曲台校书，著记因以为名）。孝宣之世，苍为最明。苍授沛闻人通汉（字子方，以太子舍人论石渠，至中山中尉）及梁戴德（字延君，号大戴，信都太傅）、戴圣（字次君，号小戴，以博士论石渠，至九江太守）、沛庆普（字孝公，东平太傅）。由是礼有大小戴、庆氏之学。普授鲁夏侯敬，又传族子咸（豫章太守）。大戴授琅邪徐良（字斿卿，为博士州牧郡守，家世传业），小戴授梁人桥仁（字季卿，大鸿胪，家世传业）及杨荣（字子孙，琅邪太守）。王莽时，刘歆为国师，始建立《周官经》以为《周礼》。河南缑氏杜子春受业于歆，还家，以教门徒。好学之士郑兴父子（兴字少赣，河南人，后汉大中大夫。子众已见前，并作《周礼解诂》）等多往师之。贾景伯亦作《周礼解诂》。《礼记》者，本孔子门徒共撰所闻以为此记。后人通儒，各有损益。故《中庸》是子思伋所作，《缁衣》是公孙尼子所制。郑玄云："《月令》是吕不韦所撰。"卢植（字子幹，涿郡人，后汉北中郎将，九江太守）云："《王制》是汉时博士所为。"陈邵（字节长，下邳人，晋司空长史）《周礼论序》云："戴德删古《礼》二百四十篇为八十五篇，谓之《大戴礼》。戴圣删《大戴礼》为四十九篇，是为《小戴礼》。"（汉刘向《别录》有四十九篇，其篇次与《礼记》同名，为他家书拾撰所取，不可谓之《小戴礼》。）后汉马融、卢植考诸家同异，附戴圣篇章，去其繁重，及所叙略而行于世，即今之《礼记》是也。郑玄亦依卢马之本而注意。范晔《后汉书》云：中兴，郑众传《周官经》。后马融作《周官传》，授郑玄。玄作《周官注》。（郑注引杜子春、郑大夫、郑司农之义。郑玄《三礼目录》云：二郑信同宗之大儒，今赞而辩之。）玄本治《小戴礼》，后以古经校之，取其义长者顺者，故为郑氏学。玄又注小戴所传《礼记》四十九篇，通为三礼焉。汉初立高堂生礼博士，后又立大小戴、庆氏三家。王莽又立《周礼》。后汉三礼皆立博士。今庆氏《曲台》久亡，大戴无传学者，惟郑注《周礼》、《仪礼》、《礼记》并列学官。而《丧服》一篇，又别行于世。今三礼俱以郑为主。

《春秋》有公羊（名高，齐人，子夏弟子，受经于子夏）、穀梁（名赤，鲁人，麋信云与秦孝公同时。《七录》云名淑，字元始。《风俗通》云子夏门人）、邹氏（王吉善《邹氏春秋》）、夹氏之传。邹氏无师，夹氏有录无书，故不显于世。汉兴，齐人胡毋生（字子都，景帝时为博士，年老归教于齐。齐之言《春秋》者宗事之。公孙弘亦颇受焉）、赵人董仲舒（官至江都胶西相）并治《公羊春秋》。兰陵褚大（梁相）、东平嬴公（谏大夫）、广川段仲温、吕步舒（步舒丞相长史）皆仲舒弟子。嬴公守学，不失师法，授东海孟卿及鲁眭弘（字孟，符节令）。弘授严彭祖（字公子，东海下邳人，为博士，至左冯翊、太子太傅）及颜安乐（字翁孙，鲁国薛人也，孟姊子也，为鲁郡太守丞），由是《公羊》有严、颜之学。弘弟子百余人，尝曰："《春秋》之意，在二子矣！"彭祖授琅邪王中（少府，家世传业）。中授同郡公孙文（东平太傅，徒众甚盛）及东门云（荆州刺史）。安乐授淮阳泠丰（字次君，淄川太守）及淄川任翁（少府）。丰授大司徒马宫（字游卿，东海戚人，封扶德侯）及琅玡左咸（郡守九卿，徒众甚盛）。始贡禹（字少翁，琅玡人，御史大夫）事嬴公而成于眭孟，以授颍川堂溪惠。惠授泰山冥都（丞相史）。又疏广（字仲翁，东海兰陵人，太子太傅）事孟卿，以授琅玡筦路。筦路及冥都又事颜安乐。路授大司农孙宝（字子严，颍川鄢陵人）。瑕丘江公受《穀梁春秋》及《诗》于鲁公，武帝时为博士（传子至孙，皆为博士），使与董仲舒论。江公呐于口，而丞相公孙弘本为《公羊》学，比辑其义。卒用董生。于是上因尊《公羊》家。诏太子受。卫太子复私问《穀梁》而善之，其后寖微。惟鲁荣广（字王孙）、浩星公二人受焉。广尽能传其《诗》、《春秋》。蔡千秋（字少君，谏大夫郎中户将）、梁周庆（字幼君）、丁姓（字子孙，至中山太傅）皆从广受。千秋又事浩星公，为学最笃。

宣帝即位，闻卫太子好《穀梁》，乃诏千秋与《公羊》家并说。上善《穀梁》说。后又选郎十人，从千秋受。会千秋病死，征江公孙为博士。诏刘向受《穀梁》，欲令助之。江博士复死，乃征周庆、丁姓待诏，使卒授十人。十余岁，皆明习。乃召五经名儒太子太傅萧望之等大议殿中，平《公羊》《穀梁》同异。（时《公羊》博士严彭祖、侍郎申輓、伊推、宋显，《穀梁》议郎尹更始待诏，刘向、周庆、丁姓并论。）望之等多从《穀梁》，由是大盛。庆、姓皆为博士。姓授楚申章昌曼君（为博士，至长沙太傅）。初尹更始（字翁君，汝南邵陵人，议郎谏大夫，长乐户将）事蔡千秋，又受《左氏传》，取其变理合者，以为章句，传子咸（大司农）及翟方进（字子威，汝南上蔡人，丞相，封侯）、房凤（字子元，琅玡石其人。光禄大夫五官中郎将，青州牧）。始江博士授胡常。常授梁萧秉（字君房），王莽时为讲学大夫。

左丘明作传以授曾申。申传卫人吴起（魏文侯相）。起传其子期。期传楚人铎椒（楚大夫）。椒传赵人虞卿（赵相）。卿传同郡荀卿名况。况传武威张苍（汉丞相，北平侯）。苍传洛阳贾谊（长沙梁王太傅）。谊传至其孙嘉。嘉传赵人贯公（《汉书》云贾谊授贯公为河间献王博士）。贯公传其少子长卿（荡阴令）。长卿传京兆尹张敞（字子高，河南平阳人，徙杜陵）及侍御史张禹（字长子，清河人）。禹数为御史大夫萧望之言《左氏》，望之善之，荐禹征待诏。未及问，会病死。禹传尹更始。更始传其子咸及翟方进、胡常。常授黎阳贾护（字季君，哀帝时待诏为郎）。护授苍梧陈钦（字子佚，以《左氏》授王莽至将军）。《汉书·儒林传》云：汉兴，北平侯张苍及梁太傅贾谊、京兆尹张敞、大中大夫刘公子皆修《春秋左氏传》。始刘歆（字子骏，向之子，王莽国师）从尹咸及翟方进受《左氏》（哀帝时，歆与房凤、王龚欲立《左氏》，为师丹所奏，不果，平帝世始得立），由是言《左氏》者本之贾护、刘歆。歆授扶风贾徽（字元伯，后汉颍阴令，作《春秋条例》二十一卷）。徽传子逵。逵受诏列《公羊》、《穀梁》不如《左氏》四十事奏之，名曰《左氏长义》，章帝善之。逵又作《左氏训诂》。司空南阁祭酒陈元作《左氏同异》。大司农郑众作《左氏条例章句》。南郡太守马融为三家同异之说。京兆尹延笃（字叔坚，南阳人）受《左氏》于贾逵之孙伯升，因而注之。汝南彭汪（字仲博）记先师奇说及旧注。大中大夫许淑（字惠卿，魏郡人）、九江太守服虔（字子慎，河南人）、侍中孔嘉（字山甫，扶风人）、魏司徒王朗（字景兴，肃之父）、荆州刺史王基、大司农董遇、征士燉煌周生烈并注解《左氏传》。梓潼李仲钦著《左氏指归》。陈郡颍容（字子严，后汉公车征，不就）作《春秋条例》。又何休（字邵公，任城人，后汉谏大夫）作《左氏膏肓》、《公羊墨守》、《穀梁废疾》。郑康成《针膏肓》，《发墨守》，《起废疾》。自是《左氏》大兴。汉初立《公羊》博士。宣帝又立《穀梁》。平帝始立《左氏》。后汉建武中，以魏郡李封为《左氏》博士，群儒蔽固者数廷争之。及封卒，因不复补。和帝元兴十一年，郑兴父子奏上《左氏》，乃立于学官，仍行于世，迄今遂盛行。二传渐微。（江左中兴，立《左氏传》、《杜氏》、《服氏》博士，太常荀崧奏请立二传博士，诏许立《公羊》，云《穀梁》肤浅，不足立博士。王敦乱，竟不果立。）《左氏》今用杜预注。《公羊》用何休注。《穀梁》用范宁注。

河间人颜芝传《孝经》，是为今文。长孙氏、博士江翁、少府后苍、谏大夫翼奉、安昌侯张禹传之，各自名家，凡十八章。又有古文出于孔氏壁中，别有《闺门》一章，自余分析十八章，总为二十二章。孔安国作传。刘向校书，定为十八。后汉马融亦作《古文孝经传》而世不传。世所行《郑注》，相承以为郑玄。案《郑志》及《中经薄》无。惟中朝穆帝集讲《孝经》云“以郑玄为主”。检《孝经注》与康成注五经不同，未详是非。（江左中兴，《孝经》、《论语》共立郑氏博士一人。）古文《孝经》世既不行，今随俗用郑注十八章本。

汉兴，传《论语》者则有三家：《鲁论语》者，鲁人所传，即今所行篇次是也。常山都尉龚奋、长信少府夏侯胜、丞相韦贤及其子玄成、鲁扶卿、太子少傅夏侯建、前将军萧望之并传之，各自名家。《齐论语》者，齐人所传，别有《问王》、《知道》二篇，凡二十二篇。其二十篇中，章句颇多于《鲁论》。昌邑中尉王吉、少府宋畸、琅玡王卿、御史大夫贡禹、尚书令五鹿充宗、胶东庸生并传之，惟王阳名家。《古论语》者，出自孔氏壁中，凡二十一篇。有两《子张》(如淳云分《尧曰》篇后“子张问何如可以从政”以下为篇名，曰《从政》)，篇次不与齐、鲁《论》同(《新论》云文异者四百余字)。孔安国为传，后汉马融亦注之。安昌侯张禹受《鲁论》于夏侯建，又从庸生王吉受《齐论》，择善而从，号曰《张侯论》，最后而行于汉世。禹以《论》授成帝。后汉包咸(字子长，吴人，大鸿胪)、周氏(不详何人)并为章句，列于学官。郑玄就《鲁论》张、包、周之篇章，考之齐、古，为之注焉。魏吏部尚书何晏集孔安国、包咸、周氏、马融、郑玄、陈群(字长文，颍川人，魏司空)、王肃、周生烈(燉煌人，《七录》云字文逢，本姓唐，魏博士侍中)之说，并下己意为集解，正始中，上之，盛行于世，今犹为主。

一四　清龚定庵《六经正名》

孔子之未生，天下有六经久矣。庄周《天运》篇曰："孔子曰：'某以六经奸七十君而不用。'"《记》曰："孔子曰：'入其国，其教可知也。'"有《易》、《书》、《诗》、《礼》、《乐》、《春秋》之教。孔子所睹《易》、《书》、《诗》，后世知之矣。若夫孔子所见《礼》，即汉世出于淹中之五十六篇。孔子所谓"春秋"，周室所藏百二十国宝书是也。是故孔子曰："述而不作。"司马迁曰："天下言六艺者，折衷于孔子。""六经"、"六艺"之名，由来久远，不可以臆增益。善夫，汉刘向之为七略也！班固仍之，造《艺文志》，序六艺为九种，有经，有传，有记，有群书，传则附于经，记则附于经，群书颇关经则附于经。何谓传？《书》之有大小夏侯、欧阳，传也。《诗》之有齐、鲁、韩、毛，传也。《春秋》之有公羊、穀梁、左氏、邹、夹氏，亦传也。何谓记？大小戴氏所录凡百三十有一篇是也。何谓群书？《易》之有《淮南道训》、《古五子》十八篇，群书之关《易》者也。《书》之有《周书》七十一篇，群书之关《书》者也。《春秋》之有《楚汉春秋》、《太史公书》，群书之关《春秋》者也。然则《礼》之有《周官》、《司马法》，群书之颇关《礼》经者也。汉二百祀，自六艺而传记，而群书，而诸子毕出，既大备，微夫刘子政氏之目录，吾其如长夜乎！何居乎后世有"七经"、"九经"、"十经"、"十二经"、"十三经"、"十四经"之喋喋也！或以传为经，《公羊》为一经，《穀梁》为一经，《左氏》为一经，审如是，是则韩亦一经，齐亦一经，鲁亦一经，毛亦一经，可乎？欧阳一经，两夏侯各一经，可乎？《易》三家，《礼》分庆、戴，《春秋》又有邹、夹，汉世总古、今文，为经当十有八，何止十三？如其可也，则后世名一家说经之言甚众，经当以百数。或以记为经，大、小戴二记毕称经。夫大、小戴二记，古时篇篇单行，然则《礼》经外，当有百三十一经。或以群书为经。《周官》晚出，刘歆始立。刘向、班固灼知其出于晚周先秦之士之掇拾旧章所为，附之于礼，等之于《明堂阴阳》而已。后世称为经，是为述刘歆，非述孔氏。善夫，刘子政氏之序六艺为九种也！有苦心焉！斟酌尽善焉！序六艺矣，七十子以来，尊《论语》而谭《孝经》。小学者，又经之户枢也。不敢以《论语》夷于记、夷于群书也，不以《孝经》还之记、还之群书也，又非传，于是以三种为经之贰。虽为经之贰，而仍不敢悍然加以经之名，向与固可谓博学明辨慎思之君子者哉！《诗》云："自古在昔，先民有作。"向与固岂非则古昔、崇退让之君子哉？后世又以《论语》、《孝经》为经。假使《论语》、《孝经》可名经，则向早名之，且曰"序八经"，不曰"序六艺"矣！仲尼未生，先有六经。仲尼既生，自明不作。仲尼曷尝率弟子，使笔其言以自制一经哉！乱圣人之例，淆圣人之名实以为尊圣，怪哉！非所闻！非所闻！然且犹为未快意，于是乎又以子为经。汉有传记博士，无诸子博士。且夫子也者，其术或醇或疵，其名反高于传记。传记也者，弟子传其师，记其师之言也。诸子也者，一师之自言也。传记，犹天子畿内卿大夫也。诸子，犹公侯各君其国，各子其民，不专事天子者也。今出《孟子》于诸子，而夷之于二戴所记之间，名为尊之，反卑之矣！子舆氏之灵，其弗享是矣。问：子政以《论语》、《孝经》为经之贰。《论语》、《孝经》则若是班乎？答：否！否！《孝经》者，曾子以后支流苗裔之书，平易泛滥，无大疵，无闳意眇指，如置之二戴所录中，与《坊记》、《缁衣》、《孔子闲居》、《曾子天圆》比，非《中庸》、《祭义》、《礼运》之伦也。本朝立博士，向与固因本朝所尊而尊之，非向、固尊之也。然则刘向、班固之序六艺为九种也，北斗可移，南山可隳，此弗可动矣。后世以传为经，以记为经，以群书为经，以子为经，犹以为未快意，则以经之舆台为经，《尔雅》是也。《尔雅》者，释《诗》、《书》之书，所释又《诗》、《书》之肤末，乃使之与《诗》、《书》抗，是尸祝舆台之鬼，配食昊天上帝也！

一五　清魏默深《两汉经师今古文家法考序》

魏源曰：余读《后汉书·儒林传》，卫、杜、马、贾诸君子承刘歆之绪论，创立费、孔、毛、左古文之宗，土苴西京十四博士今文之学，谓之俗儒，废书而喟。夫西汉经师，承七十子微言大义，《易》则施、孟、梁丘，皆能以占变知来，《书》则大小夏侯、欧阳、倪宽，皆能以《洪范》匡世主，《诗》则申公、辕固生、韩婴、王吉、韦孟、匡衡，皆以三百篇当谏书，《春秋》则董仲舒、隽不疑之决狱，《礼》则鲁诸生、贾谊、韩元成之议制度，而萧望之等皆以《孝经》、《论语》保傅辅道，求之东京，未或有闻焉。其文章述作，则陆贾《新语》以《诗》、《书》说高祖，贾谊《新书》为汉定制作。《春秋繁露》、《尚书大传》、《韩诗外传》、刘向《五行》、扬雄《太玄》皆以其自得之学，范阴阳，矩圣学，规皇极，斐然与三代同风，而东京亦未有闻焉。今世言学，则必曰“东汉之学胜西汉，东汉郑许之学综六经”。呜呼，二君！惟六书三礼并视诸经为闳深，故多用今文家法。及郑氏旁释《易》、《诗》、《书》、《春秋》，皆创异门户，左今右古。其后郑学大行，骎淫遂至《易》亡施、孟、梁丘，《书》亡夏侯、欧阳，《诗》亡齐、鲁、韩，《春秋》邹、夹，公羊、穀梁半亡半存，亦成绝学。谶纬盛，经术卑，儒用绌。晏、肃、预、谧、赜之徒，始得以清言名理并起持其后。东晋梅赜伪《古文书》遂乘机窜入，并马、郑亦归于沦佚。西京微言大义之学，坠于东京。东京典章制度之学，绝于隋唐。两汉故训声音之学，熄于魏晋。其道果孰隆替哉！且夫文质再世而必复，天道三微而成一著。今日复古之要，由诂训声音以进于东京典章制度，此齐一变至鲁也。由典章制度以进于西汉微言大义，贯经术政事文章于一，此鲁一变至道也。道光商横摄提格之岁，源既叙录武进礼曹刘申甫先生遗书，略陈群经家法。兹乃推广遍集两汉《儒林传》、《艺文志》之文，凡得《周易》今文家：施氏学第一。梁丘学第二。孟喜氏学第三。孟氏学旁出京氏、焦氏第四。《周易》古文家费氏学第五。其流为荀氏卦气之学、郑玄爻辰之学，此外又有虞翻消息卦变之学。斯为《易》学今古传授大概也。《尚书》今文列于博士者，有伏生、欧阳、大小夏侯二十八篇之学。有孔安国古文四十余篇之学。东汉初，刘歆、杜林、卫宏、贾逵、马融、郑康成又别创古文之学，其篇次与今文同，而孔安国佚十六篇仍无师说。此皆不列于博士者。及东晋伪古文及伪孔传出，唐代列于学校，而伏、欧之今文，马、郑之古文，同时并亡。予据《大传》残编加以《史记》、《汉书》诸子所征引，共成《书古微》。斯《尚书》今古文传授大概也。《诗》则汉初皆习齐辕固生、鲁申公、韩婴三家。惟《毛诗》别为古文。郑康成初年习《韩诗》。及笺《诗》，改从毛。于是齐、鲁、韩次第佚亡，今惟存《毛传》。及宋朱子、王应麟始略采三家诗残文而未得条绪。明何楷、本朝范家相、桐城徐璈次第搜辑，始获三家诗十之七八，而余发挥之，成《诗古微》。此《诗》今古文大概也。小学以《说文》为大宗，历代罕究。国朝顾炎武始明音学，而段、王二氏发明《说文》、《广雅》，惟转注之说尚有疏舛，予特为发明之。此小学家之大概也。《礼经》则禘祫之义，王肃与郑玄抗衡。郑主纬书感生五帝之说，肃主人帝为始祖所自出之帝。输攻墨，一本墨下有守字。秦固失之，楚亦未得。而郑玄《周礼注》计口出泉，至宋遂启王安石新法之祸。惟宋朱子纂《仪礼经传通解》，分家礼、邦国礼、王朝礼、丧祭礼，合三礼为一书，集三代古礼之大成。又欲采后世制度因革损益以择其可行，国朝《读礼通考》、《五礼通考》实成其志。此则古今三礼之大概也。今采史志所载各家，立案于前，而后随人疏证，略施断制于后，俾承学之士法古今者，一披览而群经群儒粲然如处一堂。识大识小，学无常师，以为后之君子，亦将有乐于斯乎！

一六　清胡竹村《诂经文钞序》

经学莫盛于汉。自文帝置《论语》、《孝经》、《孟子》、《尔雅》博士，其后增立五经博士，传业寖广。一经说至百万言，大师众至千余人，可谓盛矣！然诸儒讲论六艺之文章鲜传焉，以无裒集之者故也。汉儒说经，各有家法，不为向壁虚造之谈。历魏晋至隋唐，遵循勿失。宋时周、程、张、朱诸子讲明义理，而名物制度，犹必以汉儒为宗。逮至元明，讲章时文之习胜，率多高心空腹，束书不观，而经术日衰矣。我国家重熙累洽，列圣相承，尊经重学。颁御纂钦定之书于天下，而又广开四库，搜罗秘逸。两举鸿博，一举经学，天下之士，靡然向风。二百年来，专门名家者，于《易》有半农定宇惠氏父子，于《书》有艮庭江氏、西庄王氏，于《诗》有长发陈氏，于《春秋》有复初顾氏，于《公羊》有㢸轩孔氏，于《礼》有稷若张氏、慎修江氏、易畴程氏，于《尔雅》、《说文》、音韵有亭林顾氏、东原戴氏、二云邵氏、懋堂段氏、石臞王氏，于诸经言天文则勿庵梅氏，言地理则东樵胡氏、百诗阎氏，言金石文字则竹汀钱氏。其读书卓识，超出前人，自辟途径，为诸儒所未及者，约有数端：一曰辨群经之伪。如胡氏之《易图明辨》辨《河图》、《洛书》先天后天各图非《易》书本有，王氏之《白田杂著》辨《周易本义》前九图非朱子所作，阎氏《古文尚书疏证》[①]、惠氏《古文尚书考》辨东晋晚出之古文《孔传》为梅赜伪托，《毛氏诗传诗说驳议》辨子贡传申培说为丰坊伪撰是也。一曰存古籍之真。如《易经》二篇，《传》十篇，本自别行，王弼作注，始分传附经。朱子《本义》复古十二篇，而明时修《大

① 当作《尚书古文疏证》。

全》用《程传本》，以本义附之，后坊刻去《程传》，专存《本义》，仍用程传本，而朱子书亦失其旧。自御纂《周易折中》改从古本，学者始见真面目。惠氏《周易本义辨证》详言之。又如竹君朱氏之倡刊《说文》始一终亥之本，通志堂、抱经堂之校刊《经典释文》全书是也。一曰发明微学。惠氏之《易汉学》、《周易述》，张氏之《周易虞氏义》、《虞氏消息》，王氏之《广雅疏证》，段氏之《说文注》，黄梨州、梅勿庵之本《周髀》言天文，邵二云之重疏《尔雅》，焦里堂之重疏《孟子》是也。一曰广求遗说。余氏之《古经解钩沉》，任氏之《小学钩沉》，邵氏之《韩诗内传考》，洪氏之辑郑、贾、服诸家说为《左传诂》，臧氏之辑《仪礼丧服马王注》、《礼记卢植解诂》、《月令蔡邕章句》、《尔雅古注》是也。一曰驳正旧解。江氏之《深衣考误》辨深衣非六幅交，解为十二幅，《乡党图考》辨治朝本无屋无堂，顾亭林《左传杜解补正》、顾复初《春秋大事表》皆纠杜注谅闇短丧之谬，戴东原《声韵考》以转注为互训，历指前人解释之误是也。一曰创通大义。顾氏之《音学五书》分十部，江氏之《古韵标准》分十三部，段氏之《六书音均表》分十七部以考古音，王尚书之《经传释词》标举一百六十字以明经传中语词非实义，凌教授之《礼经释例》分《通例》、《饮食例》、《宾客例》、《射例》、《变例》、《祭例》、《器服例》、《杂例》以言礼之节文等杀是也。凡此皆本朝经学之卓卓者。其他闭户研求，以其所得笔之于书，不可殚述。盖惟上有稽古同天之圣人，而后下之服习者众，彬彬乎超轶两汉也。诸儒所注群经，成书具在。而其散见于文集者，或与友朋辨论经义，或剖析古今疑旨，或所注之经，句诠字释，关涉大义者，别为文发之。又有札记之书，所释非一经，经不数条，顾较通释全经者，时有创获，裒而辑之，诚通经之轨辙已。然而诸儒著述，散在人间，为类甚繁，非博闻多识好学深思之君子，未易揽其全，集其成也。泾邑朱兰坡先生以许、郑之精研，兼马、班之丽藻，出入承明金马著作之庭二十余年，内府图籍，外间所未见者，辄录副本，又性好表章遗逸，宏奖士类，四方著述未经刊布者，多求审定。先世培风阁藏书最审，而其万卷斋所得秘本尤多，于是博采本朝说经之文，核其是非，勘其同异，分类编录，名曰《诂经文钞》。凡《易》八卷，《书》八卷，《诗》八卷，《春秋》八卷，《周礼》十卷，《仪礼》五卷，《礼记》五卷，《三礼总义》十卷，《论语》、《孟子》附群经义共五卷，《尔雅》一卷，《说文》一卷，《音韵》一卷，总七十卷。续钞又已积二十卷。其文多钞自诸家集中，而解经之书，有分段笺释自成篇章者，亦同录入。寻其义例，宗主汉儒，惟取征实之文，不取蹈空之论。至于一事数说，兼存并载，以资考证。盖欲读者因文通经，非因经存文也。然而诸家撰著之精，亦藉是萃聚，不致散逸矣。培翚曩岁在都，追陪讲论，饫闻大旨，今获睹是书之成，奉命作序。自惭肤末，无裨高深，惟敬述我朝经学之盛，与是书所以嘉惠艺林之意，揭之于篇，以谂来者。傥有好而梓之，广其传布，则后进获益无穷，不朽之业，实在于斯，所深企焉。

一七　清陈恭甫《经郛条例》

《经郛》，荟萃经说，本末兼赅，源流具备，阐许、郑之闳眇，补孔、贾之阙遗，上自周秦，下讫隋唐，网罗众家，理大物博。汉魏以前之籍，搜采尤勤，凡涉经义，不遗一字。其大端有十：一曰探源本。以经解经，厥义最古，如三传、《礼记》所引《易》、《书》、《诗》，《尔雅》所释《诂》、《言》、《训》是也。二曰钩微言。奥训渺辞，注家阙略，如《说文》所解，《广雅》所释是也。三曰综大义。发明指归，会通典礼，如荀子之论礼乐，董子之论《春秋》史志，《通典》之历议、礼议、服议是也。四曰存古礼。三代遗制，周人能言，如《左氏传》之称《礼经》，《小戴记》之载杂说是也。五曰存汉学。两京家法，殊途同归。载籍既湮，旧闻廑见。如《史记》载《尚书》多古文说，《白虎通》引经多今文说，《汉书·五行志》多三传先师之说，《五经异义》多石渠议奏之说是也。六曰证传注。古人解经，必无虚造，间出异同，皆有依据。如《毛传》之合于《雅》诂，《郑笺》之涉于鲁、韩是也。七曰通互诠。一家之说，或前后参错而互相发明，如《郑志》之通诸注差互，《箴膏肓》、《发墨守》、《起废疾》之别三传短长是也。八曰辨剿说。晋代注家，每摭拾前人而不言所自，如伪孔《尚书传》之本于王肃，杜预《左传注》之本于服虔，郭璞《尔雅注》之本于樊、孙是也。九曰正缪解。大道多歧，习非胜是，实事求是，择焉必精。如《易》之象数明，则辅嗣之玄宗可退，《书》之训诂核，则仲真之伪传可排是也。十曰广异文。古籀篆隶，易时递变，众家授受，传本不同。如《说文》之古文，《玉篇》之异字，汉碑之异体，《经典释文》之异本是也。统绪十端，囊括古今，诚六艺之潭奥，众论之苑囿。今仍厘为条例如下，览者详之：

一、以经注经，此为汉学之先河。六艺指归，具见《尔雅》。博文明事，首推《孟子》。《坊表》二记，动引《诗》、《书》。《燕聘》诸义，本诠《仪礼》。《春秋左氏传》，说经尤夥。元亨利贞之辨，黄裳元吉之解。夏后之九功九歌，文武之九德七德。《卷耳》能官人，则《大戴记》、《逸周书》具之。《虞书》数舜功，则四凶十六相详之。岂独王应麟所举《外传》叔向、单穆公、闵马父、左史倚相、观射父、白公、子张诸人，其言有功圣学，在汉儒训故之前哉！今并缉录以资讨论源。《礼记》冠义、昏义、乡饮酒义、射义、燕义、聘题诸篇，本释《礼经》，全文具在，止注每经篇义之下，不必复杂。

一、经中援经，有不标经名，实据经义者。如《礼记·檀弓》"仲遂卒于垂"云云，即据《春秋》宣八年之文。《王制》"天子五年一巡狩"至"归假于祖祢用特"，即据《尚书·尧典》之文。《文王世子》"庶子之正于公族者"以下，即据《周官》诸子"司士"、"甸人"诸职之文，《燕义》篇首亦引《周官》庶子之文。《郊特牲》"乡人裼"云云，即据《论语》"乡人傩"之文。"大罗氏"云云，即据《周官·罗氏》之文。《郊特牲》、《冠义》以下，即据《仪礼·士冠礼记》之文。《内则》"凡食齐视春时"以下，即据《周官》"食酱"、"庖人"之文。此类必由经传洽熟，乃能左右逢源。《逸周书》中如《职方解》，《大戴礼记》中如《哀公问》、《曾子大孝》、《诸侯衅庙》、《朝事》、《投壶》、《本命》诸篇，有与《周官》、《小戴记》相出入者，宜皆详录。至乃孤章断句，文字异同，或其本传习各殊，如《公羊》文十二年传引"惟诚诚善诤言"云云，《礼记·缁衣》引"周田观文王之德"是也。或其词檃括相就，如《左氏》隐六年庄四年传并引《商书》，有"恶之易也"四字，僖十三年、三十三年、昭二十年传并引《康诰》"父子兄弟，罪不相及"之语是也。举此见例，他经可推。

一、经中援经证事，本非释经。然如隐元年传："君子曰：'颍考叔，纯孝也。爱其母，施及庄公。《诗》曰："孝子不匮，永锡尔类。"其是之谓乎！'"《大雅·既醉》郑笺即转引此传为说，则左氏最先得经意矣。此类义在探原，亦宜详录。

一、经中引经。如《礼·坊记》引高宗云："三年，其惟不言，言乃讙。"《檀弓》同。郑注：高宗名篇，在《尚书》。《丧服四制》引《书》曰："高宗谅闇，三年不言。"《论语》同。下云："载之书中而高之，故谓之高宗。"则此语当在高宗之训，而非《无逸》所称。《左氏传》引《夏书》曰："维彼陶唐"至"乃灭而亡"，贾、服、孙、杜皆解为夏桀之时。《夏书》止于《允征》，当仲康世，则此语当在百篇之外，而非《尚书》所有。此类归之逸经，附每经后。

一、所采群经，皆取其援引他经者。至于一篇之内，前后相承，数卷之间，异同互见，义具本书，无庸赘录，如三传之释《春秋》凡例是也。惟《礼记》为七十子之徒，各述所闻，辞非一家，事有万族，义类繁博，错综纷挐，为之条分栉比，则不独会通本书，且参校古制，愈于后仓推士礼而致于天子之礼。又春秋时，周礼在鲁，左氏鲁人，而善于礼，传中援礼最详，所称先王之制、先王之令，皆是物也。是故发凡起例，咸周公之礼经；三聘五朝，乃文襄之霸制。盖非好学深思，不能心知其意。今于此二书，特广条绪，异乎他经。剖纤析微，实有裨于礼学。

一、《春秋》三传事迹，它书所载，多相出入。明薛虞畿有《春秋别典》，国朝陈厚耀有《春秋战国异词》，今不重采。

一、《说文解字》引经之例，有用正训，与次训不相蒙者，如《口篇》啴字，引《诗》"啴啴骆马"，义为"喘息"，与"喜也"之训隔，《齿篇》齻字，引《春秋传》"皙齻"，义为齿相值，与"啮也"之训隔是也。有用次训，与正训不相蒙者，如《人篇》假字，引《虞书》曰"假于上下"，义为至，不与"上非真"之训相属，《土篇》垐字重文堲，引《虞书》曰"龙朕堲谗说殄行"，义为疾恶，不与上以土增大道上之训相属是也。有字止一训，引经为假借者，如毨训羽猎韦绔，《虞书》借为"鸟兽毨毛"，敌训人姓，《商书》借为"无有作敌"，啍训口气，《诗》借为"大车啍啍"，䟪训行貌，《诗》借为"管磬蹡蹡"是也。至若蘼训草木相附，麗土而生，引《易》"百谷草木蘼于地"，与本义合。《释文》云："'草木麗'，《说文》作蘼。”是唐以前《说文》如此。《玉篇》引《易》同《说文》，是顾野王尚见汉《易》有作蘼字者。寷训大屋也，引《易》“寷其屋”，与本义合。《释文》云：“‘豐其屋’，《说文》作寷。”今《释文》寷字误脱宀。是唐以前《说文》如此。《广雅》：“寷，大也。”是张揖尚见汉《易》有作寷字者。则不必执古文《易》之本字不为蘼为寷也。褺，训至也，读若挚。同一曰：《虞书》“雉褺”，与郑君《尚书注》“挚之言至”合。炪，训火光，当依《类篇》所引光上增不字。引《商书》曰：“予亦炪谋”，与经“予若观火义”相应。故，训迮也，引《周书》“常故常任”，迮为迫近之义，常故谓近侍之官，与杨雄、胡广《侍中箴》合。诇，训共也，引《周书》“在后之诇”，与马融本《尚书》合，与《礼记注》“诇之言同”亦合。则不必执古文《易》、《尚书》之本字不为褺，为炪，为故，为诇也。此类循文考义，务在求是，不可苟同，亦不可立异。

一、《说文》引经，因文散举，虽繁简错综，皆可寻其条理。故有上下数文，辄随字类系者。如《示篇》祡字引《虞书》，下文禷字即释类于上帝，《玉篇》瑗字引《尔雅》，下文环字即举“肉好若一谓之环”，瑁字引《周礼》，上文珽、瓛、玚字即并举《玉人》之文是也。有一句数字辄随字类系者。如《玉篇》玕引《禹贡》“球琳琅玕”，上文即载琅字，《牛篇》犆引《春秋传》“牻犆”，上文即载牻字，《口篇》唸引《诗》“民之方唸吚”，下文即载吚字是也。又有不著经名，实用经语者。如《示篇》祠字注“仲春之月”云云，用《月令》文，祅字注“地反物为祅”，用《左氏传》文是也。有不著经名，实系经字者。《潜研堂答问》尝举异文墧、昏、虒、捊、抍、戬等三百余字，有合有违，宜别择之。此外尚多，当更搜采。有引某说，即系经说者。如《卜篇》贞字引京房说，即《京易章句》释贞字之义。《卤篇》櫜字引徐巡说，即释《尚书》“宽而栗”之义。《自篇》隉字引徐巡说，即释《秦誓》“邦之杌隉”之义。巡受古文《尚书》。《心篇》引博士说，即三家《尚书》说《洪范》之文。《五经异义》可证。《水篇》溺、湿、汶字引桑钦说，即释《禹贡》之文。钦受古文《尚书》。《黹篇》黺字引卫宏说，即宏《古文尚书训旨》。释《皋陶谟》黼黺之文。

《玉篇》玭字引宋宏说，即释《禹贡》玭珠之文。宏从孙登少传欧阳《尚书》，见《后汉书》登传。然则宏亦为今文之学者与？《内篇》禼字引欧阳乔说，乔、高义同，形、声近。即《欧阳尚书章句》释《牧誓》“如貔如离”之文。据《史记·周本纪》引《牧誓》可证。《木篇》椅字引贾侍中说，似侍中《四家诗同异》中说“椅桐梓漆”之文。《牛篇》牺字引贾侍中说，似《古文尚书训》中说《微子》“牺牲牷”之文。《酉篇》醃字引贾侍中说，似《周官解诂》释《酒正》之文。《亚篇》引贾侍中说，似《左氏传解诂》中释文六年传“为亚卿焉”之文。《辵篇》造引谭长说，亦释《礼记·王制》造士之文，其余称贾侍中说者或非经解，贵审别择，庶无误收。

一、《说文》引经，有散见于它字读法中者，但须节录其句。如《竹篇》䈞字读若《春秋》鲁公子彄，《言篇》谚读若《论语》“谚予之足”之类。至于蹝读若《春秋传》曰“辅蹝”，辵读若《公羊传》曰“辵阶而走”，竄读若《虞书》曰“竄三苗”之竄，戴读若《诗》“戴戴大猷”，即用本字为音，与全书之例不合。近儒以为传写淆讹。案此或“读若”下脱一比音之字。“之竄”二字则衍耳，传写者未必改注中易识之窜秩竄戴也。又如繻既需声，又言读若《易》“繻有衣”，则“读若”二字为衍也。又如引《书》栞读若刊，圛读若驿，而今本《尚书》即为刊字、驿字。引《春秋》嵒读若聂，而今本《春秋》即为聂字。此类或由后人改易，相沿至今，或古文今文传授异本。

一、《说文》引经之字，重文者，有古文、籀文、篆文，或字诸体，并附载。

一、小学之书，《说文》、《广雅》最与《尔雅》相辅，诂训名物，敷证极博，辄依部居逐字甄采。《玉篇》以下，颇经窜乱，必择明引经句者录之。旁至汉魏碑铭，释藏音义，文字异同，靡不搜讨。

一、汉儒传注，有古学今学之分，必先考其家法，然后异同可辨。郑司农先事京兆第五君，通《京氏易》、《公羊春秋》，又从东郡张恭祖受《周官》、《礼记》、《左氏春秋》、《韩诗》、《古文尚书》，《北堂书钞》引《续汉书》与《后汉书同》。又因涿郡卢植事扶风马融。其自序云：“遭党锢之事，逃难注《礼》。党锢事解，注《古文尚书》、《毛诗》、《论语》。为袁谭所逼，来至元城，乃注《周易》。"《郑志》："炅模问《坊记》注以'燕燕'为定姜之诗，答云：'为《记》注时，执就卢君先师亦然。后得《毛公传》而为《诗》注，更从毛本。'"故郑君注《礼》，《易》用京氏，《诗》用韩、鲁，《公羊春秋》用颜氏，此其证也。典午以后，家法遂亡。河洛之间，尚遵古学。迄于唐初，得失参半。今自见存两汉传注以下，唐人义疏以前，及诸散佚古注，凡释此经而引彼经者并采，所以博存异义，补缀阙遗。

一、《经典释文》所载诸本异字，诸家异读并采。

一、伪书如《家语》、《孔丛子》之类亦采者，如谳狱之当具两造。

一、周秦诸子，未遭燔经。汉儒先师，荀卿最近。贾傅董生，绝学如线。淮南刘向，杂家博收。《论衡》以下，条绪可寻。讫于《家训》，辨难颇核。它如宏景《药录》，多通雅诂。甄鸾《算术》，专释五经。今并肴核百家，溯洄六学，例诸介纯夏舦，广征《尸子》之大名，槐檀柞楢，旁援《邹书》之改火。

一、史部起《史记》讫《唐书》，稽讨志传，钩提疏议。二京经业，可一字而千金。五代儒林，孰重南而轻北。至于《通典》之淹贯礼说，《水经注》之研核地理，阐助经义，是为闳博。

一、子注史注有涉经义者，并采以资证明。其为训释本书，使文义易晓者，稍择最要，附缀每条。

一、逸纬及唐以前逸子、逸史、传记有涉经义者悉采。

一、六朝以前，通人撰著，史传而外，文集间存。苟与经术有裨，不废采求散佚。

一、采书悉仍原文，宁详毋略，每书必标某卷某篇以明所征。有据善本订误者，附注其下。

一、卷首仿《经典释文》之法，为序录若干卷，以稽家法、考废兴。

一、总经编纂之例，凡鸿章巨典，众论如林，及闳说眇指，综括经解，皆提挈纲领，不宜破碎。取刘向《别录》之法，为通论若干卷，取班固《白虎通义》、杜佑《通典》之法，为目若干条。

一、分经编纂之例，逐条排比；离析章句，各依汉儒家法。其古学焯然可知者，循其义类，按次绢缀。有所阙疑，以类附当篇末。

一、编纂之例，每条先揭本经篇名，次录所采之书。《易》上下经题某卦。《书》、《诗》、《仪礼》、《礼记》、《尔雅》题某篇。《周礼》题某职。《春秋三传》题某公某年。《论语》、《孝经》、《孟子》题某章。文字异者，悉标经句以便循省。其为传注证明者，并列传注本文于章句下。

一八　钱基博《师范学校读经科教授进程说明书》

（甲）“读经”二字之诂释　按师范学校规程第二十八条规定预科及本科第一部各学科目，第四十一条规定本科第二部各学科目，皆有读经一科，次于修身科之后。汉刘熙《释名·释典艺》云：“经，径也，常典也，如径路无所不通，可常用也。”是“经”之本训“径路”，而圣贤相传之法言，与吾人以共由者，遂谓之“经”。《易》、《书》、《诗》、《礼》、《春秋》、《论语》、《孟子》是也。《荀子·劝学》篇曰：“学恶乎始？曰：‘始于诵经。’”《广韵》：“读，诵也。”是“诵经”即“读经”也。《说文·言部》：“读，籀书也。”又《竹部》：“籀，读书也。”《毛诗传》：“读，抽也。”《方言》：“抽，读也。”抽，即籀。籀读二字互训。“读”之云者，谓籀绎推演而发挥其义。“太史公读秦楚之际”、“读秦纪”，诸读字皆谓籀绎其义以作表也。是则所谓“读经”云者，意原不在章句记诵之末，而在籀绎大义也。朱子云：“书只贵读，读便是学。夫子说：‘学而不思则罔，思而不学则殆。’学便是读，读了又思，思了又读。盖书，先须熟读，使其言皆若出于吾之口，继以精思，使其言皆若出于吾之心，然后可以有得尔。”其说善矣！然基博则谓读而不思，只是未读。盖读者，籀书之义也，焉有不思而可以籀书之义者耶？“读经”二字之诂释既明，则请进而申论师范学校读经之旨趣。

（乙）师范学校读经之旨趣　师范学校之读经，其旨趣与大学文科之治经不同。盖大学文科治经之所以，在讲学、在董理国故，而师范学校之读经，则重经世、重修养人格，观于师范学校规程第九条而可知也。其曰：“讲经要旨，在讲明吾国古先圣哲相传人伦道德之要，尤宜注意于家庭社会国家之关系，以期本经常之道，应时势之需。”本条涵意可分三层解释之：

(a) 讲明吾国古先圣哲相传人伦道德之要　此一语所以定师范学校读经之范围。盖经，有《易》、有《书》、有《礼》、有《春秋》、有四书，而《礼》有《周礼》、有《仪礼》、有《礼记》，而《春秋》有《左氏》、有《公羊》、有《穀梁》。昔人所谓“廿年传经，皓首莫竟”者，固非一端可尽，而可大别之为三类：其一言天人相与之际，所谓性与天道，宋明诸儒竭智尽能之所钻仰者也。以近世通行语指之，可谓为属于哲学之范围。其二言治国平天下之大法，非惟博论其原理而已，更推演为无数之节文礼仪制度。以近日通行语指之，可谓为属于政治学、社会学之范围。其三言各人立身处世之道，教人以所以为人者与所以待人者。以近世通行语指之，可谓为属于伦理学、道德学之范围。其第一种，中国古代之哲学，诚有其精深博大之系统，然此当以付之专门哲学家之研究，万不能以喻诸人人。《易经》属之。其第二种，则所言治国平天下之道，为百世后从政家所当遵守者殊多。至节文礼仪制度，原为当时人说法，而不必尽适时宜，此惟当留以供考古者之讲求。至其言治国平天下之理之精粹者，亦仅从政者所宜服膺，不必尽人而学。《尚书》、《周礼》、《仪礼》、《春秋》胥属焉。故窃以为今日读经以蕲从事国民教育者，宜将此两大部分画出，暂置为后图，而最切于民生日用，先务之急，为人人所宜服膺勿失者，则此所谓“古先圣哲相传人伦道德之要”，而言“各人立身处世之道”者是已。四书、《礼记》之类属焉。

(b) 尤宜注意于家庭社会国家之关系　此一语所以为“人伦道德”下之诂释，“尤宜”二字须着眼。盖言人伦道德而不注意于家庭、社会、国家之关系，则“道德”为不“人伦”。《礼记》、《曲礼》、《乐记》注皆云：“伦，犹类也。”人伦道德者，全人类之道德也，非只我之道德也。粤我先民，常以为我者，天下国家组织之分子。我，非自有之我，乃天下国家所有之我，故己不可不修。孔子曰："修己以安人。"修己者，非为己而修，乃为安人而修。《大学》言："修身而后家齐，家齐而后国治，国治而后天下平。欲平天下，必先治国。欲治国，必先齐家。欲齐家，必先修身。自天子以至于庶人，一是皆以修身为本。"《皋陶谟》曰："慎厥身，修思永。惇叙九族，庶民励翼，迩可远，在兹。"兹，即指慎厥身修思永而言。曰慎厥身，有谨小慎微之意。曰修思永，有长图大念之意。言慎厥身，而必申之曰修思永者，盖戒修己者之见小欲速，局于小我也。修己者，所以安人，匪只以自修。齐家（家庭关系）、治国、平天下（社会国家关系），皆安人也。敦叙九族（家庭关系）、励翼庶民（社会国家关系），皆安人也。安，有胜残去杀之意。若以西洋生存竞争、优胜劣败之说证之，则修己者，所以谋自存之具，而竞胜于世焉耳。同一修己也，有仁暴之分焉。窃尝为西洋人之自我观，大抵以我为主，以人为从，而二十世纪之社会主义，其反响也。至吾国古先圣哲相传人伦道德之自我观，则以全人类为主，以我为从。仁者人也。修己安人之说，厥为吾国古先圣哲相传人伦道德之中枢焉。

（c）以期本经常之道适应时世之需　此为本条之结穴语，不可不注意。所谓本经常之道，适应时世之需者，盖蕲古经之时代化，以适于经世致用。其有不适应时世者，如孔子之削则削可也。武进刘逢禄《论语述何篇》曰："'温故[①]而知新'之故，古也。六经，皆述古昔，称先王者也。'知新'，谓通其大义以斟酌后世之制，汉初经师是也。"何休注《公羊》，率举汉律，郑君注三礼，亦举律说。以此[②]知汉儒穷经，无不"本经常之道，应时世之需"者。老子曰"执古之道以御今之有"，此言最可体味。古者，今之

① 故，原作古，误。
② 以此，原作"此以"，据文意改。

积也，无今，安所事于古？执古之道，所以御今之有也，使非以御今之有，则亦奚所事于执古之道者？自新文化盛唱以来，而国粹保存之呼声，亦相应日高。庸知有不误认师范学校之读经，以为国粹之廑保持者？其实国之粹与不粹，尚视今人之奋发自力，匪可藉古人以撑门面。苟今人不自振奋，而徒诵习孔子、孟子之言，曰："我保存国粹也。"是则老子所谓"子所言者，其人与骨皆已朽矣"，何国粹之有焉！

师范学校读经之旨趣既明，则可进而说明读经科教授进程。

(丙) 读经科教授进程　兹遵依师范学校规程第九条第二项之规定，就《论语》、《孟子》、《礼记》、《春秋左氏传》四书撮要讲解。惟苏东坡谓："读书须数过以尽其意，每次作一意求。"即是教人分类读之意。曾文正公云："一种学问，即有一种分类之法。"近儒武进沈友卿先生亦曰："读《论》、《孟》须分类讲解，观其异同。如问孝为一类，而答各不同，更引他处言孝者比类参观之，知其所以异，即知其所以同。"然则经不可不分类讲解，以蕲读者每次作一意求也。

(a) 预科

(一)《论语》　就全书分为三类讲解：

(1) 正名篇　名学者，学人之公器，非一家之私得，不论道儒名法诸家，皆必精于名学而后能立能破。《春秋繁露·深察名号》篇："孔子曰：'名不正，则言不顺。'《春秋》辨物之理以正其名，名物如其真，不失秋毫之末。故名贾石则后其五，言退鹢则先其六。圣人之谨于正名如此。"毛奇龄《稽求》篇引汉《艺文志》谓："名家者流，盖出于礼官。古者名位不同，礼亦异数。"孔子曰："必也正名乎?"凡辨名所在，不可苟为钣析。且从来有名家如《郑析》、《尹文子》、《公孙龙》、《毛公》诸篇，俱以坚白同异辨名义为辞，此则名家之说之所由著也。若汉后儒者犹尚名，曰名物，曰名义，曰名象，而寖寻失真。至晋时鲁胜注《墨辩》一书，深论名理，谓："名者，所以列同异、明是非，道义之门，政化之准绳也。孔子曰：必也正名云云。墨子著《辩经》以立名本，而荀卿、庄周辈皆非之，然终不能易其论也。"其序尚存《晋史》，约四五百言，极言隐显虚实同异真似之辩。毫厘纤悉，皆有分部，其论甚著。故今以"卫君待子为政"章冠全书，而附以剖析名义诸论。凡十二目：曰《通论》。曰《论知》。曰《论仁》。曰《论恕》。曰《论孝》。曰《论刚》。曰《论直》。曰《论明》。曰《论达》。曰《论文》。曰《论狂狷》。曰《论政》。政者，正也。

(2) 君子篇　凡孔子之论君子者胥隶焉。近儒梁任公先生曰："读者若稍治当代教育史，当能知英国之教育，常以养成人格为其主要精神，而英之所以能久霸于大地，则以此故也。英人之理想的人格，常以 gentleman 一字代表之。昔俾士麦尝赞叹'此字在德文中苦不得确译。岂惟德文，无论何国，殆断不能得恰适切之语以译之'。斯言诚然。然求诸吾国语，则易易耳！'君子'一语，即其确译。此无他故，盖我国与英国，其古昔传来之教育精神同，皆以养成人格为其职志，故不期而各皆有一语以表示人格之观念，而为他国人所不易袭取，且不易领会。今试执一英人而叩之曰：'何谓 gentleman？'其人必沉吟良久而不能对。更叩之曰：'如何斯可以谓之 gentleman？'则必曰如何温良恭俭让，如何博爱济众，如何重然诺、守信义，如何动容貌，出辞气，乃至如何如何，列举数十剌剌不休。试观彼字典之释义可知也。求一简该之释，殆不可得。虽然所谓 gentleman 者，自有一种无形之模范深嵌于人人之意识中，一见即能知其是非真伪。苟其人言论行谊，一旦悖戾此模范，则立见摈于 gentleman 之林，而为群 gentleman 所不齿。养成人格之教育，其收效有如此者。我国亦然。突然问曰：'何谓君子？'人人莫知所对也。更叩曰：'如何斯可谓之君子？'则其条目可以枚举至于无算，苦不得其简该之义。

而人人意识中，固若有一种无形之模范，以示别于君子非君子。其与英人异者：英人此种意识，见之甚了，操之甚熟，律之甚严，行之甚安，推之甚溥。我国不然。此种意识本已在朦胧茫漠之中，而其力又甚单微，不足以断制社会，故人人不必求勉为君子，即躬行君子者，久之亦且自疑沮，或反弃其所守以求同于流俗。此则教育致力与不致力使然也。吾非谓英人所谓 gentleman 与吾国所谓'君子'其模范恰同出一型。吾殊不必引彼义以自重。吾深信吾国所谓'君子'，其模范永足为国人所践履。真践履焉，则足使吾国人能自立自达以见重于天下。而孔子养人格之旨，其最终之鹄，所谓'使人人有士君子之行'。"而此之三十余章所云云，即诂释君子之所以为君子也。吾侪试悉心细绎体验之，则能知孔子所欲养成之人格。"君子人"者，其不可缺之条件有几，其条件之类别系统何若，其践履之途径先后次第何若。既以自励，而更思以种种方法牖导民众而训练之，以使之成教于国，此岂非社会教育之盛德大业，而吾侪从事师范教育者之所有事耶?

(3) 教学篇　凡孔子之论教与学者胥隶焉。孔子之论学重自动，而教在启发，曰："不愤不启，不悱不发，举一隅不以三隅反，则不复也。"

(二)《孟子》　就全书分为六类讲解：

(1) 原性篇　凡孟子之论性者胥隶焉。孟子道性善，世人之所知也。而孟子之所以道性善者，则或世人之所未知。其一孟子论性之方法。孟子论性之方法有二：一以故言性。孟子曰："天下之言性也，则故而已矣。"朱注："性者，人物所得以生之理也。故者，其已然之迹，若所谓'天下之故'者也。言事物之理，虽若无形而难知，然其发见之已然，则必有迹而易见。故天下之言性者，但言其故而理自明。犹所谓善言天者，必有验于人也。"此孟子"以故言性"之说也，与法兰西学者古惺(Causin，一七九二——一八六七)之论心理学同指。古氏之言曰："哲学必自事实始。此事实，乃供给哲学者以入思辩之境涯之机会者也。心理学不过为入形而上学之桥梁。形而上学，乃最优之科学也，科学之科学也。科学之对象为实体，乃常不变化永久之实在也。而其研究之方法，则依观察。无观察之工夫，则不能有何等之科学。故可谓吾人乃观察精神之事实而穷究其所以蕲到达绝对之原理。心理学之方法，乃充此职役者也。易言以明之，即以后天之方法，得认先天之原理者也。”此孟子“以故言性”之说也。敬兄敬乡人，孺子入井，皆孔子之所谓“故”也。二以情证性。孟子好以“恻隐”、“羞恶”、“辞让”、“是非”四端言性，皆情也。盖生之谓性，而情只是性之发，性不可见而情可见也。其二孟子性善之界说。孟子道性善，只限于人，而物非所论。其“杞柳杯棬”一章，论人性之不同于植物。“生之谓性”一章，论人性之不同于动物。而“性犹湍水”一章，则论人性之不同于无生物。故尝见意于“人之所以异于禽兽”一章曰：“明于庶物，察于人伦。”盖人之性善，而物之性不必皆善；人之性可率，而物之性不必可率。此孟子之所为“明”所为“察”也。

（2）存心篇　《易》曰：“继之者善也。存之者性也。君子闲邪存其诚。”凡孟子之言存心者胥隶焉。

（3）养气篇　凡孟子之论养气者胥隶焉。虽然，孟子之所谓气者，何也？曰：“情（感性）之冲动是也。”德之哲家康德曰：“世界无制限纯粹之善，惟其善意志而已。何谓善意志？曰：‘为理性之故而从理性之意志是已。为义务之故而行义务之意志是已。’此乃不从感情之指挥而求与理性之命令一致之意志也，非可由感情欲望而决定者也。譬如人生怜悯之情而为慈善，是既为感情之所左右矣，不得为道德之行为也。必绝情祛欲，始有道德之价值。”则是感性与性①不相容也。自孟子言之，则曰：“其

① 原文如此。按下文，“性”上似脱“理”字。

为气也，以直养而无害，则塞乎天地之间。”则是理性可以养感性也。“其为气也，配义与道，无是馁也。”则是感性可以配理性也。是理性与感性非不相容也。孟子谓情非不善，而康德则认情为不善，不知道德之行为，乃自取舍统驭种种之感情欲望而成立。孔子曰：“礼，所以治人七情，然礼必以人情为本。”非必悉去感情欲望而道德始成立也。离感情欲望，则不能有行为。若如康德所言，绝情祛欲，则道德之行为亦全消灭。清儒戴震著《孟子字义疏证》一书曰：“君子之治天下也，使人人各得其情，各遂其欲，而天下治。君子之自治也，情与欲使一于道义。”孟子“集义”之功，“情与欲使一于道义”而已。戴氏又与某书曰：“后儒不知情之至于纤悉无憾，是谓理。”康德之谓矣！

(4) 教学篇　凡孟子之论教与学者胥隶焉。按孟子之论“教”、“学”，“在自得”。曰：“君子深造之以道，欲其自得之也。”“君子”，指教者说；“深造之以道”之“之”字，代名词，指学者。谓君子深造之以道，期于学者之自得，而非尽量输入。“造”，作造就解，读在早切。此亦自动教育之说也。

(5) 辨诸子篇　此可以证见孟子与诸子不同之所在。凡五目：曰辨墨家。曰[1]辨农家。曰辨兵家。曰辨游说家。曰辨治生家。

(6) 政制篇　凡孟子之论政治法制者胥隶焉。按“儒家虽著为一总名，而其中支分流别。战国之际，疑别有一种儒家法学派。此法学又不同管、商、申、韩诸家之言。惟就儒家而论，大都但说仁义，重束修，敦伦理，而此派则特自研有治国之方法，各种政法制度，亦复具体可以立案画策。且古今之制度，皆经考证，言之可稽。如《孟子》一书，其明举王制所宜，孔子《论语》二十篇中，尚无此种文字。盖孔子之实体法制说，皆分见于六经。而

① “曰”字据上下文补。

《论语》所记，则但言王而未言制。”近人刘少少说。

(b) 本科一年级

(一)《礼记》　《礼记》四十九篇，据郑玄《目录》，考之于刘向《别录》，其篇次本以类相从。而唐魏徵又作《类礼》二十篇，太宗美其书，诏曰：“以类相从，别有篇第，并更注解，文义粲然。”朱子惜不之见。迨元吴澄撰有《礼记纂言》三十六卷，其篇第亦以类相从。是《礼记》旧本，本多分类者。兹据经文，酌时宜，分为六类，凡十五篇。

(1) 有言古代之家庭教育者——(子)《内则》、(丑)《曲礼》。　凡桐城姚鼐所谓古《曲礼》正篇，有韵可诵之五十九句俾童子诵者，以及《曲礼》所载事长、敬老、接宾、执贽、纳女之说，皆选焉。

(2) 有言学校教育者——(子)《中庸》、(丑)《大学》、(寅)《学记》。　戊戌政变以前，中国无所谓教育焉。马端临曰：“所谓学者，姑视为粉饰太平之一事耳。”然而古之教者，家有塾，党有庠，术有序，国有学，所谓学校至不一也。其教育在自动，其教育之旨趣及方法具见于《中庸》、《大学》、《学记》三篇。

《学记》论教授法，《大学》、《中庸》论教育原理。而《学记》与《大学》、《中庸》三篇之间，有最扼要之一语为之枢机，即《学记》所谓“教也者，长善而救其失者也”。此一言所以示教育之效能。盖以为教育者，非真能有移风易俗之力也。所谓“长善”云者，不过善者长之以蕲止于至善焉耳。其效能绝对有限量而非无限量，不似近今吾人信教育有改造社会、化恶为善之力。何也？以其植基于“性善”之说也。人性本善，何须改造，亦何可改造！惟性善，故自动。惟性善而不无末流之说，故自动不能废教育。恶者，其末流之失已耳。教育者，匪创造人生本无之善，而救其末流之失已耳。故曰“教者长善而救其失”。《中庸》之“率性”、“修道”，《大学》之“明明德”、“新民”、“止至善”，皆依据斯言以定教育之原则焉。《中庸》之开宗明义曰："天命之谓性，率性之谓道，修道之谓教。"何谓"性"？本能是也。何谓"率性"？"发挥本能"是也。朱子注："率性之率，不是用力字，只是顺其自然之意。道，犹路也。人物各循其性之自然，则其日用事物之间，莫不各有当行之路，是则所谓道也。修，品节之也。性道虽同而气禀或异，故不能无过不及之差。圣人因人物之所当行者而品节之以为法于天下，则谓之教。"故曰："教者长善而救其失。"迨善之长也，"能尽其性，则能尽人之性；能尽人之性，则能尽物之性；能尽物之性，则可以赞天地之化育。""尽性"云者，谓本能之发展，推而致乎其极云耳。此《大学》之"明明德"所以必推极其效于"新民"、"止至善"也。盖明德，即性也，以其德之于天而昭明不昧，故谓之明德。德本明也，昏于气而蔽于物，则失之矣。学者所以明之而已，此"救"之说也。民亦同有明德，而旧染污俗，故又当推吾之明德以新之也。性之体纯粹至善，而其用见于人伦事物之间，故修己治人，皆必止于至善，然后有以尽其性。故曰："教者长善而救其失者也。"《学记》之论教也，重在教学生学，不重在教学生。《记》曰："今之教者，呻其呫毕，多其讯，言及于数。"教亦勤苦矣！然而"施之也悖，求之也佛。夫然，故隐其学而疾其师，苦其难而不知其益也，虽终其业，其去之必远"。徒劳而无功者，何也？则以未能浚发其活泼及创作之自动能力、研究之精神，而觉为学之可乐，藏焉修焉，息焉游焉，则自"安其学而亲其师"矣。故曰："君子之教喻也，道而勿牵，强而勿抑，开而勿达。道而勿牵则和，强而勿抑则易，开而勿达则思。和易以思，可谓善喻矣。"此其所以养成学者活泼及创作之自动能力、研究之精神者为何如乎！基博尝谓学生者，学而能自毕焉；教师者，匪教而能事毕焉。《记》曰："记问之学，不足以为人师。"何也？以其只知教也。《大学》论"止于至善"，必曰"知其所止"。《中庸》之论"诚身"，必曰"明善"，曰"择善"。谁则知之？曰：止至善者自知之也。谁则明之、择之？曰：诚身者自明之，自择之也。何以知？何以明？何以择？曰：博学，审问，慎思，明辨。确知其为“善”、“至善”，然后固执而笃行焉。呜呼！此《学记》之所以先“辨志”，而蕲至于“知类通达，强立不反”，然后“谓之大成”也。始焉善之不择，终之不知所止。而国人今日遂不忠于所学，以讲学为投机。今日国粹，明日欧化，其实不过揣迎时好，弋猎声誉，作一种投机事业而已，非真有所主张，有所研究云尔也。卒之随波逐流，而思想陷于破产，转徙流离，依依乎何之。孟子曰：“人有鸡犬放则知求之，有放心而不知求，哀哉！”此则今日学者之大患也！呜呼，仲尼不云乎？“人皆曰余知，择乎中庸而不能期月守也。”然则如何而可？曰：“诚之者，择善而固执之者也。”所谓“择善”者，非漫然而善之也。“博学之，审问之，慎思之，明辨之，笃行之。有弗学，学之勿能，勿措也。有弗问，问之弗知，弗措也。有弗思，思之勿得，勿措也。有弗辨，辨之弗明，弗措也。有弗行，行之弗笃，弗措也。”得一善，则拳拳服膺而弗失之矣！此则硁硁之愚，以为忠于所学，忠于其主义者当如是也！今日学之大患，一言蔽之，曰不诚而已矣！“诚者物之终始，不诚无物。”伯尔同志，尚体斯意。

(3) 有言社会教育者——(子)《乡饮酒义》、(丑)《射义》。　今之学校，厥为教师学生之学校，而古之学校，则为社会之学校。所谓社会之学校者，其意味有二：(一) 学校为社会之学校，而非学校之学校。(二) 学校之教育，为社会之教育，而不限于学校。要之，学校与社会融合为一而已。试论其略：

(子) 三代之隆也，学校为社会之学校，校长即为社会领袖之人物。五家为邻，五邻为闾，闾有塾。二十五家同住一巷，巷首有门，门侧有塾。四闾为族，五族为党，党有庠。五党为州，州有序。五州为乡，乡，二千五百户也。乡之中，乡大夫各掌其邻为邦教，受于司徒，司徒犹今之教育总长。颁于乡吏，六礼以节民性，七教以兴民德，八政以防民淫。州长，即一州之师也。党政，即一党之师也。下之为闾胥、为比长，即乡长。皆乡吏也，亦皆学校之教职也。古者农可为士，而吏即为师。马端临《文献通考》序曰："国学有司乐、司成，专主教士，而州闾乡党之学，则未闻有司职教之任者。及考《周礼·地官》：党正，各掌其党之政令教治；州长，各掌其州之政令教治。然后知党正即一党之师也，州长即一州之师也。以至下之为比长、闾胥，上之为乡遂大夫，莫不皆然。盖古之为吏者，其德行道艺俱足为人之师表。"于是学校领袖即社会之领袖，而学校教育，自不致有与社会隔膜之虞矣。

（丑）古之人，自家至于天子之国，皆有学，自幼至于长，未尝去于学之中。春令民毕在野，闾胥平旦坐于右塾，邻长坐于左塾，师古注：督促幼之知其早宴，防怠惰也。按塾在里门之侧。毕出然后归。夕亦如之。入者必持薪樵，轻重相分。斑白不提挈，所以优老人也。岁之蜡月，十二月。党正则以礼属民而饮于序。州序。州长春秋以礼会民而射于州序。乡大夫行乡饮酒之礼于学，以励其德行，以观其贤能。迨三年而以乡射之礼五物询众庶：一曰和。二曰客。三曰主皮。四曰和容。五曰兴舞。此谓使民兴贤，出使长之；使民兴能，入使治之，胥无不于学焉。诸侯之学曰泮宫，天子曰辟廱。班朝布令，享帝右祖，则以为明堂。同律候气，治历考详，则以为灵台。而养老必于学，大射必于学，出征、受成、郑康成注：定军谋也。讯馘必于学。大师旅，则将士会焉；大狱讼，则吏民期焉；大祭祀，则天祖飨焉。盖其制皆于国之胜地筑宫，环水。国有大事，则以礼属百官群吏下民而讲行之；无事，则国之耆老子弟游焉，以论鼓钟而修孝弟。盖学校为社会之学校，故社会所有事无不于学校行之。而学校教育，亦不限于诗书六艺，又有祭祀、乡射、养老之礼，以习其恭让；司律、治历、论狱、出兵、授捷之法，以习其从事。而其大要，则务使人人尽其性，不独防其邪僻放肆也。其在黉舍之内，而社会之文为制度，无不习熟闻见，究其所以。以及出而任社会之事，方物出谋发虑，则随所施为，无不可者。何也？学校与社会沟通为一，而其教育不徒以读死书为能事也。

（寅）学校为社会之学校，社会有辅相学校之义。《王制》："司徒命乡简不率教者以告。耆老皆朝于庠。元旦，习射，上功。习乡，上齿，大司徒率国之俊士与执事焉。"耆老，谓其乡之老成有德者，而俊士，则年少英俊之士，皆所谓模范人物也。盖欲使不帅教之人，得于观感改过以从善，《学记》所谓相观而善摩之谓也。习射，谓行射礼，使知心平体正之德，而尽所以修身。习乡，谓行乡饮酒体，使知长幼尊卑之礼，而尽所以事焉。此所以待不肖也。三年大比，兴贤者有德行。能者，有材艺。乡老及乡大夫率其吏与其众，以礼宾之，使俊士宾焉以为荣，不肖者慕之而知奋焉。

（卯）学校为社会之学校，而学校遂为社会教育之机关。一九一九年美国全国教育会会长泼力士登夫人以"公众集会法"为最重要之社会教育。先是，夫人村居，深知乡村生活，须有一种有秩序有组织社会交际之法，国风化人之道而长日劳动之徒，亦应有休养畅乐之法。农庄中若快乐不与劳苦同等，断不能保传儿女。然农家挥汗锄云，何得有此。夫人知其然，遂提倡一"公众集会法"，其言曰："公众集会所行之事，无论其为音乐会、辩论会，抑他种游戏，甚至细如蜂之斗衙者，亦能加生机于乡村之生活，使人民和谐之风从此发生，使公民日趋于良美，而成国家完善之公民。"见《新教育》第四卷第二期。基博则以为乡饮酒、乡射，三代之公众集会法也，当日最要之社会教育。而学校，则其乡饮酒乡射之地也。《乡饮之义》曰："主人拜迎宾于门之外，入三揖而后至阶，三让而后升，所以致尊让也。盥洗扬觯，所以致絜也。拜至，拜洗，拜受，拜送，拜既，所以致敬也。尊让絜敬也者，君子之所以相接也。君子尊让则不争，絜敬则不慢。不慢不争，则远于斗辨矣。不斗辨，则无暴乱之祸矣。斯君子所以免于人祸也。”又曰：“祭荐，祭酒，敬礼也。祭肺，尝礼也。啐酒，成礼也。于席末言是席之正，非专为饮食也，为行礼也。此所以贵礼而贱财也。卒觯致实于西阶上，言是席之上，非专为饮食也。此先礼而后财之义也。先礼而后财，则民作敬让而不争矣。”此其所以养成“人民谐和之风”者为何如乎！吕祖谦曰：“乡饮酒者，乡人以时会聚饮酒之礼也。因饮酒而射，则谓之乡射。”《射义》曰：“射者，仁之道也。求正诸己，己正而后发，发而不中，不怨胜己者，反求知己而已矣。”孔子曰：“君子无所争，必也射乎！揖让而升，下而饮，其争也君子。”于角射较胜之时，不失雍容揖让之度。其争也，乃所以彰其为君子也。故曰“可以观德”。此其刑仁讲让，示民有常，而限制民之竞争者又何如乎！岂非“所谓一种有秩序、有组织社会交际之法”，而为“国风化人之道”者耶？夫党正以礼属民而饮州序，必于岁之蜡月者，此正以农家挥汗锄云，终岁勤动，而“休养畅乐之法”遂不得不行于岁之蜡月农隙之时焉。夫农村为国富之策源地，此欧美经济学者之公言。使如泼力士登夫人所云，“快乐不与劳苦同等”，俾其人憔悴郁结，意不得发舒，而精神体力日即于委靡，则社会将隐受其害，宁只一乡一邑之荣悴已耶！

要之三代之世，掌学校者，不视学校为独立社会以外之团体，而视学校为社会之一部。其教授之所取资，一以实际之社会为衡，不似今日之学校教育，与社会隔膜，而不问社会之现状如何也。

(4) 有言社会组织者——(子)《王制》。

(5) 有言社会组织之原则者——(子)《礼运》、(丑)《乐记》。 乐者为同，礼者为异。《中庸》曰：“忠恕，违道不远，施诸己而不愿，亦勿施于人。”“乐者为同”之旨也。西谚有名言曰：“自由，以不侵人之自由为界。”“礼者为异”之旨也。“乐者为同”，所以协人情之好恶。“礼者为异”，所以别群己之权界。故曰：“乐至则无怨，礼至则不争，揖让而治天下者，礼乐之谓也！”

(6) 有古代社会之风俗制度沿袭至今其遗意犹可考见者——(子)《昏义》、(丑)《檀弓》、(寅)《问丧》、(卯)《三年问》、(辰)《祭义》。

(二)《春秋左氏传》

(1) 齐桓公召陵之师。

春秋时之国际形势，分为南北两国际团体：南方国际团体以楚为首领国，而北方则以晋为首领国。郑介两大之间，犹欧战之际比利时之介于德法二国间也。当是之时，楚国时向北方为侵掠战争，可比欧战之同盟国首领德意志。而北方之首领晋国则纠合北方诸侯为防卫战争，犹之欧战中之协约首领英国。晋之先有齐，楚之衰有吴，此其大略也。

(2) 宋襄公泓之战。

(3) 晋文公城濮之战。

(4) 楚庄王邲之战。

(5) 吴入州来。　为后来吴入郢张本。晋通吴以掎楚，犹英联法以制德也。楚于是乎始衰矣。

(6) 晋鄢陵之战。

(7) 宋之盟。

春秋弭兵之会，自宋之盟始。自此以前，为晋楚武力竞争时代，而此后则为外交竞争时期矣。春秋世运一大枢机也。

(8) 虢之会。

(9) 申之会。

(10) 平丘之盟。

(11) 召陵之会。　晋于是乎失诸侯。

(12) 吴入郢。　楚衰而吴代兴。晋楚争伯之局，一变而为晋吴争伯。

(13) 夹谷之会。

(14) 黄池之会。　晋楚争先。

是编之主旨,在以春秋列国之会盟征伐,援古衡今,说明国际之道德,不同于个人,以唤起国民性之自觉。而时贤著述之可供参考者:(子) 马丁韪良博士之《支那古代万国公法》,载丙午社《平时国际公法》一七—二四页。(丑) 日本《东方时论》之《旧战国与新战国》,译载《东方杂志》十五卷十号五六—六三页。(寅) 梁任公之《国际同盟与中国》,载《东方杂志》十六卷二号一六一—一六三页。皆引《春秋》之国际事实以衡论当世者也。吾国自嬴秦混一六王以迄于今,国民习于数千年之闭关,不复知国际为何事。其始遇外人也,一以夷狄待之。虚骄之心理,訑訑拒人之声音笑貌,可以怒敌而召衅者,亦既无在无之。一经败衄,则又嗒焉若丧,卑怯之习日以长,以为中国事事不如人,甘心居人后,自侮而人亦侮之,于是国际上之地位,遂以一落千丈强! 顾衡诸春秋诸国何如者? 不论晋楚齐秦,泱泱大国之风,必不以疆场胜负之一彼一此,自损其荣誉。即以小事大之蕞尔郑,亦能一遵当日国际之惯例,不亢不卑,保持其国际上之地位。岂有俯仰随人,习于媚外而可以立国者哉? 呜呼,国家之积弱、国民之志气不振实为之! 傥非吾党教育者之责欤?

(丁) 读经科与他科之关系

(a) 公民科　吾国古先圣哲相传人伦道德之要。

(b) 教育科　吾国古先圣哲相传之教学法,及学制之记载讨论。

(c) 国文科　《论语》之文简尽,而《孟子》之文则雄峭。《礼记》之文蕴藉,而《左氏》之文则恢诡。皆自古文事之至精能者。韩退之曰:"沉浸酞郁,含英咀华。"其于斯文必有得矣!

(d) 历史科　《春秋左氏传》无论已。《礼记》之载典礼,《孟子》之论政制,皆绝好上古政治史料也。《礼记》之载冠昏丧祭,

《春秋》之记聘享赋诗，皆绝好上古风俗史料也。

基博任本校读经科五年于兹。国内参观诸君，见课程表有读经一科，往往以教学之旨趣及方法垂询。言国粹者，则见誉曰："是存古也。是正人心，息邪说也！"言欧化者，则又曰："是守旧也！是锢蔽青年之耳目聪明也！"其实世间青年无绝对可读之书，亦无绝对不可读之书，要视教之读者何如耳。孔子曰："温故而知新。"新即自故中温出。今之学者，不事温故，只求知新，未能继承，已思创作，祛理知而言直觉，超现实而骛玄想，浮谈无根，等于说梦，此大蔽也！至以读经为存古，则又拘虚之见，而未能游于方之外者。爰草此篇以就正于有道焉。

一九　清钱莘楣《十驾斋养新录》论古书音读三则

古今音　《释名》:"古者曰车,声如居,所以居人也。今曰车,声近舍。"韦昭辨之云:"古皆音尺奢反,从汉以来,始有居音。"二说正相反。韦氏误也。韦特见《诗》"王姬之车"、"君子之车"皆与华韵,而不知读华为呼瓜切,亦非古音也。古读华为敷。《诗》"有女同车",与"华"、"琚"、"都"为韵。"携手同车"与"狐"、"乌"为韵。车之读车,又何疑焉。宏嗣生于汉季,稍染俗学,故于古音不甚了了。

古无轻唇音　凡轻唇之音,古读皆为重唇。《诗》:"凡民有丧,匍匐救之。"《檀弓》引《诗》作"扶服",《家语》引作"扶伏"。又"诞实匍匐",《释文》本亦作"扶服"。《左传》昭十二年:"奉壶饮冰以蒲伏焉。"《释文》本又作"匍匐",蒲本亦作扶。昭二十一年:"扶伏而击之。"《释文》本或作"匍匐"。《史记·苏秦传》:"嫂委蛇蒲服。"《范雎传》:"膝行蒲服。"《淮阴侯传》:"俛出袴下蒲服。"《汉书·霍光传》:"中孺扶服叩头。"皆匍匐之异文也。古读扶如酺,转为蟠音。《汉书·天文志》:"晷长为潦,短为旱,奢为扶。"郑氏云:"扶当为蟠。齐鲁之间,声如酺。酺扶声近。蟠,止不行也。"《史记·五帝本纪》:"东至蟠木。"《吕氏春秋》:"东至扶木。"又云:"禹东至榑木之地。""扶木",谓扶桑也,说文作"榑桑"。古音扶如蟠,故又作"蟠木"。服又转为犕音。《说文》引《易》"犕牛乘马"。"犕牛"即"服牛"也。《左传》:"王使伯服游孙伯。"《史记·郑世家》:"伯犕。"《后汉书·皇甫嵩传》:"义真犕未平。"注:"犕,古服字。"服又转为譽音。《汉书·东方朔传》:"舍人不胜痛,呼譽。"服虔云:"譽,暴。"邓展云:"瓜瓟之瓟。"师古曰:"痛切而叫呼也，与《田蚡传》‘呼服’音义皆同。”《田蚡传》：“蚡疾，一身尽痛，若有击者，呼服谢罪。”晋灼云：“服，音瓟。关西俗谓得杖呼及小儿啼为呼瓟。”《广韵》：“菢，薄报切，鸟伏卵。伏，扶富切，鸟菢子。”伏，菢，互相训，而声亦相转，此伏羲所以为庖牺，伏羲氏亦称庖牺氏。《说文》：“㶇，迫也。读若《易》虙羲氏。”《唐韵》：“㶇，平秘切。”《风俗通》：“伏者，别也，变也。伏羲始别八卦以变化天下。”伏又与逼通。《考工记》：“不伏其辕，必缢其牛。”注：“故书，伏作偪。”杜子春云：“偪，当作伏。”按偪、迫、别、变，皆重唇。古音负如背，亦如倍。《史记·鲁周公世家》：“南面倍依。”《汉书·徐乐传》：“南面背依。”倍与背同，即负扆也。《书·禹贡》：“至于陪尾。”《史记》作“负尾”，《汉书》作“倍尾”。《汉书·宣帝纪》：“行幸萯阳宫。”李斐曰：“负，音倍。”《东方朔传》：“倍阳宣曲尤幸。”师古曰：“倍阳，即萯阳也。”《释名》：“负，背也，置项背也。”《书》：“方命圮族。”《史记》作“负命”。《正义》云：“负，音佩。”依《字通》：“负，违也。”按负命，犹言背命。古读附如部。《左传》：“部娄无松柏。”《说文》引作“附娄”，云：“附娄，小土山也。”《诗》：“景命有仆。”传：“仆，附也。”《广雅》：“薄，附也。”苻，即蒲字。《左传》：“取人于萑苻之泽。”《释文》：“苻，音蒲。”《晋书》：“蒲洪孙坚，背有草付字，改姓苻。”古读佛如弼，亦如勃。《诗》：“佛时仔肩。”《释文》：“佛，毛符弗反，大也。”郑音：“弼，辅也。”《学记》：“其求之也佛。”《正义》：“佛者，佛戾也。”《释文》本又作：“拂，扶弗反。”《曲礼》：“献鸟者佛其首。”注：“佛，戾也。”《释文》作“拂”，本又作“佛，扶弗反”。《晋书》：“赫连勃勃。”《宋书》作“佛佛”。乞伏氏亦作“乞佛”。佛亦作奰。《说文》：“奰，大也，读若予违汝弼。”古读文如门。《水经注·汉水》篇：“文水，即门水也。”《书》：“岷嶓既艺。”“岷山之阳。”“岷山导江。”《史记·夏本纪》皆作“汶山”。《汉书·武帝纪》：“文山郡。”注：“应劭曰：‘文山，今蜀郡嶓山。’”《礼记》：“君子贵玉而贱碈。”或作“玟”。《释文》：“玟，武巾反，又音枚。”《汉书·高帝纪》：“亡诸身帅闽中兵。”如淳曰：“闽，音缗。”应劭曰：“音文饰之文。”文闽同音，皆重唇。《史记·鲁世家》：

“平公子文公。”世本作“湣公”。湣与闵同。闵亦从文声。古读弗如不。《广韵》:“不,与弗同分勿切。”《说文》:“吴谓之不律。燕谓之弗。秦谓之笔。”笔、弗声相近也。古读拂如弼。《孟子》:“入则无法家拂士。”《史记·夏本纪》:“女匡拂予。”古读茀如蔽。《诗》:“翟茀以朝。”传:“茀,蔽也。”《周礼注》引作“翟蔽以朝”。“簟茀鱼服”。笺:“茀之言蔽也。”“簟茀朱鞹”,传:“车之蔽曰茀。”《论语》:“色勃如也。”《说文》两引,一作孛,一作艴。《广韵》十一没部:“艴,艴然不悦。蒲没切。”此古音。又八物部:“艴,浅色,敷勿切。”此齐梁后之音。古读繁如鞶。《左传》成二年:“曲县繁缨以朝。”《释文》:“繁,步干反。”繁缨,亦作樊缨。《周礼》:“巾车,玉路,锡樊缨十有再就。”注:“樊,读如鞶带之鞶,谓今马大带也。”《释文》:“樊,步干反。”繁又转如婆音。《左传》定四年:“殷民七族:繁氏,锜氏……”《释文》:“繁,步何反。”《汉书·公卿表》:“李延寿为御史大夫,一姓繁。”师古曰:“繁,音蒲元反。”《陈汤传》:“御史大夫繁延寿。”师古曰:“繁,音蒲胡反。”《萧望之传》师古音婆,《谷永传》师古音蒲何反。延寿一人,而小颜三易其音,要皆重唇非轻唇,则是汉人无轻唇之证也。《史记·张丞相列传》:“丞相司直繁君。”《索隐》音繁为婆。《文选》:“繁休伯。”吕向音步何反。《广韵》八戈部有繁字,薄波切,姓也。则繁姓读婆音为正。古读蕃如卞。《汉书·成帝纪》引《书》“于蕃时雍”。于蕃,即于变也。《孔宙碑》又云:“于卞时雍。”卞、变、蕃皆同音。古读藩如播。《周礼·大司乐》:“播之以八音。”注:“故书播为藩。杜子春云:‘播,当为播,读后稷播百谷之播。’”《尚书大传》:“播国率相行事。”郑注:“播,读藩。”古读偾如奔。《礼·射义》:“贲军之将。”注:“贲读为偾,覆败也。”《诗·行苇》传引作“奔军之将”。古读纷如豳。《周礼·司几筵》:“设莞筵纷纯。”司农云:“纷,读为豳。”古读甫如圃。《诗》:“东有甫草。”《韩诗》作“圃草”。《薛君章句》:“圃,博也,有博大茂草也。”郑笺云:“甫草,甫田之草也。”郑有圃田,《释文》:“郑音补。”《左传》:“及甫田之北竟。”《释文》:“甫,布五反,本亦作圃。”古音敷如布。《书·顾命》:“敷重篾席。”《说文》引作“布重莫席”。《诗》:“敷政优优。”《左传》引作“布政”。《仪礼》:“管人布幕于寝门外。”注:“今文布作敷。”敷亦读如铺。《诗》:“铺敦淮濆。”《释文》:“《韩诗》作敷。”又“敷时绎思”,《左传》引作铺。《蓼萧》笺:“外薄四海。”《释文》云:“诸本作外敷,注芳夫反。”是亦读如铺也。古读方如旁。《书》:“方鸠僝功。”《说文》两引,一作“旁逑僝功”,一作“旁救孱功”。《史记》作“方聚布功”。《书》:“方施象刑惟明。”《新序》引作“旁施”。《立政》:“方行天下。”亦读为旁,与《易》“旁行而不流”义同。传云:“方,四方。”非也。《书》:“方告无辜于上。”《论衡》引作旁。《士丧礼》:“牢中旁寸。”注:“今文旁为方。”《左传》:“衡流而方羊。”《释文》:“方,蒲郎反。”《庄子·逍遥游》篇:“彷徨乎无为之侧。”崔譔本作“方羊”。方又读如谤。《论语》:“子贡方人。”郑康成本作“谤人”。《广雅》:“方,表也。边,方也。”《说文》:“方,并船也。”古人读方重唇,与边、表并声相近。《字林》:“穮,方遥反。襮,方沃反。邶,方代反。”吕忱,魏人。其时初行反语,即反语可得方之正音。六朝以后,转重唇为轻唇。后世不知有正音,乃强为类隔之说,谬矣!古音鲂如鳑。《说文》:“鲂,或作鳑。《春秋》‘晋侯使士鲂来乞师’,《公羊》作‘士彭’。”是鲂非轻唇也。古音逢如蓬。《诗》:“鼍鼓逢逢。”《释文》:“逢,薄红反。”徐仙民音丰,亦读丰,重唇也。《尔雅》:“岁在甲曰阏逢。”《淮南·天文训》作“阏蓬”。《庄子·山木》篇:“虽羿、蓬蒙不能眄睨。”即《孟子》之逢蒙也。后世声韵之学行,妄生分别,以鼓逢逢读重唇,入东韵,相逢字读轻唇,入钟韵,又别造一逄字,转为薄江切,训人姓,改逢蒙、逢丑父之逢为逄以实之,则真大谬矣!洪氏《隶释》引司马相如云:“乌获、逢蒙之巧。”王褒云:“逢门子弯乌号。”《艺文志》亦作“逢门”,即“逢蒙”也。《古今人表》有逢於何数人。阳朔中,有太仆逢信。《左传》有逢伯陵、逢丑父矣。汉有逢萌。《庄子》:“羿、逢蒙不能睥睨。”《淮南子》:“重以逢蒙门子之巧。”皆作逢迎之逢。石刻有《汉故博士赵傅逢府君神道》、《逢童子碑》,其篆文皆从夆。魏《元丕碑》有逢牧,《孔宙碑》阴有逢祈,《逢盛碑》阴有逄信，亦不书作逢。又谓："汉儒尚借鼜为逢，则恐诸逢当读为'鼍鼓逢逢'之逢。"洪说是也。汉魏以前，无逄字，其为六朝人妄造无疑。《广韵》江部又有韸字，训鼓声，此即鼍鼓逢逢之逢音，转为薄江切，俗师改从音旁，又改夆为夅，皆所谓不知而作也。古读封如邦。《论语》："且在邦域之中矣。"《释文》："邦或作封。""而谋动干戈于邦内"，《释文》："郑本作封内。"《释名》："邦，封也，有功于是，故封之也。"封又读如窆。《檀弓》："县棺而封。"注："封当为窆，下棺也。《春秋传》作堋。"《周礼·乡师》："及窆，执斧以莅匠师。"郑司农云："窆，谓葬下棺也。《春秋传》曰：'日中而塴。'《礼记》所谓封者。"《太仆》："窆亦如之。"郑司农云："窆，谓葬下棺也。《春秋传》所谓'日中而塴'，《礼记》谓之'封'，皆葬下棺也，音相似。"窆读如"庆封氾祭"之氾。《左传》："日中而塴。"《释文》："塴，北邓反，下棺也。礼家作窆，彼验反，义同。"《说文》："堋，丧葬下土也，《礼》谓之封，《周官》谓之窆。"封，府容切；窆，方验切；堋，方邓切；声皆相似，故可互转。后儒不通古音，乃有类隔之例，不知古音本无轻唇也。古人读封如邦。先郑云："窆、塴、封音相似。"是东京尚无轻唇音。古音勿如没。《尔雅》"蠠没"即《诗》"密勿"也。《诗》："黾勉从事。"《刘向传》引作"密勿从事。"《礼记·祭义》："勿勿诸其欲其飨之也。"注："勿勿，犹勉勉。"《大戴礼·曾子立事》篇："君子终身守此勿勿。"注："勿勿犹勉勉。"《曲礼》："国中以策彗邮勿。"注："邮勿，搔摩也。"古人读勿重唇，故与勉、摩声相转。《颜氏家训》云："《战国策》音刎为免。"古音刎、免皆重唇，六朝人转刎为轻唇，故以为异。古读副如劈。《说文》："副，判也。"判、副双声。引《周礼》"副辜"，籀文作疈辜。《诗》："不坼不副。"读孚逼反。《字林》："副，判也，匹亦反。"古读罚如钹。《周礼》："大驭犯钹。"注："故书钹作罚。"杜子春云："罚为钹，钹，读为别异之别。"古读非如颁。《说文》："棐，赋事也。读若颁，一曰读若非。"《周礼·太宰》："匪颁之式。"郑司农云："匪，分也。"匪、颁双声。古读匪如彼。《诗》："彼交匪敖。"《春秋》襄廿七年传引作"匪交匪敖"。《诗》："彼交匪纾。”《荀子·劝学》篇：引作“匪交匪纾”。《春秋》襄八年传引《诗》“如匪行迈谋”，注：“匪，彼也。”《广雅》：“匪，彼也。”匪又与邲通。《诗》：“有匪君子。”《韩诗》作邲。腓与芘同。《诗》：“小人所腓。”郑笺云：“腓当作芘。”毛于此文及“牛羊腓字之”皆训腓为辟，盖以声相似取义。古文妃与配同。《诗》：“天立厥配。”《释文》本亦作配。《易》：“遇其配主。”郑本作妃。剕与膑通。《书》：“剕罚之属五百。”《史记·周本纪》作膑。菲与苞通。《曲礼》：“苞屦扱衽。”注：“苞或为菲。”浘与浼通。《诗》：“河水浼浼。”《释文》：“浼，每罪反，《韩诗》作浘浘。”娓即美字。《诗》：“谁侜予美。”《韩诗》作娓。《说文》：“娓，顺也，读若媚。”古音微如眉。《少年礼》：“眉寿万年。”注：“古文眉为微。”《春秋》庄廿八年“筑郿”，《公羊》作微。《诗》：“勿士行枚。”传：“枚，微也。”古读無如模。《说文》：“橆或说规模字。”汉人规模字或作橅。《易》：“莫夜有戎。”郑读莫如字，云無也，無夜，非一夜。《诗》：“德音莫违。”笺：“莫，無也。”《广雅》：“莫，無也。”《曲礼》：“毋不敬。”《释文》云：“古文言毋，犹今人言莫也。”無又转如毛。《后汉书·冯衍传》：“饥者毛食。”注云：“按衍集，毛字作无。”《汉书·功臣侯表序》：“靡有孑遗，耗矣！”注：“孟康曰：‘耗，音毛。’师古曰：‘今俗语犹谓無为耗。’”大昕按：今江西、湖南方音，读無如冒，即毛之去声。無转训为末。《檀弓》：“末吾禁也。”注：“末，无也。”又转训为靡。《释言》：“靡，無也。”古读蕪与蔓通。《释草》：“蔓菁。”《释文》云：“蔓，音万，本又作蕪，音無。”古读膴如模。《诗》：“民虽靡膴。”笺：“膴，法也。”《释文》：“徐云：‘郑音模，又音武。’《韩诗》作靡腜。”《诗》：“周原膴膴。”《文选》注引《韩诗》作“腜腜”。莫来切。模、腜声相近。《说文》：“膴，读若谟。”璑从無声。《周礼·弁师》：“瑉玉三采。”注：“故书瑉，作璑。”《说文》：“瑉，三采玉也。”璑瑉声相近。古读反如变。《诗》：“四矢反兮。”《韩诗》作变。《说文》“汳水”即汴水。古读馥如苾。《诗》：“苾芬孝祀。”《韩诗》作“馥芬”。古读复如愎。《释言》：“狃，复也。”孙炎云：“狃忕前事，复为也。”《春秋传》：“愎谏违卜。”谓谏不从而复为也。《说文》

无愎字，盖即狃复字，后儒改从心旁耳。今人呼鳆鱼曰鲍鱼，此方音之存古者。古音晚，重唇。今吴音犹然。《说文》："晚，莫也。"《诗》毛传："莫，晚也。"莫、晚声相近。古读冯为凴，本从冰得声。《易》："用冯河。"《诗》："不敢冯河。"《论语》："暴虎冯河。"《春秋》："宋公冯。"皆皮冰反。吾衍谓："《孟子》诸冯、冯妇之冯，皆皮冰反。"按《水经注》："皇舅寺，是太师昌黎凴晋国所造。"考《魏书》："冯熙，字晋国，文明太后兄也，封昌黎王。"是魏时读冯姓皮冰反，故或作凴也。俘与宝通。《春秋》："齐人来归卫俘。"《公羖》俘作宝。《一切经音义》引诏定古文官书，枹桴二字同体，扶鸠反，是桴与枹同音。古读望如茫。《释名》："望，茫也，远望茫茫也。"《周礼·职方氏》："其泽薮曰望诸。"注："望诸，明都也。"疏："明都，即宋之孟诸。"古读务如牟。《荀子·成相》篇："天乙汤，论举当，身让卞随举牟光。"即务光也。《左传》："莒公子务娄。"徐音莫侯反。古读发如拨。《诗》："鳣鲔发发。"《释文》："补末反。"此古音也。"一之日觱发"，《说文》作"滭泼"。此双声，亦当为补末切。《释文》云"如字"，误矣！《说文》："泼，分勿切。"

舌音类隔之说不可信　古无舌头舌上之分，知、彻、澄三母，以今音读之，与照、穿、床无别也，求之古音，则与端、透、定无异。《说文》："冲，读若动。"《书》："惟予冲人。"《释文》："直忠切。"古读直如特。冲子，犹童子也。字母家不识古音，读冲为虫，不知古读虫亦如同也。《诗》："蕴隆虫虫。"《释文》："直忠反。"徐，徒冬反，《尔雅》作"爞爞"。郭，都冬反。《韩诗》作"烔"，音徒冬反。是虫与同音不异。古音中如得。《周礼·师氏》："掌王中失之事。"故书中为得。杜子春云："当为得。记君得失，若《春秋》是也。"《三仓》云："中，得也。"《史记·封禅书》："康后与王不相中。"《周勃传》："勃子胜之尚公主不相中。"小司马皆训为得。《吕览》："以中帝心。"注："中犹得。"古音陟如得。《周礼·太卜》："掌三梦之法曰咸陟。"注："陟之言得也，读如王德翟人之德。"《诗》："陟其高山。"笺："陟，登也。"登、得声相近。古音赵如掴。《诗》："其镈斯赵。"《释文》："徒了反。”《周礼·考工记》注引作“其镈斯撊”，大了反。《荀子》杨倞注：“赵读为掉。”古音直如特。《诗》：“实惟我特。”《释文》：“《韩诗》作直，云相当值也。”《孟子》：“直不百步耳。”直，但也。但、直声相近。《吕览·尚廉》篇：“特王子庆忌为之赐而不杀耳。”注：“特，犹直也。”《檀弓》：“行并植于晋国。”注：“植或为特。”《王制》：“天子犆礿。”注：“犆，犹一也。”《释文》：“犆，音特。”《玉藻》：“君羔幦虎犆。”注：“犆，读如直道而行之直。”《士相见礼》：“丧俟事不犆吊。”定本作特。《穀梁传》：“犆言同时。”本亦作特。古音竹如笃。《诗》：“绿竹猗猗。”《释文》：“《韩诗》竹，作薄，音徒沃反。”与笃音相近，皆舌音也。笃、竺并从竹得声。《论语》：“君子笃于亲。”《汗简》云：“古文作竺。”《书》：“曰笃不忘。”《释文》云：“本又作竺。”《释诂》：“竺，厚也。”《释文》云：“本又作笃。”按《说文》：“竺，厚也。”笃厚字本当作竺，经典多用笃，以其形声同耳。《汉书·西域传》：“无雷国北与捐毒接。”师古曰：“捐毒，即身毒，天毒也。”《张骞传》：“吾贾人转市之身毒国。”邓展曰：“毒音督。”李奇曰：“一名天竺。”《后汉书·杜笃传》：“摧天督。”注：“即天竺国。”然则竺、笃、毒、督四文同音。古读裯如祷。《周礼·甸祝》：“裯牲，裯马。”杜子春云：“裯，祷也。”引《诗》云：“既伯既祷。”后郑云：“裯，读如伏诛之诛，今侏大字也。”按《说文》引《诗》：“既祃既祷。”祷与裯文异义同。后郑读裯为诛，是汉时诛、侏亦读舌音。古读猪如都。《檀弓》：“洿其宫而猪焉。”注：“猪，都也，南方谓都为猪。”《书·禹贡》“大野既猪”，《史记》作“既都”。“荥波既猪”，《周礼注》作“荥播既都”。古读追如堆。《士冠礼》“追”注：“追，犹堆也。”《郊特牲》：“毋追。”《释文》：“多雷反。”枚乘《七发》：“逾岸出追。”李善注：“追，古堆字。”《诗》：“追琢其章。”传：“追，彫也。”彫追声相近，故荀子引《诗》“彫琢其章”。《释文》：“追，对回反。”追琢又作敦琢。《诗》：“敦琢其旅。”《释文》：“敦，都回反。”徐又音彫。古读卓与的相近。《觐礼》：“匹马卓上。”注：“卓，犹的也，以素的一马为上。”古读倬如菿。《诗》：“倬彼甫田。”

《韩诗》作菿。古读枨如棠。《论语》："或对曰：'申枨。'"《释文》："郑康成云：'盖孔子弟子申续。'"《史记》云："申棠，字周。"《家语》云："申续，字周也。"王应麟云："今《史记》以棠为党，以续为绩，传写之误也。后汉《王政碑》：'有羔羊之节，无申棠之欲。'则申枨、申棠一人耳。"大昕案：《诗》："俟我于堂兮。"笺云："堂当作枨。"枨与棠、堂同音，党亦音相近，非由转写之讹。古文赓续同声。《家语》申续盖读如庚，与棠音亦不远。今本《史记》作绩，则转写误也。因枨有棠音，可悟古读长，丁丈切，与党音相似，正是音和，非类隔。古读池如沱。《诗》："滮池北流。"《说文》引作滮沱。《周礼·职方氏》："并州，其川虖池。"《礼记》"晋人将有事于河，必先有事于恶池"，即滹沱之异文。古读褫如拕。《易》："终朝三褫之。"《释文》："褫，徐敕纸反，又直是反，郑本作拕，徒可反。"《说文》："褫，夺衣也，读若池。"池，即拕之讹。拕、夺声相近。古读沈如潭。《史记·陈涉世家》："夥颐涉之为王沈沈者。"应劭曰："沈沈，宫室深邃之貌。沈，音长含反。"与潭同音。韩退之诗"潭潭府中居"，即沈沈也。古读廛如坛。《周礼·廛人》注："故书廛为坛。"杜子春读坛为廛。《载师》："以廛里任国中之地。"注："故书廛或为坛。"司农读为廛。古读秩如豒。《书》："平秩东作。"《说文》引作豒，爵之次弟也，从豊，弟声。秩又与戴通。《说文》："戴，大也，读若《诗》'戴戴大猷'。"戴、大声相近。秩又与𧽥通。《说文》："𧽥，走也，读若《诗》'威仪秩秩'。"凡从失之字，如跌、迭、瓞、蛈、诛皆读舌音，则秩亦有迭音可信也。姪、娣本双声字。《公羊释文》："姪，大结反。娣，大计反。"此古音也。《广韵》姪有徒结、直一两切。今南北方音皆读直一切，无有作徒结切者。古今音有变易。字母家乃谓舌头舌上交互出切，此昧其根源而强为之词也。古读抽如搯。《诗》："左旋右抽。"《释文》云："抽，敕由反。"《说文》作搯，他牢反。古读陈如田。《说文》："田，陈也。"齐陈氏后称田氏。陆德明云："陈完奔齐，以国为氏，而《史记》谓之田氏。"是古田、陈声同。《吕览·不二》篇："陈骈贵齐。”陈骈，即田骈也。《诗》：“维禹甸之。”《释文》：“毛，田见反，治也。郑，绳证反，六十四井为乘。”《周礼·小司徒》：“四邱为甸。”注：“甸之言乘也。”《稍人》：“掌邱乘之政令。”注：“邱乘，四邱为甸，读与‘维禹敶之’之乘同。”《礼记·郊特牲》：“邱乘共粢盛。”注：“甸，或谓之乘。”《左传》：“浑良夫乘吏甸两牡。”《释文》：“甸，时证反。”《说文》引作中佃。古者乘、甸、陈、田声皆相近。乘之转甸，犹陈之转田，经典相承。陈，直觐反，乘，绳证反。后世言等韵者，以陈属澄母，甸属定母，乘属床母，由于不明古音，徒据经典相承之反切而类之，而不知其本一音也。《尔雅》：“堂途谓之陈。”《诗》：“胡逝我陈。”传：“堂涂也。”“中堂有甓。”传：“堂涂也。”《正义》：“《尔雅》：‘庙中路谓之唐，堂涂谓之陈。’唐之与陈，庙庭之异名耳，其实一也。”古读咮如鬭。《诗》：“不濡其咮。”《释文》：“咮，陟救反，徐又都豆反。”《广韵》五十候部有噣字，或作咮，都豆切，与鬭同音。古读涿如独。《周礼·壶涿氏》注：“故书涿为独。”杜子春云：“独读为浊，其源之浊，音与涿相近，书亦或为浊。”古人多舌音，后代多变为齿音，不独知、彻、澄三母为然也。如《诗》“重穋”字，《周礼》作“穜稑”，是重、穜同音。陆德明云：“禾边作重，是重穋之字。禾边作童，是穜蓺之字。今人乱之已久。”予谓古人重、童同音。《峄山碑》動从童。《说文》董从童。《左传》：“予发如此種種。”徐仙民作董董。古音不独重穋读为穜，即种蓺字亦读如穜也。后代读重为齿音，并从重之字，亦改读齿音，此齐梁人强为分别耳。而元朗以为相乱，误矣！今人以舟、周属照母，辀、啁属知母，谓有齿舌之分，此不识古音者也。《考工记》：“玉楖雕矢磬。”注：“故书彫或为舟。”是舟有雕音。《诗》：“何以舟之。”传：“舟，带也。”古读舟如雕，故与带声相近。彫、雕、琱、鵰①皆从周声，调亦从周声，是古读周亦如雕也。《考工记》：“大车车辕挚。”注：“挚，輖也。”《释文》：“輖，音周，一音吊，或竹二反。”陆氏于輖字兼收三音。吊与雕有轻重之分而

① 鵰，原作“雕”，据《十驾斋养新录》卷五改。

同为舌音。周、掔声相近，故又转为竹二反。今分周为照母，竹为知母，非古音之正矣！至、致本同音，而今人强分为二，不知古读至亦为陟利切，读如疐，舌头，非舌上也。《诗》“神之吊矣”、“不吊昊天”，毛传皆训吊为至，以声相近为义。咥、耋皆从至声可证。至本舌音，后人转为齿音耳。古读支如鞮。《晋语》：“以鼓子苑支来。”苑支，即《左传》之鸢鞮也。《说文》引杜林说，芰作茤。彖本舌音。椽，从彖声。徐仙民《左传音》切椽为徒缘，此古音也，而颜之推以为不可依信，后来韵书，遂不收此音。

二〇　清陈恭甫《汉读举例》

汉儒音读之法，凡言读如、读若、读为、读曰、读与某同，皆别举一字以定其音，此常例也。亦有即本字为音者。盖字包数音，音包数义，字同而音异者别其音，字同而义异者别其义，故或举经典习见之文以证之，或举方俗易晓之语以征之，字虽不改而音与义已判矣，此又一例也。复有字止一音一义，难为比况之词，但就本义为本音者，此又一例也。前一例，人所易知。后二例见经籍古注者，详考如下。

杜子春《周礼》注八事：《地官·稻人》："以沟荡水。"注："荡读为和荡。"《春官·磬师》："击编钟。"注："读编为编书之编。"《箠氏》："掌共燋契。"注："燋读为细目燋之燋。"《大祝》："五曰振祭。"注："礼家读振为振旅之振。""四曰振动"，注："振读为振铎之振。""七曰奇拜"，注："奇读为奇偶之奇。"《夏官·圉师》："射则充椹质。"注："读为齐人言铁椹之椹。"《职方氏》："其浸颍湛。"注："湛读当为人名湛之湛。"《服不氏》："以旌居乏而待获。"注："乏读为匮乏之乏。"

郑司农《周礼》注二十六事：《地官·序官》"遗人"注："遗读如《诗》曰'弃予如遗'之遗。"《春官》："巾车翳总。"注："翳读为凫翳之翳。"《车仆》："大射共三乏。"注："乏读为匮乏之乏。"《天府》："衅宝镇。"注："衅读为徽。"或曰："衅鼓之衅。"《典瑞》："驵圭璋璧琮琥璜之渠眉。"注："驵读为驵疾之驵。"《夏官·大司马》："师旅执提。"注："提读如摄提之提。"《秋官·序官》"萍氏"注："萍，读或为'萍号起雨'之萍。"《序官》"冥氏"注："冥读为《冥氏春秋》之冥。"《序官》"哲蔟氏"注："蔟读为爵蔟之蔟，谓巢也。"《同仪》："皆旅摈。"注："旅读为'旅于泰山'之旅。"《掌客》："车三秅。"注："秅读为'秅秭麻答'之秅。"《秋官·序官》"掌讶"注:"讶读为'跛者讶跛者'之讶。"《考工记》"函鲍"注:"鲍读为鲍鱼之鲍。"《轮人》:"欲其掣尔而纤也。"注:"掣读为'纷容掣参'之掣。"《轮人》:"揱其薮。"注:"薮读为蜂薮之薮。"《辀人》:"马不契需。"注:"契读为'爰契我龟'之契,需读为畏需之需。"《辀人》:"良辀环灂。"注:"灂读为灂酒之灂。"《冶氏》:"铤十之。"注:"铤读为'如麦秀铤'之铤。"《鲍人》:"之事卷而抟之,欲其无迆也。"注:"卷,读为'可卷而怀'之卷。迆,读为'既建而迆'之迆。"《梓人》:"为筍虡。"注:"筍读为竹筍之筍。""出舌寻缜寸焉。"注:"缜读为竹中皮之缜。"《弓人》:"菑栗还迆。"注:"菑读为'不菑而畬'之菑,栗读为榛栗之栗。""夫筋之所由蟾",注:"蟾读为车蟾之蟾。"《矢人》:"亦弗之能惮矣。"注:"惮读当为'惮之以威'之惮。"

郑康成《易》注一事:解,读如人倦解之解。

康成《尚书》注二事:降,读如"郕降于齐师"之降。聒,读如聒耳之聒。

康成《毛诗》笺三事:《终风》笺:"嚏读为'不敢嚏咳'之嚏。"《狼跋》笺:"孙读如'公孙于齐'之孙。"《伐檀①》笺:"飧读如鱼飧之飧。"

康成《仪礼》注四事:《觐礼》注:"右读如'周公右王'之右。卓读如'卓王孙'之卓。"《特牲馈食礼》注:"与读如'诸侯以礼相与'之与。"《士丧礼》注:"綦读如'马绊綦'之綦。"

康成《周礼》注二十六事:《太宰》注:"利读如'上思利民'之利。"《小司徒》注:"甸读如衷甸之甸。"《外府》注:"布读为宣布之布。"《廛人》注:"滞读为沉滞之滞。"《质人》注:"淳读如'淳尸盥'之淳。"《钟师》注:"鼓读如'庄王鼓'之鼓。"《磬师》注:"缦读为缦锦之缦。"《典同》注:"甄读为甄曜之甄。陂读为险陂之陂。韽读为飞钳韽之韽。"《韎师》注:"韎读为韎韐之韎。"《射人》注:"作读如作止爵之作。"《弁

---

① 檀,原作"擅",误。

师》注："会读如大会之会。"《廋人》注："散读如中散之散。"《挈壶氏》注："挈读如挈发之挈。"《掌客》注："见读如卿皆见之见。"《掌交》注："辟读如辟忌之辟。"《秋官·序官》注："冥氏冥方之冥。"《臬氏》注："量读如量人之量。"《辉人》注："穹读如穹苍之穹。"《陶人》注："庾读如'请益，与之庾'之庾。"《荒氏》注："渥读如'郑人渥菅'之渥。"《匠人》注："淫读如淫腋之淫。"《弓人》注："简读如简札之简。测读如测度之测。"《矢人》注："抟读如抟黍之抟。"

康成《礼记》注七事：《丧服小记》："生不及祖父母诸父昆弟而父税丧。"注："税，读如'无礼则税'之税。"《乐记》："则易直子谅之心。"注："子读如不子之子。"《祭义》注同。《中庸》："可以与知焉。"注："与读为'赞者皆与'之与。""仁者人也"，注："人，读如相人偶之人，以人意相存问之言。""温故而知新"，注："温读如焊温之温。"《深衣》："续衽钩边。"注："读如'鸟喙必钩'之钩。"《表记》："衣服以移之。"注："移，读如水泛移之移。移，犹广大也。"

高诱《吕氏春秋》注六事：卷二《当染》篇："以茹鱼去蝇，蝇愈至。"注："茹，读茹船漏之茹字。茹，臭也。"卷三"执舆如组"，注："组，读'组织之'之组。"卷三《论人》篇："人之窍九，一有所居，则八虚。"注："居，读曰居处之居。居，犹壅闭也。"卷三《月纪》篇："与为敻明。"注："敻，读如《诗》云'吁嗟敻兮'。"卷二十六《务大》篇注："巧，读如巧智之巧。"《任地》篇："农夫知其田之易也。"注："易，治也，读如易纲之易。"

高诱《淮南》注六十五事：卷一《原道训》："柝八极。"注："柝，开也，读'重门击柝'之柝。""怳兮忽兮"，注："怳，读'人空头扣怳'之怳。""虽有钩箴芒距"，注："距，读距守之距。""用不屈兮"，注："屈，读'秋鸡无尾屈'之屈。""而田者争处垸埆"，注："垸埆读'人相垸椽'之垸。""新而不朗"，注："朗读汝南朗陵之朗。""一之解"，注："解，读解故之解。""连嵝"，注："读'嶕嵝无松柏'之嵝。""不以慊为悲"，注："慊，读'辟向慊'之慊。""漠睧于势利"，注："睧，读'织绢致密睧无间孔'之睧。"卷二《俶真训》:"蚑行哙息。"注:"哙读'不悦怿外之哙'。""汪然平静",注:"汪,读《传》'尸诸周氏之汪'同。""代谢舛驰",注:"舛读舛涘之舛。""茫茫沈沈",注:"沈,读'水出沈正白'之沈。""设于无垓坫之宇",注:"垓坫,垠堮也。垓,读'人饮食太多以思下垓'。坫,读为'筦氏有反坫'之坫。""被施颇烈",注:"被读'光被四表'之被。""乃始憔觟离跂",注:"憔读'箫无缝际之憔'。""以睹其易也",注:"易,读河间易县之易。"卷三《天文训》:"本标相应。"注:"标,读刀末之标。""是谓朏明",注:"朏,读若朏诺皋之朏。"卷四《坠地训》:"曰亢泽。"注:"亢,读常山人谓伯为亢之亢。""食木者多力而奰",注:"奰,读'内奰于中国'之奰,近鼻也。""有斥山之文皮焉",注:"斥,读斥丘之斥。""其人蠢愚",注:"蠢,读人谓'蠢然无知'之蠢。""構山",注:"構,读人姓構氏之構。"卷五《时则训》:"穿窦窖。"注:"读窖藏人物之窖。""乃命大酋",注:"酋,读酋豪之酋。""秫稻必齐",注:"齐,读齐和之齐。"卷六《览冥训》:"昼随灰而月运阙。"注:"运,读运围之运。""夫阳燧取火于日",注:"夫,读大夫之夫。""过归雁于碣石",注:"过,读眚过之过。"卷七《精神训》:"芒芠漠闵。"注:"闵,读闵子骞之闵。""日中有踆乌",注:"踆,读踆巍之踆。""薄蚀无光",注:"薄,读厚薄之薄。""而增之以任重之忧",注:"任,读任侠之任。""得茠越下",注:"越,读'经无重越'之越。""仇由",注:"仇读仇余之仇。"卷八《本经训》:"其行侻而顺情。"注:"侻,读'射侻取不觉'之侻。""芒繁纷挐",注:"芒,读麦芒之芒。""戴角出距之兽",注:"距读距守之距。""盘纡刻俨",注:"俨读俨然之俨。""菱杼紾抱",注:"抒,读言抒紾读紾结之紾。""巧为纷挐",注:"挐,读'人性纷挐不解'之挐。""益树莲菱",注:"莲,读'莲芋鱼'之莲。""甬道相连",注:"道,读道布之道。""冠无觚赢之理",注:"赢读指端赢文之赢。"卷九《主术训》:"黈纩塞耳。"注:"黈,读'而买黈益'之黈。"卷十三《泛论训》:"以劳天下之民。"注:"劳读劳勑之劳。""乾鹄知来而不知往",注:"乾读乾燥之乾。"卷十六《说山训》引"牺者为之止也",注:"牺读土行牺之牺。""揲挺其土”，注：“揲，读揲脉之揲。”“社何爱速死”，注：“江淮谓母曰社。”注：“社，读‘虽家谓公为阿社’之社。”“故寒颤惧者亦颤”，注：“颤，读天寒冻颤之颤。”卷十七《说林训》：“非其任也。”注：“任，读甚任之任。”“以王钍者发”，注：“发，读射百发之发。”“倚者易韬也”，注：“韬，读韬济之韬。”“毁舟为杕”，注：“杕，舟尾，读《诗》‘有杕’之杕。”“缯为之纂绎”，注：“纂，读曰‘绫绎纂’之纂。”卷十九《修务训》：“以身解于阳盱之阿。”注：“解，读解除之解。”“啳脬哆呐”，注：“哆，读大口之哆。”“越人有重迟者而人谓之讼”，注：“讼，读燕人言趮，操善趍者谓之讼，同也。”“攫援摽拂”，注：“摽，读刀摽之摽。”“虽鸣廉修营”，注：“营，读营正急之营。”

《史记》注八事：《秦始皇本纪》：“推终始五德之传。”《集解》引郑氏注：“传，音亭传。”《高祖纪》：“尝告归之田。”《索隐》引韦昭注：“告，音告语之告。”“高武侯鳃”，《集解》引苏林注：“鳃，音鱼鳃之鳃。”《平准书》：“名曰白选。”《索隐》引苏林音选择之选。《陈涉世家》：“又閒令吴广。”《索隐》引服虔云：“閒音中閒之閒。”又《樊郦滕灌列传》：“赐上间爵。”《索隐》引如淳证“上间音中间之间。”《南越尉佗列传》：“即被佗书。”《集解》引韦昭曰：“被，音光被之被。”《傅靳蒯成列传》，《集解》引服虔曰：“蒯，音菅蒯之蒯。”《万石君传》“减宣”，《集解》引服虔曰：“减，音减损之减。”

《汉书》注五十三事：《高祖纪》：“上隆准。”文颖曰：“准，音准的之准。”“走至戚”，郑氏曰：“音忧戚之戚。”志八注同。“高武侯鳃”，苏林曰：“鳃，音鱼鳃之鳃。”“燕将臧荼为燕王”，郑氏曰：“荼，音荼毒之荼。”“明其为贼”，应劭曰：“为，音无为之为。”郑氏曰：“为，音人相为之为。”“卢绾”，苏林曰：“绾，音以绳绾结物之绾。”“枞公”，注：“苏林曰：‘音枞木之枞。’”《高祖纪下》：“万民与苦甚。”如淳曰：“与，音相干与之与。”“沛侯濞重厚”，服虔注：“濞，音滂濞。”“行田宅”，苏林：“行，音行酒之行。”“居南方，长治之”，晋灼曰：“长，音长吏之长。”“亡可跻足待也”，如淳曰：“跻，音如今行乐跻行之跻。""葬长陵已下",苏林注:"下,音下书之下。""规摹宏远矣",邓展曰:"若画工规模物之摹。"《文帝纪四》:"常假借纳用焉。"苏林注:"假,音休假。借,音以物借人之借。"《景帝纪》:"五更议著合。"苏林注:"著,音著帻之著。"《武帝纪六》:"怵于邪说。"如淳注:"怵,音怵惕。"《昭帝纪七》:"今三辅太常谷减贱。"郑氏注:"减,音减少之减。"《王子侯表》:"三戛羹侯。"服虔注:"戛,音戛击之戛。"《礼乐志》:"二丰草葽。"孟康注:"葽,音'四月秀葽'。葽,盛貌也。"又"窅窊桂华",苏林注:"窅,音窅肤之窅。窊,音窊下之窊。"《郊祀志五》:"上推终始传。"郑氏注:"传,音亭传。"《天文志》:"六天棓。"苏林注:"棓,音棓打之棓。"《五行志七》:"毋乃有所辟。"服虔注:"辟,音辟邪之辟。"《五行志七中之上》:"露性风若。"服虔注:"露,音人儳露。"《五行志七下之上》:"大经在辟而易臣。"服虔注:"辟,音刑辟之辟。"《地理志八》:"平原群般。"如淳注:"般,读如面般之般。"《韩王信传》:"国被边。"李奇注:"被,音被马之被。"《韩侯传》:"刻印刓。"苏林注:"刓,音刓角之刓。"《周勃传》:"趋为我语。"苏林注:"趣,音趣舍。"《周亚夫传》:"吏簿责亚夫。"如淳注:"簿,音主簿之簿。"又《张汤传》苏林注同。《任敖传》:"及以比定律令。"如淳注:"比,音比次之比。或曰:'比,音比方之比。'"《贾谊传》:"则因而梃之矣。"服虔注:"梃,音梃起。"《晁错传》:"连有假五百。"服虔注:"假,音假借之假。"《邹阳传》:"封之于有畀。"服虔注:"畀,音畀予之畀。"传二十三"淖姬",郑氏注:"淖,音泥淖。"《司马相如传》:"二十七末光绝炎。"李奇注:"炎,音火之光炎。"传二十七:"坌入曾官之嵯峨。"苏林注:"坌,音马坌叱之坌。"传二十七:"下云之油油。"苏林注:"油,音油麻之油。"《武五子传三十三》:"因长御倚华。"郑氏注:"长,音长者。"《李广利传三十一》:"名昧蔡。"服虔注:"蔡,音楚音蔡。"《东方朔传三十五》:"是窭薮也。"苏林注:"窭,音贫窭之窭。数,音数钱之数。"又"同胞之徒",苏林注:"胞,音胞胎之胞也,言亲兄弟。"《段会宗传》："即留所发兵墊娄地。"服虔注："墊，音墊陀之墊。"《扬雄传》："上天动地岌。"苏林注："岌，音岌岌动摇之岌。""蹶浮麋"，郑氏注："蹶，音马蹄蹶之蹶。""弸彋[1]"，苏林注："弸，音石堕井弸尔之弸。"《王莽传》："上摽末之功。"服虔注："摽，音刀末之摽。"叙传七十上："匪党人之敢拾兮。"郑氏注："拾，音负拾之拾。"叙传七十："说难既酋。"应劭注："酋，音酋[2]豪之酋。酋，雄[3]也。"

《说文解字》十五事：《丞部》："攗，读若《春秋传》'辅攗'。丞，读若《春秋公羊传》曰：'丞阶而丞'。"《足部》："蹢，当读如豕白蹢之蹢。"《言部》："该，读若中心满该。"《穴部》："竅，读若《虞书》曰'竅三苗'之竅。"《髟部》："鬗，读若江南谓酢母为鬗。"《马部》："驭，读若《尔雅》'小山驭，大山峘'。"《犬部》："猲，读若南楚相惊曰猲。"《黑部》："黚，读若染缯中束缬黚。"《大部》："戴，读若《诗》'戴戴大猷'。"《手部》："擘，读若'赤舄擘擘'。扰，读若告言不正曰扰。"《女部》："嬺，读若人不孙为不嬺。"《瓦部》："瓬，读瓬破之瓬。"《糸部》："繻，读《易》'繻有衣'。"

案本字为音，汉魏注家，此例多矣。《说文》，字书也，读若之音，例举它字，然亦有辄用本字者，如丞、攗、蹢、该、竅、戴、驭、鬗、猲、黚、擘、扰、嬺、瓬、繻等字是也。盖所拟之音，与其本字形声义三者，皆无别异者也。汉人未有反切，凡解释文字，徒以声相譬况。声不足明，则又为内言、外言、缓气言、急气言、笼口言、闭口言、急舌言、作江淮间人言、以舌头言、以舌腹言诸法，其委曲晓示之意，亦可见矣。近儒段若膺最精《说文》之学，独于竅、戴等读若本字者，以为"传写淆讹。《说文》注中'竅三苗'之竅，二竅字仍当作竄。'戴戴大猷'，仍当作秩秩。它仿此。"考《说文》：檿，读若春麦为檿之檿。段君云："注两檿字，皆槖之误。证以《广雅》，槖，舂也。"此说信然。然槖之形似，相乱

① 彋，原作"环"，据《扬雄传》改。
② 酋，原作"音"，误。据《汉书》注改。
③ 雄，原作"惟"，据《汉书》注改。

可也。竄与竄，戴与秩，皆形相远。且竄难而竄易，戴难而秩易，传写不应讹《书》、《诗》之竄、秩为竄、戴也。况《说文》䢺、蹢、耳[①]、驭、獡、掔、抌、孎、繻等字读若与竄戴一例，此又何以言之？案《糸部》：繻，读若《易》"繻有衣"。陆氏《周易音义》引薛虞云："古文作繻。"《说文》称《易》孟氏，古文也，经之作繻，更无淆伪，段说于此不可施矣。《犬部》"獡犬"，徐本作："南楚谓相惊曰獡，读若愬。"小徐本作"读若南楚相惊曰獡"。以䰄字注例之，则大徐未必是，小徐未必非也。《虞书》"竄三苗"作竄者，惟枚颐本，伪《孔传》则然。别无左证，非真古文也。《说文》："竄，匿也。"它字书亦无疏放之训。《左氏传》言"流四凶族，投之四裔"，《史记·五帝本纪》作"迁三苗于三危"，则经文不作竄可证。《孟子》引《书》作"杀三苗"。杀者，𣏂之同声假借字。𣏂与竄音正相近。《说文》："𣏂，散之也。竄，塞也。"言其流散之意，谓之𣏂，言其闭塞之义谓之竄，义正相合。许叔重以本音本义，即援古文《尚书》以明之，此与杜子春、先郑、后郑、高诱、应劭、服虔、如淳、孟康、李奇、苏林等注书所读若出一辙，不必疑也。

又案《说文·品部》："喦，读与聂同。"《春秋传》曰："次于喦。"案今《春秋》即作聂，不作喦。《文部》："斁，读若杜。《书》曰：'斁乃擭'。"案今《书》作杜，不作斁。《口部》："圛，读若驛。《尚书》曰：'圛。'"案今《书》即作驛，不作圛。《邑部》："鄦，读若许。"案今经传国名皆作许，不作鄦。《㫃部》："㫃读若偃。"案今经传旗、斿皆作偃，不作㫃。《夰部》："奡读若傲。"案《尚书》"毋若丹朱傲"，傲，当作奡，即《论语》所谓"奡荡舟"也。今书作傲，不作奡。此类疑是隶变之后，博士经师改易其字，亦如《周礼》故书经杜子春、贾景伯、郑少赣父子灼然变易者也。但杜、贾、郑三君子发疑正读，多存古字。而杜元凯之于《春秋》，王子雝之于《尚书》，则信今而弃古，失之远矣！

---

① 按：耳字前举《说文》十五事中并未出现，或为"该"、"䰄"等字之误。

二一　章太炎《中国文字略说》

中国开化顶早。在四千年以前，有一个皇帝，叫做伏羲氏，他做了八个卦，就是☰乾（天）、☷坤（地）、☵坎（水）、☲离（火）、☶艮（山）、☳震（雷）、☱兑（泽）、☴巽（风）。左边注的是卦的名目，右边注的是卦的意义。这八个卦，就是中国文字的起源。不过上古的时候，没有历史，并且事物还简单，所以这八卦为甚么缘故要画这样一个形象，却无从知道。伏羲氏死了之后，便是神农氏做皇帝。那个时候，社会渐渐开明，事物比以前要多了，那简单的八卦，渐渐里不够用起来了，所以到黄帝的时候，有一个仓颉，便照着万物的形像造起字来。譬如日字作，象太阳的形像；月字作，像月亮的形像；鸟字作，鱼字作，象鸟、鱼的形像；草字作，木字作，象草、木的形像。这些是顶早造的字，就叫做象形字。但是，有形可以象的才可以造象形字，没有形可以象的，便又想出一种法子来：譬如上字作，下字作，立字作。上、下、立这些字，都是没有形可以象的，于是假定一画做个标准，在一上面竖丨便是上字，在一画下面竖丨便是下字，至于立字这一画，又把他当做地的记号，上面写个字，亣是古文的大字，大字本来的意义就是人字。仿佛是人立在地上的样子。这种叫做指事字，意思是说指着这事体的样子，看了假定的形像，可以晓得这个字的意义。后来还有"会意"字，是把几个字合成一个字，这几个字的意义，就是这合成的一个字的意义。譬如天字从一、大两个字，就是说天是第一样大的东西，没有第二样东西能比他的。初字的意义，是起头裁衣服，所以从刀、衣两个字，就是说拿把刀去裁衣服的意思。休字的意

义，是说人休息，所以从人、木两个字，就是说人坐在树木底下休息的意思。老字的意义，就是老年人，所以从人、毛、匕，现在楷书写老字，笔画都错，照正体应该写做耂字。就是说人到老了，他身上的毛，如眉毛、胡须、头发这些东西，都要从黑颜色变化做白颜色的意思。匕字就是变化的化字的正体。这“象形”、“指事”、“会意”三种字，都是从形像意义上头造出来的。但是社会的事体，是一天多一天，形像意义，是有不够用的时候，于是造出一种“形声”字来。甚么叫做形声字呢？就是一边写这字的形像，就是意义。一边写这字声音。譬如蘇字，本义是紫蘇，是草类的东西，所以从艸，艸字就是草木的草字的正体。是个形；声音和穌字一样，所以从穌，是个声。喉字本义是喉咙，在嘴里边，所以从口，是个形；声音和侯字一样，所以从侯，是个声。響字本义是音响，所以从音，是个形；声音和鄉字一样，所以从鄉，是个声。餌字本义是粉做的饼，可以吃的，所以从食，是个形；声音和耳字一样，所以从耳，是个声。自从这形声字一造，一切的东西，都可以有名目了。这是因为无论甚么事物，总有个意义，所以总可以有个字去配他做形；一切事物，都是先有声音才造文字，所以这字的声音叫甚么，便可以把一个同音先造的字去配他做声。此外还有“转注”、“假借”两种，合起来叫做六书。这便是中国造文字一定不可变的规则。试把古今书籍里边的字，一个一个看去，个个字都不能逃出这个六条公例的。这六条公例，固然不是仓颉一个人造出来的，不过仓颉第一个造字，先有了象形，以后逐渐加备，到了形声的例一设，便把本国事物的名目逐渐造完备了。假借的例一设，便无论后来新造的东西、新发明的道理，和九州万国的事物，中国古来所没有的，都可以用他字的意义去引申，借他字的声音做标记，一一写将出来。且说仓颉那时虽然造了文字，但是上古的时候，还是酋长政治，天下没有统一，兼之那个时候，还没有记字的书，所以写法却还没有一定。到了周朝初年，离现在大约有三千年光景。教育大兴，小孩子八岁就要进小学校，头一步就是教他识字，便把六书的规则教给他，所以周朝的时候，有学问的人很多，就是人人识字的缘故。后来周宣王的时候，有一个人叫做史籀，他又造了一种字，名目叫做大篆，又叫籀文。他把他造的这一种大篆，做成一部书，名叫《史篇》。这个书，到汉世祖的时候，已经少了一半，后来渐渐里一点一点亡完了，现在这个书早已没有了。他这书的字体和古文有些不同。仓颉以来到史籀以前所造的字，都叫做古文。这书现在虽然没有，但是《说文解字》里边却还收了许多。大概比了古文的字，笔画总要来得繁多。据在下看来：大约这以前的字，各人各造，止要合着六书的规则。至于这个字写法，却你这样造，我那样造，没有一定的形体。所以一国的文字，大约还不能统一。这史籀看了，觉得有些不能普及，所以把一个字有许多写法的，聚合各种异体，写成一个有定的形体。既然这样做法，他这文字的偏旁配合，都要有一定的规则，不是随便省几笔、做几点记认便可以敷衍的，自然这笔画不得不繁多了，这也是一定道理。论起来，这史籀在中国文字上，是很有一番整齐统一的功劳的。但是后来孔子写六经，左丘明写《春秋左传》，都仍旧用古文，不用大篆，这个缘故，或者因为是近人所造的字，不能据了改古来的书，是这个意思，也未可知。孔子和左丘明离史籀不过三百年光景。史籀之后，过了四百多年光景，已经到周朝末了的时候，那时周朝的王是没有一点权力，天下大乱。诸侯中间有韩、魏、赵、燕、齐、楚、秦七国，都是很强大的。国国都想灭了别国自己做皇帝，平日讲求的是用兵打仗，恨古来圣人所讲的道理和他自己这种强盗行径合不上，于是便把那些书籍螙俗写作丢。掉了。一切制度、法律、政治都随意乱改，不照古来的样子。就是说话和文字，也是各自改变，不遵周朝颁定的用。这样搅了一二百年，末了便是秦国出来，灭了周朝，又灭了韩、赵、魏、燕、齐、楚六国，一统天下。那时秦朝的宰相叫做李斯，他跑了出来，就统一文字，这是秦始皇二十六年的事。但是这李斯却并不能复古文大篆，不过拿秦国的文字做个标准，凡各处的文字，和秦文不同的，一概都废掉。这种字就叫做小篆。所以叫做小篆的缘故，因为小篆的笔画就是拿史籀的大篆来改少一点，其实就是大篆的省写罢了。李斯自己便做了一部《仓颉篇》，同时还有一个赵高做了一部《爰历篇》，胡毋敬做了一部《博学篇》，这三部都是小篆的字书，一共三千三百个字，后世总称叫《仓颉篇》。这书现在也没有了，但是近世有人把别的书里边有引《仓颉篇》的集在一起，虽然不是完全的书，也还可以见其一斑。大约小篆就是秦文。的字，就是这一点了。李斯虽则拿小篆来统一文字，但是那时《史篇》这部书却还在，所以大篆没有废灭。古文却在那时亡了。又小篆的文字，和古文大篆也都相通。有小篆从古文大篆的字，譬如於字本来是古文的乌字，小篆有菸、淤字从於。其字本来是大篆的箕字，小篆有其、斯等字从其。小篆既然有从古文大篆的字，便可见小篆也不是随意乱造，不合古法的。还有古文大篆从小篆的字，譬如唐字古文作啺，这口、昜两个字都是小篆。遷字古文作拪，这手、西两个字都是小篆。铺字大篆作䀣，这浦、皿两个字都是小篆。驾字大篆作犂，这牛、各两个字都是小篆。骤然一看，这小篆既是在古文大篆以后的东西，怎么古文大篆反会去从他？这就更可知小篆的字，并非秦人妄造，有许多都是沿用古文大篆的字不改。上面所列口、昜、手、西、浦、皿、牛、各这些字，既有古文大篆去从他，自然本来是古文大篆，小篆不过沿用不改罢了。且说李斯用小篆统一文字以后，那时秦始皇正在烧书坑儒，厉行专制的时候，官吏奏事极多，平人动不动便要坐牢杀头，刑罚的事情也一天多似一天。于是有一个人叫做程邈，造出一种“隶书”来，是把小篆的体随意增减，这条例一开，从此便把造六书的精意破坏了。因为篆字古文大篆小篆都是。造的时候，或象形，或指事，或会意，或形声，这字写成这样一个形像，总是有意义，合着六书中间的一种，决不是随随便便乱写几点几画可以算数的。隶书便不然了，随便拿起一个篆文来少写几笔，多写几笔，都没有甚么不可以，于是形也不象，事也不知所指，意也会不成，形声的字，或形是声错，或声是形错。譬如字本来很象太阳的形状，隶书写方了，变成日字，便不象了。字本来很象月亮的形状，隶书写长方了，变做月字，便不象了。字本来很象鸟的形状，隶书写方了，已不象形，又把匕形变做灬，于是两只脚的鸟，变做四支脚了。字本象前面看牛的样子，形是两只牛角，隶书写牛，于是把两只角做成一只角，并且切断的了。这是形不象的。甘字本从口含一，本来是说好吃的东西，一是指事，就是那样好吃东西的记号。隶书变做甘，把口字变做廿字了。字本是一种皂隶的衣服，从衣，因为这一种衣服上有一点记号，所以在衣字底下画做记号。隶书变做卒，变从十字，便看不出记号了。这是事不知所指的。弔字从人拿弓，因为上古时候还没有棺材，人死了便埋在圹野，恐怕有鸟兽去吃他，所以人家来吊丧的，都带了弓来相帮赶鸟兽，隶书变做弔，只有弓，不见带弓的人了。夓字本来的解说是“中国人”，从页，就是古文首字。从臼，象手。从夊，象脚。合头和手和脚，就是一个人的意思。隶书变做夏，有头脚，没有手了。这是会不成意的。歙字从欠，是形，从畬是声。隶书作飲，变畬为食，声错了。奔字从夭是形，从卉是声。隶书作奔，变夭为大，形错了。賊字从戈是形，从則是声。隶书作贼，变成从贝从戎，形声都错了。秊字从禾是形，从千是声。隶书作年，禾千都看不见了。这是形声不对的。照这样看来，岂不是程邈造隶书，实在是中国文字界的大罪人么？但是他造的意思，原是给官府衙门里的差人皂隶用的，所以叫做隶书。我想随便递张呈子，写篇口供，本来不是学问上规规矩矩的上等事情，就是这样求其省快，胡乱写写，原也不妨。无如秦朝亡后，到了汉朝，地保做皇帝，屠户做将军，不知道学问是甚么东西，竟因陋就简，把这种差人皂隶写的字，当做正正当当的用场，无论诏书、律令、历史、古书都用隶书写。篆书虽没有废，却并不当做正经用。所以到汉中宗的时候，共和前七百八十年光景。这些学士大夫，已经连小篆都不能识得。那时只有五个人能够读秦朝的《仓颉篇》。这五个人，第一个是齐人，姓名却已无从晓得。还有四个叫做张敞、杜业、爰礼、秦近。到汉平帝的时候，共和前八百四十多年光景。叫爰礼这些人来解说古篆文字，那时有一个人叫做扬雄，就做了一部《训纂篇》，从《仓颉篇》以来的正体字都收在里边了。从《仓颉篇》到《训纂篇》一共有七部书：（一）《仓颉篇》。（二）《爰历篇》。（三）《博学篇》。（四）《凡将篇》。司马相如做的。（五）《急就篇》。史游做的。（六）《元尚篇》。李长做的。（七）《训纂篇》。其中《急就篇》和《元尚篇》所收的字都是《仓颉篇》里边所有的字。《凡将篇》稍微多几个，但是《训纂篇》里边必定都已收了进去。所以只要说《仓颉篇》、《训纂篇》，那便连《凡将篇》、《急就篇》、《元尚篇》都包括在内了。《仓颉篇》这个名目包括《爰历篇》、《博学篇》两种，上面已经说过了。扬雄之后，班固、贾鲂又有著作。班固的书分十三章，没有名目。贾鲂的书叫做《滂喜篇》。这上面所列的甚么篇，甚么篇，从《史篇》起到《滂喜篇》止，大都是四个字一句，或是七个字一句，和现在的《千字文》差不多。这许多书中间，只有《急就篇》现在还在开头是七个字一句，底下是三个字一句，底下又是七个字一句，末了又是四个字一句，别的书里边有引《仓颉篇》的，都是四个字一句，有引《凡将篇》的，都是七个字一句。大概还有这几部也是差不多。因为这些书都是给小孩子识字的时候读的，要他容易上口，所以句子都有一定。此外还有《尔雅》、《小尔雅》、孔鲋做的。《方言》、扬雄做的。《释名》、刘熙做的。《广雅》，张揖做的。这些书都是专解释古书中间文字的意义，现在要看古书，明白古来文字的意义，这五部书都是很有用的。这五部现在都还在。但是这五部书只讲古书文字的意义，至于这个书在六书上头是属于哪一种，造这个字的时候是个甚么解说，却没有讲到。共和前九百四十一年，汉和帝永元十二年。有一个许慎，他据《仓颉篇》以下的小篆、《史篇》里的大篆、那时候《史篇》虽然缺少，却还没有亡完。《壁中书》古文在秦朝时候已经亡灭，前面已经说过了，但是孔子用古文写的六经还藏在孔子家里。汉朝的时候有一个鲁恭王，毁掉孔子的房子，于是六经便发见了出来，古文又重复被人家看见了。和钟鼎上面刻的古文，这三种东西合拢来，做成一部《说文解字》。照字的形，分做五百四十部。譬如艸类里边的字，字形必定从艸，便归在艸字部里。关乎一个人行为的字，字形必定从人，便归在人字部里。关乎说话里的字，字形必定从言，便归在言字部里。这艸、人、言这些字，叫做部首。部首一共五百四十个字，所以成为五百四十部。这五百四十部的分法，精微之至，后来无论再做甚么字书，一部都不能加减他的。这是甚么缘故呢？因为中国的文字到小篆时候，便完全无缺，现在所用的字，总逃不出《说文解字》这一部书。虽然有许多现在用的字《说文》就是《说文解字》，简称就叫《说文》。里边没有，但是这个是后来人没有学问，随意乱造的。要知道无论文言白话书上写的、嘴里说的，到《说文》里去寻，总有一正体字在里边。譬如这个字的"这"字，《说文》正体作"者"。怎么的"怎"字，《说文》正体作"曾"。"腔套"两个字，《说文》正体作"肯韬"。"丢"字，《说文》正体作"盩"。"甩"字，《说文》正体作"奂"。这些市井俗语的字，《说文》里边还寻得出正体，更何况正正经经的书里边，间或有几个《说文》所没有的字，岂有反寻不出正体的道理么？《说文》里边收的字，既然完全无缺，不能加减，自然他分的部，也一部不能加减的了。《说文》没有出以前，虽然有文字，却没有一部可以查字的书。《仓颉篇》、《尔雅》这些书不分部不说本义，所以只可记记单字和书上的解说，要查他的字形和本义便没有法子想。自从这位许先生做了这部《说文》，从此字的形体在六书上属于哪一类，和造这字时候最初的本义，一一都明白了。人家要查字，随时可以按部去寻。所以论到古来在文字上有大功劳的，一共是三个人：第一个是仓颉，字是他造的。伏羲画八卦，那不过是个记号，所以造文字的第一个人总要推仓颉了。第二个是史籀，其时文字异体太多，他造了大篆出来统一，这在文化普及上是很有大功劳的。第三个就是许慎，他创这分部的例，把文字的形体和本义都弄明白，这也是有大功劳的。至于李斯这些人，便讲不上甚么功劳了。程邈第一个创造隶书，破坏六书精当的规则，虽然他只叫差人皂隶胡乱用用，至于正经行用，是汉朝人没有学问，不关他的事，但是他倘然不造，汉朝又从哪里用起？所以论到罪魁祸首，这程邈在文字上，总要算他一个大罪人了！

二二　章太炎《古音娘日二纽归泥说》

古音有舌头泥纽，其后支别，则舌上有娘纽，半舌半齿有日纽，于古皆泥纽也。何以明之？涅从日声。《广雅·释诂》："涅，泥也。涅而不缁，亦为泥而不滓。"是日泥音同也。䎟从日声。《说文》引传"不义不䎟"。《考工记·弓人》杜子春注引传"不义不昵"。是日昵音同也。（昵今音尼质切，为娘纽字，古尼、昵皆音泥。）传曰："姬姓，日也。异姓，月也。"二姓何缘比况日月？说文復字从日，亦从内声作衲，是古音日与内近。月字古文作外，则古月、外同字。姬姓，内也。异姓，外也。音同则以日月况之。太史公说："武安贵在日月之际。"亦以日月见外戚也。日与泥、内同音，故知其在泥纽也。入之声今在日纽。古文以入为内。《释名》曰："入，内也，内使还也。"是则入音同内在泥纽也。任之声今在日纽。《白虎通德论》、《释名》皆云："男任也。"又曰："南之为言任也。"《淮南·天文训》曰："南吕，任包大也。"是古音任同男、南，本在泥纽也。然、而、如、若、尔、耳，此六名者，今皆在日纽。然之或体有蘸，作草难声。《剧秦美新》："難除仲尼之篇籍。"《五行志》："巢難堕地。"皆作难声。明然古音如难，在泥纽也。而之声类有耐。《易·屯》曰："宜建侯而不宁。"《淮南·原道训》曰："行柔而刚，用弱而强。"郑康成、高诱皆读而为能。是古音而同耐、能，在泥纽也。如从女声，古音与奴、拿同。音转如奈。《公羊》定八年传："如丈夫何。"《解诂》曰："如，犹奈也。"又转如能。《大雅》："柔远能迩。"笺曰："能，犹伽也。"奈、能与如皆双声，是如在泥纽也。若之声类有诺。称若，称乃，亦双声相转。是若本在泥纽也。《释名》曰："尔，昵也。

泥，迩也。"《书》言："典祀无丰于昵。"以昵为祢。《释兽》："长䝞而泥。"以泥为䕷。是古耳声字皆如泥，在泥纽也。《汉书·惠帝纪》曰："内外公孙耳孙。"师古以耳孙为仍孙。仍，今在日纽，本从乃声，则音如乃。是耳、仍皆在泥纽也。耎、弱、儒、柔，此四名者，今皆在日纽。耎声之稬音奴乱切。耎声之煗音乃管切。耎声之媆音奴困切。是耎本在泥纽也。弱声之嫋音奴鸟切。弱声之溺音奴历切。弱声之溺，或以为尿音奴吊切。《管子·水地》："夫水淖溺以清。"《庄子·逍遥游》："淖约若处子。"李颐曰："淖约，柔貌。"明古音弱与淖同，故得以淖为弱，或为联语。是弱在泥纽也。儒之声类糯、獳、鱬、䰭皆从耎变，《广韵》并音奴钩切。此则儒本音糯，在泥纽也。《广雅·释诂》柔训为弱。《说文》鞣、煣皆训为耎。柔与弱、耎，本双声而义相似，故柔亦在泥纽也。明此则恁为下赍，荏染为柔木，其音皆在泥纽，可例推也。人、仁之声，今在日纽。人声之年为奴颠切。仁声之佞为乃定切。此则人、仁本音年、佞，在泥纽也。丹之声今在日纽。那，从丹声，则丹那以双声相转，在泥纽也。攘之声今在日纽。枪攘古为枪囊。此攘本音如囊，曩亦如囊，在泥纽也。举此数事，今日纽者，古音皆在泥纽。其他以条例比况，可也。今音泥、坭为泥纽。尼、昵在娘纽。仲尼，《三苍》作"仲坭"。《夏堪碑》曰："仲泥何侘。"足明尼声之字，古音皆如坭、泥，有泥纽，无娘纽也。今音男、女在娘纽，尔、女在日纽。古音女本如帑。妻帑、岛帑，其字则一。《天文志》，颜师古说："帑，雌也。"是则帑即女矣。尔、女之音，展转为乃，有泥纽，无娘纽也。狃之声今在娘纽。公山不狃，狃亦为扰。往来频复为狃，《说文》作揉。扰、揉今在日纽。古无日纽，则狃亦泥纽也。其他亦各以条例比况可也。问曰："声音者，本于水土，中乎同律，发乎唇舌，节族自然。今曰古无娘、日，将迫之使不言耶？其故阙也？"答曰："凡语言者，所以为别。日纽之音，进而语之则近来，退而呼之则近禅。娘纽之音，下气呼之则近影，作气呼之则近疑。古音高朗而彻，不相疑似。故无日、娘二纽矣。"今闽广人亦不能作日纽也。

二三　梁任公《从发音上研究中国文字之源》

假使古代有字母，则我文字结构之嬗变当如何？人类先有语言，然后有文字。声发于天籁，人之所不学而能者也。以某声表某意，其所表者为一群之人所公喻而公认，于是乎成语言。言而著诸竹帛以广其用而永其传，于是乎有文字。字也者，声与言之符号而已。然符号之选择与应用，各族不同。有施设若干音符，规定其牉合运用之法，但求符之能悉传其音，而所含意义与所用之符不必相丽者，如印度、欧洲诸民族所用字母是也；亦有不施设一定之音符，同一音而表之之符（即写法）有各种，即缘异符以表异义者，则中国文字也。此两法者，孰为精善？孰为便利？其间可以比较论列者甚多，非此短篇所能殚述。惟有一事首当明辨者，流俗之论，每谓中国文字属于衍形系统，而与印、欧衍声之系统划然殊途，此实谬见也！倘文字而不衍声，则所谓“孳乳寖多”者，末由成立，而文字之用，或几乎息矣！象形、指事、形声、会意、转注、假借，是曰六书。自班孟坚、许叔重以来，皆称为造字之本。象形、指事、会意，衍形之属也。形声、转注、假借，衍声之属也。《说文》万五百十六字，形声之字八千四百零七，象形、指事、会意之字，合计仅一千有奇，其间兼谐声者尚三之一，依声假借而蜕变其本义者亦三之一，然则中国之字，虽谓什之九属于声系焉可也。单字且然，其积字以成词者，更无论矣。

自来言六书者，每谓形声为易解，忽而不讲。有清一代，古韵之学大昌，于声音与文字之关系，渐知注重矣。然其研究集中之点，在收音而不在发音，重视叠韵而轻视双声，未为至诣也。刘成国《释名》每字皆诂以双声，《尔雅》《诂》、《训》、《言》三篇用双声为解者亦过半，其必有所受矣。吾尝略为探索，谓宜从音原以求字原，辄拟为两公例：

（一）凡形声之字，不惟其形有义，即其声亦有义。质言之，则凡形声字，什九皆兼会意也。

（二）凡转注、假借字，其递嬗孳乳，皆用双声。试举最显之数音以为例：戋，小也，此以声函义者也。丝缕之小者为綫，竹简之小者为笺，木简之小者为牋，农器及货币之小者为錢，价值之小者为賤，竹木散材之小者为棧（见《说文》），车之小者亦为棧（见《周礼注》），钟之小者亦为棧（见《尔雅·释乐》），酒器之小者为盞，为琖、为醆，水之少者为淺，水所扬之细沫为濺，小巧之言为諓（见《盐铁论》及《越语注》），物不坚密者为俴（见《管子·参患篇》），小饮为餞，轻踏为踐，薄削为剗，伤毁所余之小部分为殘。右为“戋声”之字十有七，而皆含有小意。《说文》皆以此为纯形声之字，例如“綫”下云：“从糸，戋声。”以吾观之，则皆形声兼会意也。当云“从糸，从戋，戋亦声”。旧说谓其形有义，其声无义，实乃大误。其声所表之义，盖较其形为尤重也。

更旁征他音，如：“氐，本也，从氏下著一。一，地也，指事。”（《说文》文）此字即根柢之“柢”之本字，示木根之在低处者也。后起加木旁，则为柢。在人下者则为低，在屋宇下者则为底，石之础为砥，水低处为泜，土低处为坻，低阜为阺，生于低地之虫为蚳，车后为軧，属国之舍为邸，三岁之羊为羝，地神为祇，下视为覡，以肢体之末梢相距为抵。此皆形声兼会意字，当云“从某，从氐，氐亦声”也。

“夌，从夂，从六。六，高也，会意。”（《说文》文）夌之字，从六以表其凸出，从夂以表其尖利。于是地之坟而阜者为陵，四隅有觚角者为棱，冰坼成锐角者为凌，果蓏之两尖者为菱，帛纹纤现若冰凌者为绫（见《释名》）。此皆形声兼会意字，当云“从某，从夌，夌亦声”也。

假使吾国如用字母，则其字体结构当何如？试以“戔”字为例：如凡“戔声”之字，皆用“Ch'ien”之一符号以表之，而其偏旁则在其字之首一音母添附语尾，则前举之十七字者当如下写：

Ch'ien	戔	Ch'ienm	棧
Ch'iens	綫	Ch'iensm	盞
Ch'ienj	箋	Ch'ieny	醆
Ch'ieny	琖	Ch'ieny	俴
Ch'iens	淺	Ch'iene	諓
Ch'iens	濺	Ch'ients	餞
Ch'ienp	帴	Ch'iens	踐
Ch'iens	錢	Ch'iend	剗
Ch'ienp	賤	Ch'iend	殘

此种写法，吾国旧文之写法，孰为利便，此属别问题。要之此十七字者，同一语根，同一音符，而因以同得一极相类似之概念，则章章然也。以上三音母，吾不过偶举忆念所及者以为利，若能将全部《说文》之形声字一一按其声系以求其义，或能于我文字起原得一大发明，未可知也。

又不必声之偏旁同一写法者为然也，凡音同者，虽形不同而义往往同。如“地”字并不从氏，而含“底”、“低”等义，“弟”字亦因其身材视兄低小而得名。“帝”字有上接下之义，故下视亦称“谛视”。“滴”字、“谪”字、“摘”字，皆以表由上而下之一种动作。从可知凡用“Dee”之一音符所表示者，总含有在下之义，或含有由上而下之意，无论其写法为氐，为低，为底，为地，为弟，为帝，为滴……而其为同一语原，即含有相同之意味，则历历可睹也。

不宁惟是，同一发音之语，其展转引申而成之字可以无穷。《尔雅·释天》云：“天气下地不应曰雺。地气发天不应曰雾。雾谓之晦。”王国维云：“雺、雾、晦，一音之转也。晦本明母字，后世转入晓母，与徽、衅诸字同。”盖雾音当读如慕（吾粤语正然），晦音当读如每，皆用“M”母发音，而含有模糊不明的意味。由是而晚色微茫不明者谓之暮，有物为之障而不能透视者谓之幕，不可得见而徒寄思焉谓之慕，此一引申也。晦亦谓之冥，闭目而无见则谓之瞑，瞑久而觉全体休止者谓之眠，此又一引申也。冥亦谓之昧，眠亦谓之寐，此又一引申也。视而不明谓之蒙，雨之细而不易见者谓之濛，视官本身不明者谓之矇，矇之甚者谓之盲，此又一引申也。细而难察者谓之毛，矇亦谓之眊，年老而意识作用疲缺者谓之耄，此又一引申也。意识有所蔽而错乱者谓之瞀，亦谓之谬，不自知其瞀谬而任意以行者为之贸贸然，此又一引申也。难察而致误者谓之迷，视官中有障刺者谓之眯，此又一引申也。晦冥亦谓之霾，深入而至视线所不及谓之冞，全掩覆而不可见谓之埋，此又一引申也。睡眠而仿佛若有所见，其状态恰如雾中看物者谓之梦，虽醒而作梦态者谓之瞢、谓之瞢懂，谓之瞢腾，醉态谓之酩酊，此又一引申也。细而难察者谓之微（读如眉，粤语犹然），重言之谓之微茫，微之甚者谓之渺、谓之杳，重言之谓之渺茫、谓之杳冥、谓之芴漠，尤甚者谓之泯，重言之谓之泯没、谓之磨灭，此又一引申也。微亦谓之末，水之霏屑如雾者谓之沫，此又一引申也。迷之重言，谓之迷离、谓之迷糊、谓之迷茫，或谓之模糊、谓之麻糊，此又一引申也。迷而求之谓之摸，重言之谓之摸索，此又一引申也。迷亦谓之懑罔，重言之谓之惘惘，迷惘之状态谓之闷，此又一引申也。凡微末之物，如雾霁等，皆物之细屑也，故屑物谓之磨、谓之礳，物之成屑谓之糜、谓之縻，小而不可见之物谓之么麽，鬼物隐约闪烁不可确见者谓之魔，此又一引申也。草本植物，其叶碎屑者谓之縻芜、谓之绵马，木本植物，其叶碎屑者谓之木髦，鱼之小者谓之鲖（俱见《尔雅》），鸟之小者谓之绵蛮（见《诗毛传》），虫之小者谓蠠蠡，尤小者谓之蠛蠓，其别一种谓之脉望（望读盲去声，粤语犹然），雨之小者谓之霡霂，其实只是一语之异写耳，此又一引申也。草木初苗不甚可察者谓之萌，其细英谓之芒，光之细碎隐约闪烁者亦谓之芒，此又一引申也。无所知谓之冥，人之无所知者谓之民（《礼记》郑注：民者冥也，言冥无所知。）、谓之氓（《诗》：氓氓蚩蚩。），此又一引申也。于是凡蒙昧之民族则加以此名，谓之霁、谓之蛮、谓之苗、谓之闽者，此又一引申也。既视察不明，则只能付诸疑问。故对于不能确知之人或地，则曰某人某地，疑问所用字曰无曰毋(古读如模，粤语犹然)，或添字以足其意曰得无、将毋，白话则转为么、为吗，某字或转为甚么、为什么，此又一引申也。以上所举八十三语，皆以“M”字发音者，其所含意味，可以两原则概括之：其一，客观方面，凡物体或物态之微细暗昧难察见者，或竟不可察见者。其二，主观方面，生理上或心理上有观察不明之状态者。诸字中孰为本议，孰为引申义，今不能确指，要之用同一语原，即含有相同或相受之意味而已。试以字母表之，至其语根所生之变化如下：

Mao	髳	Miao	渺
Mao	雺	Miao	杳
Mui	晦	Miao mang	渺茫
Mu	暮	Miao mang	杳瞢
Mu	幕	Mao	瞀
Mu	慕	Miu	谬
Meng	濛	Mou mou	贸贸
Meng	矇	Mi	迷
Mang	盲	Mi	眯
Mao	毛	Mai	霾
Mao	眊	Mai	采
Mao	耄	Mai	埋
Ming	冥	Mong	梦
Ming	瞑	Mong	瞢
Mien	眠	Mong ton	瞢懂
Mei	昧	Mong t'ang	瞢腾
Mei	寐	Mimo	芴漠
Meng	蒙	Mien miao	缅邈
(Mei)	微	Ming	泯
(Mei) many	微茫	Ming mu	泯没

Mi	灭	Mien ma	绵马
Mo mi	磨灭	Mi mas	木髦
Mu	末	Ming	鲷
Mu	沫	Mien man	绵蛮
Mi li	迷离	Ma hu	麻糊
Mi hu	迷糊	Ming mang	蝱蝱
Mi mang	迷茫	Mi meng	蠛蠓
Mu hu	模糊	Mei (Mang)	脉望
Ming	酩酊	Mei mu	霡霂
Mo	模	Meng	萌
Mo sho	摸索	Maug	芒
(Mang)	罔	Ming	民
(Mang mang)	惘惘	Mang	氓
Meng	闷	Mao	蟊
Meng	懑	Man	蛮
Mu	磨	Miao	苗
Mi	礳	Ming	闽
Mi	糜	Mu	某
Mi	靡	Mu	无
Mo	么	Mu	毋
Mo	魔	Mo	么①
Mi (mu)	糜芜	Ma	吗

不宁惟是。有一字而其义分寄于形与声，后起孳乳之字，衍其形，兼衍其声，而即以并衍其义者。例如“八”字。《说文》云：“八，别也。象分别相背之形。”八字发音，与别与背同，既一听而即可察其义矣，其形亦一望而得之。于是凡从八之字，非徒衍八字形也，亦

① 么字重出，原文如此，姑保留之。

衍八字声。《说文》"北"字下云:"北,分,从重八。八,别也,亦声。"《书·尧典》①:"分北三苗。"《吴志·虞翻传》云:"北,古别字。"此明其形声并衍,至确实矣。然于其他从八之字,则多忘却其衍声之部分。今举其应是正之数字如下:

《说文》原文	拟改正
分,别也,从八,从刀。刀以分别物也。	分,别也,从八,从刀,八亦声。
必,分极也,从八弋。弋亦声。	必,分极也,从八弋,亦声。
釆,辨别也,象兽指爪分别也,读若辨。	釆,辨别也……从重八,八亦声。
半,物中分也,从八,从牛。	半,物中分也,从八,从牛,八亦声。
平,语平舒也,从亏,从八。八,分也。	平,分均也,从亏,从八,八亦声。

欲释此数字,当先承认钱大昕所发明"古无轻唇音"之一公例,知"分"字古读如"奔","釆"字即"番"之原。徐铉②云:"蒲见切。"古读如"班"(此两字日本读法尚与古同)。平字古读如兵,皆用"B"母发音,与八字正同。由是知凡衍"分声"、"北声"、"番声"、"半声"、"平声"之字,一面既从"八"衍形,一面又从"八"衍声,形声合而其义乃益著。如非字即古别字,衍而为背、必字,表分别确定之意,此皆蒙"八"形"八"声而衍其义也。其从分字衍出者,如平均分配为颁,亦为攽,文质相半为份(《论语》孔注),财分而少为贫(《说文》),研米使分散为粉(《释名》),目黑白分为盼(《说文》),草初生,其香分为芬(《说文》),气候不纯良

① 按:《尧典》当作《舜典》。
② 铉,原作"玄"。

为氛，鸟所化鼠为鼢（《说文》），分而不理为棼、为纷，此亦蒙"八"形"八"声而衍其义也。其从半字衍出者，如物之解剖分析为判，冰之溶解为泮，田之分界为畔，男女好合为牉，相结偶为伴，半体肉为胖（《说文》），分背为叛，此亦蒙"八"形"八"声而衍其义也。其从番字衍出者，如分布种子为播，迻译异文为繙，改其旧态为翻，为幡，发有二色为皤，草分布茂盛为蕃，肉由生而熟为燔，二水洄漩为潘，此亦蒙"八"形"八"声而衍其义也。其从平字衍出者，如田之分界为坪，棋局界罫者为枰，水藻旋分寸合者为萍，此亦蒙"八"形"八"声而衍其义者也。其仅蒙其声而不蒙其形者，如北亦为别，份亦为彬、为贲，颁赐之颁亦为班，颁白之颁亦为斑，皆或引申、或假借，而仅留其声略去其所从之形者也。如人相与讼为辨（《说文》），判其是非得失为辨，以言相辨为辩，文之驳杂为辫（《说文》），发之交结者为辫，蕊之分开者为瓣，判事已了为辦，此虽不从"八"而仍从"八"声以递衍成义者也。以上所举四十四字，皆用"P"母发音者，所含义不外两种：（一）事物之分析、分配、分散。（二）事物之交互错杂，而其语原皆同出于一。试界之如下：

八 Pa｛
必
北 Pei 别……背 Pie
分（Peng）……颁攽（Pan）粉（Peng）盼（Pan）芬（Peng）氛（Peng）鼢（Peng）棼、粉（Peng）
半 Pan……判（Pan）（泮 Pan）畔（Pan）牉（Pan）伴（Pan）胖（Pan）叛（Pan）
番 Pan……播 Po 繙（Pan）翻、幡（Pan）皤 Po 蕃（Pan）潘（Pang）
平（Piug）坪一（Ping）枰（Ping）（萍 Ping）
彬（Pin）贲（Peng）班（Pan）斑（Pan）
辡（Ping）……辨 Pien 辩 Pien 瓣 Pien 辫 Pien 辦 Pan

此外同一事物，稍变其语尾而示其种类之微异者，在《尔雅》中多见之，如《释宫》云："樴大者谓之栱。长者谓之阁。"《释水》云："川注溪曰谷，注谷曰沟，注沟曰浍。""大波为澜，小波为沦。"《释器》云："黄金美者谓之鏐，白金谓之镣。"诸篇中如此者尚多（王国维《尔雅鸟兽草木虫鱼释例》列举不少）。试以拼音写之则如下：

栱 Kun　澜 Lan　鏐 Liao　谷 Ku　沟 Ko

阁 Kou　沦 Lun　镣 Liao　浍 Kuei

此等变化法，绝似英文中 Man 与 Men，只变其字中一母或两母，以示同一事物中种类之微别也。《尔雅》《训》、《诂》、《言》三篇，其所训亦多用声转之字，如："初、哉、首、基、肇、祖、元、胎、俶、落、权、舆，始也。"除元、胎、落三字外，其音皆相近。如："永、羕、引、延、融、骏，长也。"除骏字外，余尽双声。他如怡、怿、悦、愉、豫之训乐，展、谌、允、慎、亶之训诚，粤、於、严之训曰，爰、粤、於、繇之训於，貉、谧、密之训静，永、悠、远之训遐，大抵皆同一发音，而语尾有若干之变化而已。

尤有极奇异之一例，《公羊传》云："伐者为客。伐者为去。"据何注所释："上伐者，指伐人者，短言之。下伐字，指被伐者，长言之。"其所谓短言长言者，今无从确知其音读为何，如试以意写之，则：

主动位之伐字 Fut

被动位之伐字 Fart

此种变化法，与英文之 Strike Struck 等类，宁非极相肖？特因吾文字结构与彼殊科，故其变化不能以音符表现耳。

许君之释转注，谓："建类一首，同意相受。"而全部《说文》未有一字明言其属于转注者。后人不得转注之确解，聚讼纷纭，至今未决。以吾所臆断，则所谓"建类一首"者，非形之类，形之首，而声之类、声之首也。建立一类之声以为发音之首一母，凡衍此一首之声者，虽收音有变异，然皆同意而相受，是谓转注。例如建"戔"声为一首，而綫、箋、錢等皆同意相受。建"八"类之声为一首，而分、平、北、别、辨等皆同意相受。然则凡谐声之字，十有九兼转注矣，其例既举不胜举，故许君竟阙而不举也。

本篇所论，吾亦未敢遽自信。要之欲知中国文字源流，不可不大注意于发音，则吾敢断言也。惜吾于古音学殊乏素养，未能博证以自张其说。世之君子，若对于此事有研究兴味，则其用力方法及所产之结果当如下：

一、先研究古代音读与今不同者（例如古无轻唇音之类），使追寻声系，不致沿讹。

二、略仿陈澧之《声类表》，别造一新字母以贯通古今之异读（注音字母恐须改正者甚多）。

三、略仿苗夔之《说文声类读表》，以声类韵类相从，以求其同意相受之迹。

四、制新字典，一反前此以笔画分部之法，改为以音分部，使后之学子得一识字之捷法。

二四　江易园《古今音异读表序》

宣统三年，学部谋国语统一，设国语调查会。江谦议宜分两部，招集闳达，从事研究编辑之务：其一统一国语，其一调查方音。统一国语，则主京音，所以通今。调查方音，以古音之散见于方言也，所以通古。癖古之士，有议并为一事者，曰："孰若标准古音以易时习。"下走伟夫斯议。是昆山顾氏之所欲复焉而未之能也。虽然，硕学之士，以是为闻古之译焉可矣，若以易今一般之社会而复之古，则其不适于时之故，下走犹能言之。古音钝而重，今音清以利。古音简而偏，今音繁而全。古音北之祖也，今音南之原也。汉魏以前，北音之时代也，南不列于雅。东晋以来，南音之时代也，北亦稍糿焉。本朝经师及晚近时哲，于古今音多有考证。今为分别列表，挈其要领，庶夫大夫君子，口焉而明之，一览而知其大较，若为今音，若为古读，今变今音尽为古读，为便不便？自东晋以后，古者扬州之域，更迭为帝都，其音轻扬。主盟文学之坛者，又大都南士。齐梁之际，昌言声韵，文物邕遂，势力日加。隋唐以还，从龙之士北征，南音北渐。历代帝者往往移徙南方豪族充斥京畿，由是轻扬之音，习为普通之语。北方族氏，迭遭胡乱，又复南迁。于是古来刚劲钝重之音，浸以潜弱。今虽山林偏僻之地，交通困绝，尚能保存文献之遗，然已降为土音，不复熟于当世学士大夫之口。今如江西、抚州者，读《论语》"知之为知之"而为"的的为的的"，则闻者犹然陋之，畴孰知其存古矣！夫其积重而欲返之也诚难，必欲返之，则将使有重唇音，无轻唇音；有舌头音，无舌上音及半舌半齿音；有邦滂并明音，无非敷奉微音；有端透定泥音，无知彻澄娘音；有泥音，无日音；有见音，无匣音。弃清而就钝，舍全而抱偏，行之国中而不能便也。后生学子以是重唇钝舌，习欧美之译，其困难又加强！惟夫高才学者究专门之业，必于古有事焉，则是诚金科玉律哉！徒示以古之云云也，虽证鼐确凿，学者犹或瞠目结舌，莫释于疑。则必北究燕秦，南穷闽粤，旁搜朝鲜、日本，标注音符，衲之一简，知夫某与经通，某与传合，某与笺注音疏相明。经传聱牙，则为奥僻；口舌惯习，则为易知。斯业之成，古义益显。抑悬念夫百年以往，语言统一，国习一音，而古训方言，赖斯不坠，岂非空前之盛业，垂后之鸿篇？调查国语之大夫君子，傥有事乎？

二五　金可庄《声音学听讲录》

丙辰夏，江师易园讲学于江苏省教育会，予往听焉。顾后至不得坐前列，堂高人众，潜听为难，加之妙谛泉涌，左右逢源，秉笔摘录，终难卒记。归而构思，本所记忆者笔之于册，断片鳞爪，恐终不免毫千里之谬。乃欲有所就正，而又苦无其机。今者江师登报征集，并云准予裁正，是固师之热心，抑亦庄之幸也！用赘数言以志快慰。

一　声音之定义

《礼记》(《乐记》)：声相应，故生变，变应方，谓之音。单声为声，复声为音。明代西儒金居阁有言曰："……声为父……韵为母……音为子。"盖必一声一韵相合而后始成为音，与复声为音之说若合符节。古今中外，理无二致也。

二　发音法

(一) 发音有自觉性　言为心声，发音必有所感。小儿饥则啼，得食则笑，此亦自觉之表现也。

(二) 发音部位　发音机关，不外腭、唇、齿、舌四部，此即发音之部位也。

（三）声母发音法　发音部位，虽并牙喉为一部，定名曰腭；然三十六字母（见溪群疑等）仍无变动。今任取一常语之字，辨别其发音部位，则声母发音法亦可明矣。举例如下：

腭音：脚、间、觉、哥、果、根、公、姑（属见母）。哭、糠、恳、开（属溪母）。局、憨（属群母）。牛、呆（属疑母）。烘、黑、兄、火（属晓母）。荷、行、雄、寒（属匣母）。衣、翁、屋、烟、恶（属影母）。夜、蝇、用、药、有（属喻母）。

舌音：爹、刀、斗、当（端母）。跳、偷、汤、吞（透母）。地、动、读、弟（定母）。南、恼、能、泥（泥母）。知、中、追（知母）。宠、畜、獭（彻母）。除、传、丈（澄母）。娘、匿（娘母）。来、冷（来母）。仍、日（日母）。

齿音：精、则、宰（精母）。请、七、采（清母）。族、裁、齐（从母）。思、仙、心（心母）。习、详、席（邪母）。周、枕（照母）。初、出（穿母）。世、床（状母）。手、失（审母）。善、受（禅母）。

唇音：布、背、奔（帮母）。渍、攀、匹（滂母）。跑、婆、皮（并母）。妹、梅、妈（明母）。飞、封（非母）。费、肺（敷母）。父、饮（奉母）。无、物（微母）。

发音机关为腭、舌、齿、唇，而其间必分为三十六字母者，则以声音固有刚柔轻重之不同也。分别说明如次：

（甲）腭音刚柔之区别及轻重之阶梯

腭音
- 深腭
  - 吉各
  - 吃哭
  - 热岳
- 浅腭
  - 吸霍
  - 一郁

声重而自内发出者，谓之深音，吉各、吃哭、热岳是也。声轻而自外发出者，谓之浅音，吸霍、一郁是也。而深浅之中，复有刚柔之分：吉、吃、热、吸、一，为柔声；各、哭、岳、霍、郁，其刚声也。

（乙）舌音之刚柔及舌尖舌上之区别

- 舌音
  - 舌尖……
    - 滴笃
    - 踢脱
    - 立落
  - 舌上……
    - 鸡觉
    - 气确
    - 叶肉

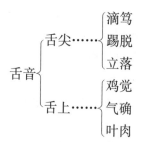

舌尖抵上腭，为舌尖音。舌边抵上腭，为舌上音。至于刚柔之区别，仍如前例。（上一字为柔，如滴、踢、立。下一字为刚，如笃、脱、落。）

（丙）正齿粗齿及刚柔之区别

- 齿音
  - 正齿（即柔声）
  - 粗齿（即刚声）
    - （上部）即足……（精母）
    - （中部）切促……（清母）
    - （下部）息束……（心母）

齿音刚柔之区别，一如前例。所不同者，正齿粗齿之分耳。

（丁）唇音轻重及刚柔之区别

- 唇音
  - 重……
    - 笔八……（瓶彭）……（兵滨）
    - 劈拍
    - 密莫……（米妈）
  - 轻……
    - fi 腹
    - we 学……（此音最轻似乎带扁）

甲乙丙丁四项，全以俗音为代表，无非取其易明耳。而所取之音，纯属双声，则上一字为柔，下一字为刚，更觉明显矣。

（四）韵母发音法　吾人习用之韵，每有联带之关系，如东、通、同是也。然则单独一音，其声与韵如何区别乎？概括言之：短促者谓之声，延长者谓之韵。譬诸“东”，延长呼之则为“翁”。譬诸“张”，延长呼之则为“盎”。“东”与“张”为声母，“翁”与“盎”即韵母也。

（五）常语习练觉性　腭音：哥（阳），兄（四阴），舅（一阴），姑（五阳），胸（四阴），眼（三阳），鞋（四阳），呢（三阴），架（一阳），蚁（三阴）。舌音：娘（六阳），弟（一阴），履（三阴），梯（二阴），兔（二阳），狼（三阳），耳（七阴），土（二阳），蝶（一阴）。齿音：叔（三阳），姊（一阴），窗（二阳），墙（二阴），桌（一阳），膝（二阴），猪（一阳）。唇音：妹（三阳），伯（一阳），妈（三阳），面（三阴），豹（一阳），蚊（四阳），非（四阴），猫（三阳），房（四阳），门（三阳）。常语虽通俗，其间却含至理。哥与兄义同而音异，一则属阳，一则属阴；舅与姑为对待名词，而亦判为阴阳，从可知常语与声音学有密切之关系矣。

（六）天然声母　小儿坠地其声呱呱。人有所苦，发声长吁。此即天然之声母也。

（七）天然韵母

天然韵母	五音	……宫（翁）……商（盎）……角（脚）……徵（嘴）……羽
	四等	……合…………（……开……）…………齐…………撮

歌诀曰：“欲知宫，舌居中。欲知商，口大张。欲知角，舌后缩。欲知徵，舌抵齿。欲知羽，唇上取。”盖宫商角徵羽者，天然之韵母也。惟短促为声，延长为韵，故宫当读作翁，商当读作盎。此五音又恰成为开齐合撮四等，可谓巧不可阶。至于四等究属若何区别，更举例如次：

开	齐	合	撮
挨	意	乌	于
格	鸡	故	居
客	气	苦	去
额	尼	吾	女
塔	底	都	斗

同一发音部位，同一字母，而开口呼为挨，齐齿呼为意，合口呼为乌，撮口呼为于。此之谓四等。而四等之外，复有六转之分，即清平、浊

平、清上、浊上、清去、浊去是也。更举例如次：

开 张长长丈帐仗

齐 真陈诊准镇阵

合 宗虫肿重众仲

撮 珠储租左注祝

说明：（甲） 一清。二浊。三清。四浊。五清。六浊。（缓长名清，短促名浊。）

（乙） 韵书说：一、二，平声。三、四，上声。五、六，去声。

（丙） 凡韵书所谓入声，其转音皆在第六。故反切上辨其清浊，入声与浊声同，因古无入声，今北方犹然。

古谓入声者，闰声也。谓闰余之声。因韵书所列入声字，其上去平往往有音无字，故附系于旁转之中，如丁订得，真枕震则是也。

三 反切法

反切根源于双声叠韵。凡二声同母者为双声，同韵者为叠韵。“故居”、“宣泄”、“都督”、“做足”、“空哭”、“生声”、“兵柄”，凡此皆双声也，其平仄可不论。“曹操”、“鸡啼”、“溪西”，凡此皆叠韵也，其韵母必同。故平上去入，各归其类，不可相混。

反切之法：上字定位，即双声也。下字定音，即叠韵也。譬如公字，其反切用“格翁”、“孤翁”、“该洪”、“钩空”，均无不可。盖格、孤、该、钩与公字同属见母，皆双声也。翁、洪、空与公字同属东韵，皆叠韵也。惟其间以“孤翁切”为最适当。盖孤与公同为合口呼之平声，而翁又属天然韵母，故一读即可得公字之音。此之为音和切，其他皆普通切耳。至于借他部之音以为定位之用，如舌尖音之“丁”，切舌上音之“贮”（丁吕切贮），此之谓类隔。类隔者，隔类之谓也。

四　拼音法

音和切既因字数之缺乏，不可多得，则反切固难言矣。谋补救之方，斯拼音法尚矣。拼音之法：譬如苏干切“三”，先将苏干二字拆成反切（苏私乌切，干古寒切），用劈法将乌古二字劈去，则私寒切“三”，一读即得矣。但此法亦宜熟练。

齿音第一种四等五音六转拼音之练习：

开　口	齐　齿	合　口	撮　口
之（曷汪）张	之（因）真	之（翁）宗	之（乌）珠
之（曷王）长	之（人）陈	之（洪）虫	之（吴）储
之（曷网）丈	之（隐）诊	之（耸）钟	之（武）租
之（曷盎）帐	之（引）准	之（哄）仲	之（户）左
之（曷枉）长	之（印）镇	之（动）重	之（故）注
之（曷尚）仗	之（任）阵	之（贡）众	之（屋）祝

腭音第一种四等五音六转拼音之练习：

开　口	齐　齿	合　口
吉（汪）姜	吉（因）金	吉（翁）龚
吉（王）强	吉（人）禽	吉（洪）穷
吉（枉）讲	吉（引）近	吉（耸）拱
吉（网）	吉（隐）	吉（动）
吉（盎）强	吉（印）禁	吉（贡）贡
吉（尚）	吉（任）仅	吉（哄）共

唇音第一种四等五音六转拼音之练习：

开口	齐齿	合口	撮口
不(汪)帮	不(因)宾	不(翁)	不(乌)
不(王)傍	不(寅)频	不(洪)蓬	不(吴)
不(枉)榜	不(引)膑	不(耸)	不(武)
不(网)	不(隐)牝	不(动)菶	不(户)
不(盎)螃	不(印)傧	不(贡)	不(故)
不(尚)傍	不(任)	不(哄)蓬	不(屋)

舌音第一种四等五音六转拼音之练习:

开口	齐齿	合口	撮口
得(汪)当	得(因)	得(翁)东	得(乌)
得(王)唐	得(寅)	得(洪)同	得(吴)
得(枉)党	得(引)	得(耸)董	得(武)
得(网)荡	得(隐)	得(炭)动	得(户)
得(盎)谠	得(印)	得(贡)冻	得(故)
得(尚)宕	得(任)	得(哄)洞	得(屋)

五　南北音之不同

北无入声,而南少开口。哥孤不分,关傀莫辨。即合口之中,亦鲜区别,此南音之所短也。齿腭混合,潇湘转入晓香,此即北音之所短也。其异同若此。

二六　钱基博《吴江沈颖若先生〈文字源流〉后序》

文字源流之中英比较观

吾读吴江沈颖若先生《文字源流》一编，语繁不杀而举例尽，因为广其意以诏诸生曰：仲尼诲人不倦，然举一隅不以三隅反，则不之复。庄生有言："井蛙不可以语于海者，拘于虚也。"夷考埃及、墨西哥之古文，而知世界文字，同出于一源。埃及国语，一曰图解，二曰符号，三曰音声模拟，较之吾国六书，图解即象形，符号即指事，音声模拟即谐声。墨西哥古语，由图解易为符号，由符号易为音声，虽不合许君之六书次第，而揆之班氏所言六书次第，亦颇相符。故文字之形声虽殊，而制作之大例则一。盖既为地球上之人类，同此五官四肢，喜怒形于色，哀乐动乎中，音之不能尽而笔诸书，文字之声虽异，所以为传达言语之具者实同。特以各国所处之地位不同，洋海环之，山岭障之，斯言文不能统一耳。虽然，中西文字之异，人之所知也，中西文字之异而有其不异者存，则人之所不甚知也。诸生皆旁治英文者也，试以英文为例：

（一）文字之初，先有义有声而后谐声以制文字，不论中西一也。盖气清而上浮者谓之天。天音何自生？生自颠。气浊而下凝者谓之地。地音何自生？生自低。推此类也，读上字高字如张口仰望，读下字低字如闭唇下视，读吃字如吞咽，读呕字如呕吐。盖未造字之先，已发其音义矣。英文亦然，如high，高也，读之张口如仰望。lower，低也，读之闭唇如下视。eat读之亦如吞咽。又如吾国有感叹词呜呼、噫、嘻、唉及丁东、剥啄之类，专以谐声为义，而西文亦有o、oh、ah、ha、ahas、hurrah及soom、爆发声。click、轻击声。crashing、折断声。hick凿声。等字。若此类者，不胜枚举。

（二）凡韵母悉属喉音，而英文之韵母vowel有五，曰：a、e、i、o、u，同于中国之宫商盎角脚徵羽。a商，e角，i徵，o宫，u羽也。亦有变音，与中国同，谓之双音（pipletbong[①]），如oi之在boil、ai之在aisle，皆变徵之音也。试以a、e、i、o、u五韵母而征之中国韵书，如a在father，音阿，正六麻、二十一马、二十二祃音。a在all，其音与au之在laud同，则五歌、二十哿、二十一个也。a在gnat，入声短呼，七曷、八黠。e之在me，正四支音，而e在met，则入声短呼，九屑。i之在knit，入声二十锡、十四缉。o在not，入声十药，在no，介五歌七虞之间，在move，七虞，其音与u之在rude同。而oo之在wood，其音与u之在hut同，则入声一屋矣。u在nut，入声十五合、十七洽。而i之在high，其音与ai之在aisle同，则九佳也。oi在boil，十灰。ou在bow及bound，四豪。ew在mew，其音与u之在tube同，则十一元矣。惟英语无六鱼音，而法语之u字，乃真六鱼音也。

（三）夷考英文有字根，乃有展转引申之字。字根皆拉丁、希腊文也。如以acer拉丁字有尖利辛辣尖酸苦刻薄诸义。为字根，而acrid辛辣。acrimony、姜桂之性，严酷刻薄。acid酸、醋酸。诸字由之引申而出。以stasi希腊字有坚持植立不动永久诸义。为字根，而ecstasy、颠狂妄动。ahosstay、背叛、道教。system法则。诸字即由之引申而出。详见《纳氏文法》第四册第二十七章三八五—三九二页。声相从者义亦相从，而我国文字亦然。如以“中”为字根，而尽中心为“忠”，中衣为“衷”，人次在中为“仲”，其从“中”展转引申之字，声从中者义亦从中。又如

① 按：依文意，或当作piple bong。

以“戔”为字根，戔，小也，于是貝之小者为“賤”，皿之小者为“盞”，竹简之小者为“箋”，凡从戔展转引申之字，声从“戔”者义亦从“戔”。诸如此类，不可枚举。

(四①) 独体为文，合体为字。文不足于用，而孳乳成字以济其穷，此不论中西一也。侯官严复所谓从或字之法而言之，英字又可分为两大类：其一曰文(primary words)，其一曰字(secondary words)。文者何？原成之字，不可复析者也，如化学之原质然。字者何？孳乳寖多之字，所可更析之以为文者也，如化学之杂质。字分二类，中西皆然。中国之文，如一、人、夕、口、马、日诸字。西国之 primary words，如 one、man、night、mouth、horse、sun 等。中国之字，如信、武、证、忠、娶、诶诸字，皆合文而成者也。西国之 secondary words，如 tedshoom、midday、kingdom、beautiful，亦可更析为 primary words 者也。

(五②) 英字之孳乳，其法有二：一曰会合(composition)。会合者，取分立之文字而合之使成一也。如 lighthouse、灯塔。inkstand 墨水瓶。等字，谓之 compound words。所会合者，自二字有时至于三字四字。如 shend-thrift，豪奢之子。合二字者也。midship-man，海军学生。合三字者也。out-of-the-way，非常者。合四字者也。一曰转成(derivation)。转成者，由一字之根，以意义之殊而变化其体成异字者也。如 love 爱字为根，而 loving、爱、中意。lover、情人。lovely、可爱。loveable 可爱者。诸字由之而出。full 富足。字为根，而富于信义者谓之 truthful，甚可畏者谓之 fearful，富有希望者谓之 hapeful。ward 者，著其物之所趋也，以此为根，而进往曰 forward，向往曰 toward，北首曰 northward，西南首曰 southwestward，不便利曰 awkward。凡此之类，谓之 derivatives。按许君六书定义，以事为名，取譬相成，

① 四，原作“三”。
② 五，原作“四”。

谓之形声，比类合谊，以见指挥，谓之会意，皆有合义分立之文，而孳乳成字。如形声之中衣为衷，正言为证，会意之一大为天，用口为周，即是西文之 compound words 也。又合两字见意者，如会意之天从一大，古从十口，形声之衷从衣，中声，证从言，正声是也。有合三字四字见意者，如会意之祭从示，以手持肉，𦏲从四屮，形声之整从攴，从束，从正，正亦声是也。此与英文之 compound words 相同。至英文之 derivation，则亦犹转注建类一首，同意相受之例耳。惟 derivatives 之同意相受，大抵皆即一字为根，而前后附益之，而转注则以一字建一类之首，而上下左右附益之耳。盖西文横行，中文纵行也。

(六[1]) 按中国六书，象形、指事二者，为西国拼切之字所无，间见于记号，如天学以⊙为日，以☽为月，然非文字。惟会意、赅形声而言之，以声亦兼意也。转注、假借三者，为用与中文正同，而假借之用尤宏。如 back，背也，而 backslide、backslider 之 back，则作违背解。way，路也，而亦训为方法。以肩背之背引申作违背之背，道路之道引申作道术之道，即六书之假借也，西文谓之 ambiguity，皆以一字而当数义。如 box 有二十余诂，皆由本义引申而假借之。此类最多，如 rampant，本训跃者、缘者、兽之立者，引申为事势之方兴，皆谓 rampant 也。patient，本训受事者，引申之为病人、为忍耐。valant，本训飞者、傲者、鸟之张翼者，引伸之为流荡、为轻迅。fruent，本训流者，故言辞之流利、书法之流美，皆用之。patent 本训开者，故事之显无隐者、途之通者，皆谓之。而制造专利亦云 patent 者，以其得国家之明论，故有此称也。

(七[2]) 英文中拉丁字，往往同此一字，在此为名词，在彼为动词，其形无殊，但变其所读之重音(accent)，而实用之名词即转为动

① 六，原作“五”。
② 七，原作“六”。

词之虚用者，此其变流之趣，乃与吾国文字正同，盖即中文之读破法。如“春风扇微和”，扇读平声，而名词转成动词。“春风风人，夏雨雨人”，风雨皆读去，亦转名词为动词者。他若“解衣衣我，推食食我”之衣、食二字，“春朝朝日，秋夕夕月”之朝、夕二字，皆缘读破法而名词转动，湘乡曾国藩所谓实字虚用者也，盖不胜枚举焉。此于英字如下，可略举以为释例者也：

Noun 名词		**Verb**	**动词**
aˈccent	重音	acceˈnt	重读之
aˈffix	接尾字	affiˈx	附后
coˈllect	总会	colleˈct	集会
coˈncert	和会	conceˈrt	相和
coˈnvert	改宗教者	conveˈrt	劝化
eˈxtract	精华	extraˈct	摄取
inˈsult	羞辱	insuˈlt	凌辱
oˈbject	外物	objeˈct	疏凌外辱兼恶
proˈduce	物产	produˈce	出产
freˈquent	常有	frequeˈnt	时常往来
aˈbsent	所亡	abseˈnt	脱身
coˈmpound	混合物	compoˈund	混合
preˈsent	礼物	preseˈnt	奉献
reˈbel	叛徒	rebˈel	作叛

虽然 accent 变而后义异者固多，而 accent 不变而异义者尤夥。此如中文“人其人，火其居”，而未闻人、火二字有读破也。《公羊传》“入其宫无人宫焉，入其门无人门焉”，其第二宫第二门字，亦不读破也。此在英文，如 help 助可为名词，可为动词。他若 water、paper、stuff、dance、book、smoke、fire 等，几无实用之名词不可虚用者，亦观其司中之职为何如耳，乌得变乎？此所以宏文字之用也。

但以中文与西文比例为论，有其难者，则西文常用之名，例为一字，而中文或以数字为一名，故其相似难见，此在学者能以意通之而已。即如英文 arise（起）、awake（醒）、agoe（去）诸字，起首之 a 母，正与《书·尧典》“黎民於变”、《大学》“於止”之於字合符。而 abed（在床）、ashore（于岸）两字起首之 a 母，则又与《易·系辞传》“其於中古乎”、《曲礼》“於外曰公，於其国曰君”之於相当。盖我之於字乃象形，在古正读为鸦，与 a 音近也。中西言语当上古时，本为合一，在此可以证见，此不过一事耳。

二七　清龚定庵《古史钩沉论二》

龚自珍曰：周之世官，大者史。史之外，无有语言焉。史之外，无有文字焉。史之外，无人伦品目焉。史存而周存，史亡而周亡。殷纣时，其史尹挚抱籍以归于周。周之初，始为是官者，佚是也。周公、召公、太公既劳周室，改质家跻于文家，置太史。史于百官，莫不有职事。三宅之义，佚贰之，谓之四圣。盖微夫上圣睿美，其孰任治是官也。是故儒者言六经，经之名，周之东有之。夫六经者，周史之宗子也。《易》也者，卜筮之史也。《书》也者，记言之史也。《春秋》也者，记动之史也。《风》也者，史所采于民而编之竹帛，付之司乐者也。《雅》、《颂》也者，史所采于士大夫者也。《礼》也者，一代之律令，史职藏之故府而时以诏王者也。小学也者，外史达之四方，瞽史谕之宾客之所为也。今夫宗伯虽掌礼，礼不可以口舌存，儒者得之史，非得之宗伯。乐虽司乐掌之，乐不可以口耳存，儒者得之史，非得之司乐。故曰：“六经者，周史之大宗也。”孔子殁，七十子不见用。衰世著书之徒，蠭出泉流，汉氏校录，最为诸子。诸子也者，周史之小宗也。故夫道家者流，言称辛甲、老聃，墨家者流，言称尹佚。辛甲、尹佚官皆史。聃一本作聃之官。实为柱下史。若道家，若农家，若杂家，若阴阳家，若兵，若术数，若方技，其言皆称神农、黄帝。神农、黄帝之书，又周史所职藏，所谓三皇五帝之书者是也。老于祸福，熟于成败，絜万事之盈虚，窥至人之无竞，名曰任照之史，宜为道家祖。综于天时，明于大政，考夏时之等以定民天，名曰任天之史，宜为农家祖。左执绳墨，右执规矩，笃信谦守，以待弹射，不使王枋弛，一本作陁。不使诸侯骄上，名曰任约剂之史，宜为法家祖。博观群言，既迹其所终始，又迹其所出入，不蒙一物之讥，不受诸侯蹈抵，使王政不清，庶物奸生，名曰任名之史，宜为名家祖。胪引群术，爰古聚道，谦让不敢删定，整齐以待能者，名曰任文之史，宜为杂家祖。窥于道之大原，识于吉凶之端，明王事之贵因，一呼一吸，因事纳谏，比物假事，不辞矫诬之刑，史之任讳恶者，于材最为下也，宜为阴阳家祖。近文章，眇语言，割荣以任简，养怒以积辨，名曰任喻之史，宜为纵横家祖。抱大禹之训，矫周文之偏，守而不战，俭而不夺人，名曰任本之史，宜为墨家祖。五庙以观怪，地天以观通，六合之际，无所不储，一本储下有无所不语四字。谓之任教之史，宜为小说家祖。刘向云："道家及术数家出于史"，不云"余家出于史"，此知五纬二十八宿异度，而不知其皆系于天也；知江河异味，而不知皆丽于地也。故曰："诸子也者，周史之支孽小宗也。"夏之亡也，孔子曰文献杞不足征，伤夏之史亡也。殷之亡也，孔子曰文献宋不足征，伤殷之史亡也。周之东也，孔子曰天子失官，伤周之史亡也。灭人之国，必先去其史。隳人之枋，败人之纲纪，必先去其史。绝人之材，湮塞人之教，必先去其史。夷人之祖宗，必先去其史。周之东，其史官大罪四，小罪四，其大功三，小功三。帝魁以前，书莫备焉。郯之君知之，楚之左史知之，周史不能存之，故传者不雅驯，而雅驯者不传，谓之大罪一。正考父得商之名颂十二于周，百年之间亡其七，太师亡其声弦焉，太史又亡其简编焉，谓之大罪二。周之雅颂，义逸而事荒，人逸而名亡。瞽所献，燕享所歌，大氏断章，作者之初指不在。瞀儒序诗，以断章为初指，以讽谏为本义，以歌者为作者。三者史不能宣而明，谓之大罪三。有黄帝秝，有颛顼秝，有夏秝，有商秝，有周秝，有鲁秝，有列国秝，七者周天子不能同。列国赴告，各步其功，告朔怠终，乃乱而弗从。周享国久，八百余祀，秝敝不改，是以失理，是失官之大者，谓之大罪四。古之王者存三统，国有大疑，匪一祖是师，于夏于商，是参是谋。今《连山》、《归藏》亡矣，三易弗具。孔子卒得《坤乾》于宋，亦弗得于周。史之小罪一。列国小学不明，声音混茫，各操其方，微孔子之雅言，古均其亡乎！史之小罪二。夫史籀作大篆，非一本非下有为字。废仓颉也。周史不肯存古文，文少而字乃多矣。象形指事，十存三四，形声相孳，千万并起，古今困之。孔壁既彰，蝌斗煌煌，匪籀而仓。盖宪章者文武，而匪宪章宣王。史之小罪三。列国展禽、观射父之徒，能言先王命祀，而周史儋乃附苌弘为神怪之言，不能修明巫觋祝宗，不能共鬼神。燕昭、秦皇，淫祀渐兴，儋、弘阶之，妖孽是征。史之小罪四。帝魁以降，百篇权舆。孔子削之，十倍是储，虽颇阙不具，资量有余。史之大功一。孔子与左丘明乘以如周，获百二十国之书，夫而后《春秋》作也，史之大功二。冠昏之杀，丧祭之等，大夫士之曲仪，或以为数。夫舍数而言义，吾未之信也，故十七篇之完，亦危而完者也。史之大功三。周之时有推步之方，有占验之学，其步疏，其占密。天官有书，先臣是传，唐都、甘公，一本公作石。爰及谈、迁，是迹是宣。史之小功一。史秩，下大夫，商高，大夫，官必史也。自高以来，畴人守之，九章九数幸而完。史之小功二。吾尠彼奠世繫一本繫作系。者，能奠能守，有历谱谍，有世本，竹帛咸旧。是故仲尼之徒，亦著《帝系姓》。后千余岁，江介之都，夸族之一本之作始。甚。史之小功三。夫功罪之际，存亡之会也，绝续之交也。天生孔子，不后周，不先周也，存亡续绝俾枢纽也。史有其官而亡其人，有其籍而亡其统，史统替夷，故孔统修也。史无孔，虽美何待！孔无史，虽圣曷庸！由斯以谭，罪大亦可揜，功大亦可蒙也。孔虽殁，七十子虽不见用，王者之迹虽息，周历不为不多，数不为不跻，府藏不为不富，沉敏辨异之士不为不生，绪言绪行之迹不为不竢。庄周隐于楚，墨翟慠于宋，孟轲端一本端作瑞。于齐梁，公孙龙哗于齐赵之间，荀况废于道路，屈原淫于波涛，可谓有人矣！然而圣智不同材，典型不同国，择言不同师，择行不同志，择名不同急，择悲不同感。天吝材，材吝志，志吝器，器吝情，情吝名，名吝祖。夫周自我史佚、辛甲、史籀、史聃、史伯而后，无闻人焉。鲁自史克、史丘明而后，无闻人焉。此失其材也。七十子之徒，不之周而之列国，此失其志也。不以孔子之所凭藉者凭藉，此失其器也。三尺童子，瞀儒小生，称为儒者流则喜，称为群流则愠，此失其情也。号为治经则道尊，号为学史则道诎，此失其名也。知孔氏之圣而不知周公、史佚之圣，此失其祖也。梦梦我思之，如有一介故老，缫臂河洛，悯周之将亡也与典籍之将失守也，搜三十王之右史，拾不传之名氏，补诗书之隙罅，逸于后之剔钟彝以求之者；以超辰之法，表不显之年月，定岁名之所在，逸于后之布七历以求之者；为礼家之儒，为小节之师，为考订之大宗，逸于后之弥缝同异以求之者；明象形，说指事，不比形声，不谈孳生，推本音，明本义，逸于后之据引申一本无引申二字。假借以求之者；本《立政》，作《周官》，述《周法》，正封建之里数，逸于后之杂真伪以求之者；诵《诗》三百，篇纲于义，义纲于人，人纲于纪年，明著竹帛，逸于后之据断章以求之者。乌乎，周道不可得而见矣！阶孔子之道求周道，得其宪章文武者何事，梦周公者何心，吾从周者何学，逸于后之一本下有侈道学三字。谈性命以求之者。辞七逸而不居，负六失而不恤。自珍于大道不敢承，抑万一一本无万一二字。幸而生其世，则愿为其人欤！愿为其人欤！

二八　梁任公《五千年史势鸟瞰》

第一章　地理及年代

历史者，因空际时际之关系而发生意义者也。吾尝言之矣，曰："史迹之为物，必与'当时'、'此地'之两观念相结合，然后有评价之可言。"(《研究法》一七九)故于地理及年代托始焉。

第一节　地　　理

中国领土，以地势言之，可略分为六部：第一部，十八行省。第二部，东三省及三特别区域。第三部，新疆。第四部，外蒙古。第五部，青海及川边。第六部，西藏。

此六部者，其文化之开发有先后，其历史之关系有深浅，即在今日，其统治权行使之所及，亦有松密。大概言之，则第一部为中华民族(狭义的)历古之根据地，而其西南一隅，至今犹有苗蛮族未尽同化。第二部，历古为东胡、北胡与我族交争之区，今则在广义的中华民族完全支配之下。第三部，则历古为西羌、北胡乃至中亚、东欧诸族错处代兴，今亦完全在我主权之下，而人种同化犹未尽。第四部，历古为北胡根据地，至今犹为东北胡杂种之一族(蒙古)居之。所谓主权者，羁縻而已。然我族势力之向北地发展者，今方兴未艾。第五部，西羌及北胡居之。统治权之行使，较优于第四、第六两部，而居民中我族势力之微弱，亦仅与第四部相埒耳。第六部，名义上虽为领土，事实上则居民与统治权，皆属西羌族。其各部蜕变状况之分析，别于第二章详之。

地理形势，非本书所宜喋述。今惟抽出其与史迹关系最巨之数特点，略为推论，而当推论之前，有一义应先商榷者，则历史现象受地理之影响，支配果至若何程度者。历史为人类心力所构成，人类惟常能运其心力以征服自然界，是以有历史。若谓地理能支配历史，则五百年前之美洲地形气候，皆非有以大异于今日，而声明人物，判若天渊，此何以称焉？虽然，人类征服自然之力本自有限界，且当文化愈低度时，则其力愈薄弱，故愈古代则地理规定历史之程度愈强。且其所规定者，不徒在物的方面，而兼及心的方面，往往因地理影响形成民族特别性格，而此种性格，递代遗传，旋为历史上主要之原动力。近代以科学昌明之结果，其能嬗变地理而减杀其权威者虽不少，然衡以总量，究属微末，且前此影响之镌入民族性中者，益非可以骤变，故治史者于地理之背景，终不能蔑视也。今请列举中国地理特点数端，而说明其与史迹之关系。

(1) 中国黄河流域，原大而饶，宜畜牧耕稼，有交通之便，于产育初民文化为最适，故能于邃古时即组成一独立之文化系。

(2) 该流域为世界最大平原之一，千里平衍，无冈峦崎岖起伏，无湾碕佩离旋折，气候四时寒燠俱备，然规则甚正，无急剧之变化，故能形成一种平原的文化，其人以尊中庸、爱和平为天性。

(3) 以地形平衍且规则正，故其人觉得自然界可亲可爱，而不觉其可惊可怖，故其文化绝不含神秘性，与希伯来、埃及异。居其地者，非有相当之劳作，不能生活，不容纯耽悦微眇之理想，故其文化为现世的，与印度异。

(4) 天惠比较的丰厚，不必费极大的劳力以求克服天然，但能顺应之即已得安适，故科学思想发达甚缓。又以第 2 项所言，地形气候皆平正少变化，故乏颖异深刻的美术思想。又以爱乐天然、顺应天然之故，故伦理的人生哲学最发达。

(5) 此一区域中，别无第二个文化系。而本部(即第一部)地势毗连，不可分割，故随民族势力之发展，文化亦愈益扩大，结成单一性的基础。

(6) 以第 2 项理由，故中庸性质特别发展。惟其好中庸，万事不肯为主我极端的偏执，有弘纳众流之量，故可以容受无数复杂之民族，使之迅速同化。亦惟因周遭之野蛮或未开化的民族太多，我族深感有迅令同化之必要，而中庸性格，实为同化利器，故演化愈深，而此性格亦愈显著。

(7) 国境西界葱岭以与中亚及欧洲之文化隔绝，南界喜马拉耶以与印度文化隔绝，缺乏机缘以与他系文化相摩厉、相资长，故其文化为孤立的、单调的、保守的。

(8) 以下文第 10 项之理由，其文化屡受北方蛮民族之蹂躏，我族常须耗其精力以从事于抵抗及恢复，故愈益养成保守性。

(9) 东南虽濒海，然其地之岛民，无文化足以裨我，又以地大物博之故，凡百闭关皆足自给，故民族从不作海外发展之想，益无以改其单调的、保守的之特性。

(10) 西北徼之中亚细亚、西伯利亚诸区，夙为群蛮所产育出没。其人生苦寒土域，习于勇悍，而常觊觎内地之温沃富殖，狡焉思逞。北境既无重洋峻岭以为之限，而我土著之民，爱护其耕稼室庐，以平和为职志，其势易为所蹂躏。故三千年来，北狄之患，几无宁岁，其影响于文化及政治者至大。

(11) 文化发源，起自黄河流域，次及长江流域。此两流域平原毗连，殆无复天然境界可以析划，与欧陆形势绝异。我民族既以此地为枢核，则所谓“大一统”主义自然发生。故幅员虽大于欧陆，而欧陆以分立为原则，以统一为例外，吾土正反是。

(12) 以第 10 项之理由，吾民族有集权御侮之必要。此种必要与第 11 项之理由相结合，遂产生中枢专制的政治。而此中枢时复为外族所劫夺,则其助长专制也益甚。

(13) 因下列各理由,致地方自治不能发达。(甲) 因地势地味关系,始终以农立国。乡村农民,惟安习于家族的统制。(乙) 都市常为政治或军事之中心地,专制干涉力极强。(丙) 如第11项所说,无画疆自保之凭藉。(丁) 如第10项所说,悍蛮恣暴,地方事业易被摧坏。

(14) 地势既不适于诸国分立,又艰于发育自治,其势自然趋于中枢专制。而又以幅员太广之故,统治力不能贯彻,故内乱屡起,或为外族所乘。此种野蛮革命,既成为历史上常态,故文化恒屡进而屡蹶。

(15) 地势虽不可分裂,然因山脉与河流皆自西而东(专就第一部言),且气有寒温热带之异,故南北常不免自为风气。而当政象有变动时,亦恒以南北对峙为暂局。

(16) 西南与东北两边际,以位置窎僻及地形有特别构造,故虽加入我族文化系,而迄未成熟,"远心力"常常发动,故朝鲜、安南屡次编为郡县,屡次自立,至今竟排出中国历史圈外。而辽东、滇南往往蒙其影响,其不自绝于中国,乃间不容发。

(17) 第三、四、五、六之四部,地理上各有其特色,而形势上各有其与中国不可离之关系,故吾族常努力吸收之以自卫,所以促其住民同化者亦多术,而此愿望至今犹未能全达,则吾侪及吾子孙所当有事也。

(18) 以全势论之,则此一片大地,最不宜于国家主义之发育,故吾族向不认国家为人类最高团体,而常以"修身"为出发点,以"平天下"为究竟义。全部文化皆含此精神,故其历史或不在过去而在将来也。

上所举地理影响于历史者,崖略可睹矣。然此类地理之权威,迄近代既日以锐减。例如海运及国境上之铁路既通,则连山大漠,不足为对外交通之障。国内铁路邮电诸机关渐备,则幅员虽广,不难于统治。周遭诸民族同化略尽，则野蛮的侵掠蹂躏，不复成问题。工商业渐发展，则重心趋于都市，而自治之可能性愈大。诸如此类，今皆以异于古所云。特前此影响之留迹于心理者，则其蜕变，非旦夕间事也。

第二节　年　　代

史何自起？就广义之史言之，可谓有人类即有史。而据地质学家所推定，人类发生，已在五十万年或二十万年前，即新石器时代迄今，亦已五万年。吾侪既确知新石器时代中国已有人，则亦可谓五万年前，中国已有史。虽然，吾今所治，为狭义之史，以先民活动之迹有正确记录可征者为限。则中国有史时代，盖起于夏禹。若再以严格的年代学绳之，则完全信史起于周之共和元年，即西纪前八百四十一年。

有史以前，谓之神话时代（其实神话时代亦有史迹，历史时代亦有神话，此不过举概划分）。神话时代，其悠远乃数十百倍于有史时代。若著一部《人类活动通考》，则有史时代所占之篇幅，不过其最末数叶而已。神话时代状态之研究，其大部分当以让诸地质学家，非治史者所宜过问。史家有时或以神话时代为副料，不过藉以推见初民心理或因其象征所表示而窥其生活之片影。例如因盘古剖卵而生的神话，推想吾先民最古之宇宙观。因三皇、五帝等神话，推想三才五行说之起源。因燧人、神农等名称，推想火及耕稼之发明影响于当时人心者若何深切。神话之辅助历史，其程度当至是而止。

司马迁曰："学者多称五帝，尚矣，而《尚书》独载尧以来。百家言黄帝，其言不雅驯，搢绅先生难言之。"此语足表其态度之谨严。虽然，迁之为书，仍托始于《五帝本纪》，未能践其断制也。夫岂必黄帝以前，即《尚书》所载尧、舜事，吾侪亦只能以半神话视之。韩非曰："孔、墨皆言尧、舜，而取舍不同，皆自谓真尧、舜。尧、舜不可复生，谁与定儒、墨之诚乎？"由是观之，恐《尚书》"曰若稽古"，亦半为后人所追记，未必能悉视为信史也。而迁乃于《尚书》所不载之黄帝、颛顼、帝喾偏有尔许事实，为之铺张扬厉。降及皇甫谧、罗泌之徒，生迁后又数百年、千年，乃自诧为知迁之所不知，举凡迁所吐弃为“不雅驯”之言者而悉宝之，于是古代史益芜秽不可治。近世治史者动辄艳称炎、黄、尧、舜时代之声明文物，此说若真，则夏、商千余年间，不可不认为文化之中绝或停顿。其原由何在？实无说明。而或者更摭拾前说，穿凿考证，例如五帝三王是否同出一宗，彼此相距年代几何等，聚讼之言，殆将充栋，皆所谓“可怜无益费精神”。盖考证惟当于事实范围内行之，事实存在与否尚成问题，则对于事实内容之讨论，太早计矣。吾侪不敢谓黄帝、尧、舜绝无其人，但至多认为有史以前半开化部落之一酋长，其盛德大业，不过后人理想中一幻影。《古本竹书纪年》托始夏禹，当是史官旧文，吾辈遵之，可以寡过矣。

夏以后，固已有近真之史迹，然年代殊难确算。如俗说皆称夏四百年，殷六百年，而《竹书》则云夏年多殷。《书·吕刑》称：“王享国百年。”旧说谓指周穆王在位之岁，《竹书》则云周武王至穆王凡百年。诸如此类，异说滋多。《竹书》虽若较可信凭，惜原本今亦久佚。故司马迁于三代，但作世表而不凿考其年(注一)。纪年则起于《十二诸侯年表》，其第一年为西周之共和元年，下距今民国十一年为二千七百六十三年。此表殆极可信。盖共和后六十六年，周幽王六年十月辛卯朔，有日食，见于《诗经》(注二)。共和后百二十年，即鲁隐公元年，《春秋》于是托始焉。故我国史，可谓有二千七百六十三年极正确之年代，继续不断以迄今日也。

旧史皆以帝王纪年，盖舍此亦实无良法。然而破碎断续，虽强记者犹不能遍，致使史迹之时间的尺度，恒在朦胧意识之中，不便莫甚焉。故定出一画一的纪年标准，实为治史者急切之要求。近年来讨论此问题者，或议用孔子卒后，或议用帝尧甲寅，然皆不能言之成理。共和元年，既为历史上最初正确之年，则以之托始，在理论上固无可疵议。然既为国人耳目所不习，且与世界史迹比照，亦须多费一重换算。吾以为史之为物，以记述全人类活动为职志，国别史，不过人类通史之一部分，故所用记号，总以人类最大多数已经通行者为最便。基督纪元，在今日，殆可称为世界公历，吾侪不妨径采用之，以史之时间的公尺，无庸有彼我分别之见存矣。

历史时代当作何分画耶？史迹所以记人类之赓续活动相，强分时代，乃如抽刀断水，欲得绝对的精确标准，为事殆不可能。近今史家率将欧史区为古、中、近之三世，此如治天体学者画分若干星躔以资研究方便而已。中国欲仿斯例，颇极困难。依严格的理论，则秦以前为一时代，自秦统一迄民国成立为一时代，两者分野极为严明。然似此区分，则每时代所包含时间太长，几与不区分相等，若欲稍得平均，则易陷削趾适履之敝。故吾以为论次国史，或以不分时代为适宜。必不获已，则姑命秦以前为远古，自秦迄清为近古，民国以后为今代，而远古、近古中复为小区画，庶几不至大戾。今列表如下：

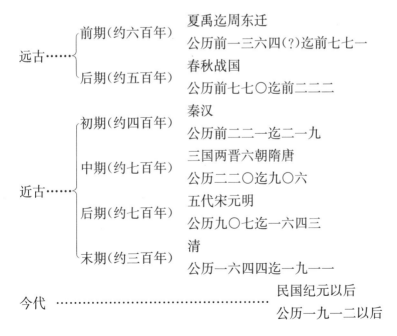

远古……	前期（约六百年）	夏禹迄周东迁 公历前一三六四（?）迄前七七一
	后期（约五百年）	春秋战国 公历前七七〇迄前二二二
近古……	初期（约四百年）	秦汉 公历前二二一迄二一九
	中期（约七百年）	三国两晋六朝隋唐 公历二二〇迄九〇六
	后期（约七百年）	五代宋元明 公历九〇七迄一六四三
	末期（约三百年）	清 公历一六四四迄一九一一
今代	…………………………………	民国纪元以后 公历一九一二以后

远古近古今代之区别，最为分明。其在政治上，则远古为分治的、贵族的，近古为集治的、独裁的，今代行将为联治的、平民的。其在文化上，则远古为发育的，近古为保守的，今代行将为蜕新的。凡百现象，皆俨若有一鲜明之帜志以示别。更将远近古各期细分之，则其特色可指者如下：

1　远古前期　自大禹以来，“诸夏”的观念（即中国人的观念），已完全成立，故为国史之始。然夏商称王天下，其实仍是部落分立，政治中枢势力甚微，文化亦仆僿，不甚可考见。自周创制封建，诸夏结合密度益增，政治渐渐有重心，文化亦彧彧可观。

2　远古后期　周东迁后，政治重心渐失，各地方分化发展。诸夏以外之民族 ，亦渐形活动。然藉封建之势，各地皆以诸夏所建国为中心，以吸收同化境内诸异族。而此诸夏之国，复次第合并，由数百而数十，而六七以归于一。故此期实为中华民族混成时代。亦因分化之故，思想言论皆极自由，社会活态呈露，故文化极高度，且极复杂。

3　近古初期　民族既抟捖为一，故秦汉以后，完全成为不可分之界。然版图既廓，统治益艰，故因封建时代经验蜕变之成规，创立中央君主独裁政体。人民亦经长期战争之后，动极思静，务咀嚼前期所产文化以应用之于恬适的生活，故保守性习，从此发生，文化渐入停顿时代。中间境外诸蛮族，屡图侵入，卒距之不得逞，故此期最足为代表吾族真面目。

4　近古中期　两汉之政治组织，及其末年，已发见流弊，且呈露情性，于是有三国之分裂。在前期中，境外及边徼诸异族本已蓄有潜势，但被抑不得发，至是乘虚纷起，遂至有五胡及南北朝之难，历数百年，及唐之兴，乃始告一结局。此期内之政治现象，因外族杂治之结果，法律屡失效力，人民保障益危，中央之组织能力亦渐趋薄弱，故汉唐虽同称盛世，然唐政实不逮汉远甚！文化方面，固有者极形衰落，惟因于与印度开始交通，加入外来之新成分，在史中开一异彩。即民族方面，亦因外族侵入之结果，次第同化，使吾族内容益加扩大，其得失正参半焉。

5　近古后期　唐代号称统一，然中叶以后，蕃将跋扈，吾族统一能力，既日减杀，经五代及宋，人民以厌兵之故，益趋孱弱。而北徼新兴之族，翻极鸱张，辽、元、金相继蹂躏，大河以北，久逸出吾族支配之外。而蒙古入主，与前此五胡情势悬殊，以绝对不受同化之族而据有中国全境，吾族殆无所托命。明代虽云光复，然为膻腥所染，政治组织益紊其轨。文化方面，则印度学术输入既久，完全消化，别构成中印合流之新哲学，亦因政治上活动余地较狭，士大夫之聪明材智专用之于学艺，故文学美术等皆别辟新方向，然而消极颓废的思想，实随处表现。

6　近古末期　前清以异族统一中国，逾二百年，在史上盖无前例。然东胡民族与北族殊，其被同化也甚速，久已渐失其种族的色彩。此期内之政治，虽不能谓为美善，然就组织力言之，则除汉代外，殆无其匹！西北徼诸地，在此期内，悉隶中国版图，历年悍族侵暴之祸殆绝，人民颇得苏息。明中叶以降，欧人航海觅地热骤兴，开华欧交通之端绪，逮清而转变愈剧。于是中国人始渐知有“世界”，不能不营国际的生活。此期文化承前明空疏之反动，刻意复古，由明而宋，而六朝、唐而两汉，而先秦，次第逆溯，精神日趋朴实。及其晚期，则受欧学输入之影响，驯至思想根本动摇。故此期可谓为历史之一大转捩之过渡时代，遂酝酿以成今后之局。（本文未完）

（注一）《史记·三代世表序》云：“孔子因史文，次《春秋》，纪元年，正时月日，盖其详哉。至于序《尚书》，则略无年月，或颇有，然多阙而不录。故疑则传疑，盖其慎也。”此最足见良史谨严态度。

（注二）看《研究法》一四一叶。

二九　梁任公《历史统计学》

历史统计学，是用统计学的法则，拿数目字来整理史料、推论史迹。这个名称是我和我的几位朋友们杜撰的。严格的说，应该名为“史学上之统计的研究法”，因贪省便，姑用今名。但我们确信他是研究历史的[①]一种好方法，而且在中国史学界，尤为相宜。我们正在那里陆续试验，成绩很是不坏，所以我愿意把我们所拟的方法介绍诸君，盼望多得些同志共同做去。

我们为什么想用这种方法研究历史呢？我们以为欲知历史真相，决不能单看台面上几个大人物、几桩大事件便算完结，最要的是看出全个社会的活动变化。全个社会的活动变化，要集积起来比较一番，才能看见。往往有很小的事，平常人绝不注意的，一旦把他同类的全搜集起来，分别部类一研究，便可以发见出极新奇的现象，而且发明出极有价值的原则。比方我们看见一两只蝴蝶算得什么呢？一旦到动物学者的手里，成千成万的蝴蝶标本聚拢起来，综合一番，分析一番，便成绝大学问。我们做史学的人，对于史料之搜集整理，也是如此。

统计学的作用，是要“观其大较”，换句话说，是专要看各种事物的平均状况，拉匀了算总账。近来这种技术应用到各方面，种种统计表出来。我们想研究哪件事，只要拿他的专门统计表一看，真相立刻了然。所以《统计年鉴》等类之出版物，真算得绝好的现代社会史。假如古代也有这种东西传下来，我们便根据着他，看出许多历史上

① “的”字据文意补。

“大较”的真相。然后究其所以然之故，岂非快事！这种现成的饭固然没得给我们，但我们用自己的努力，也许有许多方面能弥补这种缺憾来！

用统计方法治史，也许是中国人最初发明。《史记》的“表”，是摹仿那“旁行斜上”的《周谱》。《周谱》这部书今虽失传，想也该是西纪前三四百年人做的。后来历代正史多有表，给我们留下种种好资料和好方法。可惜范围还太窄了，许多我们想知道“大较”的事件，都没有用表的形式排列出来。到清初有位顾栋高先生，著成一部五十卷的《春秋大事表》，把全部《左传》拆碎了，从各方面分析研究，很有统计学的精神。我从小读这部书，实在爱他不过，常常想我几时能有工夫，定要把全部二十四史，照他样子，按着我自己所要研究的目的，分类做一部通表，才算快事哩！我这个心愿怀抱了二十多年，但我很惭愧到今日还没有动手。

我想我们中国的史学家做这件事，便宜极了。因为我们纸片上的史料，是再①丰富不过的。一切别史、杂史、文集、笔记之类且不必说，就以一部二十四史而论，真算得文献宝藏。就学校里头学历史的学生看，固然恨他“浩如烟海”，就我们专门做史学的人看，真不能不感谢我们先辈给我们留下这大份遗产。我们只要肯在里头爬梳，什么宝贝都可以发见出来。

以上把这种学问的理论大略说明了，以下要说我们着手的试验及其成绩。

我多年想做一张表，将二十四史里头的人物分类，学者、文学家、政治家、军人、大盗等等，每人看他本传第一句“某某地方人也”，因此研究某个时代多产某种人，某个地方多产某种人。我这计划曾经好几次和我的朋友丁文江先生谈起，他很赞成。后来他说先且不必分类，只要把正史上有传的人的籍贯列下来再说。他自己便干起来了。

① “再”字据文意补。

现在还没有完全成功，只是把几个统一的朝代——汉、唐、宋、明做成了，编出一张很有趣的《历史之人物地理分配表》。

他那张表的体例，是将《汉书》、《后汉书》、《新唐书》、《宋史》、《明史》中有传的人都列出，调查他们的籍贯，分配现今各省，再拿所有列传总数，按照各省人数，列出百分比例。例如两汉通共六百六十五篇传，河南人二百零九，占百分之三十一零四三。山东人一百十八，占百分之十七零七五。湖南人只有两个，占百分之三厘。福建人只有一个，占百分之一厘五。广东、云南、贵州一个也没有。全表以是为推。我们在这表中可以看出几个原则：

（一）帝都所在地人物往往特多。例如后汉之河南，占百分之三十七而强。唐之陕西，占百分之二十一而强。北宋之河南，占百分之二十三而强。南宋之浙江，占百分之二十二而强。都是居全比例之第一位。但其中有两个例外：前汉的陕西，仅占百分之十，居第四位，不惟远在山东、河南之下，而且还在江苏之下。明的直隶，仅占百分之七，居第五位。

（二）南北升降之迹甚显著。如山东、陕西、直隶、山西，汉、唐时平均比例皆在百分之十以上，多者至二三十以上。宋、明后，皆落至十分以下，平均不过五六分。内中惟河南勉强保持平度，然亦有落下的趋势。反之如江苏、安徽、江西、浙江，汉、唐时甚微微，以次渐升，至明时皆涨百分之①十以上。此种现象，恐由于宋南渡后，南方之人为的开发，与蒙古侵入后，北方之意外的蹂躏。但人民自身猛进与退萎之精神，亦不容轻轻看过。

（三）原则上升降皆以渐，然亦有突进者。例如四川在前汉不及百分之二，后汉忽升至百分之六，其后即上下于此圈内。浙江向来不过百分之二三之间，北宋忽升至百分之八，南宋又升至百分之二十二。江西向来不到百分之一，北宋忽升至百分之五

① “之”字据文意补。

以上，南宋忽升至百分之十三以上。福建情形与江西亦大略相等。我们想这种情形，系由文化之新开辟。从前这些地方，离中央文化圈很远，一经接触之后，再加以若干年之酝酿醇化，便产出一种新化学作用。美国近年之勃兴，就是这种道理。以此推之，还有许多新地方也该如此。这表现仅编到明朝为止，若继续编下去，当又有新资料可以证明这个公例。例如湖南始终没有到过百分之二，倘将《清史》编出来，恐怕要骤涨到百分之十以上。广东向来差不多都是零度，倘将民国十年史编出来，恐怕也要涨百分之十以上。

（四）此外尤有一最显著之现象，则人物分配，日趋平均。前汉山东占百分之三十而弱，河南占百分之二十而弱。后汉河南占百分之三十七而强，山东占百分之十二而强。仅此两省，占汉史人物之半数。其余长江流域各省，没有能到百分之五的。湖南、福建、两广、云贵，都是零度。唐、宋人各省都渐渐有人，均匀许多了。到明时越发均遍，没有一省没有人。除广西、云、贵三省不满一分外，其余各省最高的不过百分之十三四，最低的省分亦有百分之一二，十八省中之九省，皆来往于百分之三与百分之七。平均数目之间，可见我们文化普及的程度一天比一天进步。倘若将《清史》续编下去，只怕各省不平等的现象还要格外减少哩。

诸君想想，像这样粗枝大叶的一张表，我们已经可以从这里头发见四个原则来，而且还能逐个求出他所以然之故，这是何等有趣的事！凡做学问，终要在客观正确的事实上才下判断，这是人人共知的。史学对象的事实，你说单靠几位大英雄的战记、几位大学者的著述吗？这固然可以表现社会的特殊力，却不能表示社会的一般力。我们搜集史料，断不能以此为满足。许多事实，并不必从个人有意的动作看出来，即如这张表所根据的材料，不过每篇的一句——“某处人也”，这样干燥无味的句子，从前读史的人，谁又肯信这里头还有研究价值？殊不知拆开了一句一句，诚丝毫无意味，聚拢起来，一综合，一分析，无限意味都发生出来了。这表所编仅限于两汉、唐、宋、明五代，而且是不管人物如何，有一篇传算一篇，倘若把二十四史全数编出，再将人物分类，恐怕继续发明的原则，还要多哩。青年诸君啊，须知学问的殖民地丰富得很，到处可以容你做哥仑布，只看你有无志气、有无耐性罢了。

我又请说我们别方面的试验。我近来因为研究佛教史，有一回发生起趣味，要调查我们先辈留学印度的事实。我费不少的劳力，考据出二百来个人，内中有姓名可考者一百零五，无姓名可考者八十二。我做了一篇文叫做《千五百年前之留学生》，曾经登在《改造杂志》。我在那篇文章里面，做了种种统计：

（一）年代别

西历第三纪后半　二人

第四纪　五人

第五纪　六十一人

第六纪　十四人

第七纪　五十六人

第八纪前半　三十一人

（二）籍贯别（内籍贯可考者仅六十五人）

甘肃十人[①]　河南八人　山西七人　两广七人　四川四人　湖北五人　直隶四人　陕西四人　山东四人　新疆四人　辽东四人　湖南三人

（三）行迹别

1　已到印度学成后安返中国者四十二人

2　已到西域而曾否到印度无可考者十六人

① 人，原作“八”，今据下文改，然仍与所列总人数不符。

3　未到印度而中途折回者十四人(?)
4　已到印度随即折回者二人
5　未到印度而死于道路者三十一人
6　留学期中病死者六人
7　学成归国死于道路者五人
8　归国后第二次再留学者六人
9　留而不归者七人
10　归留生死无考者八十人(?)
(四) 留学期间别(可考者)
四十年以上一人
三十年以上一人
二十年以上一人
十五年以上八人
十年以上五人
五年以上三十九人
(五) 经途别(可考者但有往返异途者)
海道六十八人
西域葱岭路七十七人
于阗罽宾路二人
西藏尼波罗路七人
云南缅甸路二十许人

我根据这些数目字,知道事实上"如此如此",我便逐件推寻他"为什么如此如此",于是得了许多条假说或定说。对于那位事情的真相,大概都明了了。我高兴到了不得,好像学期试验得了一回最优等。诸君若要知道详细,请把那篇文章一看。

我研究佛教史,从各方面应用这种统计法,觉得成绩很不坏。我也曾从各家金石目录中,把几千种关于佛教的石刻,如造像经幢之类,调查出土的地方,调查所刻文字的内容,如所造像为释迦像、为弥勒像、为阿弥陀佛像，所刻经为《心经》、为《金刚经》、为《陀罗尼经咒》等等。我因此对于各时代各地方信仰态度之变迁，得着一部分很明了的印象。我又曾将正续《高僧传》及各家经录中凡关于佛教著述的目录，搜寻出一千来种，用他们所解释的经论分类一看下去，便可以知道某时代某宗派兴衰状况何如。这些都是我现时正在进行的工作。我做这种麻烦的工作，很劳苦，但是我很快乐，因为我常常在我的工作中发见意外的光明。我确信我的工作，做一分定有一分成绩，做十分定有十分成绩。

我想这种方法，可以应用到史学的全部分。我的脑筋欢喜乱动，一会发生一个问题。我对于我所发的问题，都有兴味。只可惜我不能把每日二十四点钟，扩充为四十八点钟，所以不能逐件逐件去过我的瘾。现在请把思做而未能做的题目，随便说几个请教诸君。

（一）我们试做一篇《历代战乱统计表》，把战乱所起的年月、所经过的年月、所起的地方、所波及的地方、为何事起、起于某种性质的人，为敌国相攻，抑人民造反，为自相残杀，抑对外防卫……诸如此类，预定十几个题目，依格填去，也不必泛滥许多书籍，只要把正续《资治通鉴》编完，我信得过可以成一张很好的表。根据这表，研究他为甚么如此，一定可以发明许多道理来。

（二）我们试做一篇《异族同化人物表》。先把各史有传的人姓氏谱系来历稍为蹊跷的——如长孙、宇文之类，都去研究一下。考定某姓出于某族，并不是很困难的事。一面将各史传中明记某人本属某族，——如金日磾本籍匈奴，王思礼本籍高丽类，一一列出，其族别则分为匈奴、鲜卑、氐、羌、蛮詔、高丽、女真、蒙古、满洲等等，看某种族人数何如、某时代人数何如、某地人数何如。此表若成，则于各外族同化程度及我们现在的中华民族所含成分如何，大概可以了解。

（三）我们试做一篇《地方统治离合表》。其各地在本族主权者统治之下不计，其北魏、元、清三代虽属外族，而势力统一全国或半国者亦不计。自余各地约以现制各道为区域。每一区域,先记其未隶中国版图之年代,既隶之后,或本地异族据而自立,或外来异族侵据,皆记之,也不必记详细事迹,但记分立侵据之年代及年数。有恁么一张表,我们各地方进化退化之迹,自然有许多发明。

(四)我们试做一篇《历代著述统计表》。把各史的艺文志和各人的本传,凡有著述者,将其书名、部数、卷数列出,再将书的性质分类,将著书人的年代籍贯分类,求出某时代某地方人,关于某类学问的著述有几多部、几多卷,只把数目字列出,便可知道某时代某种学问发达或衰落,某地方文化程度或高或低①,或进化,或退化。

(五)我们试做一篇《历代水旱统计表》。我们历代史官,对于这类灾异极为注意。试把各史的本纪和五行志做底本,参以各省府县志,以年代地方为别,做一张表,看隔多少年发一回,何时代多、何时代少,这样一来,上而气候、地质的变化,下而政治的修明或颓废,都可以推测得几分。诸君试思天下最无用的东西,还有过于五行志么?到了我们这些刁钻古怪的史学家手里头,也许有废物利用的日子哩。

像这种大大小小的统计题目,常常在我脑子里头转的,不下几十个,我也无暇细述,姑且举这五个不伦不类的讲讲。诸君举一反三,或者想出来的题目比我还多还好哩!总之凡做学问,不外两层工夫:第一层要知道“如此如此”。第二层要推求“为甚么如此如此”。论智识之增殖,自然以第二层为最可宝贵。但是若把第一层看轻了,怕有很大的危险。倘若他并不是如此,你模模糊糊认定他如此,便瞎猜他为什么如此,这工夫不是枉用的么?枉用还不要紧,最糟是瞎猜的结论,自误误人。所以我们总要先设法知道他“的确如此如此”,知道了

① 低,原作“底”。

过后，我自己能跟着推求他“为什么如此”固然最好，即不能，把事实拢出来，让别人推求也是有益的事。问设什么法子才能知道“的确如此如此”呢？我简单回答一句：“有路便钻。”统计法，便是里头一条路。

我并非说这是研究史学的唯一好方法，但我敢说最少亦是好方法中之一种。因为史家最大任务，是要研究人类社会的“共相”和“共业”。而这种“观其大较”的工作，实为“求共”之绝妙法门，所以我们很欢喜他。加以我们现存的史料实在丰富，越发奖励我们工作的兴味。但是这种工作是很麻烦很劳苦的，而且往往失败，我自己就曾经失败过好几回。

我并不劝各位同学向这条路上走，但哪一位对于这种工作有兴味，不妨找一两个题目一试，须知从麻烦劳苦中得一点成功，便是人生最快乐的事。或者还可以说人生目的就在此地！

三〇　柳翼谋《正史之史料》

今之治史学者，罔不以考证史料为要务。盖史料征实，始可从事编纂。然不知史料所自来，仅凭本文以意之，亦不能明其真若伪也。此审查史料之来源，为尤足重也。来源正确，则史料不烦考而信矣。正史者，今人咸目为史料，故先讨其源焉。其名昉于《隋书·经籍志》。《史通》叙正史兼《尚书》、《春秋》，《隋志》则以《史记》为始。自《史记》迄《明史》并《新元史》凡二十五种，皆隶于正史。兹先考其前之史料，次及正史之来源。

（一）正史前之史料　正史以前之史料，大半为官书，正史亦据之。周代，地方有州史、闾史，政府有太史、小史、内史、外史、御史、女史诸职。其五官所属之史，不下千余人，可不谓多与！《记》曰："左史记言，右史记事。"此则专于天子者也。《春秋》即据诸书而成。孔子命弟子求百二十国宝书，其原文多佚。庄七年经云："星贯如雨。"《公羊传》曰："《不修春秋》曰：'雨星不及地尺而复。'"此其遗文之仅见者。孔子曰："吾犹及史之阙文也。"故信以传信，疑以传疑。如夏五郭公之类，不妄有所增损。此吾国史家之美德。今人读古史，动辄怀疑，以为此为某某作伪，此为某某增窜，嚣然以求真号于众，不知古人以信为鹄，初未尝造作语言以欺后世。若谓今人始善考史，昔之人皆逞臆妄作，则由未读古书，不详考其来历耳。

（二）一家所撰史书之史料　正史，有一家撰者，有众手修者，其取材之源不一。撮其大要，不外见、闻二种。众手合修之史，仅及所见，一家之书，则可并书所闻。此二者不同之点也。《史记》、前后《汉书》、《三国志》、《宋书》、《南北史》、《五代史》均一家言。《后汉书》、

《三国志》而外，皆有叙述其材料之所自，《史记》言之尤详。盖其所闻亦有二种：有闻之一人者，如下列数例是也：

《项羽本纪》：吾闻之周生。（孔文祥曰：周生，汉之儒者。）

《赵世家》：吾闻冯王孙曰："赵王迁，其母倡也。"

《卫将军传》：苏建语余曰："吾尝责大将军。"

《樊哙滕欢列传》：余与他广通，为言："高祖功臣之兴时若此"云。

《陆贾传》：至平原君子与余善，是以得具论之。

有闻之多人者：

《魏世家》：吾适故大梁之墟。墟中人曰："秦之破梁，引河沟而过大梁，三月城坏。"

《苏秦列传》：世言苏秦多异。异时事有类之者，皆附之苏秦。

《樗里子甘茂甘罗列传》：秦人谚曰："力则任鄙，智则樗里。"

《孟尝君列传》：……问其故，曰："孟尝招致天下任侠奸人入薛中，盖六万余家。"

《刺客列传》：始公孙季功、董生与夏无且游，具知其事，为余道之如是。

《淮阴侯列传》：吾如淮阴，淮阴人为余言。

或指名或否，其见可区为四。有见之书者，包罗最富。或为前世之书：

《太史公自序》：天下遗闻古事，靡不毕集太史公。太史公仍父子相续纂其职。又：厥协六经异传，整齐百家杂说。

《五帝本纪》：然《尚书》独载尧以来。而百家言黄帝，其文不雅驯，荐绅先生难言之。孔子所传宰予问五帝德及帝系姓，儒者或不传。

《夏本纪》：学者多传《夏小正》云。

《殷本纪》：自成汤以来采于《书》、《诗》。

《秦始皇本纪》：述六石刻辞。(及贾生《过秦论》)

《三代世表》：余读谍记，黄帝以来，皆有年数。以《五帝系谍》、《尚书》集世纪黄帝以来讫共和为世表。

《十二诸侯年表》：太史公读《春秋历谱谍》、《左氏春秋》、《铎氏微》、《虞氏春秋》、《吕氏春秋》。

《六国表》：《秦纪》不载日月，因《秦纪》踵《春秋》之后。

《秦楚之际月表》：太史公读《秦楚之际》。

《乐书》：太史公曰："余读《虞书》。"

《历书》：《历术甲子篇》。

《天官书》：昔之传天数者，高辛以前重黎，于唐虞羲和，有夏昆吾，殷商巫咸，周室史佚、苌弘。于宋子韦，郑则裨灶。在齐甘公，楚唐眜，赵尹皋，魏石申。

《吴太伯世家》：余读《春秋》古文，乃知中国之虞与荆蛮句吴兄弟也。

《卫康叔世家》：余读《世家》言。

《孔子世家》：余读孔氏书，想见其为人。

《伯夷列传》：其传曰："伯夷、叔齐，孤竹君之二子也。"(《索隐》：其传盖《韩诗外传》、《吕氏春秋》也。)

《管晏列传》：吾读管氏《牧民》、《山高》、《乘马》、《轻重》、《九府》及《晏氏春秋》，详哉其言之也！

《司马穰苴传》：余读《司马兵法》，闳廓深远，虽三代征伐，未能竟其义。如其文也，亦少褒矣！世既多《司马兵法》，以故不论。

《孙武吴起列传》：世俗所称道师旅，皆道《孙子》十三篇、《吴起兵法》，世多有，故弗论。论其行事所施设者。

《仲尼弟子列传》:《论言弟子籍》出孔氏古文,近是。

《商君鞅列传》:余尝读商君《开塞》、《耕战》书,与其人行事相类。

《孟子荀卿列传》:余读孟子书,至梁惠王问何以利吾国,自如孟子至于吁子,世多有其书,故不论其传云。

《平原君虞卿传》:虞卿非穷愁不能著书以自见于后世。

《屈原贾生列传》:余读《离骚》、《天问》、《招魂》、《哀郢》,悲其志。

《大宛列传》:《禹本纪》言河出昆仑,言九州山川,《尚书》近之矣。至《禹本纪》、《山海经》所有怪物,余不敢言之也。

《汉书·司马迁传》:据左氏《国语》,采《世本》、《战国策》,述《楚汉春秋》,接其后事迄于大汉。

或为当代之书:

《太史公自序》:迁为太史令,绌石室金匮之书。(《索隐》:石室、金匮皆国家藏书之处,不尽并世之书。)

《惠景间侯者年表》:太史公读《列封》。

《建元以来王子侯者年表》:制诏御史诸侯王,或欲推私恩分子弟邑者,令各条上朕且监定号名。

《三王世家》:载霍去病疏及三王策。

《田儋传》:蒯通者,善为长短说,语战国之权变为八十一首。

《陆贾传》:余读陆生《新语》书十二篇,固当时之辩士。

《儒林传》:余读《功令》,至于广厉学官之路,未尝不废书而叹也!

或为天下计书:

《汉书·司马迁传》注如淳曰:《汉仪注》:"太史公,武帝置,位在丞相上。天下计书,先上太史公,副上丞相,序事如古《春秋》。迁死后，宣帝以其官为令，行太史公文书而已。”

可知史公能罗列千百年之行事及成《河渠》、《平准》、《货殖》等传者，实博览之功。后世断代为史，多取材当代官书，然下至野史说部，亦未尝不甄采也。欧阳修得五代时小说一篇，载王凝妻李氏事，杂传以成，可以知其所采之广已。

有见其地者：史公生龙门，耕牧河山之阳，南游江淮，上会稽，探禹穴，窥九疑，浮于沅湘，北涉汶泗，讲业齐鲁之都，乡射邹峄，厄困鄱薛彭城，过梁楚，复西征巴蜀以南，北抵北地，履蹑周中国，往往询故老，访求遗闻佚事，流风余韵，入之于编，今犹可考也。

《齐太公世家》：吾适齐，自泰山属之琅邪，北被于海，膏壤二千里。其民阔达多匿，知其天性也。

《魏世家》：吾适故大梁之墟，墟中人曰：“……。”（见前）

《孔子世家》：适鲁，观仲尼庙堂车服礼器。

《伯夷列传》：余登箕山，其上盖有许由冢云。

《孟尝君传》：吾尝过薛，其俗闾里率多暴桀子弟，与邹鲁殊。问其故，曰：“孟尝君招致天下任侠奸人入薛中，盖六万余家。”

《魏公子列传》：吾过大梁之墟，求问其所谓夷门。

《春申君传》：吾过楚，观春申君故城宫室，盛矣哉！

《屈原贾生列传》：适长沙，观屈原所自沉渊。

《蒙恬传》：吾适北地，自直道归，行观蒙恬所为秦筑长城亭障。

《淮阴侯传》：余如淮阴，淮阴人为余言。

《樊郦滕欢列传》：吾适丰沛，问其遗老，观故萧、曹、樊哙、滕公之冢及其素，异哉所闻！

《龟策传》：余至江南，观其行事，问其长老。

有见其人者：

《李将军列传》：余睹李将军悛悛如鄙人，口不能道辞。

《游侠列传》：吾见郭解状貌不及中人，言语不足采者。

或未见而得之图像：

《留侯世家》：至见其图，状貌如妇人好女。

故描摹曲尽其致，使后之读者悠然想其风采，岂无故也！可不奉为圭臬与？

有见其事者：汉建封禅，塞宣房，征西南夷，史公皆得亲从事，言之尤详尽窾实，有以也！

《封禅书》：余从巡祭天地诸神名山川而封禅焉。入寿宫，侍祠神语，究观方士祠官之意，于是退而论之。

《河渠书》：余南登庐山，观禹疏九江，遂至于会稽、太湟，上姑苏，望五湖，东窥洛汭、大邳，迎河行淮、泗、济、漯、洛渠，西瞻蜀之岷山及离碓，北自龙门至于朔方，曰："甚哉！水之利害也！"余从负薪塞宣房，悲《瓠子》之诗而作《河渠书》。

《韩长孺列传》：余与壶遂定律历，观韩长孺之义，壶遂之深中隐厚。世之言梁多长者，不虚哉！

史公得之见与闻概如此。刘向、扬雄号博极群书，皆许为实录。古人之崇尚翔实，有非后世所能梦想者已！今人固未尝亲履史公所至之地，编翻史公所读之书，又未睹刘向、扬雄所校刊讽诵者，徒就一二遗编，毛举细故，斥史公之不经或他人之作伪，岂不冤哉！班《书》述取材之源，不及迁《史》之详，观其叙传及他篇所录，亦可见其一二：

《汉书·叙传》：况生三子：伯、斿、稚。斿博学有俊材，与刘向校秘书。每奏事，斿以选受诏进读群书。上器其能，赐以秘书之副。时书不布，自东平思王以叔父求太史公诸子书，大将军白不许。稚生彪。彪与从兄嗣共游学，家有赐书，内足于财，好古之士自远方至。父党扬子云以下，莫不造门。固永平中为郎，典校秘书，专笃志于博学，以著述为业，探纂前记，缀辑所闻，以述《汉书》。综其行事，旁贯五经，上下洽通，穷人理，该万方，纬六经，缀道纲，总百氏，赞篇章，函雅故，通古今，正文字，惟学林。

《律历志序》：羲和刘歆等典领条奏，言之最详。故删其伪辞，取正义著于篇。司徒掾班彪曰："考观诸儒之议，刘歆博而笃矣！"

班氏阅书既博，前世器物，亦有亲见之者。

《孝宣赞》：至于技巧工匠器械，自元成间鲜能及之。

设未尝即目，安能为此言乎？皇室外戚间事，闻之尤悉。

《孝元赞》(班彪撰)：臣外祖兄弟为元帝侍中，语臣曰："元帝多材艺云云。"(应劭曰：外祖金敞也。)

《成纪赞》：臣之姑充后宫为婕妤。父子昆弟侍帷幄，数为臣言云云。

其放怪诞而尚翔实，犹夫史公之恉也。

《东方朔传赞》：刘向言少时数问长老贤人通于事及朔时者，皆曰："……朔之诙谐，逢占射覆，其事浮浅，行于众庶。儿童牧竖，莫不炫耀。而后世好事者因取奇言怪语附著之朔。"故详录焉。

《西域传叙》：自宣元后，单于称藩臣，西域服从，其土地山川、王侯户数、道里远近，翔实矣！

其后李延寿之作《南北史》，盖承其父大师之学而益广之也。大师尝以宋、齐、梁、陈、周、隋南北分隔，各以其本国周悉，略于别国，且往往失实，欲改正之。兄恭仁家富书籍，乃恣意披览宋、齐、魏、梁四代之书，颇有编辑，未竣而卒。延寿初在中书，既以家有旧本，且欲追终兄志。其齐、梁、陈五代旧事所未见，因编纂之暇抄录之。及敕修《晋书》，复得勘究宋、齐、魏未得之事。褚遂良之修《晋书十志》，延寿亦被召，因遍得披寻。凡魏、齐、周、隋、宋、齐、梁、陈正史，并手自写，外更勘杂史，于正史所无者一千余卷，削其烦以编入。此皆延寿所资之史料也。

欧阳修《五代史》亦时书其见闻。以上皆一家史书所取之资料也。

> 《新五代史·职方考》：唐之封疆远矣！前史备载，而羁縻寄治虚名之州在其间。五代乱世，文字不完，而时有废省。又或陷于夷狄，不可考究其详，其可见者具之如谱。
>
> 又《十国世家》：行密之书，称行密为人云云。
>
> 又《唐明宗本纪》：余闻长老为予言。
>
> 又《唐臣传》：呜呼！官失其职久矣！予读梁宣底，见敬翔、李振为崇政院使。
>
> 又《死节传》：今《周世宗实录》载刘仁赡降书，盖其副使孙羽等所为也。考其制书，乃知仁赡非降者也。

（三）众手所修史书之史料　众手所修之史，其取材之法，征诸官制，可以知已。一曰起居注与著作之所记。汉武帝有《禁中起居》，后汉马皇后撰《明帝起居注》，为起居之始。然尚属内官。汉献以后，变为外官。《隋书·经籍志》载《汉献帝起居注》五卷，盖其所记已广于前。以至于宋，其域益广。迄明清而不废，惟时有轻重耳。掌之者立帝座之后，定时日以报，势不敢伪。史官据以撰述，亦莫由伪也。

> 《文献通考·职官考》：凡宣徽、客省、四方馆阁门、御前忠佐、引见司制置、进贡、辞谢、游幸、宴会、赐赉、恩泽之事，五日一报。翰林麻制、德音、诏书敕榜、该沿革制置者、门下中书省封册、告命、进奏院四方官吏风俗美恶之奏、礼宾院诸蕃职贡宴劳赐赉之事，并十日一报。吏部文官除拜选调沿革、兵部武臣除授、司封封建、考功谥议行状、户部土贡旌表、州县废置、刑部法令沿革、礼部奏贺祥瑞贡举品式、祠部祭祀画日、道释条制、太常

雅乐沿革、礼院礼仪制撰、司天风云气候、祥异证验、宗正皇属封建出降宗庙祭享制度，并月终而报。盐铁金谷增耗、度支经费出纳、户部版图升降，咸岁终而报。每季撰集以送史馆。是岁令审刑院奏覆、有所谕旨可垂戒者，并录送院。

著作设自六朝，掌缀国录。又有大著作，初之任，必撰名臣传以献，所以见其叙述之才也。其职与起居注分，要其所记足供史料一也。

一曰时政记。唐长寿中，史官姚璹奏请撰时政记。《新唐书·艺文志》载璹《时政记》二十卷。元置时政科，一文学掾掌之，以事付史馆。及一帝崩，则国史院据所付修实录。一曰实录亦史官所记。唐玄宗一朝实录之多，至二千六百余卷，他可想已。

一曰日历。唐元和中，韦执谊奏史官撰录。其法，以事系日，以日系月，以月系时，以时系年，至为精密。宋代日历之修，必诸司关白，如诏诰政令，则三省必录，兵机边事，枢庭必报。百官之拜罢、刑罚之与夺、台谏之论列、给舍之缴驳、经筵之论答、臣僚之转对、侍从之直前启[①]事，中外之囊封匦奏，下至钱谷兵甲、狱讼造作，凡有关政体者，必随日以录。又虑其出于吏牍，未免讹谬，或一日之差，则后难考定，一事之失，则后难增补，此欧阳子所以虑日历或至遗失，奏请岁终监修。宰相点检修政官日所录事，有隳官失职者罚之，其于日历慎重如此。日历不至遗失，则后日会要之修取于此，他年实录之修取于此，百年之后，纪志列传取于此。此宋氏之史所以为精确也。元不置日历。天历间，诏修《经世大典》，明初纂修之士，《实录》而外据之以成《元史》者也。语在《曝书亭集·徐一夔传》。

总之史之修于众手者，必取材于起居注、时政记、实录、日历数者。（外此则有官私之行状，如柳宗元《柳公行状》上之《尚书考功》及《段太尉逸事状》上之史馆之类。）今欲考证史料，舍数者而外，其道莫

① 启，原作“故”，据《明史·徐一夔传》改。

由。京师图书馆尚存《宋太宗实录》八卷(本八十卷),《明十一朝实录》二百三十一册。予尝欲取《明史》帝纪比而观之,庶有以见其去取之意及其疏密所在。前人之考史者,多只就本史研索,若赵云崧之《二十二史札记》、王鸣盛之《十七史商榷》,胥是法也。亦有就二史对照者,皆非探源之法。例如明国子监事,《太祖本纪》及《选举志》如《宋史》、《金史》所载之事有详有略,则以二书互勘言之,均极略。而清《国子监志记》采《明太祖实录》,则详于《明史》。若不旁收远采,安能知其缺略乎?日历、实录等外,足资史家者尚众。宋祁录韩、柳文入之《唐书》。《元史》取《元典章》。柯绍忞著《高丽传》,即采于《经世大典》、《高丽记事》。若此类不可胜数。要之,史书无一事无来历,其小有出入,乃一时之疏,非故意以误后人,不得执一以疑其百也。今不务考其本源,而凭空言出私见,冀以补其遗而正其讹,吾不知其可也。

三一　夏曾祐《周秦之际之学派》

周秦之际，至要之事，莫如诸家之学派。大约中国自古及今，至美之文章，至精之政论，至深之哲理，并在其中，百世之后，研究终不能尽，亦犹欧洲之于希腊学派也。然诸子并兴，群言淆乱，欲讨其源流，寻其得失，甚不易言，自古以来，即无定论。著录百家之书，始于《汉书·艺文志》(《汉书》汉班固撰，而《艺文志》则刘向、刘歆之成说也)，后人皆遵用其说。然《艺文志》实与古人不合。案《艺文志》分古今(自上古至汉初)学术为六大类：一曰六艺(即儒家所传之经)。二曰诸子(即周秦诸子)。三曰诗赋。四曰兵(中分四派：一权谋，二形势，三阴阳，四技巧)。五曰术数(中分六派：一天文，二历谱，三五行，四蓍龟，五杂占，六形法)。六曰方技(中分四派：一医经，二经方，三房中，四神仙)。此六者，加以提要一类，名曰七略，而其精粹则皆在六艺、诸子二略之中。六艺前已言之，今但当言诸子。分诸子为十家：一儒家(五十三家八百三十六篇)。二道家(三十七家九百九十三篇)。三阴阳家(二十一家三百六十九篇)。四法家(十家二百二十七篇)。五名家(七家三十六篇)。六墨家(六家八十六篇)。七纵横家(十二家百七篇)。八杂家(二十家四百三篇)。九农家(九家百十四篇)。十小说家(十五家千三百八十篇)。其间除去小说家，儒、道、阴阳、法、名、墨、纵横、杂、农谓之九流。此周秦诸子之纲要也。向、歆父子又一一溯九流所自出，而谓其皆六艺之支流余裔。儒家出于司徒之官，道家出于史官，阴阳家出于羲和之官，法家出于理官，名家出于礼官，墨家出于清庙之官，纵横家出于行人之官，杂家出于议官，农家出于农稷之官，小说家出于稗官，其初皆王官也。王道既微，官失其职，散在四方，流为诸子。此说自古通儒皆宗之。（近人分诸子为南北派：儒、墨、名、法、阴阳为北，道、农为南。然此说求之古书，绝无可证。且又何以处纵横家、杂家乎？其说不足从也。）然其中有一大蔽存焉。盖六艺皆儒家所传，授受渊源明文具在，既为一家之言，必不足以概九流之说。而向、歆云尔者，因向、歆之大蔽，在以经为史。古人以六艺为教书，故其排列之次自浅及深，而为《诗》、《书》、《礼》、《乐》、《易象》、《春秋》。向、歆以六艺为史记，故其排列之次自古及今，而为《易》、《书》、《诗》、《礼》、《乐》、《春秋》。此宗教之一大变也。既已视之为史，自以为九流之所共矣。然又何以自解于附《论语》、《孝经》于其后乎？其不通如此。分别各家之说，见于周秦西汉间人者，言人人殊。庄子（名周，楚人，道家）《天下》篇所引凡六家：一墨翟（宋人，墨家之初祖）、禽滑釐（墨翟弟子）。二宋钘（即《孟子》中之宋牼）、尹文（齐宣王时人，令尹文子书尚在）。三彭蒙（未详）。田骈（齐人，游稷下，著书十五篇）、慎到（又名广，韩非称之）。四关尹（名喜，老子弟子）、老聃（即老子）。五庄周（自表其家）。六惠施（名车，庄子之友）。荀子《非十二子》篇所引凡六家：一它嚣（疑是楚人）、魏牟（魏公子有书四篇）。二陈仲（即《孟子》书中陈仲子，或作田仲）、史鳝（卫大夫，字子鱼）。三墨翟、宋钘（见前）。四田骈、慎到（见前）。五惠施（见前）、邓析（郑大夫，书一卷今存）。六子思（名伋，孔子孙，有《中庸》二篇）、孟轲（字子舆，子思弟子，有书七篇）。皆胪其学说而不著其所自出。今案其学说（文繁不录，在《庄子》第十卷、《荀子》第三卷中），则庄子所言，第一为墨家，第二亦墨家，第三道而近于法家，第四道家，第五亦道家，第六名家。荀子所言，第一道家，第二墨家之一派，第三墨家，第四道家，第五名法家，第六儒家。总之不过道、儒、墨三家（名法出于道家、儒家之间）而已。其他周秦间书所引学者之名，其分合之间，亦粗有以类相从之例，大约亦与此相似。至司马迁则分为六家：一阴阳，二儒，三墨，四法，五名，六道。则于庄、荀所举之外增入一阴阳家。惟不举其人，无从证其同异。观此则可知诸子虽号十家，其真能成宗教者，老、孔、墨三家而已。而皆为师弟子，同导源于史官，亦可见图书之府之可贵也。然周秦之际之学术，出于周之史者，又不仅此三家。儒、道、名法、墨固已证其同源矣。若阴阳家，老子未改教以前之旧派也。此即周史之本质。纵横出于时势之不得不然，初无待于师说。然鬼谷子、苏秦、张仪并周人，而《鬼谷子书》义兼道德。杂家号为调停，实皆以道家为主。农家传书最少，然据许行之遗说以推之，亦近道家也。小说家即史之别体。是诸子十家之说，同出一原。其他诗赋略固不能于六艺九流之外，别有所谓文章义理。兵略别为一事，与诸学无与。术数方技，事等阴阳，皆老子以前之旧教。此七略之大概也。其后儒、墨独盛，皆有可为国教之势。周秦间人，以儒、墨对举之文，殆数百见，而其后卒以儒为国教，而墨教遂亡。兴亡之际，虽因缘繁复，然至大之因，总不外吾民之与儒家相宜耳。然自此以还，遂成今日之局。墨蹶儒兴，其涿鹿之战后之第一大事哉。

三二　章太炎《论诸子的大概》

现在人把一切的书，分做经、史、子、集四部。这个是起于一千五百年前晋朝荀勖。以前却并不然。《汉书·艺文志》从刘歆《七略》出来，把一切书分做六部。其中诸子、兵书、数术、方技四部，现在通通叫做子书。六部中间，子书倒占了四部，可见当时学问的发达了。当时为甚么要分做四部呢？因为诸子大概是讲原理，其余不过一支一节，所以要分（但纵横家也没有理）。流传到现在，兵书只存了《孙子》，数术只存了《山海经》，方技只有黄帝《素问》、扁鹊《难经》还在，也难免有后人改窜，惟有诸子存留的还多。到底是原理惬心，永远不变，一支一节的，过了时就不中用，所以存灭的数不同。

诸子也叫做九流。汉朝太史公司马谈只叙六家，就是道家、儒家、法家、墨家、阴阳家。刘歆做《七略》，又添叙了四家，就是农家、纵横家、杂家、小说家。合起来是十家。因为小说家是附录，所以叫做九流。为甚么称家为流呢？古来学问都在官，民间除了六艺就没有别的学问。到周朝衰了，在官的学问渐渐散入民间，或者把学问传子孙，或者聚徒讲授，所以叫做家。九流就是九派的意思。流字古书上不见，家字在《孟子》里头已经说“法家拂士”，《荀子》里头也说“小家纷说”，《庄子》里头也说“大方之家”。大概六国时候唤做家，汉朝时候唤做流。

古来学问都是在官，所以《七略》说：“儒家者流，出于司徒之官；道家者流，出于史官；阴阳家者流，出于羲和之官；法家者流，出于理官；名家者流，出于礼官；墨家者流，出于清庙之官；纵横家流，出于行人之官；杂家者流，出于议官；农家者流，出于农稷之官；小说家者流，出于稗官。"固然有些想象，也有几个有确实凭据。道家成气候的，到底要算老子。老子本来做征藏史，所以说道家本于史官。墨子的学派，据《吕氏春秋》说，是得史角的传授。因为鲁国想要郊天（在南郊祭天叫做郊天），求周朝允许他，周朝就差史角去，自然史角是管祭祀的官，所以墨家出于清庙之守。这两项都是有真凭实据。但是《七略》里头，道家一个是伊尹，伊尹在商朝初年，墨家头一个是尹佚，尹佚在周朝初年，并不是周末的人，倒不能不使人起疑问。原来伊尹、尹佚的书，并非他自己做成，只是后来人记录一点儿，所以说九流成立的时候总在周。

九流里头，老子不过是一流，但是开九流著书的风气，毕竟要算老子。况且各家虽则不同，总不能离开历史。没有老子，历史不能传到民间。没有历史的根据，到底不能成家。所以老子是头一个学派。有人说诸子所说的故事，有许多和经典不同，怎样说九流都有历史的根据？这个也容易解说：经典原是正史，只为正史说的事迹不很周详，自然还有别的记录。记录固然在官，在官的书，也有流传错误。况且时代隔了长久，字形训诂也不免有些走失，所以诸子说的故事许多和经典不同，并不是随意编造。

九流分做十家：儒家、道家、法家、名家都有精深的道理。墨家固然近宗教，也有他的见地。《经上》、《经下》两篇，又是名家的开山。这五家自然可贵了。纵横家只说外交，并没甚么理解。农家只讲种田，阴阳家只讲神语，小说家录许多街谈巷语，杂家钞集别人的学说，看来这五家不能和前五家并列，为什么合在一起？因为五家都有特别的高见，也有特别的用处，所以和前五家并列。就像农家有君臣并耕之语，小说家宋钘①有不斗的语，有弭兵的话，都是特创的高见。杂家是看定政治一边，不能专用一种方法，要索取各家的长，斟酌尽善，本来议官应该这样。阴阳家别的没有好处，不过驺衍的大九州，

① 钘，原作"趼"，误。

很可以开托心胸。后来汉武帝取三十六国，灭大宛，通印度、奄蔡(奄蔡大概是露西亚地界)，只为看了驺衍的书，才得发出这个大主意来(《盐铁论》里头说的)。纵横家的话，本来几分像赋，到天下一统的时候，纵横家用不着，就变做词赋家。本来古人说“诵诗三百，可以专对”，可见纵横家的长技，也是从诗赋来，所以屈原是赋家第一人，也就娴于辞令。汉朝初年，邹阳、枚乘几个人，都是纵横家变成赋家的魁首。汉朝一代文章，大半是由纵横家变来。从子书的局面变成文集的局面，全是纵横家做个枢纽，这就是特别用处。所以十家并列，并没有甚么不称。

现在的分部，兼有诸子、兵书、数术、方技四部。古来分，近来合，原没有什么不可。不过做目录的，一代不如一代。且看子部里头，本来没有释道。从梁朝阮孝绪做子录，添了佛录、道录两种。后来《隋书·经籍志》佛道两家，还录在经史子集四部以外。以后的目录，佛道也收入子部。却是佛藏、道藏的书，并不全采，不过偶然杂采几种，已经不如《隋书》远了。究竟后来的道经和老子、庄子、道家并不混乱。像欧阳修、宋祁修《唐书》，都还明白这个道理。因为道经本是张道陵开头，虽则托名老子，到底和老子不相干。况且晋朝葛洪，好讲炼丹，倒还痛骂老、庄。老子说的：“吾所以有大患，为吾有身。若吾无身，吾又何患?”庄子说的：“莫寿于殇子，而彭祖为夭。”和道士求长生的意见①，截然相反，怎么能合做一家？若为张道陵托名老子，就把道家、道士看成一样，那么道藏里头，连墨子、韩非子也都收去，也好说古来的九流个个都是道士么？不晓怎么样，万斯同修《明史》，把老子、庄子的注解和道士的书录在一块。近来的《四库提要》也依着这种谬见，真是第一种荒唐了！又像小说家虽然卑近，但是《七略》所录，《鬻子》、《宋子》、《青史子》、《周纪》、《周考》都在小说家。《隋书·经籍志》所录，《辩林》、《古今艺术》、《鲁史欹器图》、《器准图》都在小

① 见，原作“儿”，误。

说家。大概平等的教训、简要的方志、常行的仪注、会萃的札记、奇巧的工艺，都该在小说家的著录。现在把这几种除了，小说家里面，只剩了许多闲谈奇事。试想这种小说，配得上九流的资格么？这是第二种荒唐了！古来的九流，近来虽不完全，但看隋《经籍志》，名家只有四部书，墨家只有二部书，纵横家只有两部书，也还各自分开，并不为书少了，就勉强凑做一堆。近来人不管合得合不得，一把㪚送杂家圈子里。章学诚说的："驱蛇龙而放之菹。"这是第三种的荒唐了！要把子部目录细细整理，就不是刘向父子出来，总要有王俭、阮孝绪的学问才够得上，断不是纪昀、陆锡熊这班人所能胜任的。

三三　胡适之《诸子不出于王官论》

今之治诸子学者，自章太炎先生以下，皆主九流出于王官之说。此说关于诸子学说之根据，不可以不辨也。此说始见《汉书·艺文志》，盖本于刘歆《七略》。其说曰：

> 儒家者流，盖出于司徒之官……
>
> 道家者流，盖出于史官……
>
> 阴阳家者流，盖出于羲和之官……
>
> 法家者流，盖出于理官……
>
> 名家者流，盖出于礼官……
>
> 墨家者流，盖出于清庙之守……
>
> 纵横家者流，盖出于行人之官……
>
> 杂家者流，盖出于议官……
>
> 农家者流，盖出于农稷之官……
>
> 小说家者流，盖出于稗官……本十官，原文有“其可观者九家而已”之语，故但言九流。

此所说诸家所自出，皆属汉儒附会揣测之辞，其言全无凭据。而后之学者，乃奉为师法，以为九流果皆出于王官。甚矣，先入之言之足以蔽人聪明也！夫言诸家之学说，间有近于王官之所守，如阴阳家之近于占候之官，此犹可说也。即谓古者学在官府，非吏无所得师，亦犹可说也。至谓王官为诸子所自出，甚至以墨家为出于清庙之守，以法家为出于理官，则不独言之无所依据，亦大悖于学术思想兴衰之迹矣。今试论此说之谬，分四端言之：

第一，刘歆以前之论周末诸子学派者，皆无此说也。

（甲）《庄子·天下》篇

（乙）《荀子·非十二子》篇

（丙）司马谈《论六家要指》

（丁）《淮南子·要略》

古之论诸子学说者，莫备于此四书，而此四书皆无出于王官之说。《淮南·要略》专论诸家学说所自出，以为诸子之学皆起于救世之弊，应时而兴。故有殷、周之争，而太公之阴谋生；有周公之遗风，而儒者之学兴；有儒学之敝，礼文之烦扰，而后墨者之教起；有齐国之地势，桓公之霸业，而后管子之书作；有战国之兵祸，而后纵横修短之术出；有韩国之法令"新故相反，前后相缪"，而后申子刑名之书生；有秦孝公之图治，而后商鞅之法兴焉。此所论列，虽间有考之未精，然其大旨以为学术之兴，皆本于世变之所急，其说最近理。即此一说，已足摧破九流出于王官之陋说矣！

第二，九流无出于王官之理也。《周官》司徒掌邦教，儒家以六经设教，而论者遂谓儒家为出于司徒之官。不知儒家之六籍，多非司徒之官之所能梦见。此所施教，固非彼所谓教也，此其说已不能成立。其最谬者，莫如以墨家为出于清庙之守。夫以"墨"名家，其为创说，更何待言。墨者之学，仪态万方，岂清庙小官所能产生！《七略》之言曰：

> 茅屋采椽，是以贵俭。养三老五更，是以兼爱。选士大射，是以上贤。宗祀严父，是以右鬼。顺四时而行，是以非命。以孝视天下，是以上同。

此其所言，无一语不谬。墨家贵俭，与茅屋采椽何关？茹毛饮血，穴居野处，不更俭耶？又何不谓墨家为出于洪荒之世乎？养三老五更，尤不足以尽兼爱。墨家兼爱，本之其所谓"天志"，其意欲兼而爱人，兼而利人，与陋儒之养老异矣！选士大射，岂属清庙之守？其说已为离本。至谓“宗祀严父，是以右鬼”、“以孝视天下，是以上同”，则更荒谬矣。墨家爱无差等，何得宗祀严父？其上同之说，谓一同天下之义，与儒家之以孝治天下全无关系也。墨家非命之说，要在使人知祸福由于自召，丰歉有待耕耘，正攻儒家“死生有命，富贵在天”之说。若“顺四时而行”，适成有命之说，更何“非命”之可言？

凡此诸端，皆足征墨家之不出于王官。举此一家，可例其他。如云纵横之术出于行人之官，不知行人自是行人，纵横自是纵横，一是官守，一是政术，二者岂相渊源耶？《周礼》尝有掌皮之官矣，岂可谓今日制革之术为出于此耶？

第三，《艺文志》所分九流，乃汉儒陋说，未得诸家派别之实也。古无九流之目，《艺文志》强为之分别，其说多支离无据。如《晏子》岂可在儒家？《管子》岂可在道家？《管子》既在道家，《韩非》又安可属法家？至于《伊尹》、《太公》、《孔甲盘盂[①]》种种伪书，皆一律收录，其昏谬更不待言。其最谬者，莫如论名家。古无名家之名也。凡一家之学，无不有其为学之方术，此方术即是其逻辑也。是以老子有无名之说，孔子有正名之说，墨子有三表之法，“别墨”有《墨辩》之书，即今《墨子》书中之《经上下》、《经说上下》、《大取》、《小取》诸篇。荀子有正名之篇，公孙龙有名实之论，尹文子有刑名之论，庄周有齐物之篇，皆其“名学”也。古无有无“名学”之家，故名家不成为一家之言。此说吾于所著《先秦名学史》中详论之，非数言所能尽也。惠施、公孙龙，皆墨者也。观《列子·仲尼》篇所称公孙龙之说七事、《庄子·天下》篇所称二十一事，及今所传《公孙龙子》书中《坚白》、《通变》、《名实》诸篇，无一不尝见于墨经，晋人如张湛、鲁胜之徒，颇知此理。至于惠施主兼爱万物，公孙龙主偃兵尤易见。皆其证也。其后学术散失，汉儒固陋，但知掇合诸家之伦理政治学说而不明诸家为学之方术，于是凡“苛察缴绕”司马谈语。之言，概谓之名家。名家之目立，而先秦学术之方法沦亡矣。刘歆、

① 盂，原作“孟”，据《汉书》改。

班固承其谬说，列名家为九流之一，而不知其非也。先秦显学本只有儒、墨、道三家，后世所称法家如韩非、管子，管仲本无书，今所传《管子》乃伪书耳。皆自属道家。任法、任术、任势以为治，皆"道"也。其他如《吕览》之类，皆杂糅不成一家之言。知汉人所立"九流"之名之无征，则其九流出于王官之说不攻而自破矣！

第四，章太炎先生之说亦不能成立。近人说诸子出于王官者，惟太炎先生为最详，其说见《诸子学略说》，此篇今不列于《章氏丛书》。然其言亦颇破碎不完。如引《艺文志》之说而以为"此诸子出于王官之证"。此如惠施所云"以弹说弹"，见《说苑》。不成论证也。其称老聃为柱下史，为征藏史，以为道家固出于史官，然则孔丘尝为乘田矣，尝为委吏矣，岂可遂谓孔氏之学固出于此耶？又云："墨家先有史佚为成王师，其后墨翟亦受学于史角。"史佚之书，今无所考，其名但见《艺文志》。其书之在墨家，亦犹晏子之在儒家与伊尹、太公之在道家耳。若以墨翟之学于史角，为诸子出于王官之证，则孔子所师事者尤众矣。况史佚、史角既非清庙之官，则《艺文志》墨家出于清庙之说亦不能成立。又云："其他虽无征验，而大抵出于王官。"然则太炎先生亦知其为无征验矣。

太炎先生又曰："古之学者，皆出王官。世卿用事之时，百姓当家则务农商畜牧，无所谓学问也。其欲学者，不得不给事官府，为之胥徒，或乃供洒扫为仆役焉。故《曲礼》云：'宦学事师。'学字本或作御，所谓宦者，谓为其宦寺也。适按此说似未必然。郑注云：宦，仕也。《正义》引《左传》宣二年服虔注云：宦学也，谓学仕官之事。其说似近是。所谓御者，谓为其仆御也。适按原作学，本可通。正艺谓学习六艺是也。即作御，亦是六艺之一。古者车战之世，射御并重，孔子亦有"吾执御矣"之言，未必是仆役之贱职也。……《说文》云：'仕，学也。'仕何以得训为学？所谓宦于大夫，犹今之学习行走耳。是故非仕无学，非学无仕。"《诸子学略说》。又曰："不仕则无所受书。"《订孔上》。适按此言古代书册司于官府，故教育之权，柄于王官，非仕无所受书，非吏无所得师，此或实有其事，亦未可知。然此另是一问题。古者学在王官是一事，诸子之学是否出于王官又是一事。吾意以为即令此说而信,亦不足证诸子出于王官。盖古代之王官,定无学术可言。《周礼》伪书,本不足据。无论如何,《周礼》决非周公时之制度。即以《周礼》所言“十有二教”及“乡三物”观之,皆不足以言学术。徒以古代为学皆以求仕,故智能之士或多萃于官府。此如欧洲中世,教会柄世政,才秀之士多为祭司神甫,而书籍亦多聚于寺院,以故其时求学者皆以祭司为师。故谓教会为握欧洲中古教育之柄可也,然岂可遂谓近世之学术皆出于教会耶?吾意我国古代或亦如此。当周室盛时,教育之权或尽操于王官。然其所谓教,必不外乎祀典卜筮之文,礼乐射御之末,其所谓“师儒”,亦如近世“训导”、“教授”之类耳。其视诸子之学术,正如天地之悬绝。诸子之学,不但决不能出于王官,果使能与王官并世,亦定不为所容,而为所焚烧坑杀耳。此如欧洲教会尝操中古教育之权,及文艺复兴之后,私家学术隆起,而教会以其不利于己,乃出其全力以抑阻之。哲人如卜鲁诺(Bruno)乃遭焚杀之惨。其时哲学、科学之书,多遭禁毁。笛卡儿至自毁其已著未刊之《天地论》。使教会当时竟得行其志,则欧洲今世之学术文化,尚有兴起之望耶?是故教会之失败,欧洲学术之大幸也。王官之废绝,保氏之失守,先秦学术之大幸也。而世之学者,乃更拘守刘歆之谬说,谓诸子之学皆出于王官,亦大昧于学术隆替之迹已!太炎先生《国故论衡》之论诸子学,其精辟远过其《诸子学略说》矣,然终不废九流出于王官之说。其说又散见他书,如《孝经用夏法说》、《订孔上》诸篇。其言曰:“是故九流皆出王官。及其发舒,王官所不能与。官人守要,而九流究宣其义,是以滋长。”《原学》。此亦无征验之言。其言“官人守要而九流究宣其义”,大足贻误后学。夫义之未宣,便何要之能守?学术之兴,由简而繁,由易而赜。其简其易,皆属草创不完之际,非谓其要义已尽具于是也。吾意以为诸子自老聃、孔丘至于韩非,皆忧世之乱而思有以拯济之,故其学皆应时而生,与王官无涉。诸家既群起,乃交相为影响。虽明相攻击,而冥冥之中,已受所攻击者之薰化。是故孔子攻“报怨以德”之言,而其言无谓之治,则老聃之影响也。墨子非儒，而其言曰："义者，正也。必从上之正下，无从下之正上。"则同于"政者正也"之说矣。又言必称尧、舜古圣王，则亦儒家之流毒也。孟子非墨家功利之说，而其言政无一非功利之事。又非兼爱，而盛称禹、稷之行与不忍人之政，则亦庄生所谓"名实未亏而喜怒为用"者耳！荀子非墨，而其论正名，实大受墨者之影响。诸如此类，不可悉数。其间交互影响之迹，宛然可寻，而皆与王官无涉也。故诸子之学，皆春秋战国之时势世变所产生。其一家之兴，无非应时而起。及时变事异，则向之应世之学，翻成无用之文。于是后起之哲人，乃张新帜而起。新者已兴而旧者未踣，其是非攻难之力，往往亦能使旧者更新。儒家之有孟、荀，墨家之有"别墨"，别墨之名始见庄子《天下》篇。其造诣远过孔、墨之旧矣。有时一家之言，蔽于一曲，坐使妙理晦塞，而其间接之影响，乃更成新学之新基。如庄周之言天地万物进化之理，本为绝世妙论，惜其"蔽于天而不知人"，荀卿之语。遂沦为任天安命达观之说。此说流毒中国最深，庄子书中如《大宗师》诸篇，皆极有弊。然荀卿、韩非受其进化论而救之以人治胜天之说，遂变出世主义而为救世主义，变乘化待尽之说而为戡天之论，变"法先王"之儒家而为"法后王"之儒家、法家。学术之发生兴替，其道固非一端也。明于先秦诸子兴废沿革之迹，乃可以寻知诸家学说意旨所在。知其命意所指，然后可与论其得失之理也。若谓九流皆出于王官，则成周小吏之圣知，定远过于孔丘、墨翟。此与谓素王作《春秋》为汉朝立法者，其信古之陋，何以异耶？

三四　柳翼谋《论近人讲诸子之学者之失》

近日学者喜谈诸子之学，家喻户习，寖成风气。然探研诸子之原书，综贯史志，洞悉其源流者，实不多觏。大抵诵说章炳麟、梁启超、胡适诸氏之书，展转稗贩以饰口耳。诸氏之说子家学派，率好抨击以申其说，虽所诣各有深浅，而偏宕之词，恒谬盭于事实。后生小子，习而不察，沿讹袭谬，其害匪细，故略论之以救其失。

讲求学术，必先虚心读书，实事求是，不可挟一偏之见，舞文饰说，强古人以就我。此即诸氏所称客观之法也。

章炳麟《诸子学略说》：记事之书，惟有客观之学。党同妒真，则客观之学必不能就。

胡适《中国哲学史大纲》：清初的汉学家嫌宋儒用主观的见解来解古代经典，有种种流弊，故汉学的方法，只是用古训古音古本等等客观的根据，来求经典的原意。

然诸氏好称客观，而其论学则多偏于主观，逞其臆见，削足适履，往往创为莫须有之谈，故入人罪。如：

章炳麟《诸子学略说》：老子以其权术授之孔子，而征藏故书，悉为孔子诈取。孔子之权术，乃有过于老子者。孔学本出于老，以儒、道之形式有异，不欲崇奉以为本师，而惧老子发其覆也，于是说老子曰："乌鹊孺，鱼傅沫，细要者化，有弟而兄啼。"老子胆怯，不得不曲从其请。逢蒙杀羿之事，又其素所怵惕也。胸有不平，欲一举发，而孔氏之徒遍布东夏，吾言朝出，首领可以夕断。于是西出函谷，知秦地之无儒，而孔氏之无如我何，则始著《道德经》以发其覆。藉令其书早出，则老子必不免于杀身。如少正卯在鲁，与孔子并，孔子之门，三盈三虚，犹以争名致戮，而况老子之凌驾其上者乎？呜呼！观其师徒之际，忌刻如此，则其心术可知，其流毒之中人，亦可知已！

胡适《诸子不出于王官论》：周室王官视诸子之学术，如天地之悬绝。诸子之学，不但决不能出于王官，果使能与王官并世，亦定不为所容，而必为所焚烧坑杀耳。此如欧洲教会操中古教育之权，及文艺复兴之后，私家学术隆起，而教会以其不利于己，乃出其全力以阻抑之。哲人如卜鲁诺乃遭焚杀之惨。其时科学哲学之书，多遭焚毁。笛卡儿至自毁其已著未刊之《天地论》。使教会当时得行其志，则欧洲今世之学术文化，尚有兴起之望耶？是故教会之失败，欧洲学术之大幸也。王官之废绝，保氏之失守，先秦学术之大幸也。

章之论孔老，则似近世武人政党争权暗杀之风。胡之论王官，直同欧洲中世教会黑暗残酷之状。不知其何所据而云然？章所据之论证，一为《庄子·天运》篇之文，其下文曰："'久矣夫，丘不与化为人。不与化为人，安能化人。'老子曰：'可，丘得之矣！'"郭象注曰："夫与化为人者，任其自化者也。若翻六经以说则疏也。"而章氏出以臆解。《诸子学论略》自注见《庄子·天运》篇。意谓已述六经学皆出于老子。吾书成，子名将夺，无可如何也。不知乌鹊、孺鱼、傅沫等语，何以即有夺老子之名且含逢蒙杀羿之事之意。庄以名其任化，章乃目为背师，是直不知老孔为何等人物，故以无稽之谈诬之也。一为《论衡·讲瑞》篇。夫孔子杀少正卯之事，前人疑之者多矣。

梁玉[1]绳《史记志疑》历引明陆瑞家、清王澍、尤侗、阎若璩等之说以辨其非实事。陆氏之说尤精，其略曰：

---

① 玉，原作"王"。

> 昔季康子问政，孔子曰："为政，焉用杀！"岂有已为政未满旬日，而即诛一大夫耶？卯既为闻人，亦非不可教诲者，何至绝其迁善之路，而使之身首异处耶？鲁季氏三家，阳货，奸雄之尤者。司寇正刑明辟，当自尤者始。尤者尚缓而不诛，诛者可疑而不缓，两观之思，不其有辞于孔氏哉？不告而诛，不啻专杀大夫矣，圣人为之乎？凡此皆涉于无理，故不可信。朱元晦尝疑此以为不载于《论语》，不道于《孟子》，虽以左氏《内外传》之诬且谤，而犹不言，独荀况言之。愚谓况，忍人也，故以此为倡。当是时，吾见三桓之弱鲁矣，未闻卯之夺君也。此其刑政缓急之间，一庸吏能辨之，况吾夫子哉？

何得以此为孔老相猜之证？章氏以此诬孔子，胡氏更为之推波助澜。

> 《中国哲学史大纲》：孔子作司寇，七日便杀了一个乱政大夫少正卯。有人问他："为甚么把少正卯杀了？"孔子数了他的三大罪：一其居处足以聚徒成党。二其谈说足以饰邪荧众。三其强御足以反是独立。中国古代的守旧派，如孔子之流，对于这种邪说，自然也非常痛恨。所以孔子做司寇，便杀少正卯。

按胡以少正卯、邓析并举，而于杀邓析之子产，独疑其不确(《中国哲学史大纲》:《左传》鲁定公九年，郑驷颛杀邓析而用其竹刑，那时子产已死了二十一年，《吕氏春秋》和《列子》都说邓析是子产杀的，这话恐怕不确。)，何以于孔子杀少正卯即认为确？《左传》详载孔子会齐堕都之事，未尝记杀少正卯之事。故《荀子》、《尹文子》称孔子诛少正卯，与《列子》、《吕览》之称子产杀邓析同一不确。诒谓邓析尚有其人，故传载之，少正卯则并无其人。不然，卯之徒党既多，何以不流传其学说？藉令孔子有杀少正卯之事，亦不得以此推之于老子。至于焚烧坑杀，则桀、纣、白起、项羽之所为，何以断定古之王官皆是桀、纣、起、羽？《王制》有"执左道以乱政者杀"之语，未尝有执左道以乱政者焚坑之律也。欧洲教会焚杀哲人，与古王官直是风马牛不相及。

王官行事，何以必同于教会？假使如此论史，则世有嫪毐，便可断定古人无不奸淫。世有盗跖，亦可设古人无非盗跖。恐虽宋儒，亦无此等主观的见解也。

章氏好诋孔子而笃信汉儒，故论诸子源流犹守《七略》之说。胡氏之好诋孔子与章同，而于诸子出于王官之说独深非之。

> 胡适《诸子不出于王官论》：今之治诸子学者，自章太炎先生以下，皆主九流出于王官之说。此说关于诸子学说之根据，不可以不辨也。又近人说诸子出于王官者，惟太炎先生为最详，然其言亦颇破碎不完。如引《艺文志》之说，而以为"此诸子出于王官之证"。此如惠施所云"以弹说弹"，不成论证也。

其作《哲学史大纲》，即本此主张。从春秋时代开端，而其前则略而不论。按胡氏所据以驳刘歆、班固者凡四书：

> 《诸子不出于王官论》：第一，刘歆以前之论周末诸子学派者，皆无此说也。甲，《庄子·天下》篇。乙，《荀子·非十二子》篇。丙，司马谈《论六家要指》。丁，《淮南子·要略》。古之论诸子学说者，莫备于此四书，而此四书皆无出于王官之说。

而其文唯引《淮南·要略》。

> 《诸子不出于王官论》：《淮南·要略》专论诸家学说所自出，以为诸子之学皆起于救世之弊，应时而兴。故有殷周之争，而太公之阴谋生；有周公之遗风，而儒者之学兴，有儒学之敝，礼文之烦扰，而后墨子之教起；有齐国之地势，桓公之霸业，而后管子之书作；有战国之兵祸，而后纵横修短之术出；有韩国之法令"新故相反，前后相缪"，而后申子刑名之书生；有秦孝公之图治，而后商鞅之法兴焉。此所论列，虽间有考之未精，然其大旨以为学术之兴，皆本于世变之所急，其说最近理。即此一说，已足摧破九流出于王官之陋说矣！

不知何以不引《庄子・天下》篇。学者但取《天下》篇一读，则胡氏之说之谬立见。

> 《庄子・天下》篇：不侈于后世，不靡于万物，不晖于数度，以绳墨自矫而备世之急，古之道术有在于是者，墨翟、禽滑厘闻其风而说之。不累于俗，不饰于物，不苟于人，不忮于众，愿天下之安宁以活民命，人我之养，毕足而止，以此白心，古之道术有在于是者，宋钘、尹文闻其风而说之。公而不当，易而无私，决然无主，趣物而不两，不顾于虑，不谋于知，于物无择，与之俱往，古之道术有在于是者，彭蒙、田骈、慎到闻其风而说之。以本为精，以物为粗，以有积为不足，澹然独与神明居，古之道术有在于是者，关尹、老聃闻其风而说之。芴漠无形，变化无常，死与生与，天地并与？神明往与，芒乎何之？忽乎何适？万物毕罗，莫足以归，古之道术有在于是者，庄周闻其说而说之。

曰“古之道术有在于是者”，曰“某某闻其风而说之”，是诸子之学，各有原本，初非仅以忧世之乱，应时而生也。胡氏论哲学史料，再三称引《庄子・天下》篇：

> 《中国哲学史大纲》：《庄子・天下》篇与《韩非子・显学》篇论墨家派别，为他书所无。有许多学派的原著已失，全靠这种副料里面论及这种散佚的学派，借此可以考见他们的学说大旨。如《庄子・天下》篇所论宋钘、彭蒙、田骈、慎到、惠施①、公孙龙、桓团及其他辩者的学说，都是此例。

是此书此篇之可信，非胡氏所斥诸伪书可比，何以独忘却“古之道术有在于是者”一语？岂此篇之中，独论墨家派别及辩者学说为真者，而其余皆儒家伪撰乎？然即此论墨家派别为他书所无一语，已自承“古之道术有在是者”。而其痛诋王官时，则未计及其言之矛

① 惠施，原作“施惠”，误。

盾也。

胡氏论学之大病，在诬古而武断，一心以为儒家托古改制，举古书一概抹杀。故于《书》则斥为没有信史的价值：

> 《哲学史大纲》：二十八篇之真古文，依我看来，也没有信史的价值。

于《易》则不言其来源：

> 《哲学史大纲》但称孔子晚年最喜《周易》，而那时的《周易》，不过是六十四条卦辞和三百八十四条爻辞，不言《周易》之来历。

于《礼》则专指为儒家所作：

> 《哲学史大纲》：儒家恐怕人死了父母，便把父母忘了，所以想出种种丧葬祭祀的仪节出来。儒家的丧礼，有种种怪现状，种种极琐细的仪文。儒家说尧死时三载如丧考妣，商高宗三年不言，和孟子所说“三年之丧，三代共之”，都是儒家托古改制的惯技，不足凭信。

独信《诗经》为信史：

> 《哲学史大纲》：古代的书只有一部《诗经》，可算得是中国最古的史料。

而于《诗经》之文，又只取变风变雅以形容当时之黑暗腐败，于《风》、《雅》、《颂》所言不黑暗不腐败者一概不述。

> 《哲学史大纲》：那时的政治除了几国之外，大概都是很黑暗很腐败的。

盖合于胡氏之理想者，言之津津；不合于其理想者，不痛诋之，则讳言之。此其著书立说之方法也。依此方法，故可断定曰：

> 古无学术。古无学术，故王官无学术。王官无学术，故诸子

之学，决不出于王官。

胡氏谓："先秦显学本只有儒、墨、道三家。而儒家之书，十九不可信。"故据儒家之书以驳之，决不足以服胡氏之心。道、墨二家，则胡氏所心折者也。胡氏疑古，而道、墨二家则皆信古。墨子之书动辄称引三代圣王尧、舜、禹、汤、文、武，胡氏亦许为温故知新，彰往察来。

《哲学史大纲》：墨子说："凡言凡动合于三代圣王尧、舜、禹、汤、文、武者为之。凡言凡动合于三代暴王桀、纣、幽、厉者舍之。"这并不是复古守旧，这是温古而知新，彰往而察来。

是古代有所谓圣王，非儒家所伪造也。先知古代有所谓圣王，然后知王官之学所从出。王官之学所从出，亦出于《天下》篇。

《天下》篇：古之所谓道术者，果恶乎在？百官以此相齿。古之人其备乎？其明而在数度者，旧法世传之，史尚多有之。其在于《诗》、《书》、《礼》、《乐》者，邹鲁之士，缙绅先生多能明之。《诗》以道志。《书》以道事。《礼》以道行。《乐》以道和。《易》以道阴阳。《春秋》以道名分。其数散于天下而设于中国者，百家之学，时或称而道之。天下大乱，贤圣不明，道德不一，天下多得一察焉以自好。是为内圣外王之道暗而不明，郁而不发。天下之人，各为其所欲焉以自为方。

曰"百官以此相齿"，曰"缙绅先生多能明之"，是古代之官有学术之明证也。立此义为前提，而胡氏之说，在在皆失其根据矣。

诸子之学，发源甚远，非专出于周代之官。章氏专以周代之官释之：

《诸子学略说》：《周礼·太宰》言"儒以道得民"，是儒之得称久矣。司徒之官，专主教化，所谓"三物化民"。三物者，六德、六行、六艺之谓。是故孔子博学多能而教人以忠恕。

胡氏亦据《周官》以相訾謷：

> 《诸子不出于王官论》：古代之王官，定无学术可言，《周礼》伪书，本不足据。即以《周礼》所言"十有二教"及"乡三物"观之，皆不足以言学术。若谓九流皆出于王官，则成周小吏之圣知，定远过于孔丘、墨翟。此所谓素王作《春秋》，为汉朝立法者，其信古之陋，何以异耶？

按《七略》原文，正未专指周官。如羲和、理官、农稷之官之类，皆虞夏之官。但据《周礼》，尚不足以证其发源之远。而《周官》之伪撰与否，更不足论矣。羲和治历，故有阴阳之学。理官典刑，故有法律之学。农稷治田，故有农家之学。此皆事义之最明者。胡氏不此之思，但以墨子一家为例，其说已偏而不全。

> 《诸子不出于王官论》：墨者之学，仪态万方，岂清庙小官所能产生？凡此诸端，皆足征墨家之不出于王官。举此一家，可例其他。

而墨家之出于王官，出于清庙之守，适有确证。

> 《吕氏春秋·当染》篇：鲁惠公使宰让请郊庙之礼于天子，桓王使史角往。惠公止之，其后在于鲁，墨子学焉。

史角掌郊庙之礼，为周代王室之官。墨子学于史角之后，故曰"墨家者流，出于清庙之守"。而胡氏猥谓其非清庙之官，何不检乃尔耶？

胡氏本文但引章氏之说而驳之，其文曰：

> 太炎又云："墨家先有史佚，为成王师。其后墨翟亦受学于史角。"史佚之书，今无所考。其名但见《艺文志》。其书之在墨家，亦犹《晏子》之在儒家，与《伊尹》、《太公》之在道家耳。若以墨翟之学于史角为诸子出于王官之证，则孔子所师事者尤众矣。况史佚、史角既非清庙之官，则《艺文志》"墨家出于清庙"之说，亦不能成立。

〔附注〕 史佚亦作逸，亦称尹佚，其事亦见于《尚书·洛诰》（逸祝册，作册逸诰），见于《周书·克殷》（尹逸筴曰云云，史佚迁九鼎三巫），见于《史记·周本纪》（尹佚筴曰云云，史佚展九鼎保玉），其名言见于《左传》（僖十五年，史佚有言曰云云），见于《国语》（《周语》下昔史佚有言曰云云）。其官既掌祭祀神祇，其学亦为世所诵述，何得谓无所考。又古代祝史之官，其职甚尊。《曲礼》曰："天子建天官，先六太，曰太宰、太宗、太史、太祝、太士、太卜。"周之史佚、史角，始以天官世守清庙，传其家学以开墨家。而胡氏猥谓墨者之学，岂清庙小官所能产生。守清庙者何以见为小官？即为小官，何以不能产生硕学？岂哲学家必为大官耶？

儒家出于司徒之官，论其远源，实唐、虞之司徒。司徒之掌教，自唐、虞至周皆然，不独周有十二教乡三物也。惟胡氏以《尚书》为没有信史的价值，则契为司徒，敷五教及孟子所称"教以人伦"者，胡氏必皆目为儒家聱言，不可依据。请就墨子之书征之。墨子之书，常称古之三公：

《墨子·尚贤下》：汤得伊尹而举之，立为三公。武丁得傅说而举之，立为三公。

又《尚同上》：择天下之贤者置立之以为三公。

又《天志下》：诸侯不得须已而为正，有三公正之。

古之三公，即司徒、司马、司空也。三公既多贤者，何能断定其无学术？然仅曰贤良，或但就行谊立论，不足为其人有学术之证。则更就墨子征之。

《墨子·尚同中》：选择天下贤良圣知辩慧之人，立以为天子。选择天下赞选贤良圣知辩慧之人，置以为三公。

曰"圣知"，曰"辩慧"，皆学术之美称，非仅行谊之谥号也。古无哲学家之名，所谓"圣知"，即哲学家也。古者（墨子所谓选择云云，皆承其上古者而言)天子三公,多有圣知辩慧之人,岂惟可以产生儒家,举凡名法之学,无不开其先河。后世学者,各得其一官之所传。而司徒掌教,唯儒家绍其统系,此《汉志》所以谓其道最高也。

班《志》:儒家者流,盖出于司徒之官。助人君,顺阴阳,明教化者也。游文于六经之中,留意于仁义之际,祖述尧、舜,宪章文、武,宗师仲尼以重其言,于道最为高。

胡氏若谓古之司徒定无学术,必须证明古之三公绝无圣知辩慧之人,或证明《墨子》诸篇所言古之三公皆儒家所羼入,不然,则古代王官之有学术,非儒家一家之言,天下之公言也。

胡氏属文,强词夺理,任举一义,皆有罅漏。如驳斥儒家出于司徒,谓儒家之六籍多非司徒之官所能梦见,不知司徒之官何以不能梦见六籍?《诗》、《书》之类经孔子删订,岂孔子以前无《诗》、《书》乎?墨家时时称举《诗》、《书》,多有与今日所传之《诗》、《书》相同者,如《兼爱下》引《周诗》,《明鬼上》引《甘誓》之类。

《庄子·天下》篇盛称六艺,谓其"散于天下,设于中国百家,时或称道"。此岂儒家私有之物耶?胡氏欲抹杀春秋以前圣知辩慧之天子三公,故以六籍归纳于儒家,以便肆意诋毁。然道、墨二家之书具在,不能恶其害己而尽去之。即令天下不读儒家之书,亦不能使人无疑于其说也。

胡氏论学,亦知寻求因果。

《中国哲学史大纲》:大凡一种学说,决不是劈空从天上掉下来的。我们如果能仔细研究,定可寻出那种学说有许多前因、许多后果。

而其讲诸子之学,则只知春秋时代之时势为产生先秦诸家学派之原因,不知有其他之原因。若合《庄子·天下》篇、《淮南子·要略》、刘歆《七略》观之,则诸子之学出于古代圣哲者为正因,而激发于当日之时势者为副因。举副因而弃正因,岂可谓仔细研究乎?《天下》篇无论矣。即《淮南子·要略》,亦非专主救世之弊一端也。其述儒者之学,则曰:“修成康之道,述周公之训。”其述墨子之学,则曰:“学儒者之业,受孔子之术,背周道而用夏政。”其述管子之书,则曰:“崇天子之位,广文武之业。”夫夏及文、武、成、康、周公,皆诸子之学之前因也。胡氏削去此等文句,但曰:“有周公之遗风,而儒者之学兴。”是胡氏于《淮南子》之言,亦未仔细研究也。按胡氏之病原,实由于不肯归美于古代帝王官吏,一若称述其事,即等于歌功颂德的官书。

《中国哲学史大纲》:我以为《尚书》或是儒家造出的托古改制的书,或是古代歌功颂德的官书。

不知客观之法,在得其真。伪者不容妄为傅会,真者亦岂可任意削减。吾国唐虞三代,自有一种昌明盛大治教并兴之真象,故儒家言之,墨家言之,即好为谬悠之说、荒唐之言之庄周,亦反复言之。若削去此等事实,则后来事实都无来历,而春秋战国时代诸子之学说,转似劈空从天上掉下来的。且其对于前此之事迹,又须诡辞曲说,尽翻成案,不但异己者不容尽泯,即其所主张崇奉之书,亦须抑扬斡旋以就其说,是亦不可以已乎?

胡氏谓学术皆出于忧世之乱,应时而生,实阴窃孔子论《易》之说。

《易·系辞下》:《易》之兴也,其于中古乎?作《易》者其有忧患乎?《易》之兴也,其当殷之末世,周之盛德耶?当文王与纣之事耶?是故其辞危。

然窃其言而不肯明举其言,故论史而失其先后本末之序。使胡氏从孔子之言,以《易》为哲学史之开宗,次及周公之制作,则诸子之出于王官,自然一贯,无所用其强辩。而忧世之乱,应时而生之说,更可因此而证明。盖中国历年悠久,事变孔多,岂独幽、厉以降天下始乱。诸子起于周末,文、周生于殷季,其为夏氏均也。论哲学而断自春秋，岂春秋战国之时势可以产生哲学思想，而殷商末造之大乱不能产生哲学思想乎？且由殷周而推至唐虞，推至伏羲、神农均无不通。世乱非一次，故忧世者非仅一时代人，而学术思想之孳乳渊源，乃益厘然可见。胡氏崇奉《淮南子·要略》者也，使其仔细研究《淮南子·要略》，则知其法正与吾言相同。

《淮南子·要略》：今《易》之乾坤，足以穷道通意也。八卦可以识吉凶，知祸福矣。然而伏羲为之六十四变，周室增以六爻，所以原测淑清之道而捃逐万物之祖也（此可见《淮南》论道以《易》为始）。文王四世累善修德行义以为天下去残除贼，而成王道。周公断文王之业，持天下之政（此可见《淮南》论诸子本于文王、周公）。

惜乎其不知而妄作也！

诸子之学之发源，既当从《七略》之说，而诸子之学之失传，亦不可以不考。今之讲诸子之学者，不但不知其源，复不知其流，动以诸子之学之失传，归罪于董仲舒请汉武帝罢黜百家。其说盖倡于日本人（日本人久保天随等著东洋历史多言之）。

梁氏撰《新民丛报》时，拾其说而张大之：

梁启超《论中国古代思潮》《儒学统一章》曰：儒学统一云者，他学销沉之义也。董仲舒对策贤良，请“表章六艺，罢黜百家，凡非在六艺之科者绝勿进”。自兹以往，儒学之尊严迥绝百流，二千年来国教之局乃始定矣！吾中国学术思想之衰，实自儒学统一时代始。

胡氏《哲学史》亦言之：

《中国哲学史大纲》：汉兴以后，儒家当道，则汉武帝初年竟罢黜百家，独尊孔氏。儒家这样盛行，墨家自然没有兴盛的希望了！

夫吾人今日得见周秦诸子之书，能知春秋战国时代之学术思想者，繄何人之力？汉武帝之力也。

《汉书·艺文志》：汉兴，改秦之政，大收篇籍，广开献书之路。迄孝武世，书缺简脱，礼坏乐崩，圣上喟然而称曰："朕甚闵焉。"于是建藏书之策，置写书之官。下及诸子传说，皆充秘府。

汉武时，诸子之书，正由销沉而复行发见之时，何得谓儒学统一即他学销沉？考汉《董仲舒列传》，称抑黜百家，立学校之官，未明言其何年。

《董仲舒列传》：仲舒对策，推明孔氏，抑黜百家，立学校之官。

《通鉴》载仲舒对策，在建元元年。齐召南谓当在建元五年。要之仲舒对策，在汉武帝初年，无疑也。淮南王安以元狩元年死，司马谈以元封①元年死，其时皆在仲舒请黜百家之后，而淮南述《太公阴谋》、儒、墨、管、晏纵横修短、刑名之书、商鞅之法，太史公《论六家要指》，皆讲求诸子之学者也。武帝罢黜百家之后，诸子之源流转明，是得谓之销沉乎？司马迁死于昭帝时。

王鸣盛《十七史商榷》：迁实卒于昭帝初。观《景帝本纪》末云：太子即位，是为孝武皇帝。《卫将军骠骑传》末段亦屡称武帝。按其文义，皆非后人附益。间有称武帝为今上者。《史记》作非一时，入昭帝时未久即卒，不及追改也。

其作《孟子荀卿列传》，述战国诸子，有孟子、驺子、淳于髡、慎到、环渊、接子、田骈、驺奭、荀卿、剧子、公孙龙、李悝、尸子、长卢、吁子等人，且云"世多有其书"。

《孟子荀卿列传》：自如孟子至于吁子，世多有其书，故不论

① 封，原作"狩"，误。

其传云。

诸子书世既多有，更不得谓之销沉矣。成帝、哀帝均重学术，向、歆父子校理秘文，于是诸子之渊源益明。

《艺文志》：成帝时，以书颇散亡，使谒者陈农求遗书于天下。诏光禄大夫刘向校经传诸子诗赋，步兵校尉任宏校兵书，太史令尹咸校数术，侍医李柱国校方技。每一书已，向辄条其篇目，撮其指意，录而奏之。会向卒，哀帝复使向子侍中奉车都尉歆卒父业。歆于是总群书而奏其《七略》。故有《辑略》，有《六艺略》，有《诸子略》，有《诗赋略》，有《兵书略》，有《术数略》，有《方技略》。

至东汉时，班固述之为《艺文志》。其时所存之子书，凡百八十九家四千三百二十四篇，此皆汉人讲求保存之力也。若儒学统一，屏黜百家，则公孙龙、墨翟之学说何以巍然与儒家并存乎？

梁、胡二氏学术不同，要皆抱一反对儒家之见，以为汉崇儒术，即不容他家置喙，不知汉人讲求诸子之学，初无轩轾之念，故其于诸家之短长，皆平心静气以论之。如：

司马谈《论六家要旨》曰：阴阳之术大祥，使人拘而多所畏。儒家博而寡要，劳而少功。墨子俭而难遵，是以其事不可偏循。名家使人俭而善失真。法家严而少恩。

班《志》论九流之失，于儒家则曰：

惑者既失精微，而辟者又随时抑扬，违离道本，苟以哗众取宠。后进循之，是以五经乖析，儒学寖衰。

于道家则曰：

及放者为之，则欲绝去礼学，兼弃仁义。曰："独任清虚，可以为治。"

于阴阳家则曰：

及拘者为之，则牵于禁忌，泥于小数，舍人事而任鬼神。

于法家则曰：

及刻者为之，则无教化，去仁义，专任刑法而欲以致治，至于残害至亲，伤恩薄厚。

于名家则曰：

及警者为之，则苟钩鈲析治而已。

于墨家则曰：

及蔽者为之，见俭之利，因以非礼，借兼爱之意而不知别亲疏。

于纵横家则曰：

及邪人为之，则上诈谖而弃其信。

于杂家则曰：

及荡者为之，则漫羡而无所归心。

于农家则曰：

及鄙者为之，以为无所事圣王，欲使君臣并耕，悖上下之序。

是汉人初未特尊儒家，以为至高无上，神圣不可侵犯也。梁氏徒执董仲舒"请黜百家"一语，遂以意测之，造为专制之议论。

《中国古代思潮》篇：秦汉之交，为中国专制政体发达完备时代，不喜其并立，而喜其一尊。惟孔学则严等差，贵秩序，而措之施之者，归结于君权，于帝王驭民最为适合，故霸者窃取而利用之以宰制天下。

不知自西汉至东汉，阴阳、名、法诸家，皆与儒家并立，何尝统于一尊？

仲舒请罢黜百家，未见汉武有何明文，禁人习此诸家之学说也。至谓“儒家归结于君权，于帝王驭民最为适合”，则墨家尚同一义，何以不适合于君权？且汉之好儒，独元帝耳。宣帝论汉之家法，杂用霸道，何尝纯任儒教？

> 《汉书·元帝纪》：帝柔仁好儒，尝侍燕从容言：“陛下持刑太深，宜用儒生。”宣帝作色曰：“汉家自有制度，本以霸王道杂之，奈何纯任德教，用周政乎？且俗儒不达时宜，好是古非今，使人眩于名实，不知所守，何足委任？”乃叹曰：“乱我家者，太子也！”

董仲舒请罢黜百家之后，汉之诸帝且不任儒，乃谓秦汉之交即为儒学统一时代，何其武断一至于此！然今日信梁氏之说者，实繁有徒。稍涉古书之藩，即纵笔而讥儒教如胡氏者，亦中梁氏之毒者也！

诸子之学，至何时中绝，此为治学术史者所不可不问者也。此事亦至易明，惟今日为梁、胡诸氏之谰言所晦，故论者不讼儒家则嗤汉武，而为吾国学术之大憝者，反为人所不知。讲学之士，第取《汉》、《隋》二志相较，便知子学沦于何时。

《汉书》九流之书，见于《隋书·经籍志》者甚鲜，今为约举于下：

> 儒家亡二十四家，存七家。（此指汉以前之书，余并同。）
> 道家亡二十五家，存六家。（《管子》入法家。）
> 阴阳一家不存。
> 法家亡四家，存三家。
> 名家亡五家，存二家。
> 墨家亡三家，存三家。
> 纵横一家不存。
> 杂家亡五家，存三家。
> 农家亡一家，余并存。

其书之亡之原因，则《隋志》历言之。

《隋书·经籍志》：董卓之乱，献帝西迁。图书缣帛，军人皆取为帷囊。所收而西，犹七十余载。两京大乱，扫地皆尽。惠怀之乱，京华荡覆，渠阁文籍，靡有孑遗。元帝克平侯景，公私经籍归于江陵。周师入郢，咸自焚之。

然则诸子之学之销沉者，董卓、李傕、郭汜、石勒、王弥、刘曜诸人之罪，与汉武帝何涉，与董仲舒何涉！舍奸恶凶顽之盗贼不问，而痛责一无权无勇之儒生，此吾国人之所以不乐为儒而甘于从贼也！诸书之亡，自《隋志》外，尚有张湛《列子序》可证：

张湛《列子序》：先君与刘正舆、傅颖根皆王氏之甥，少游外家。舅始周，始周从兄正宗、辅嗣皆好集文籍，先并得仲宣家书，几将万卷。傅氏亦世为学门。三君总角，竞录奇书。及长，遭永嘉之乱，与颖根同避难南行，车重各称力，并有所载。而寇虏弥盛，前途尚远。张谓傅曰："今将不能尽全所载，且共料简世所希有者，各各保录，令无遗弃。"颖根于是唯赍其祖玄父咸子集。先君所录书中有《列子》八篇。及至江南，仅有存者，《列子》唯余《杨朱》、《说符》、《目录》三卷。比乱，正舆为扬州刺史，先来过江，后在其家得四卷。寻从辅嗣女婿赵季子家得六卷，参校有无，始得全备。

兵燹之祸为学术之劫。书既不存，学说自然歇绝。湛所得之《列子》尚系乱后凑集，其不泯于兵燹，亦云幸矣！

胡氏研究墨学，尝称鲁胜《墨辩注》。鲁胜者，西晋初年之人也。

《晋书·鲁胜传》：少有才操。元康初，官建康令，称疾去官。中书令张华遣子劝其更仕。再征博士，举中书郎，皆不就。其著述为世所称，遭乱遗失。惟注《墨辩》存。

当西晋初，犹有讲求墨学者，安知其时不更有讲求他家学术之人？徒以乱离散佚，故至隋而无传。又《汉志》墨家有《田休子》，梁时犹有其书，至隋而亡。

《隋书·经籍志》墨家注：梁有《田休子》一卷，亡。

《隋志》墨家犹有三书，至《宋史·艺文志》仅存《墨子》一种，余均不著录，则又唐末之乱亡之也。假令某一时代诸家之书具存，有专制之帝王与凶恶之儒生一举而尽焚之，则此帝王与儒生诚无所逃其罪。今其学术之微，书籍之亡，绵世历年，确因兵乱而递衰递减，而诸人束书不观，但执己见，坐儒家以万恶之名，不知是何心肝也！

焚书坑儒，只有秦始皇。其事见于《史记》。而刘海峰辨之，谓"六经亡于项羽、萧何，非始皇之过"（见《海峰文集·焚书辨》）。是中国古学之销沉惟一之原因，只有无赖之徒作乱纵火，余皆无灭绝学术之事。即此一端，亦可见吾国文化胜于欧人。欧洲有焚杀哲人卜鲁诺之事，中国无之也。

综上所论，而吾国古代学术之源流乃可得言。其学之兴也渐，其学之衰也亦渐，故可分为五期：

第一期　伏羲以来，为萌芽时代。

第二期　唐虞及三代盛时，为官守时代。

第三期　春秋至战国，为私家学术盛兴时代。

第四期　两汉，为古学流派昌明时代。

第五期　汉末至唐末，为古学迭因兵乱销沉时代。

时期既明，更须知吾国学术思想本来一贯，所谓儒、墨、道、法者，皆出于王官，皆出于六艺。特持论有所偏重，非根本不能相容。不当以欧人狭隘褊嫉之胸襟推测古代圣哲，更不当以末俗争夺权利之思想诬蔑古代圣哲。其为文化学术之蠹贼者，实为武夫乱贼，应确定其主名为今人之炯戒。诸氏为有心拥护文化，当不以予言为河汉也。

梁、胡二氏皆痛诋刘歆。

《中国古代思潮》篇：《艺文志》亦非能知学派之真相者也。既列儒家于九流，则不应别著《六艺略》（诒按此正可见六艺纯贯诸家）。既崇儒于六艺，何复夷其子孙以济十家？（诒案刘歆胸中并无儒家专制统一之念)？其疵一也。纵横家毫无哲理(诒按纵横家之书久亡,不能断定其有无),小说家不过文辞(诒按小说亦亡,不能妄断),杂家既谓之杂矣,岂复有家法可言(诒按《汉志》明云"知国体之有此,见王治之无不贯",是杂家自有其家法)？而以之与儒、道、名、法、墨者比类齐观,不合论理。其疵二也。农家固一家也,但其位置与兵、商、医诸家相等。农而可列于九流也,则如孙、吴之兵,计然、白圭之商,扁鹊之医,亦不可不为一流。今有《兵家略》、《方技略》在《诸子略》之外,于义不完(诒按此正可见吾国古代以农立国,非以兵商医立国)。其疵三也。《诸子略》之《阴阳家》与《术数略》界限不甚分明(诒按此可观《孟子列传》载驺衍之言,则知阴阳家与术数之别)。其疵四也。故吾于班刘之言亦所不取。

胡适《诸子不出于王官论》:《艺文志》所分九流,乃汉儒陋说,未得诸家派别之实。

二氏所以知有诸家者,以歆之《七略》。因即据其分类以訾毁之,不知二氏所见九流十家之书,视歆孰多？果已尽见其所举之书而一一衡其分际,因知歆之不当耶？抑仅就今日所存者略事涉猎,遂下此判断耶？梁氏而分为二派,其说之谬殆莫之逾。

《中国古代思潮》篇:据群籍审趋势,自地理上、民族上放眼观察,而证以学说之性质,制一《先秦学说大事表》。先秦学派,一北派,二南派。北派正宗:孔子、孟子、荀卿及其他儒徒。南派正宗:老子、庄子、列子、杨朱及其他老徒。

古代地势之分南北,或以淮为界,或以江为界,未有同在大河之南淮水之北而可分为南北者也。孔、孟、老、庄所生之地,所居之境,皆无南北之分。

《史记·老子传》:"老子者,楚苦县厉乡曲仁里人也。"《索隐》:"苦县本属陈。春秋时,楚灭陈,而苦又属楚,故云'楚苦县’。”按楚苦县，即今河南鹿邑县，在亳县之西。

又《庄子传》：“庄子者，蒙人也，名周。周尝为蒙漆园吏。”《索隐》：“刘向《别录》云：‘宋之蒙人也。’”《正义》：“《括地志》云：‘漆园故城，在曹州冤句县北十七里。’此云‘庄周为漆园吏’，即此。按其城古属蒙县。”按蒙县在今河南商丘县之东北。

苦、蒙之去曲阜、邹邑约四五百里。蒙在睢水之北，苦在沙水之北，其南去淮之道里几与去曲阜、邹邑相等，而距江水之远无论矣。梁氏既称自地理上、民族上观察，不知曲阜、邹邑至苦县、蒙县之间，以何等标准画分南北。度其属文之时，第以为老、庄皆楚人，故误以楚为南方。不知《史记》“楚苦县”三字是据老子之后之苦县而言，当老子时，苦县尚属陈，不属楚也。庄子《天运》篇虽有孔子南之沛之文，

《天[1]运》篇：孔子行年五十有一而不闻道，乃南之沛见老聃。

然《天道》篇亦有西藏书见老聃之文。

《天道》篇：孔子西藏书于周室，往见老聃。

不过据自鲁出行所指之方而言，不足据以为天下大势及学派歧分之证。如以孔子南之沛，即为孔、老学派分南北之证，则孔子西之周见老聃，老聃且有西度函谷之事，何不分孔、老学派为东西耶？按孔、老南北之说，亦出于日本人。日本人读中国书素无根柢，固不足责。梁氏自居学识高于刘歆者，何得出此不经之言耶？其论南北派别有一表繁称博举：

《中国古代思潮》篇：

北派崇实际	南派崇虚想
北派主力行	南派主无为
北派贵人事	南派贵出世

① 天，原作“大”，误。

北派明政法	南派明哲理
北派重阶级	南派重平等
北派重经验	南派重创造
北派喜保守	南派主勉强
北派畏天	南派任天
北派言排外	南派言无我
北派贵自强	南派贵谦弱

要皆强为分配，故甚其说。孔子主中庸，故论南北方之强，皆所不取，独主中道，何得硬派孔子为北派。至谓南派明哲理，则孔子之赞《易》非以明哲理乎？有清之季，海内人物，并无南北之分。自梁氏为此说，而近年南北人乃互分畛域，至南北对峙，迄今而其祸未熄，未始非梁氏报纸论说之影响也。

胡氏菲薄汉儒而服膺清儒。

> 《中国哲学史大纲》：校勘之学，从古以来，多有人研究。但总不如清朝王念孙、王引之、卢文弨、孙星衍、顾广圻、俞樾、孙诒让诸人的完密谨严。

夫清儒之有功于古籍，诚不可没。然其所见古书之多，则去向、歆远甚。举亲见原书之向、歆所言之学说而诋毁之，转就仅见原书之十一之人，所为补苴掇拾，斤斤辩论于逸文只字者而崇奉之，此犹一人身居衣肆，熟睹锦绣之衣，能评论其价值，一人第见残破锦绣之片，缝纫补缀，而争论其位置，谓此应为袂，彼应为领，试思此二人之见解，孰为可凭？清儒校勘古书，谓其愈于宋、元、明人则可，若谓为昌明古学，则犹逊于汉儒。

> 《中国哲学史大纲》：综观清代学术变迁的大势，可称为古学昌明的时代。自从有了那些汉学家考据校勘训诂的工夫，那些经书子书方才勉强可以读得。

胡氏不称汉儒昌明古学，动斥其陋，甚且谓为昏谬，

> 《诸子不出于王官论》：古无九流之目，《艺文志》强为之分别，其说多支离无据。如《晏子》岂可在儒家？《管子》岂可在道家？《管子》既在道家，《韩非子》又安可属法家？至于《伊尹》、《太公》、《孔甲盘盂》种种伪书，皆一律收录，其为昏谬，更不待言。（诒案此病与梁氏正同，皆是因刘歆之书方知其误。若无刘歆，则公等从何知其谬？《汉志》于六国人所托者，皆明注之，非无别白古书真伪之识力也。）

而于王、俞诸公低首下心，颂扬唯恐不至。孟子曰："不揣其本而齐其末，方寸之木，可使高于岑楼。"其斯之谓乎？

吾为此论，非好与诸氏辩难。只以今之学者不肯潜心读书，而又喜闻新说，根柢本自浅薄，一闻诸氏之言，便奉为枕中鸿宝，非儒谤古，大言不惭，则国学沦胥，实诸氏之过也。诸氏自有其所长，故亦当世之学者。第下笔不慎，习于诋诃。其书流布人间，几使人人养成山膏之习，故不得不引绳披根以箴其失。至于所言之浅俚，故不值海内鸿博者一哂也。

三五　江山渊《论子部之沿革兴废》

子者，男子之美称也。古者门弟子之于师，亦称之曰子（按《孝经》释文、《论语》皇疏皆云古者称师为子）。故周秦以前儒者之撰述，未必尽出己手，往往由门弟子述其师说，缀辑而成（按孙星衍云凡称子书多非自著）。是以尊其师而称之曰子，后世即以其人之名名其书，此子部之书所由成也。子书今列四部之一，与经、史、集并称，世呼之曰丙部（按隋唐以后，分经、史、子、集为甲、乙、丙、丁四部，子居第三，适为丙位，故曰丙部，详见下）。然子书所赅之范围若何，究何种始可入子书，自汉魏以迄今兹，言人人殊。兹试略述子部之沿革、与学者共商讨焉。目录之学，古人无之，有之，自刘歆始。歆括天下图书，区为《七略》：一《辑略》。二《六艺》。三《诸子》。四《诗赋》。五《兵书》。六《术数》。七《方技》。子书之特立为一类，实始于此。班固承之，其撰《汉书·艺文志》仿歆之例而为《六略》，独无《辑略》。盖《辑略》为歆自述辑撰之大纲，非图书之类别也。自班固以后，各有变更。王俭则为《七志》：一《经典》并《史记》。二《诸子》。三《文翰》。四《军书》。五《阴阳》。六《术艺》。七《图谱》。虽名目略有变异，而实与歆之《七略》无殊，不过所多者《图谱》耳。其后阮孝绪则有《七录》：一《经典》。二《纪传》。三《子兵》。四《文集》。五《技术》。六《佛》。七《道》。则与前之分合颇异。许善心《七林》因之，无所异同，并效《七录》各为《总叙》，冠于篇首。至荀勖始分为四部：一甲为六艺小学。二乙为诸子兵书术数。三丙为史记之属。四丁为诗赋图赞汲冢书。李充亦分为四部，而略变勖之次序。五经为甲，史记为乙，诸子为丙，诗赋为丁。谢灵运、王亮之四部因之。任昉又加术数而为五部。至唐之四库，始确分经、史、子、集四类。甲部则经类十一，乙部则史类十三，丙部则子类十七，丁部集类三，以子类之包罗为最多。所谓丙部十七者，即儒、道并神仙、释氏、法、名、墨、纵横、杂、农家、小说、天文、历算、兵、五行、艺术、类书、明堂、经脉、医术是也。宋代又于四库之外增加天文、图书，别为六阁。元明以来，复仍唐之旧。清修《四库全书》，而四部之名始定。由此可见由汉以来以迄今日，无一同者。信乎分类之难也！然分类之难，不难于经、史、集，而难于子。盖经、史、集三类，颇有畛域，易于判别。若子类，则无畛域之可言，判别维艰。故古人或分或合，议论纷然，莫衷一是。如歆之《七略》，固之《六略》，以诸子与兵书、术数、方技分而为四。孝绪之《七录》合兵于子，而技术复别为一类。任昉五部，子之外又有术数。宋人六阁，亦别天文、图书于子之外。是子之范围甚为单纯，而不至如后世之驳杂。自荀勖创立四部，合诸子、兵书、术数而一之。唐以后之四库，遂以子部包罗十余类之多，殊与古人异。然子部之范围究若何，兵书、术数、方技、天文、图书之属果可入于子部耶，抑不能名之曰子耶，是亦古今一大疑问也。大抵世之论子部者有广狭二义，而以荀勖为二者之枢纽。荀勖以前，皆取狭义者也。荀勖以后，皆取广义者也（惟宋略异）。取狭义，故分类多。取广义，故分类少。然由前之说，则术数、方技诸类，究将奚属？由后之说，又能否名称其实耶？此古今学者所以聚讼纷纭也。窃谓古今图书，皆所以达意而明理，原六通四辟，而非判若鸿沟，有一定之界限。故言其小，则同为儒家而有孟、荀，同为道家而有老、庄，同为法家而有申、韩（按老与庄，申与韩俱不相同），同为礼学而有郑、王，同为性理而有朱、陆，各明一义，不可以强同。若言其大，实无往而不通。学者特立四部，而以经、史、子、集统之，原为未当。惟学者为以简御繁起见，提纲挈领，举其大以统其小，本为不获已之苦心，则以术数、方技诸类附于子部之后，亦无大害。然以之与周秦诸子相较而并观，则渊源各别，拟非其类，而失诸子之真矣。古人著书，必持之有故，言之成理，卓然成一家言，而后可以名曰子书。唐宋以后，诸子道衰，类书繁起，钞胥是务，剿袭相因，亦褒然列名于子部之中，子书之体不明，先民之绪遂湮。无惑乎诸子百家之学响沉景绝于后世，而缀学汲古之士所以侙然而惧也。古之学术，曰道，曰器。道者形而上，器者形而下。形而下者有形，形而上者无形。诸子百家之学，寄想于无朕，役志于无涯，显之家国天下之大，隐之身心性命之微，皆纯然为无形之学，故其为道，诚为百学之冠，下视彼纷纷者，均亡足以攀其肩。惟昔在古代，天地秘藏，钥之未启。至周秦之际，诸子乃逐浪奔滃，礐石漂沙，扶舆旁薄，坌然兴起，开古今未有之奇观。吾国所以获称为数千年声名文物之邦，亦赖此焉。然吾国学术之盛，莫过于周秦，而吾国学术之衰，亦自周秦始。盖盛极难继，理则然也。自秦政愚民，燔百家语，诸子之学，扫荡无余。后儒掇拾残灰，虽复稍出，然赵绾等请罢黜于汉（按《汉书·武帝纪》，建元元年，丞相绾奏所举贤良或治申、商、韩非、苏秦、张仪之言，乱国政，请皆罢，奏可），吕公著请排斥于宋（按《宋史·吕公著传》，元祐元年，公著请令禁主司不得出题老、庄书，举子不得以申、韩、佛书为学），李廷机请严禁于明（按《翰院名臣录》，李廷机入翰院为讲官时，子书盛行，廷机以异端害教，非表章六经，尊崇孔、孟之意，乃上疏数千言，请严禁罢黜之，疏太长不录），虽自汉以后历代间有奉诏校定及诏求子书之事（如汉武帝元朔五年，诏诸子传说皆充秘府，见《汉书·艺文志序》。成帝时，诏刘歆与父向领校秘书讲诸子，见《刘歆传》。后汉安帝永初中，诏刘珍校定东观诸子等书，见《后汉书·刘珍传》。顺帝永和元年，诏伏无忌与议郎黄景校定诸子百家艺术，见《后汉书·伏湛传》。唐玄宗开元元年，诏中书令张说举能治《易》、《老》、《庄》者，见《新唐书·儒学康子元传》。开元八年，马怀素卒，后诏秘书馆并号修书学士草定四部，又令毋煚、刘彦直等治子部书，见《儒学·马怀素传》。开元二十年，置崇元学令习《老》、《庄》、《列》、《文》等书，准明经例举送，见《旧唐书·礼仪志》。开元二十九年，诏求明《道德经》及《庄》、《列》、《文子》者，见《新唐书·玄宗本纪》及《选举志》。天宝元年，诏以《庄》、《文》、《列》、《庚桑》为真经，又诏崇文习《道德经》，见《旧唐书》本纪及《礼仪志》。宋真宗景德二年，幸龙阁观书，见《真宗实录》。三年，御崇政殿，观秘阁新校子库书。四年，召辅臣登太清楼观新写四部书。仁宗景祐三年，命张观等编四库书。皆见《玉海》。金世宗大定二十三年，使译经所进所译《老子》、《扬子》、《文中子》、《刘子》等书，分颁行之，见《金史》本纪。此皆可考见者也），或在上者有所嗜好，自行撰著，为天下倡（如魏武帝注《孙子》。梁武帝善《老子》，制《老子讲疏》并释典诸经义记数百卷。简文帝制《老庄法宝连璧》诸书。元帝制《补阙子》十卷、《老子讲疏》四卷。唐代推尊道家，提倡尤力。明太祖亦喜《道德经》诸子百家之书），然前者不过饰为具文以壮外观（如汉武帝既诏求诸子，又罢黜百家），后者又往往援诸子而入于神仙，去之益远（如梁武帝、简文帝等虽喜《老》、《庄》，究不得其真义。唐代自以为老子之后，因尊崇老子并及道家诸人，然视道家之学等于神仙，其尊老子为皇帝，庄、列、文、庚桑诸子为真人，尤为可笑）。而世之学者类以为诸子之学皆反经术，非圣人，明鬼神，信物怪，小辩破义，小道不通，致远恐泥，皆不足以留意（语见《汉书·东平思王宇传》）。自宋儒以后，更肆为诋斥，目为异端邪说，束其书而不观，于是诸子遂成绝学。大抵在昔古代，诸子之学在官。而秦汉以后，诸子之书亦在官。故秦政燔书，令天下以吏为师。汉以马上得天下，谩视儒生，厉行挟书之禁。厥后禁虽解除，然成帝河平五年，东平王宇来朝，上疏求诸子书，拒而不与（见《汉书》宇传）。南宋文帝元嘉三年，沮渠蒙逊遣使奉表请《周易》及子集诸书，文帝并赐之，合四百七十五卷（见《宋书·大沮渠蒙逊传》）。此可见当时诸子之书，皆储于官府，民间绝无可得，故藩王外国纷纷请求，盖此亦秦政愚民之术，延数百年而不变。是以汉于藩王则拒之，宋于外国则可以与之，亦均有深意于其间。子学衰微之原因，亦端在于是。迨隋唐以降，子部之籍渐散及于人间，然亦因是而亡佚者，又不知几许。征诸唐宋，可以推见。如唐初图书分立四部，置知书官八人分掌之。凡四部库书，两京各一本（见《旧唐书·经籍志后序》）。开元十九年，集贤院所储子库共二万一千五百四十八卷，至天宝三载，更造四库书目，则子库仅一万六千二百八十七卷（见《唐会要》），亡者殆三之一！至宋真宗景德二年，幸龙阁观书，则子书又仅八千四百八十九卷（见《真宗实录》）。四年，召辅臣登太清楼观新写四部书，子库亦仅八千五百七十二卷（见《玉海》）。方诸天宝，亡者又居半数。及仁宗景祐元年，命张观、李淑、宋郊等编四库书。二年，上经史。明年，上子集万二千三百六十六卷（亦见《玉海》），其数并集库言之，则其时子书殆又少于真宗景德四年之数（按景德四年，集库五千三百六十一卷，合子库共万三千九百三十三卷。今以景祐时较之，则子集共少一千五百余卷）。是可见子部之书，每随世而锐减，销亡于无形。或毁于火，或散于兵，或没于水，或湮霾于文人学士之摈弃，其锐减之数、销亡之速，偶一稽检，辄足骇人听闻。其诸史经籍、艺文志之所录，求诸今日，殆又十亡八九，此尤子书之大厄也！（按近儒郑献甫作《书不亡于秦火论》，曰："隋以后一束于唐人之正义，专主一家；再弃于宋人之讲义，尽废百家。而汉魏之古书、隋唐之旧本，于是乎日湮月没而尽亡矣。"又曰："隋《经籍志》较汉《艺文志》所录殆少十之三，宋《艺文志》较隋《经籍志》所录又少十之三，而唐时《艺文类聚》、宋时《太平御览》以及孔冲远疏诸经、颜师古注汉史、李崇贤注《文选》所引诸书，或存或佚，今多未见，此不焚而焚者也。"其言最为详尽沉痛，虽非专指子书言之，而子书殆尤甚也）。清代右文，硕学辈出，于数千年残缺之子书，为之考订掇辑，蔚然可观。诸子一线之微绪，赖兹不坠，厥功最伟。然于百家分合异同之故及其渊源派别之所在、姓氏名字之纷乱，则阙焉未详。又往往以数术、方技二类与诸子相混杂，识者憾之。余不敏，治百家语有年，寝馈既久，颇有所悟，每亦有为前人所未见及者。窃不自揆，用敢以积年所得，援近儒《礼经通论》之例，述为兹篇，分章标论。前后仍有条贯，往往一篇之稿，经年累月而后就，虽有时言或近于奇创，而详征博引，必有据依，非敢故立异说。至若篇中所述，悉依《汉志》以存子书之真。惟九流之外，若小说家者流，虽不足与诸家并，然亦为论道之书，为当时之所尚。兵书一类，尤纯然为子体，不过成帝时，诸臣奉诏分门校辑，以用兵之道所关靡细，其书亦繁富，其中类别颇多，故别立一类，专人任之。迨刘、班纂述，悉仍其旧，而其实与诸子绝无所异（按《汉志序》谓成帝诏刘向校经传诸子诗赋，步兵校尉任宏校兵书，尹咸校数术，李桂国校方技，是兵书别立一类，实始于其时。盖以任宏知兵故命宏专任其责。及歆之《七略》、固之《艺文志》，皆仍其旧而不变。故班氏叙述诸子十家皆云出于某官，而于兵家亦云出古司马之职，体例无异。是可知兵家亦诸子之一也。阮氏《七录》合兵于子，最为有识。惟宜列兵于子中，不宜既曰子，又曰兵，似截然二事耳），兹亦并述及之，博雅君子幸有所正焉。

三六　江山渊《论九流之名称》

九流之名，见于班氏《艺文志》，昉于刘氏《七略》，古无有也。周秦之世，官失其守，百家争鸣，而诸子之学兴，然未有九流之名号。《荀子·非十二子》虽举其名而不列其家。《庄子·天下》篇于儒教外亦举彭蒙、田骈、慎到、墨翟、禽滑厘、老聃、惠施、公孙龙之畴，亦不指其为某家之学。司马《论六家要指》始举儒、道、名、墨、法、阴阳，然其数只六而未有九也。刘氏撰《七略》，班氏本之为《汉志》，始定九流之名。后世沿而用之，垂二千余年而不变。大抵所谓某家之学者，皆综其学术之宗旨言之，必其宗旨纯一，可以贯彻初终、成一家言者，而后举其纲以括其目。然窃援名以核实，唯名、法、墨、农、阴阳五家为名正而言顺（按墨为学术之名，与名、法诸字同，非墨子之姓，详见下），余皆于理有未安。未知命名之意始于何时，析而为九创于何人（按班、刘当必有所本），殊大惑而不可解也。古者通天地人曰儒。《周官·太宰》："儒以道得民。"与师对举。又《大司徒》："四曰联师儒。"是儒为术士之称（见《说文》），有道德有道术者之通名（见《周礼·太宰》疏及《汉书·司马相如传》注），不特儒家得称为儒，即诸子百家，无一而非儒也。虽《儒行》见于《礼记》，"君子儒"见于《论语》，然孔门未尝标儒之目，举以自号。《墨子》虽有《非儒》之篇，然亦泛指当时之儒者言之，亦由孔子勿为小人儒之意。乃九流之名首列儒家，一似非孔门之士不足以猎斯号也者，何也？岂以儒有濡义，言孔子之道可以润身而泽民耶？则百家之学皆有之，不独儒家。岂以儒有儒懦儒缓之义，言儒家实有此病，因以号之耶？恐非命名之初意。况《荀子》一书，言儒字甚多，如云"偷儒转脱"（见《修身》篇），为儒弱畏事之意（见杨倞注)。荀子,儒家也,岂有举此不美之名以自名其学哉?大抵所谓儒教者,本于《周官》“儒以道得民”一语,谓儒即以六艺教民之保氏(见郑注)。孔门传六艺之学,故加以儒之号。然六艺为上古三代之史,为当世之所共有,非孔门所得而私。且孔门之六艺,实传于道家之老子,不以名师,反名其弟子,亦未合于理也。故窃以谓儒教为学士通称,不能独加于孔门之士而与八家并列。乃后世强谓儒为孔子之道(见《淮南子·俶真》篇注),又谓能说一经者谓之儒生(见《论衡·超奇》篇),质诸孔门,何有是哉?道之为物,大之足以弥纶天地,小之足以无间身心,精深广大,不可方物,然亦道术之通称,犹孟子所云若大路然。诸子百家,莫不包涵大道者也,乃独举道家之名以目老庄之徒,则诸子百家皆非道耶?若云道者指玄妙之道言,然道家所言,虽迹涉虚无不可端倪,而实皆檃栝治平天下之旨。观《汉志》道家首列伊尹、太公,而下及于管子,皆勋业烂然,声垂后世,尤显著易见者。是言虽玄妙,而道实非玄妙。即以玄妙为道,则彼博大[①]平易,人当共由者,将何以名之耶?大抵命名道家之故,实由于老子之《道德经》,以首句之道字、德字而得名,如《关雎》、《麟趾》之类,古人著书素有此体。非老子深意所在,无关宏旨者,乃掇取其书之半名而为其一家之专号,恐非老子之所愿。且老子书本名《道德经》,非名《道经》,与其掇其半名而曰道家,何如掇其全名而曰道德家之为愈耶?纵横一家,仅苏、张数人为之,持其利口长舌,巧捷齐给,游说于诸侯之庭,以猎一时之富贵。此在战国之世,说士之风盛行,固足以惊人而动众,而究无切实之学问,若儒、墨、名、法诸家足以成一家言。不特其意在希荣取宠,异于古之行人之官,且夸诞无学,又与远西之雄辩家相去绝远也。况纵横者,一纵一横,迥不相侔,盖苏、张之术不同,宗旨各别,明为二家,安可纳于一家耶?杂家之学,兼儒、墨,合名、法,而兼取各家之长。大抵诸子之书,不能属于各专家者,可以隶

① 大,原作“太”,误。

于杂家，此在学者分析学术之派别以寓天下之群书，其于各有专家之名者，既各从其类，若夫既无专名，又不能附于各家之下，则不能不以杂家之名统括之，此诚为不得已之苦心。（按近学者于分析事类或条举约章，往往有列举及总括之二法。其可以指数者既列举于前，恐有罣漏，则以凡字及其他字以总括于其后。九流之中有杂家，想其命名之故，理亦犹是。然如其说，则宜以杂家居九流之末，列于第九，其理始顺。今班《志》列杂家于第八，反居农家之前者，亦未可解。岂以农家之学传者甚微，不及杂家之盛，故列之于前耶?）然既曰杂，则并畜兼收，宗旨必不纯一。古之名为一家之学者，必有纯一之宗旨以贯彻其初终。既杂矣，何家之可言？杂则非家，家则不杂，未可混而一之。既曰杂，又曰家，则不词之甚。况杂家之学，出于议官，名之曰杂，与议官之意何涉？是则杂家之名，于理亦未当矣。凡兹之类，命名之意，均未有安。总之儒为学士之通称，非孔门所得独有；道为学问之总汇，非老庄所得自私。曰纵横，曰杂，又未得为专家之名。然九流之名，其来已久，而儒、道二字又常见于秦汉以前之书，韩非子亦以儒墨并称为显学，则刘、班二氏必有所承受。至若命名始于何人，其意又何在，则不可考而知也。

三七　江山渊《论道家为百家所从出》

百家之学，俱源于史，上已详述之矣。然则春秋战国以前，学在官而不在民。自史官失守，而百家之学，即联镳而齐起，并辔而交驰乎？非也。其起也有先后焉，有程序焉，有递嬗相生之道焉。盖言其末流，虽并辔联镳，各不相谋。而溯其初起之源，则实统于一。一者何？即道家是也。道家者，上所以接史官之传，下所以开百家之学者也。道家之学，较诸家为最早。然所谓早者，非专指老子之时言之也。诸家之学，皆起于春秋战国之时，道家之学，则在春秋战国以前，而源于有史之初。夫史官之初设，所以制文字、掌文书。（按《周礼·天官·序官》：史十有二人。《注》：史，掌书者。又《疏》：史，主造文书也。）盖立史官以制文字，文字既成，复专为史官所司。然文字之兴，肇于黄帝之世（按制文字者为仓颉，仓颉为黄帝史臣），而黄帝固为道家之始祖。是时百学未兴，道家即岿然以立。然则谓有史官即有道家可也，谓有文字即有道家亦无不可也。自是厥后，为人君者皆以道家之术治天下。如尧之让天下，舜之无为而治，禹之节俭，汤之身为牺牲，武王之大赉，皆深得道家之精意。即在下者，如巢、许、务光之徒，敝屣天下，自乐其乐，亦默传道家之遗风。其他著书立说以行于世者，如殷之伊尹，周之鬻子、太公，齐之管仲，皆盛行于一时。可见其学之盛，而其来已久。盖自黄帝以后，老子以前，上下二千年，惟道家之学扶舆磅礴，而无他家立足于其间。然则是时舍道家外，殆无学之可言矣。上古三代之世，学在官而不在民。草野之士，莫由登大雅之堂。惟老子世为史官，得以掌数千年学库之管钥，而司其启闭。故老子一出，遂尽泄天地之秘藏，集古今之大成。学者宗之，天下风靡。道家之学，遂普及于民间。即儒家书所载如长沮、桀溺、接舆、荷蒉、石门之伦，亦皆道家之徒。则其流行之盛，亦可想见。然是时诸家之学，尚未兴也。道家之徒既众，遂分途而趋，各得其师之一耑，演而为诸家之学，而九流之名以兴焉。道家之学，无所不赅，彻上彻下，亦实亦虚，学之者不得其全，遂分为数派：其得道家之玄虚一派者，为名家、为阴阳家，及后世之清谈家、神仙符箓家。得道家之践实一派者，为儒家。得道家之刻忍一派者，为法家。得道家之阴谋一派者，为兵家、为纵横家。得道家之慈俭一派者，为墨家。得道家之齐万物、平贵贱一派者，为农家。得道家之寓言一派者，为小说家。传道家之学而不纯，更杂以诸家之说者为杂家。是春秋战国之世，百家争鸣，虽各张一帜，势若水火，而其授受之渊源实一，一出于道家。诸子之书具在，间有散佚不存者，古籍亦载其遗说，其学之所自来，可按而寻也。道家之言，半涉玄虚。老、庄、列、文之书，皆寄想于无何有之乡，游神于窎窅寥廓之地，眇然而莫得其朕。名家、阴阳家宗之。名家坚白异同之辩，以及鸡三足、卵有毛之说，多涉虚想。阴阳家谈天雕龙之术，亦虚言其理，不征其数(本章学诚说)。故惠施为名家之巨子，尝问道于庄周。尹文子亦名家之学，刘向论其学本于黄老。此名家出于道家之证也。黄帝为道家之祖，阴阳家亦有《黄帝泰素》二十篇(刘向《别录》：或言韩公诸孙之所作，言阴阳五行以为黄帝之道也，故曰《泰素》)。南公本道家者流，阴阳家又有《南公》三十一篇(考《史记·项羽本纪》，楚南公曰："楚虽三户，亡秦必楚也。"《正义》引《虞喜志林》[1]云：南公者，道士，识兴废之数。按道士者，言其为道家之士，犹儒家之称儒士也)。而道家小天地，邹衍因推言九州为小。此阴阳家出于道家之证也。盖名家、阴阳家之学，皆本道家玄虚之说而推求其故，或辨论其是非，或推诘其终始。然由前一派，又变为晋

① 原脱"林"字，补。

之清谈。由后一派，而后世之神仙符箓家又依附其阴阳五行之说，盖愈变而愈远矣。道家之言，虽涉于虚，而其学实征于实，小之足以保身，大之足以治国，故三代以前之文化及西汉之治术，皆食道家之赐。此其已试之效，载于史乘，尤彰明而较著者。儒家以践实为务，以身体力行为归，其义即本于道家。六经为道家所旧有，孔子曾问礼于老聃，奉之为严师（见《史记》），儒学脱胎于道家，无可讳言，故孔子窃比于老彭而有犹龙之叹（按老子、老聃、老彭即一人，详见下第十二章）。太公为道家之巨子，而《六韬》亦列于儒家。管子明道家之用，其书有《内业》，儒家亦有《内业》十五篇（按《汉志》儒家《内业》十五篇，不知作书者。王应麟考证曰《管子》有《内业》篇，此书恐亦其类）。至若孟子痛辟杨、墨，不遗余力，而无一语及老子，此盖渊源所自，不敢轻议其师也。此儒家出于道家之证也。道家之学虽征于实，然亦非守实而不知变。唯无为而无不为，必相时而后动，无躁进以希功。盖道家之学，最善于忍者也。如老子所谓"名与身孰亲"，所谓"功成而弗居"，所谓"功成名遂身退"，所谓"夫唯不争，故无尤"，所谓"无遗身殃，是谓袭常"，所谓"知足不辱，知止不殆"，大抵其学不好名，不尚贤，不贵难得之货，不见可欲，非极善忍者，断不能为此。盖道家既以善忍为能事，而老子生当乱世，尤不敢放论以贾祸，故以忍辱为高，此亦明哲保身之良法。然大凡能忍天下之所不能忍者，其心必极残忍者也。故申、韩宗之，一变而为刻薄寡恩之行，而法家于以立！（按忍有二义，一曰坚忍，一曰残忍。大抵能坚忍者性多残忍，性残忍者亦善于坚忍，所谓怒者常情，笑者不可测也。清儒魏祥说黄、老之后为申、韩，曾本此理论之。其言曰："忍者必阴性，阴者必毒。女子之为质，婉娈而多美，柔泽而善从，匿影闺房之中，势气不出壶阈，然一言而破国，一笑可以倾城。虺蛇潜于空洞，人或经年不见，出而螫人，则人必死。"其譬虽略失于苛，然亦确有至理。）故申不害、韩非之学，皆本于黄、老（《史记》谓申子之学本于黄老而主刑名，韩子喜刑名法术而其归本于黄老）。太史公以老、庄、申、韩合传，言"申韩惨核少恩，皆原于道德之意"。韩非著书，亦有《解老》、《喻老》之篇。《管子》一书，《汉志》列于道家，《隋志》以后，则入于法家。而慎子亦法家之徒（按《汉志》法家有《慎子》四十二篇），荀子谓其蔽于法而不知贤（按不知贤即老子之不尚贤），杨倞注亦谓"其术本黄、老，归刑名，多明不尚贤不使能之道"。《太平御览》引《慎子》云："昔者天子手能衣而宰夫设服，足能行而相者导进，口能言而行人称辞。"又云："不瞽不聋，不能为公。"此皆黄、老清静无为之旨。又道家有《郑长者》一篇，班氏曰："先韩子，韩子称之。"今考韩非书亦每引郑长者之言。是可知法家诸人，无一不本于黄、老者。此法家出于道家之证也。道家善忍，忍则必阴（本魏详说），故黄帝有《阴符经》。太公之谋亦曰《阴符》。后世之纵横家、兵家，皆由是出焉。《阴符经》为言兵之书，后世兵家咸本其谋。盖用兵之道，虽贵于正，而行兵之术，不妨出于奇。此兵家之学，所以权谋为先（按《汉志》兵家四类，首列权谋）。然道家沉机观变，最精于谋，若施之于战阵之间，天下遂莫与敌。如太公之言曰："鸷鸟将击，其势必伏。至人将动，必有愚色。"此即兵家示敌以弱之术也。老子之言曰："将欲翕之，必固张之。将欲夺之，必固与之。"此即兵家饵敌之策也。又曰："知其雄，守其雌。"此即兵家知己知彼，百战百胜之道也。又如老子曰："天下皆谓吾大似不肖。"庄子曰："呼我为牛，则应之曰牛。呼我为马，则应之曰马。"亦即范蠡"吾虽靦然人面，吾犹禽兽"之意也（按蠡亦兵家，《汉志》有《范蠡》二篇）。大抵道家之术，最坚忍而阴鸷，兵家即师其术以用兵，故五兵战法，始于道家之黄帝。太公为道家之巨子，而《汉志》道家有《太公》二百三十七篇，《谋》八十一篇，《言》七十一篇，《兵》八十五篇，皆言兵之书。（李靖曰："谋所谓阴谋，不可以言穷；言不可以兵穷；兵不可以财穷。此三门也。"）《史记·齐世家》亦云："后世之言兵及周之阴权，皆宗太公为本谋。"兵家有《范蠡》，今其书虽亡，而《国语·越语下篇》多载其语。吕祖谦谓其多与《管子·势》篇相出入，则其学亦必出于道家之管子。他若《汉志》兵家所录《黄帝》十六篇、《太一兵法》一篇、《地典》六篇，皆黄帝之书(按《隋志》有《黄帝太一兵历》,即《太一兵法》无疑。《帝王世纪》云黄帝以风后配上台,天老配中台,五圣配下台,谓之三公。其余知天、规纪、地典。则《地典》亦出于黄帝也)。班氏论兵阴阳、推刑德亦黄帝之术(按《尉缭子·天官》篇,梁惠王问曰:"黄帝刑德可以百胜,有之乎?"对曰:"刑以伐之,德以守之,所谓天官时日阴阳向背也,人事而已矣。"则推刑德亦黄帝之术明甚)。又《封胡》五篇,《风后》十三篇,《力牧》十五篇,《鬼谷区》三篇,《蚩尤》二篇,皆黄帝之臣,道家之流(按《管子·五行》篇:黄帝得蚩尤而明于天道。则蚩尤亦黄帝臣也。盖古代蚩尤有数人:有为天子之蚩尤,如应劭谓蚩尤古天子,好五兵是也。有庶人之蚩尤,如臣瓒谓蚩尤庶人之贪者是也。有与黄帝战之蚩尤,如《史记》言黄帝与蚩尤战于涿鹿之野是也。有黄帝臣之蚩尤,如《管子》云云是也。考《史记·高帝纪》谓祠黄帝祭蚩尤于沛庭。又《隋志》有《黄帝蚩尤兵法》一卷。则《汉志》所言蚩尤,必黄帝之臣无疑)。至若道家所录,往往互见于兵家。刘《略》兵家更有伊尹、太公、管子、鹖冠子诸人。是道家者流,殆无不知兵者。此兵家出于道家之证也。若纵横家者,亦坚忍而阴鸷者也。纵横家以苏、张为最著。苏秦受妻、嫂之辱,张仪受馆人之殴,而忍辱负耻,志不少衰。盖其学亦出于《阴符经》。考苏、张皆师鬼谷子。鬼谷子善阴谋,其书有《阴符七术》及《揣》、《摩》诸篇。《战国策》亦言:"苏秦发书,陈箧数十。得太公《阴符》之谋,伏而诵之,简练以为揣摩。"是则纵横家之学,出于《阴符经》无疑。《史记》又言:"鬼谷子长于养性治身。苏秦、张仪师之,受纵横之事。其后秦、仪复往见,先生乃正席而坐,严颜而言,告二子以全身之道。"是即老子明哲保身之旨也。苏、张既传鬼谷之学,出而纵横捭阖,鼓其如簧之舌,而发为违心之论,取功名富贵如拾芥,是亦老子翕张与夺之术也。纵横家又有《蒯子》五篇。考《汉书·蒯通传》谓:"论战国时说士权变。"按所谓权变者,即权谋之谓。是可知纵横家之学,以权谋为宗,与兵家同。此纵横家出于道家之证也。道家虽善忍,而仍以慈俭为宗。老子之言曰:

“天下之宝三：一曰慈，二曰俭，三曰不为天下先。”《道德》五千言，可以此三者櫽之。其曰“不为天下先”，杨朱之学所从出也。其曰“慈”、曰“俭”，墨翟之学所从出也。墨子得道家之慈，故有《兼爱》之篇；得道家之俭，故有《节用》、《节葬》之篇。惟其慈，故不嗜杀人。老子曰：“以道佐人主者，不以兵强天下。”又曰：“天下有道，却走马以粪。天下无道，戎马生于郊。”此即墨子《非攻》之旨也。（按惟慈故能勇，墨子为宋守，其服役者百八十人，可使赴汤踏刃，盖人能以慈，故人乐为之效死也。此派后世任侠之墨宗之。）亦惟俭，故不尚奇巧。老子曰：“人多技巧，奇物滋起。”此即墨子《经说》之旨也。虽其他不能尽同，老子欲弃义，墨子则有《贵义》篇，老子欲不尚贤，墨子则有《尚贤》篇，此则正言若反，相反而实相成。盖墨子之学，虽本于道家，亦采于儒学，故《淮南子·要略训》称墨子学儒者之业，受孔子之术。其与老子之说相背者，皆采于儒家者也。汪中谓墨学出于史佚、史角，史佚、史角皆史官，与老子之为柱下史同。其出于史佚、史角，即出于道家也。《庄子·天下》篇论列诸家，首举墨子而言，虽讥其道过于觳，然终美之曰：“墨子，真天下之好也，将求之不得也，虽枯槁不舍也，才士也！”庄子于诸子之学多所呰毁，独于关尹、老聃无毁辞。尹、聃之外，于墨子亦誉之者多，与对于惠施诸人辞调大异，盖以其同出于老氏也。杨朱亦道家别派，故孟子书以杨、墨并称。大抵杨氏偏于为我，墨氏偏于为人，皆得道家之一偏，故庄子虽誉之而亦略有所讥。然墨子之所得，亦实较诸子为最多也。此墨家出于道家之证也。道家之学，既以慈俭为宗，俭则自食其力，慈则视物我为一体，此其道农家宗之。农家之书，今已尽佚，无从考见，惟据《孟子》所载许行之言，可略得其梗概。大抵农家之学，力苦以自食，使天下无逸民，且尽君臣并耕，尽去上下之序。盖慨战国之世，君权过重，荒淫酣嬉，而民受其虐，故发为此匡救之论（按农家专重论理，非泛言种植农艺之事，与后世之农家迥别），亦即道家绝去礼法，平上下尊卑之序，使万物得其大齐之旨也。故亢仓子为道家者流，而其书亦有《农道》之篇。农家有《神农》

二十篇（按《氾胜之书》亦引《神农之教》）。管子为道家，亦引《神农之教》曰："一谷不登，减一谷，谷之法十倍。"《吕氏春秋》，道家兼杂家言，亦引《神农之教》曰："士有当年而不耕者，则天下或受其饥。女有当年而不绩者，则天下或受其寒。"是亦农家均劳逸之旨也。此农家出于道家之证也。道家之学既包罗万有，识大识小，罔不赅备。然生于乱世，不敢放言高论以招当世之忌。故庄、列著书，寓言居半，或借人借事以写意，或并其人其事而无之。小说家本之，因以掇拾琐闻，借以风世（按小说家虽在九流之外，不能与诸子并，然班《志》仍列于诸子略，想亦当为一时之尚也）。故《汉志》小说家有《黄帝说》四篇、《伊尹说》二十七篇、《鬻子说》十九篇。而黄帝为道家之祖，伊尹、鬻子亦皆道家者流，虽其书为后人依托，然其言必近于道家无疑。考《史记·殷本纪》载伊尹从汤言素王及九主之事，《伊尹说》所载，亦必其事（故王应麟《艺文志考证》即引此以为证）。然刘向《别录》云："九主者，有法君、专君、授君、劳君、寄君、等君、破君、国君、三岁任君，凡九品。"（按其言甚奇，颇有合于今日君主民主之制。）其言绝与道家相类。又有《宋子》十八篇，班氏曰："其言黄老意。"《庄子·天下》篇曰"不累于俗，不饰于物，不苟于人，不忮于众，愿天下之安宁以活民命，人我之养毕足而止，以此白心，古之道术有在于是者。宋钘、尹文闻其风而悦之"云云，盖即隐合道家之旨（按尹文子虽列名家，刘向亦言其学本于黄老）。荀子引宋子曰："明见侮之不辱，使人不斗。"（按庄子亦云宋钘、尹文见侮不辱，救民之斗。）又曰："人之情欲寡，而皆以己之情欲为多，是过也！"皆纯然道家之言。又有《务成子》十一篇，荀子谓"舜学于务成昭"，当即其人。杨倞注："《尸子》曰：务成昭之教舜曰：避天下之逆，从天下之顺，天下不足取。避天下之顺，从天下之逆，天下不足先。"其言亦与道家相符契。又有《待诏臣安成未央术》一篇，应劭曰："道家也。好养生术，为未央之术。"又有《待诏臣饶心术》二十五篇（刘向《别录》云：饶齐人也，不知其姓，武帝时待诏，作书名曰《心术》），以心术名书，似非闾里小知者之所及，当亦道家之言。又有《青史子》五十七篇，班氏曰：“古史官记事也。”则亦与道家出于史官同。他若《封禅方说》十八篇，为武帝时之书(见班注)。其时方士最盛，争言封禅事，则此书当为方士所作，而冒称道家之支流者。此小说家出于道家之证也。然以上诸家，皆道家之支流也，亦皆得道家之一偏者也。其有得道家之正传，而所得亦较诸家为多者，曰杂家。惟其学虽本于道家，而亦旁通博综，更兼采儒、墨、名、法之说，故世名之曰杂家。此不过采诸家之说以浚其流，以见王道之无不贯，而其归宿固仍在道家也。杂家之书，最著者为《吕氏春秋》。其书有八览、六论、十二纪之称，虽由门下士杂纂而成，而其八览、六论实采于黄、老，又以有十二纪以纪岁时，故名曰《春秋》，而《春秋》之名，亦本于道家所世传之史。次若《淮南子》，亦半近道家之言。淮南王安本喜黄老之学，其书分内外篇。颜师古曰：“内篇论道，外篇杂说。”所谓论道者，盖论道家之道也。又次如《鹖冠子》，《汉志》列于道家，后世则列于杂家。今其书犹存，韩愈谓其词杂黄、老、刑、名，宋濂亦云：“所谓天用四时，地用五行，天子执事以守中央，此亦黄老之至言。盖其学实道家而兼杂家言者也。”又次如《尸子》，《穀梁传》论舞夏，引尸子言，谓：“自天子至诸侯皆用八佾。”则尸子必长于礼，然礼亦道家之所守也(故孔子问礼于老聃)。《后汉书注》谓：“尸佼作书二十篇，内十九篇陈道德仁义之纪。”所谓道德者，当即老子《道德经》之旨，而以道德仁义为次，亦老子“失道而后德，失德而后仁，失仁而后义”之意也。他若《孔甲盘盂》，班氏列杂家之首，而孔甲为黄帝之史。考蔡邕《铭论》谓：“黄帝有巾机之法，孔甲有盘盂之戒。”则其书与道家所录之《黄帝铭》六篇大旨相同。此可见凡杂家之学，皆以道家为本而兼采于诸家。此又杂家出于道家之证也。然则道家之学，为百家所从出，溯源寻本，厥理最明，虽为余一人之创言，而实非余一人之诬语。惟其中以儒、法、名、墨、杂、兵诸家所得于道家为最多，故其传独盛。阴阳、纵横、农、小说诸家所得于道家为略少，故其传亦甚微。故虽同出于道家而有盛衰之别，由于其所得之多少而分，亦犹同在孔门而有登堂入室之不同，不足怪也。大抵古今学术之分合，以老子为一大关键。老子以前，学传于官，故只有道家而无它家，其学定于一尊。老子始官而终隐，学始传于弟子，故由道家散为诸家，而成为九流之派别。是老子为当时诸家之大师，或亲受业于其门，或转辗相授，故诸子著书每多攻击，而罕有诋及老子之言，则不敢背本忘师之故。惟同一大师，而弟子则异派，则由于本其师说而附益以己见，遂致殊途，亦犹儒分为八，墨分为三，不足怪也。同一大师，而弟子则操戈于同室，则由于各务求其说之胜，遂至于交攻，亦犹同出孔门而有孟、荀之相非，亦无足怪也。或疑道家既为诸家之大师，何以诸子之学有与道家绝异者？然椎轮为大辂之始，大辂宁有椎轮之质；增冰为积水所成，积水曾微增冰之凛（语本昭明太子，见《文选序》）。诸子各因师以明道，非屈道以徇师。远西哲学家有言曰："吾爱吾师，吾尤爱真理。"故诸子虽出于道家，亦不能与道家尽同，亦犹曾子之有吴起、墨子之有墨者夷之。即老、庄同为道家，而其学亦略异，无足怪也。或又疑道家既为诸子之大师，何以诸子之学有轶过于道家者？又何以道家之传，后世殆绝，而儒家为道家所出，反历千万祀而不衰耶？此则自来学术之传授，均以后来者居上，前人发其端，其力难；后人扬其绪，其力易。故荀子之言曰："青出于蓝而胜于蓝，冰成于水而寒于水。"亦犹郑玄之经传于马融，而郑之学则优于马，亦无足怪也。是可见老子以前，道家独盛。老子以后，百家朋兴。而诸子之学，虽支分派别，源远流歧，而溯其授受之渊源，咸萌芽于道家，实了然无可疑。故司马谈《论六家要旨》首推道家，司马迁撰《史记》先黄老而后六经，盖溯其学术所自来，而不能强为倒置也。乃班固则反诋其是非谬于圣人，韩愈之徒更力辟老氏而深非其吾师弟子之言，下至宋儒，又咸以老子为异端，诋之不遗余力，抑何未之深思，数典而自忘其祖耶？